栃木県考古学会【編】

とちぎを掘る

栃木の考古学の到達点

随想舎

下野市甲塚古墳出土馬形埴輪（小川忠博氏撮影：下野市教育委員会提供）

旧石器・縄文

上：槍先形尖頭器出土状況。下：第1文化層出土石器
（佐野市上林遺跡出土：佐野市教育委員会提供）

1号住居跡と貝層堆積状況（栃木市藤岡町篠山貝塚：栃木県立博物館提供）

硬玉製大珠　左から岡平遺跡、古館遺跡（那珂川町）、伝栗山地内出土（日光市：いずれも栃木県立博物館提供）

大田原市川木谷遺跡出土石器（群馬県みどり市岩宿博物館提供）

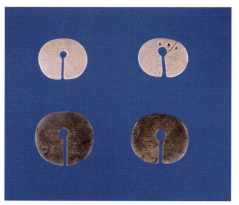

玦状耳飾り（宇都宮市根古谷台遺跡出土：栃木県立博物館提供）

櫛（小山市寺野東遺跡出土：栃木県教育委員会提供）

チャートの堆積層（山頂部調査区から：栃木市向山遺跡：栃木県立博物館提供）

複式炉（那須塩原市槻沢遺跡：那須野が原博物館提供）

耳飾り（栃木市藤岡町藤岡神社遺跡出土：栃木県立博物館提供）

深鉢形土器（小山市寺野東遺跡出土：栃木県教育委員会提供）

旧石器・縄文

弥生・古墳

再葬墓（野木町清六Ⅲ遺跡：栃木県教育委員会提供）

人面付土器（栃木市大塚古墳群内遺跡出土：栃木県教育委員会提供）

下野市三王南塚2号墳出土土器（栃木県教育委員会提供）

那須八幡塚古墳・北西から（那珂川町：那珂川町教育委員会提供）

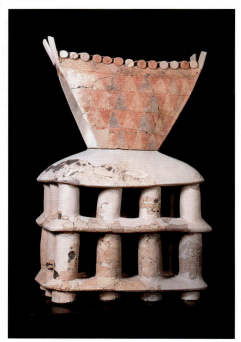
埴輪「円柱の家」（壬生町富士山古墳出土：壬生町教育委員会提供）

笹塚古墳・南から（宇都宮市：栃木県立博物館提供）

透彫金具（下野市下石橋愛宕塚古墳出土：栃木県立博物館提供）

左：コンピュータグラフィックで彩色復元した「機織り埴輪」（下野市甲塚古墳出土：下野市教育委員会提供）
右：甲塚古墳出土土器（小川忠博氏撮影：下野市教育委員会提供）

古墳時代の住居跡・東から（宇都宮市権現山遺跡：栃木県教育委員会提供）

弥生・古墳

壬生車塚古墳・南上空から（壬生町教育委員会提供）　　石室（壬生車塚古墳）

古代・中世

東山道跡・南から　現在は「インターパーク宇都宮南」となっている（宇都宮市杉村遺跡：栃木県教育委員会提供）

下野国府跡・南西から（栃木県教育委員会提供）

下野国府跡政庁復元模型（栃木県教育委員会提供）

上神主・茂原官衙遺跡の政庁域全景・北から（宇都宮市・上三川町：上三川町教育委員会提供）

上神主・茂原官衙遺跡出土の人名文字瓦（左「神主部牛万呂」右「雀部小酒」：上三川町教育委員会提供）

那須官衙正倉出土瓦（那珂川町教育委員会提供）

漆紙文書（複製：栃木県教育委員会提供）

銅印「東尼寺印」（男体山頂遺跡出土：日光二荒山神社蔵）

（表）「□三郡医生薬長差□」
（裏）「解文延暦十年七月」

題籤軸木簡（複製：下野国府跡出土：栃木県教育委員会蔵）

墨書土器「烽家」（宇都宮市飛山城跡出土：宇都宮市教育委員会提供）

古代・中世

鑁阿寺・南から（公益財団法人 足利市民文化財団提供）

井戸から出土した烏帽子（下野市下古館遺跡出土：栃木県教育委員会提供）

史跡整備

下野薬師寺西回廊跡（昭和43年11月：辰巳四郎コレクションより：栃木県立博物館提供）

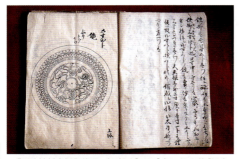
『湯津神村車塚御修理』（元禄5［1692］年：個人蔵［栃木県立文書館寄託］：那珂川町教育委員会提供）

復元された下野薬師寺回廊跡（北から：下野市教育委員会提供）

下侍塚古墳・南から（大田原市：栃木県立博物館提供）

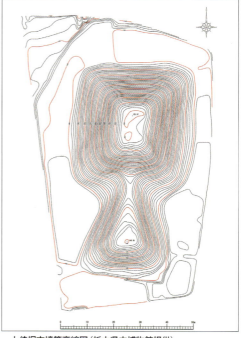
上侍塚古墳等高線図（栃木県立博物館提供）

栃木県考古学会【編】

とちぎを掘る

栃木の考古学の到達点

とちぎを掘る

栃木の考古学の到達点　目次

栃木の考古学の到達点 …………………………………………………………… 橋本　澄朗　6

本書でとりあげた主な遺跡 …………………………………………………………………… 14

I　とちぎの旧石器時代　15

栃木の旧石器時代 …………………………………………………………… 森嶋　秀一　16

● Column 星野遺跡発掘から50年　星野遺跡と珪岩製旧石器 ……………… 酒巻　孝光　26

旧石器時代の石器石材 ……………………………………………………… 芹澤　清八　28

旧石器時代の環状集落　上林遺跡が営まれた社会と環境

　　　　　　　　　　　　　　　　　　　　　　　　　　　　　　　　　　出居　博　42

● Column「葛生原人」は今？ …………………………………………………… 矢島　俊雄　52

II　とちぎの縄文・弥生時代　57

縄文時代のはじまりと試行錯誤の時代 ……………………………………… 中村　信博　58

● Column 縄文時代の人々と石材へのこだわり　玉髄（瑪瑙）とその利用　上野　修一　70

ムラの形成と安定した定住生活 ………………… 塚本　師也　72
- Column 根古谷台遺跡 ……………………………… 梁木　誠　82
- Column 栃木の袋状土坑 ……………………………… 木下　実　84
- Column 南縁の複式炉と槻沢遺跡 ……………………… 後藤　信祐　86

栃木における縄紋時代後晩期の研究 ……………… 江原　英　90
- Column 後藤遺跡の土偶と土偶研究 …………………… 上野　修一　100

栃木の弥生文化 …………………………………… 藤田　典夫　102
- Column 田中国男と弥生土器研究 …………………… 藤田　典夫　112

III とちぎの古墳時代　115

栃木における古墳時代の幕開け ………………… 今平　利幸　116
- Column 古墳の形 ……………………………………… 齋藤　恒夫　130

古墳時代中期の下毛野地域と東谷・中島地区遺跡群
　　　　　　　　　　　　　　　　　　　　　　内山　敏行　132

琵琶塚古墳と摩利支天塚古墳　姿を現した大型古墳
　　　　　　　　　　　　　　　　　　　　　　秋山　隆雄　142
- Column 吾妻古墳 ……………………………………… 中村　享史　152

横穴式石室と地域首長連合　古墳からみた古墳時代後期の社会
　　　　　　　　　　　　　　　　　　　　　　小森　哲也　154

埴輪が語る「甲塚古墳」 …………………………… 木村　友則　168
- Column 稲荷古墳群 …………………………………… 梁木　誠　180

栃木における終末期古墳 ……… 秋元　陽光　182
- Column 国造 ……… 吉原　啓　188

IV とちぎの奈良・平安時代　191

栃木における官衙研究の到達点 ……… 大橋　泰夫　192
- Column 下野国府跡と出土文字資料 ……… 吉原　啓　202

古代の道路　東山道 ……… 中山　晋　206
- Column 上神主・茂原官衙遺跡 ……… 深谷　昇　216
- Column 長者ヶ平官衙遺跡附東山道跡 ……… 木下　実　218

「瓦」について　下野の事例を中心として ……… 眞保　昌弘　220
- Column 瓦塔について ……… 池田　敏宏　232
- Column 「男体山頂遺跡」発掘調査　学術調査が明らかにした開山伝承　篠原　祐一　234

古代下野の生業 ……… 津野　仁　236

食器からみる古代の下野 ……… 山口　耕一　246

V とちぎの中世　259

中世小山の「まち」　南北朝期の街道と城館と集落 ……… 鈴木　一男　260
- Column 下古館遺跡 ……… 山口　耕一　274

- ● Column 発掘された烏帽子 ……………………………… 馬籠　和哉　276
- 国宝　鑁阿寺本堂をめぐって ………………………… 足立　佳代　278
- 足利学校になぜ孔子廟があるのか …………………… 大澤　伸啓　288
- 中世石塔はどこに立っていたか ……………………… 斎藤　　弘　296
- ● Column 城郭の石積と石垣 ……………………………… 茂木　孝行　306

Ⅵ とちぎの考古学の歩みと史跡整備　309

- 黎明期の埋蔵文化財行政 ……………………………… 竹澤　　謙　310
- ● Column 国史跡下野国分尼寺跡　ゴミの山から宝の山へ ………… 山口　耕一　320
- ● Column 「壬生車塚古墳」発掘調査　歴史遺産を活用した町づくり・人づくり事業
  　　　　　　　　　　　　　　　　　　　　　　　君島　利行　324
- 史跡　足尾銅山跡　近代産業遺産の保存と活用 ……… 鈴木　泰浩　326
- ● Column 最近の史跡整備の動向 ………………………… 齋藤　恒夫　338
- 日本考古学協会栃木大会の記録 ……………………… 海老原郁雄　342
- 栃木県考古学会50年の歩み ………………………… 塙　　静夫　350

- 関連年表 ……………………………………………………………… 360
- おわりに ……………………………………………… 山口　耕一　364
- 索引 …………………………………………………………………… 366
- 執筆者一覧 …………………………………………………………… 380
- 図版提供・協力者一覧 ……………………………………………… 382

栃木の考古学の到達点

橋本　澄朗

1．はじめに

　私の手元に40年前に刊行された『栃木県の風土と歴史』という書物がある。本書は栃木県連合教育会90周年記念事業として、栃木の風土と歴史を広く県民に知ってもらうことを目的に計画された。監修には雨宮義人・日向野徳久・大町雅美・塙静夫など当時の本県歴史研究をリードした蒼々たるメンバーが名を連ね、県内の小・中・高校に勤務する教員で、歴史研究に意欲的に取り組む気鋭の研究者が執筆している。本格的な県史や自治体史の編纂が未着手のなか、本書刊行に期待が大きかったことは、当時の船田譲知事が序文を寄せていることからも窺い知れる。このようなことから、この本は当時の本県歴史研究のレベルを反映したものと考えられる。

　しかし『栃木県の風土と歴史』には、旧石器時代の高原山黒曜石原産地遺跡群（矢板市）の黒曜石、縄文時代の根古谷台遺跡（宇都宮市）の大型建物や寺野東遺跡（小山市）の環状盛土遺構、古墳時代の東谷・中島遺跡群（宇都宮市）の豪族居館や甲塚古墳（下野市）の埴輪群像、奈良・平安時代の下野国府跡（栃木市）の政庁や厩久保遺跡（那須烏山市）の東山道駅路、中世の下古館遺跡（下野市）の街道に形成された宿や樺崎寺跡（足利市）の浄土庭園などは取り上げられていない。これは当然のことで、上記の遺跡は『栃木県の風土と歴史』刊行後の発掘調査で判明した事実なのである。しかもこれは調査成果の一端に過ぎない。

　このように、近年の本県考古学の進展には目を見張るものがあり、本県の歴史を豊かにそして個性的なものにしている。それ故に、考古学の研究成果を如何に取り込むかが、地域史叙述の重要な課題となっている。まず、この辺の事情を説明することから始めることにする。

2．発掘調査の増加

　考古学の進展は本県ばかりか全国的傾向であり、それは文化財保護行政動

向と密接に関連する。戦後復興が本格化した高度経済成長期の日本では、急激な国土開発に伴い環境問題と共に埋蔵文化財（地下に包蔵された文化財）の保護が緊急課題として浮上する。農村を基盤とした農業社会から都市中心の工業社会へ変貌した日本では、従来の文化財保護システムでは限界であった。そこで、1975（昭和50）年の文化財保護法の第3次改正となる。改正は埋蔵文化財保護の強化、民俗文化財の保護、伝統的建物群の保護、文化財保存技術の育成、地方自治体の体制整備など、現在の文化財保護の枠組みが確立したと評価しても過言ではない。

多岐に及ぶ改正ではあったが、中心は埋蔵文化財であった。なかでも、国の機関等が実施する開発に関して埋蔵文化財の保護の事前協議が条文化されたこと、埋蔵文化財保護に関して地方自治体の役割が強化されたことが特筆される。公的開発の事前協議体制が確立すると、埋蔵文化財保護のため自治体の体制整備が急務となる。すなわち、県ばかりか市町村にも埋蔵文化財の専門職員を採用することが重要課題となる。この間の推移を、県教委文化財課からの提供資料で見ていく。文化財保護法第3次改正時の昭和50年には10名にも満たなかった専門職員が、1983（昭和58）年には46名（県22・市町村24）、ピーク時の2000（平成12）年には116名（県62・54）、そして2014（平成26）年には92名（県38・市町村54）と推移している。この結果、開発に伴い地方自治体が実施する記録保存を目的とした発掘調査は激増することになる。

高度経済成長の下、大規模な開発は地域社会を変貌させ、多くの埋蔵文化財が記録保存という形で消滅することになる。貴重な遺跡を現状保存できなかった事実は直視すべきであるが、記録保存の調査は地域史に関わる多くの貴重な情報を提供したこともまた事実である。一般論でしか語ることができなかった地域の歴史を、具体的に語ることが可能になったのである。

3. 本書の目的

このような記録保存の発掘調査を担当している専門職員の多くが、栃木県考古学会の会員である。会員諸氏の地道な努力の結果が豊かな地域史構築の基礎資料となっている。膨大な基礎資料の上で豊かに稔った果実は、栃木の考古学の到達点といっても過言ではない。

そこで栃木県考古学会設立50周年の記念事業として、『とちぎを掘る―栃木の考古学の到達点―』と題した本を刊行することになった。本書は進展

した栃木の考古学の成果の一端を、発掘調査や研究に直接関係した本会会員が執筆し、広く県民に知っていただくことを目的に刊行するものである。

4．本書の構成と内容

　本書は「とちぎの旧石器時代」、「とちぎの縄文・弥生時代」、「とちぎの古墳時代」、「とちぎの奈良・平安時代」、「とちぎの中世」、「とちぎの考古学のあゆみと史跡整備」と時系列的な構成となる。内容としては、10頁程の分量で1つの研究テーマを解説し、関連するトピック的な情報を2頁前後のコラムを配し、興味深い内容になるよう企画した。具体的には、「とちぎの旧石器時代」はテーマ3とコラム2、「とちぎの縄文・弥生時代時代」はテーマ4とコラム6、「とちぎの古墳時代」はテーマ6とコラム4、「とちぎの奈良・平安時代」はテーマ5とコラム5、「とちぎの中世」はテーマ4とコラム3、「とちぎの考古学のあゆみと史跡整備」はテーマ4とコラム3になる。

　次に、執筆者および内容を簡単に紹介する。最初の「栃木の考古学の到達点」は、栃木考古学会会長の橋本澄朗が担当し、本書の刊行目的、執筆者および内容の概要を紹介する。

①「とちぎの旧石器時代」の執筆者と内容

　まず、「栃木県の旧石器時代」は栃木県立博物館の森嶋秀一会員に執筆いただいた。旧石器時代研究をライフワークとする森嶋会員は、旧石器時代の自然環境、栃木の地理的環境、旧石器時代の道具とその変遷を栃木の旧石器時代の概要を総論的に記述している。

　「旧石器時代の石器石材」は県埋蔵文化財センターの芹澤清八会員に執筆いただいた。本県旧石器時代研究をリードする芹澤会員は、高原山産黒曜石が原石や製品として供給される事例を具体的に指摘し、多様な展開をみせる流通ネットワークを解説している。さらに、チャートなどの石材にも触れ、本県の後期旧石器時代の石器石材につて興味深い所見を述べている。

　「旧石器時代の環状集落」は佐野市教委の出居博会員に執筆いただいた。旧石器時代ばかりか中世城館跡にも造詣の深い出居会員には、自身が担当した佐野市上林遺跡の調査成果から日本最大規模の旧石器時代の環状集落について報告いただいた。従来の離合集散遊動する旧石器人という常識を覆す画期的な見解を提示している。

　コラムは酒巻孝光会員から「星野遺跡発掘から50年」、矢島俊雄会員から「葛生原人は今？」の2編である。

②「とちぎの縄文・弥生時代」の執筆者と内容

まず、中村信博会員には「縄文時代のはじまりと試行錯誤の時代」を執筆いただいた。縄文時代を精力的に研究する中村会員は、草創期の日本最古級の竪穴住居が発見された宇都宮市野沢遺跡、早期の撚糸文文化後葉の茂木町天矢場遺跡を標式とする天矢場式期文化、沈線文文化後葉の佐野市出流原遺跡を標式とする出流原式期文化を解説。さらに、縄文時代のわな猟のひとつ、陥し穴猟について丁寧に解説している。

　次に、県埋蔵文化財センターの塚本師也会員には「ムラの形成と安定した定住生活」を執筆いただいた。縄文時代中期土器研究をライフワークとする塚本会員は、大きな展開をみせる縄文時代中期社会を視野に前期から継続する縄文文化の展開を丁寧に辿っている。なかでも、袋状土坑、硬玉製大珠、異系統土器、中期土器の研究方法、環状集落など興味深い問題を提示している。

　そして、県埋蔵文化財センターの江原英会員には「栃木における縄紋時代後晩期の研究」を執筆いただいた。小山市寺野東遺跡を担当し、縄文社会の研究に邁進する江原会員は、複雑に展開する縄文時代後晩期の文化を多方面から手際よくまとめている。

　弥生時代は、県埋蔵文化財センター藤田典夫会員に執筆いただいた。本県弥生時代研究の第一人者である藤田会員は「栃木の弥生文化」と題し、再葬墓の社会（前期～中期前半）、地域性の顕在化（中期後半）、地域間交流の活発化（後期）と整理し、本県の弥生文化の展開を的確に解説している。

　コラムは6編。本会副会長で栃木県立宇都宮南高の上野修一会員に「縄文時代の人々と石材へのこだわり」と「後藤遺跡の土偶と土偶研究」、本会副会長の梁木誠会員に「根古谷台遺跡」、那須烏山市教委木下実会員に「栃木の袋状土坑」、県埋蔵文化財センター後藤信祐会員に「南縁の複式炉と槻沢遺跡」を執筆いただいた。また藤田会員は、「田中国男と弥生土器研究」で、医師でもあった田中国男の弥生文化研究を紹介している。

③「とちぎの古墳時代」の執筆者と内容

　「栃木の古墳時代の幕開け」は宇都宮市教委の今平利幸会員に執筆いただいた。弥生から古墳時代への移行期の問題をライフワークとする今平会員は、土器と墳墓のあり方から本県の古墳時代への移行を地域別に検討し、地域毎に異なる人の移動を想定して激動的な歴史を的確に説明している。

　次に、県埋蔵文化財センターの内山敏行会員には「古墳時代中期の下毛野

地域と東谷・中島地区遺跡群」を執筆いただいた。古墳時代の研究者として第一線で活躍する内山会員は、古墳時代中期中葉から200年間にわたり首長墓に隣接する大規模な集落群の動態、豪族居館(きょかん)と首長墓や集落との関係、手工業の問題、古式群集墳の問題等を取りあげている。膨大な調査成果を踏まえての具体的な指摘には説得力がある。本遺跡群の調査成果は、東国における古墳時代中・後期期社会の研究に多くの示唆を与えるものと評価できる。

「琵琶塚古墳と摩利支天古墳」は琵琶塚古墳発掘調査に精力的に取り組む小山市教委の秋山隆雄会員に執筆していただいた。思川と姿川の合流点近くに築造された2基の大型前方後円墳について、最新の調査成果を交えて報告いただいている。

「横穴式石室と地域首長連合」は小森哲也会員に執筆いただいた。このテーマは本県古墳時代研究を精力的に取り組む小森会員の独壇場である。「しもつけ古墳群」と総称される首長墓の地域的特徴を指摘するともに、問題を列島的視点で検証している。その結果、6〜7世紀の東国の首長墓を研究する上で本県が豊かな研究の地平を有することが理解できる。

「埴輪が語る『甲塚古墳』」は下野市教委の木村友則会員に執筆いただいた。本墳の発掘と報告書作成を担当した木村会員は甲塚古墳の概要、発見された埴輪列と機織型(はたおりがた)埴輪、人物埴輪、馬形埴輪など個々の埴輪および大量の出土土器群を丁寧に解説している。

最後の「栃木における終末期古墳」は秋元陽光会員に執筆いただいた。本県古墳時代を精力的に研究している秋元会員は、終末期の古墳動向に関して首長墓の変遷ばかりか小型古墳の動向、横穴墓の問題も論及し、前方後円墳の築造停止と円墳から方墳への転換という2つの画期が重要と指摘している。

コラムは4編。栃木県教委の齋藤恒夫会員に「古墳の墳形」、県埋蔵文化財センターの中村享史会員に「吾妻古墳」、梁木誠会員に「稲荷古墳群」、大田原市なす風土記の丘湯津上資料館の吉原啓会員に「国造(くにのみやつこ)」を執筆いただいた。

④「とちぎの奈良・平安時代」の執筆者と内容

まず、島根大学の大橋泰夫会員には「栃木における官衙研究の到達点」を執筆いただいた。県埋蔵文化財センターから島根大学に転出し、現在は地方官衙研究のオピニオンリーダーである大橋会員は、下野国府の調査所見を検討し、国府の創設年代と変遷、国府と都賀郡衙、国府と寺院などに独自の見解

を示し、郡内における複数官衙の問題、瓦葺高床倉庫(かわらぶきたかゆかそうこ)(法倉(ほうそう))などの問題を指摘している。

「古代の道路」は中山晋会員に執筆いただいた。本県の古代道路研究の先駆者である中山会員は、律令国家の枠組や駅路・伝路を概説し、本県での駅路の実態を厩久保(うまやくぼ)遺跡や杉村遺跡の調査成果から例示し、古代道路の性格や年代決定の困難さを指摘している。

「『瓦』について」は国士舘大学の眞保昌弘会員に執筆いただいた。那珂川町教委から国士舘大学へ転出し、古代那須国ばかりか古代寺院の研究者である眞保会員は、考古資料として瓦の重要性を指摘すると共に、下野国分寺の造瓦体制の変遷や郡家の瓦葺礎石建物(法倉)の意義を解説し、瓦葺建物が律令支配と仏教教化の象徴として重要であると論じている。

「古代の生業」は県埋蔵文化財センター津野仁会員に執筆いただいた。古代の武器・武具研究の第一人者である津野会員には、今回は生業を担当していただいた。古代の生業は稲作のみではなく多種多様で、地域的にも偏差が認められる。狩猟・漁労・織物・鉄などの生業を具体的に示し、一定の社会的分業の存在を指摘している。

「食器からみる古代の下野」は下野市教委山口耕一会員に執筆いただいた。古代ばかりか中世史にも精通している山口会員は、発掘で出土例の多い土器類を食器という視点から詳説している。なかでも奈良・平安時代の食器を使用法、生産や供給など多様な視点から論じ、示唆に富む内容になっている。

コラムは5編。吉原啓会員には「下野国府跡と出土文字資料」、上三川町教委の深谷昇会員には「上神主・茂原官衙遺跡」、木下実会員には「長者ヶ平官衙遺跡附東山道跡」、県埋蔵文化財センター池田敏宏会員には「瓦塔(がとう)」、県埋蔵文化財センター篠原祐一会員には「『男体山頂遺跡』発掘調査」を、を執筆いただいた。

⑤「とちぎの中世」の執筆者と内容

「中世小山のまち」は小山市教委の鈴木一男会員に執筆いただいた。小山市内の遺跡を多数調査し、古代ばかりか中世にも造詣が深い鈴木会員は、小山市街で蓄積した調査所見を基に、不明であった中世小山のまちを考古学的手法で検討している。14世紀には鷲城(わしじょう)・小山城と神鳥谷曲輪(ひととのやくるわ)の間に中世の幹線道路中道(なかつみち)が通り、道に沿って町場が形成される。さらに、水陸の物流の拠点として町は発展し、城下北の天王宿と南の外城(とじょう)地区には町場が形成され、一時は東国最大級の所領を誇った

小山氏の城下町の姿を推定している。

「国宝鑁阿寺本堂をめぐって」は足立佳代会員に執筆いただいた。足利を中心に古代・中世を研究している足立会員は、足利氏居館に足利義兼が建立した鑁阿寺の本堂（国宝、禅宗様の入母屋造、桁行五間・梁行五間）に注目する。1287（正安元）年に再建された本堂は、15世紀前葉に「応永の大修造」が実施される。この応永の修造の実像を樺崎寺跡など研究の進展した瓦から検討している。そして、大修造の背景に鎌倉公方と室町幕府将軍との対立が存在していたことを指摘している。

「足利学校になぜ孔子廟があるか」は足利市教委の大澤伸啓会員に執筆いただいた。本県中世考古学のパイオニア的存在として、多くの優れた研究実績を持つ大澤会員は、足利学校にある孔子廟に着目し、その意義を東アジア的視点と時系列的視点で解説。中国・韓国・ベトナムの事例を検討するとともに、日本の古代や近世の学校にも着目している。そして、東アジアの学校の建物配置は古代の官衙や足利学校の孔子廟のあり方とも共通すると興味深いテーマを平易に解説している。

「中世石塔はどこに立っていたか」は栃木県立学悠館高の斎藤弘会員に執筆いただいた。斎藤会員は中世の信仰・墓制に研究実績があり、着想のユニークさには定評がある。今回は中世石塔の造立場所に着目。有力者の墓所、交通の要衝、勝地、共同墓地に類型化でき、その変遷にも触れている。変遷の原因に造塔目的の変質に求め、仏を表現する石塔から故人への供養・荘厳の具になった結果と説明している。

コラムは３編。山口耕一会員に「下古館遺跡」、栃木県立博物館の馬籠和哉に「発掘された烏帽子」、茂木孝行会員に「城郭の石積と石垣」を執筆いただいた。

⑥「とちぎの考古学のあゆみと史跡整備」

まず、本会顧問の竹澤謙先生には、「黎明期の埋蔵文化財行政」を執筆いただいた。戦後の混乱期からの埋蔵文化財行政の展開を克明かつ詳細に記述いただいた。先生は大和久震平先生と共に本県黎明期の埋蔵文化財保護を担当されている。不分明であった戦後の混乱期から文化財保護法成立前後の埋蔵文化財保護の動向を詳述され、貴重な報告となっている。

「史跡足尾銅山跡」は日光市教委の鈴木泰浩会員に執筆いただいた。中・近世の陶磁器の専門家であり、文化財保護にも造詣が深い鈴木会員は、鉱毒という負のイメージが強い足尾銅山を日本の近代化に寄与した近代化遺産とし

て正当に評価すべきでるあると指摘する。足尾銅山では銅生産システムが遺存することが貴重との理由で国史跡に指定された。従来の史跡のイメージとは異なるが、世界遺産に「富岡製糸場と絹産業遺産群」や「明治日本の産業革命遺産」が登録されており、日本の近代化に寄与した足尾銅山は史跡としての価値が高く、適切な保存活用が望まれると論じている。

前会長で本会の顧問である海老原郁雄先生には「日本考古学協会栃木大会の記録」と題し、本会が中心になって開催した2回の日本考古学協会栃木大会について執筆いただいた。全国の研究者が集まる盛大な学会を陣頭指揮した先生は、軽妙な文体で学会開催を担当する本会会員の緊張感と高揚感を臨場感溢れる表現で活写されている。

「栃木県考古学会50年のあゆみ」は、本会会長を長く務めていただいた塙静夫先生にお願いした。本会設立前後の事情、設立後のご苦労、その後の展開を平易に記述いただいた。本会の運営に深くそして長く関係した先生だからこそ語れる諸般の事情を興味深く読みとっていただきたい。

コラムは3編。山口耕一会員には「国史跡下野国分尼寺跡」、壬生町教委の君島利行会員には「『壬生車塚古墳』発掘調査」、齋藤恒夫会員には「最近の史跡整備の動向」を執筆いただいた。

以上が、本書の刊行の目的と内容そして執筆者の簡単な紹介である。一読すると、内容や表現にバラツキがあり、また専門家向けで、少し難解な内容になってしまったものもある。

少し言い訳を。本会は会員の会費のみで運営している民間研究団体であり、組織的にも経済的にも弱体である。手弁当での会運営であり、編集作業に与えられた時間も極めて限られたものであった。苦渋の決断であったが、総会までの刊行を優先し、執筆者諸氏の意向を尊重し、敢えて表現の統一はしなかった。監修者怠慢との誹りもあろうが、諸事情ご理解の上ご容赦いただきたい。

会員諸氏の原稿を読ませていただき、実り豊かな栃木の考古学の成果を広く県民に知っていただきたいという熱意と想い、そして心意気を痛感した。それは、爽やかな一陣の風のようであった。久しぶりに感じた爽やかな風、それが私には何よりの収穫であった。

最後に、年度末の多忙な折、執筆いただいた会員諸氏のご尽力に深甚なる謝意を表したい。

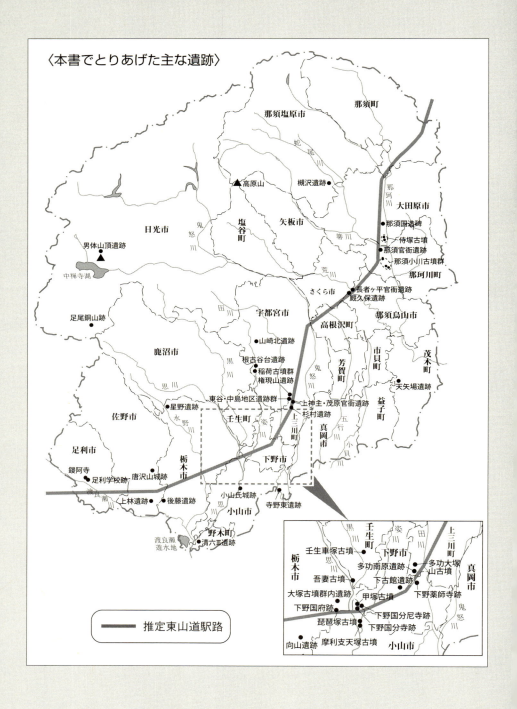

I とちぎの旧石器時代

佐野市上林遺跡：旧石器時代第2文化層出土状況と石器実測図
(『上林遺跡』発掘報告書より)

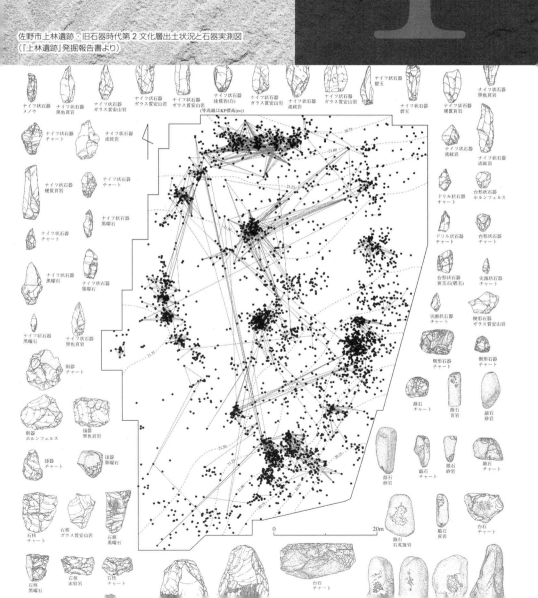

栃木の旧石器時代

森嶋　秀一

1. 旧石器時代の自然環境

(1) 自然環境と日本への人類の移動

　世界史的には、旧石器時代は地質時代の第四紀更新世(約260万年前～約1万年前)にほぼ該当する。第四紀は氷河時代ともよばれているが、常に寒冷だったわけではなく、寒冷な「氷期」と、温暖な「間氷期」が繰り返されていた。

　かつてはヨーロッパ・アルプスの氷河性堆積物の研究をもとに、氷期が設定されていたが、近年では海洋酸素同位体ステージ(MIS)という、格段に詳しい区分が使われることが多くなった。この区分では、新しい方からステージとよばれる番号をふり、偶数を氷期に、奇数を間氷期に割り当てている(図1)。

　氷期には海水が凍り、海水面が低下する。そのため海岸線が数kmから数十kmも後退し、日本列島と大陸を隔てている海峡が陸地となり(陸橋)、海水が凍って通れるようになっていた(氷橋)時期があった。大陸にいた動物はこの陸橋や氷橋を渡って日本に住みつき、旧石器時代の人類もそれらを追ってやってきたと考えられている。

　ところで、旧石器時代は大きく前期(猿人・原人の時代)・中期(旧人の時代)・後期(新人の時代)に分けられて

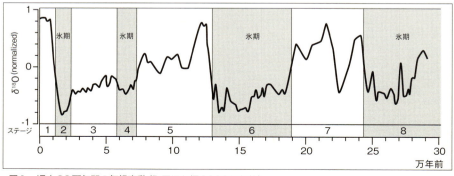

図1　過去30万年間の気候変動(町田ほか編2003に加筆)

いる。しかし、日本では2000（平成12）年の「旧石器捏造（ねつぞう）事件」以降、前期および中期旧石器時代の確実な遺跡は発見されていない。今のところ最古とされる遺跡（石器）の年代は約4万年前である。

この時期は比較的温暖である（図1のステージ3の時期）。そのため、日本列島への人類の移動の時期が氷期であるということを前提とすれば、石器を残した人類（の祖先）がやってきたのは、それよりも前の氷期（ステージ4や6、あるいはそれ以前）ということになる。したがって、将来的には4万年をさかのぼる遺跡（石器）が日本でも発見される可能性がある。

(2) 植物相・動物相

今から約2万年前（ステージ2）は、平均気温が現在よりも7℃ほど低かったと考えられている。これは当時の宇都宮市付近が、現在の日光中禅寺湖畔（標高約1,300m）とほぼ同じ気温だったことになる。気温が違えばそこに生育する植物も違ってくる。植物遺体や花粉分析の研究により、当時の栃木県の平野部では、現在の山地帯上部から亜高山帯下部に見られるトウヒ属・ゴヨウマツ類を主に、モミ・ツガ・カラマツ属などの針葉樹と、ハンノキ・カバノキ属などの落葉広葉樹をともなう森林が存在したと推定されている（栃木県立博物館2004）。

また旧石器時代の栃木県域に生息していた動物については、県南西部の石灰岩地帯の洞窟などから発見された化石（葛生（くずう）動物群）により推定することができる。葛生動物群の年代は5万年前〜50万年前と考えられている。このうち比較的新しい地層からは、ニホンジカ・カモシカ・イノシシ・ノウサ

写真1　葛生動物群（レプリカ）。左からニッポンサイ、ナウマンゾウ、ヤベオオツノジカ（栃木県立博物館提供）

ギ・キジなど現在も県内に生息している種に加え、ナウマンゾウ・ヤベオオツノジカ・ニッポンムカシジカ・ニッポンサイなどの絶滅種も見つかっている（栃木県立博物館2004）。そして、これらの一部が、旧石器時代人の狩猟対象となっていたと考えられる。

2．地理的環境

(1) 地形と遺跡の分布

栃木県の地形は、大きく東部と西部の山地、およびその間を南北に展開する中央部平地にわけられる（図2）。中央低地を流れる河川のうち、鬼怒川は旧石器時代には現在と異なる流路であったことがわかっている。

すなわち、鬼怒川の中・下流域は、2万年前頃までは現在の五行川・小貝川から茨城県の桜川筋を流れて太平洋に注いでいた。その後五行川・小貝川―常陸川（現・利根川の下流域に相当する流路）というルートを経て、縄文時代に現在の流路―常陸川というルートになったのである（池田ほか1977）。

また利根川が太平洋に注ぐようになったのは近世以降のことで、それより前は東京湾に流れ込んでいた。このためかつての栃木県中南部の台地は、利根川に分断されることもなく、茨城県西部を通り千葉県の台地（下総台地）とつながっていた。

栃木県における旧石器時代の遺跡は、現在240カ所以上確認されている（図2）。遺跡の立地は台地あるいは丘陵の縁辺部や中央部で、分布は県の南東部にかたよる傾向がみられる。これについては、県の北西部が山地で平坦な台地が少ないこと、開発にからむ発掘調査の頻度が少ないことなどの要因が考えられる。

(2) 火山灰層序

栃木県内の台地や丘陵上に堆積する旧石器時代の土層は、テフラ（火山から噴出した灰や軽石等）などが堆積したもので、関東ローム層ともよばれて

表1　栃木県内で確認される主なテフラ

名　称	年代（万年前）	分布域
男体七本桜軽石 (Nt-S)	1.4～1.5	県北・県央の一部
男体今市軽石 (Nt-I)		
浅間板鼻黄色軽石 (As-YP)	1.5～1.65	県央・県南
男体片岡スコリア (NT-Kt)	?	県北・県央の一部
男体小川スコリア (NT-Og)	?	県北・県央の一部
浅間板鼻褐色軽石群 (As-BP)	2.0～2.5	県央・県南
姶良Tn火山灰 (AT)	2.6～2.9	全域
赤城鹿沼軽石 (Ag-KP)	4.5	ほぼ全域

テフラの年代については町田・新井2003による

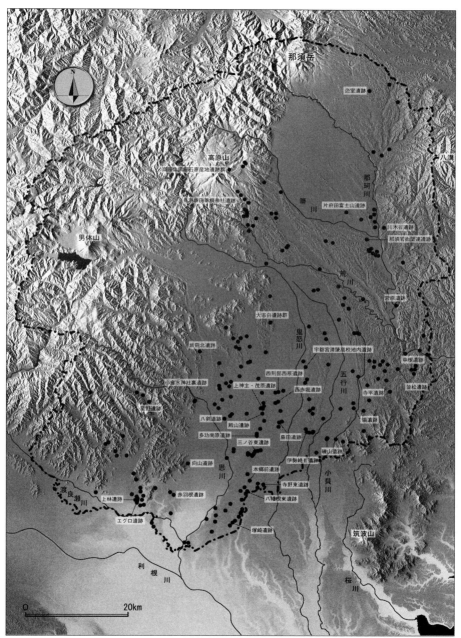

図2　栃木県の地形および旧石器時代の遺跡分布図。地形図は「カシミール3D」により作成（遺跡分布は津野田2007に加筆）

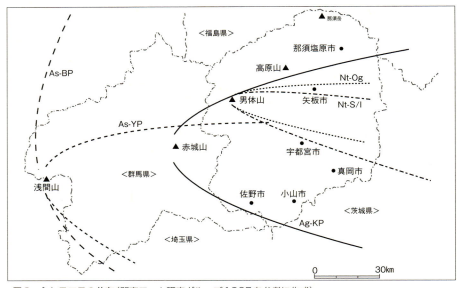

図3 主なテフラの分布(関東ローム研究グループ1965を参考に作成)

ローム層を構成している地層の中には、給源となった火山や年代が調べられているテフラがある。県内の主なテフラについては、表1・図3・写真2に示した。これらは男体山・浅間山・赤城山など近隣の火山が給源であるものが多い。しかし姶良Tn火山灰(AT)は、遠く鹿児島県の姶良カルデラ(現在の鹿児島湾)を給源とし、東北地方にまで分布している。ただ栃木県あたりになると、肉眼で見つけるには困難なくらいかすか

◀ 縄文時代以降の地層(黒ボク土)
◀ 男体七本桜軽石(Nt-S)
◀ 男体今市軽石(Nt-I)
◀ 浅間板鼻黄色軽石(As-YP)
◀ 男体片岡スコリア(NT-Kt)
◀ 男体小川スコリア(NT-Og)
◀ 浅間板鼻褐色軽石群(As-BP)
◀ 姶良Tn火山灰(AT)
  暗色帯
◀ 赤城鹿沼軽石(Ag-KP)

※上記テフラのうち、As-BPとATは肉眼では観察できず、テフラ分析(顕微鏡観察)で存在が確認された。

写真2 高根沢町大野遺跡のローム層

なものになっている。

　年代がわかっているテフラは、出土した石器の年代を決める手がかりとなる。また、ATは広域に分布しているため、日本各地で出土した遺物を相互に比べる場合にも役立つ。

　また関東ローム層中には、暗色帯とよばれる、他の部分より暗い色調の地層がある。県内では赤城鹿沼軽石の上に位置し、その上部でATが検出される。そのため、この暗色帯も出土石器の年代を知る目安となる。

3．旧石器時代の道具

　旧石器時代の人々は、道具を石・骨・角・木で作っていたと考えられる。しかし土壌が酸性の日本では、有機質の道具は長い年月がたつ間に腐ったり溶けたりしてしまうため石器以外の道具はほとんど発見されていない。

　石器は、大きくみて狩猟具と加工具に分けることができる。以下には、それぞれについて主な石器を紹介する。

（1）狩猟具

ナイフ形石器(がた)（図4-1・2）：剝片（石のかけら）の鋭いふちの一部を刃とし、ほかのふちに刃つぶしの加工をした石器。現代のナイフのようにものを切ったり、柄につけて槍として使ったと考えられている。（図5左）。

　なお、ナイフ形石器は近隣の中国やシベリアではほとんど見られず、日本で独自の発展をとげた石器といわれている。

尖頭器(せんとうき)（図4-3・4）：全体のかたちを木葉形や柳葉形にととのえた石器で、槍として使ったと考えられている（図7中）。後期旧石器時代の後半に登場する石器。

細石刃(さいせきじん)（図4-5〜8）：長さ数cmの小さな石器で、木や骨などで作った軸に何枚かをはめ込んで、槍やナイフとして使ったと考えられている（図5右）。細石刃をはがす元になる石器を細石刃核（図4-9・10）という。

　ナイフ形石器が日本独自の石器であるのに対して、細石刃は北東アジアで広く流行した石器である。日本には後期旧石器時代の終わり頃に伝わるが、このことは、それまで独自の文化領域を保っていた日本列島が、この時期に北東アジアを覆う細石刃文化圏に組み入れられたことを意味している。

（2）加工具

スクレイパー（図4-11・12）：剝片に連続的で平坦な刃をつけた石器。ものを削ったり、皮をなめしたりした道具と考えられている。

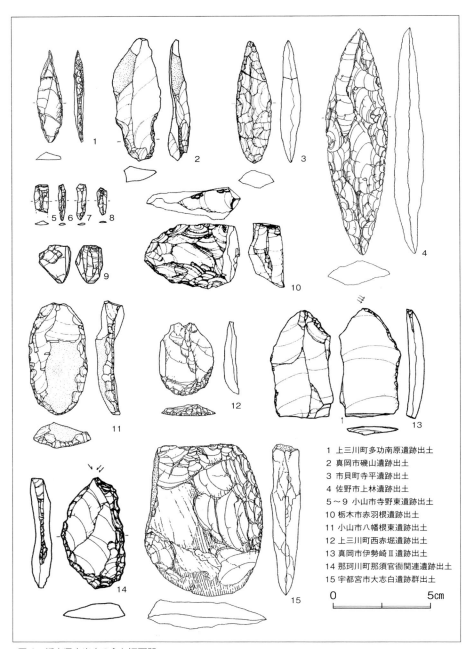

図4　栃木県内出土の主な旧石器

彫刻刀形石器（図4-13・14）：剝片のはじを打ち欠き、細長い溝状の刃をつけた石器。木や骨などに溝を付けたり、削ったりする道具と考えられている。東日本や北日本で発達した石器。

石斧（図4-15）：平らな礫や大型の剝片を楕円形や短冊形に加工し、一方のはじに刃をつけた石器で、刃の部分が磨かれている例もある（刃部磨製石斧）。木の伐採や加工、あるいは動物の解体などに用いられたと考えられている。

なお、日本においては刃部磨製石斧は後期旧石器時代の初め頃に出現するが、世界史的には、磨製の石器は1万2千年前頃（新石器時代）になって初めて登場するのが一般的である。

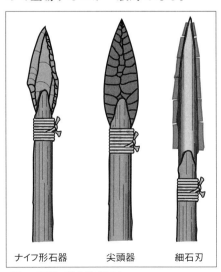

図5 石器の装着法（推定）

4．石器群の変遷

日本の後期旧石器時代は3万年以上も続き、時代とともに使われる石器も変化している。ここでは、後期旧石器時代を代表する石器であるナイフ形石器の消長を軸に、栃木県域の石器群の変遷を概観する（図6）。

Ⅰ期：ナイフ形石器以前の時期

不定形な剝片に二次加工を施した石器（台形様石器）、石斧などを伴う時期。赤城鹿沼軽石（Ag-KP）直上の層準より出土する石器群。代表例としては、茂木町並松遺跡A地点、栃木市向山遺跡Ⅳ層、小山市寺野東遺跡第Ⅰ文化層があげられる。

Ⅱ期：ナイフ形石器・刃部磨製石斧等をともなう時期

始良Tn火山灰（AT）下位の層準から出土する。代表例としては真岡市磯山遺跡、塩谷町鳥羽新田箒根神社遺跡、市貝町寺平遺跡第2文化層があげられる。ローム層の堆積の厚い南関東での出土例などをみると、さらに細分できる可能性がある。

Ⅲ期：切出形のナイフ形石器・角錐状石器等をともなう時期

角錐状石器とは厚手の剝片に急角度の加工を施し、尖頭部を作り出した石器で、主に関東以西に分布する。この時期の代表例としては寺野東遺跡第

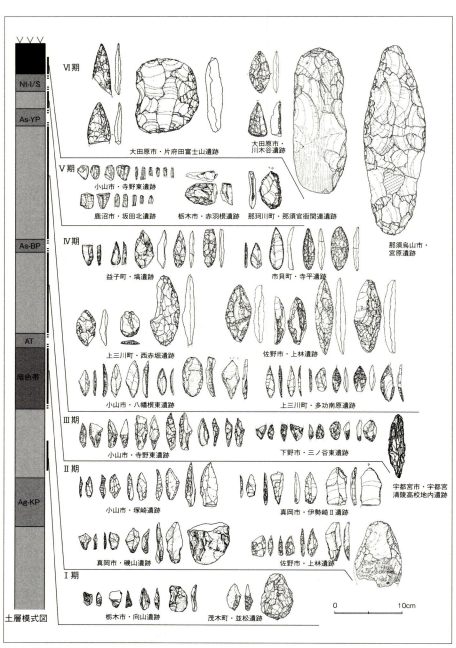

図6　石器群の変遷

Ⅱ文化層、下野市三ノ谷東遺跡があげられる。寺野東遺跡ではAT～浅間板鼻褐色軽石群（As-BP）にかけての層準から石器が出土している。

Ⅳ期：尖頭器が出現しナイフ形石器は衰退する時期

代表例としては、小山市八幡根東遺跡、上三川町多功南原遺跡、佐野市上林遺跡第1文化層、市貝町寺平遺跡第1文化層があげられる。八幡根東遺跡ではAs-BP～浅間板鼻黄色軽石群（As-YP）にかけての層準から石器が出土している。ナイフ形石器や尖頭器の型式・組成により、さらに細分できる可能性がある。

Ⅴ期：細石刃をともなう時期

ナイフ形石器がみられなくなり細石刃が出現する。細石刃石器群は、細石刃核の特徴をもとに、関東以西に中心を持つタイプ（図4-9）と関東以北に中心を持つタイプ（図4-10）の2種類に大きく分けられているが、栃木県域では両方の資料が出土する。前者の代表例としては小山市寺野東遺跡第Ⅲ文化層、鹿沼市坂田北遺跡があげられる。後者では栃木市赤羽根遺跡があげられる。寺野東遺跡ではAs-YP付近、坂田北遺跡では男体今市軽石（Nt-I）付近から石器が出土している。

Ⅵ期：大型の尖頭器・石斧をともなう時期

石斧には、刃部磨製のものもみられる。土器を伴う場合もあることから、旧石器時代終末と縄文時代初頭の過渡期に相当する。代表例としては大田原市川木谷遺跡、同市片府田富士山遺跡があげられる。

〈参考文献（報告書類は省略）〉

池田　宏・小野有五・佐倉保夫・増田富士雄・松本栄次　1977　「筑波台地周辺低地の地形発達—鬼怒川の流路変更と霞ヶ浦の成因」『筑波の環境研究2』pp.104-113

関東ローム研究グループ　1965　『関東ローム—その起源と性状—』（築地書館）

津野田陽介　2007　「第3章旧石器時代第3節遺跡分布」『研究紀要15 —栃木県の埋蔵文化財と考古学—』（財）とちぎ生涯学習文化財団埋蔵文化財センター pp.36-48

栃木県立博物館　2004　『氷河時代の狩人たち—旧石器時代の自然と暮らし—』（企画展図録）

町田　洋・新井房夫　2003　『新編火山灰アトラス—日本列島とその周辺』（東京大学出版会）

町田　洋ほか編　2001　『第四紀学』（朝倉書店）

Column
星野遺跡発掘から50年
星野遺跡と珪岩製旧石器

　栃木県考古学会創立50周年にあたり、奇しくも第1次発掘調査から50年を迎えた星野遺跡について、珪岩製旧石器問題も併せて思考する。

　星野遺跡は、1965（昭和40）年に斎藤恒民が栃木市星野町山口台地でルヴァロワ型石核を発見したことから同年11月に栃木市教育委員会主催で、東北大学文学部考古学研究室助教授芹沢長介（故人）が、第1次発掘調査をした旧石器時代の遺跡である。その後、芹沢長介により第5次まで発掘調査は行われたが、第1次調査の契機となったチャート製のルヴァロワ型石核と関連する石器の出土発見には至らなかった。第2次調査が終了した翌1967（昭和42）年頃から当遺跡出土石器に対する考古学、地質学の分野から痛烈な批判が展開された。いわゆる珪岩製旧石器問題の始まりである。足尾山地の古生層に由来する脈状珪岩を石材とする旧石器は、一般の研究者には馴染みが浅く、且つ板状に剝離する羊羹状角礫縁辺の小剝離を除くと、ほとんど貝殻状の剝離が見られない独特の製作法は、容易に理解できないものであった。しかし、芹沢長介は、数万年にわたる一系統の文化に属する前期旧石器であると結論づけたのである。足尾山地に多出する脈状珪岩を用いた珪岩製旧石器に対して1967年に杉原荘介は、星野遺跡や岩宿D地点の珪岩製旧石器自然成因説を唱え、あわせて日本における中・前期旧石器の存在を否定した。続いて地質学の立場から新井房夫、阿久津純が土石流堆積物層や崖錐堆積物層の形成過程において原始的な石器と見間違うような角礫が作られる可能性があることから自然の営力によってできた偽石器（自然破砕礫）であるとする珪岩製旧石器自然成因説を主張し、専門家でも異論の出るような石器認定にあたっては、型式学的追求と石器包含層の詳細検討の必要性を説いた。以来論争は、膠着状態となり、珪岩製旧石器問題も基本的な解決を見ないまま今日に至っているのである。この問題に積極的にアプローチした研究者として戸田正勝（故人）を忘れてはなるまい。戸

田は、1989（平成元）年5月発行『大平臺史窓』第8号掲載「北関東前期旧石器の諸問題」の中で、佐野市上富士遺跡採集の珪岩製旧石器の詳細な分析検討結果と、斎藤恒民が1969（昭和44）年に発見した遺跡、星野S地点採集石器の詳細な分析検討結果から、上富士遺跡のような山麓斜面に位置し、基盤岩にまつわる角礫や角礫片を素材とし、且つ素材の原形を大きくは変えない、片面加工・交互剝離の珪岩製旧石器は、崖錐堆積物の形成過程における複雑な自然破砕作用が結果的に人工品と同じような形態を作り出すことに起因する偽石器と認定した。一方、星野S地点のような山麓の鞍部に位置し、出土石器は小範囲に分布、基盤岩とは異なる良質な珪岩からルヴァロア形石核・円盤形石核を主体とする剝片生産を行い、交互剝離・連続剝離で製作された種々の珪岩製旧石器は、人為的に製作された石器（真の珪岩製旧石器）と認定したのである。筆者は、この戸田の見解に賛同する一人である。日本列島を震撼させた忌まわしい旧石器遺跡捏造事件発覚前の1998（平成10）年に星野遺跡でも事件が起きていた。事件とは、栃木市が星野遺跡周辺整備計画の一環として「星野遺跡地層たんけん館」建設にあたり、発掘調査終了時から長年保存されてきたEトレンチに接する西側未調査地（250㎡）の鹿沼軽石層から基盤層まで発掘調査をせずに重機掘削して遺跡を破壊した事件である。ちなみに、当遺跡は栃木市の指定遺跡である。なんと、その破壊工事中にまた事件が起きた。斎藤恒民が、掘削工事中に未調査部分の鹿沼軽石層より下層から安山岩、ホルンフェルス製の石器を発見採集されたのである。筆者は、翌年の正月に斎藤宅で、新発見の石器を実見した時の驚きは今も忘れられない。工事着手前になぜ発掘調査が実施されなかったのか確かな理由は不明である。正規の発掘調査で、この石器が発見されていたならば前期旧石器存否論争にも終止符を打つような大きなインパクトを与える確実な証拠となったであろう。誠に残念な出来事であった。この石器の詳細は、安斎正人編集・発行の『考古学Ⅲ』を参照いただきたい。珪岩製旧石器問題、前期旧石器存否論争に終止符を打つためにもS地点の学術的発掘調査の実施が待望される。学術上極めて重要な資料の保存と活用のために現存する星野遺跡記念館が、継続的に管理、運営されることを切に望むのである。

（酒巻　孝光）

旧石器時代の石器石材

芹澤　清八

1．はじめに

　アフリカに誕生したホモ・サピエンス（新人）は、およそ6万年前にアフリカを旅立ってユーラシア大陸各地へ分散し、そして約4万年前にようやく彼らの一部が日本列島に到達することになる。彼らは石で作った道具（石器）を持ち、ナウマンゾウやオオツノジカなどを捕らえて食料とする狩猟民である。定住はせずに簡単なテントのような家に住み、獲物を追って移動する生活を繰り返していたのである。

　このような生活は日本に人類が住み始め、土器の発明をもって縄文時代とする今から1万5千年くらい前まで続いたと考えられており、この時代を日本では旧石器時代の中の後期旧石器時代として区分する。この時代の遺跡は、全国各地で数多く発見され、本県でも現在約240カ所の遺跡が確認されている（芹澤・谷中・津野田2010）。

　この頃は地球全体が寒く、日本列島の気温は今より6～8℃も低いものであった。森はマツやモミなどの針葉樹ばかりで、平野には草原が広がっていたであろう。海水面は今より100mも低く、日本と大陸の一部は陸続きであったため、大型動物が大陸から移動し、これを追って彼らも日本にやってきたと考えられているのである。

2．主な道具と材料

　人々が使用していた主な道具には木製品や骨角製品、これらに鋭利な刃を携えた石製品が加わる。当然、長い年月の間に木製品は朽ち果て、骨角製品も酸性の強いローム層内では跡形もなく消し去られ、発見されることなどほぼ皆無に近い。人骨についても同様であるが、近年、沖縄のサキタリ洞穴では、2万3千年前の人骨と共に貝器が発見されている（山崎2015）。勿論この洞穴は、隆起したサンゴ礁からなる琉球石灰岩に覆われているため、人骨の発見に繋がったのである。

　我々が調査する旧石器時代の遺跡から出土する遺物は、ほぼ100％石器に限られ、これらには多種多様な石材が

使用されている。それらは遺跡周辺にあって比較的入手が簡単な石材を在地石材、反対に遠方に位置し入手困難なものは遠隔地石材と呼ばれる。また中には、湧別技法を伴う細石刃石器群のように、一定地域内にあって使用石材が極めて限定される石器も幾つか存在するのである。

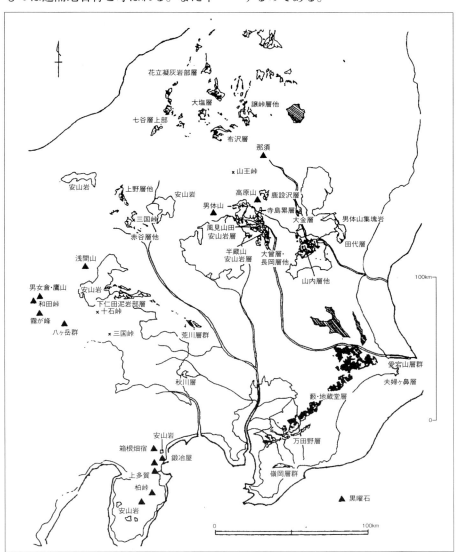

図1　石材産地の分布（田村、国武2003）

3．栃木県の石器石材

　本県は南に向かって大きく広がる関東平野と、これを境に北側には丘陵や山地が連なっており、石器石材に事欠かない地域である。特に、関東一円にて多用される矢板市の高原山産黒曜石が著名であるが、その周辺の高原火山北部・同南西部および西荒川上流域の珪質泥岩礫、また宇都宮丘陵周辺の武子川・姿川および田川流域で採取可能なガラス質安山岩などが、「下野―北総回廊」と呼称される馬の背上の小高い箇所を人々が回遊することに伴い、下総台地に多量に持ち込まれていることが判明している（山本1999・田村ほか2003・2004）。これらの発見は、田村隆を代表とする石器石材研究会が行った数カ年におよぶ調査から得られたものであり、さらに高原山黒曜石原産地遺跡群の発見という最大級の成果に繋がっている（田村・国武2005abc・2006）。また、本県を含む北関東から秩父地域にかけては、層状のチャートが多量に含まれることが知られており（八尾1995）、他の石材を凌駕する主要な在地石材であることは言うまでもない。さらに、茨城県との県境に位置する八溝山地や久慈川上流域に分布する瑪瑙も（上野・荒川1993）、同時代の初頭段階から盛んに利用されていることが、茂木町並松遺跡B地点（中村1997・2001）や笠間市大畑遺跡（長谷川1998）などの幾つかの遺跡で見て取れる。

（1）高原山産黒曜石

　関東地方では、東京都府中市武蔵台遺跡などの調査例から、後期旧石器時代初頭より信州系黒曜石が石器の材料として使用されることが判明している（諏訪間2003）。栃木県においても小山市寺野東遺跡からは（森嶋1998）、時期的に同一と考えられる鹿沼軽石層直上より、高原山産黒曜石を用いた石器が出土しており（森嶋・井上2003）、関東地方では画一的に黒曜石利用が開始される。関東地方周辺における黒曜石の主要な産出地は、和田峠や霧ヶ峰周辺の信州系、箱根から柏峠周辺の伊豆・箱根系、伊豆半島沖の神津島、そして本県の高原山があり、関東各都県より出土する後期旧石器時代や縄文時代の黒曜石製石器は、ほぼこの4地域の黒曜石を使用していると言っても過言ではない。

①産地同定の現状

　黒曜石は、旧石器および縄文時代の主要な石器石材であることから、その産出地が詳細に検証されており、現在は日本列島各地に50カ所ほど存在す

る。この黒曜石が石器石材として広く用いられていることは、早くから考古学者間で注目されていたが、あくまで黒曜石の色調や不純物の混入の度合いなどの表面上の相違によって、また遺跡に近接する黒曜石原産地にその供給地を求めていたに過ぎない。その後の昭和50年頃、理化学的な分析を応用し、産地の同定や水和層による年代測定が行われる（渡辺1978）。当時の産地同定を求めた分析方法は、フィッション・トラック法と呼ばれるもので、これは原子核が2つに割れる原理を利用し、黒曜石内の原子核分裂片のキズの観察と共にウラン濃度を調べ、原産地を推定する方法である。分析は黒曜石を原子炉内にて融解すること、つまり破壊を前提として結果を得るため、遺物が消失してしまうことにかなりの戸惑いもあり、同法の導入に対して受け入れ難い風潮も根強かったようにも思われる。

そのような中、非破壊による新たな分析方法は、黒

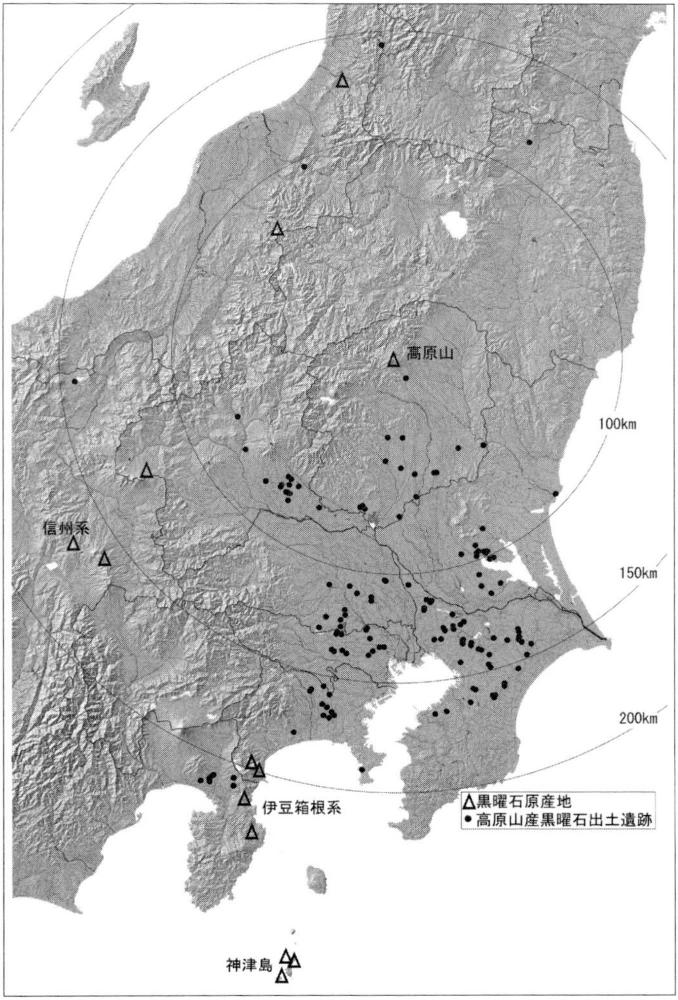

図2　高原山産黒曜石の出土遺跡分布図（国武2014）

旧石器時代の石器石材　31

曜石に含まれる特徴的元素を定量し、これに遺跡出土のものを比較することによって産地推定が可能となる。この特徴を利用した分析には幾つかの方法が存在するが、現時点では非破壊による蛍光X線分析が主流である。

②高原山産黒曜石の分布とその様相

図2は、国武貞克が後期旧石器時代における高原山黒曜石を使用した遺跡の出土位置を示したもので、「高原山産黒曜石の流通について」(芹澤2004)および「日本考古学協会とちぎ大会資料」(芹澤ほか2011)を基に、その後の分析資料を加えて作成したものである(国武2014)。その分布状況は、高原山から約100～150kmほど離れた埼玉・千葉・東京などの南関東地方に集中する傾向が窺える。中でも千葉県内(下総台地)における黒曜石の入手方法については、石器石材研究会により「下野―北総回廊」という行動領域が提示され、高原山周辺に存在する珪質泥岩類と共に搬入されたことが確実視されている(田村ほか2003)。当地には大

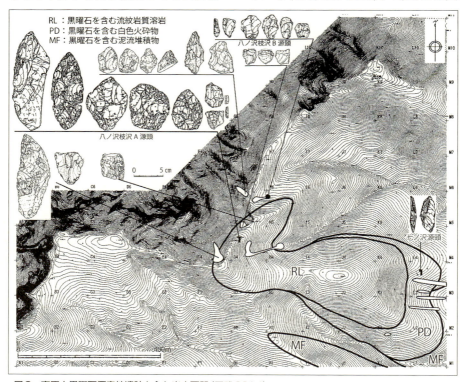

図3　高原山黒曜石原産地遺跡と主な出土石器(国武2014)

宮台地および武蔵野台地が近接しており、やはり「下野―北総回廊」を主要なルートとして持ち込まれたことが想定可能であろう。

現段階にて最も遠距離に持ち込まれた遺跡は、200kmを超える静岡県三島市山中城跡である（望月1995）。黒曜石の移動距離に関しては、その必要性と共に良質であればあるほど、これに比例して距離が延びると思われるため、気泡やスポット状の不純物が多いことで知られる高原山産黒曜石が必要とされるのか疑問を抱かざるを得ない。しかも、山中城跡に到着するまでには、伊豆・箱根系の黒曜石原産地を越えなくてはならないのである。

これまで、伊豆・箱根系産と高原山産黒曜石は、分析時に黒曜石内より抽出される特定元素の数値が極めて近いこともあって、誤認されやすい経緯があった。山中城跡の分析結果を疑うわけではないが、資料借用のうえ再分析を実施することが、高原山産黒曜石の分布範囲を確定し得ると考えられるのである。同様な視点から、長野県内にも信州系とする極めて良質かつ透明度の高い黒曜石の大規模な原産地が存在するにもかかわらず、やはりこれを飛び越えて長野県信濃町西岡A遺跡より高原山産黒曜石の出土が報じられている（望月・渡邊2000）。

これらのことを受けて、矢板市教育委員会高原山産黒曜石調査事業委員会では、平成17（2005）年3月、分析資料に対するクロスチェックの重要性を十分に理解していただいた上で、三島市教育委員会および長野県立歴史館より借用し、調査委員会メンバーである井上巖が再分析を実施している。結果は、双方とも高原山産であることが確証され、現段階では新潟県朝日村樽口遺跡（藁科・東村1996）を含め、最も遠隔地に供給されたものと判断される。

③高原山黒曜石原産地遺跡剣ヶ峯地区とのかかわり

2005年7月、田村隆を代表とする石器石材研究会による高原山黒曜石原産地遺跡の発見は、矢板市教育委員会が平成18（2006）年より5カ年計画で行う、「高原山原黒曜石産地遺跡群剣ヶ峯地区発掘調査事業」に繋がり、未だ道半ばであるが将来的には国指定史跡として整備されることが期待される。

さて、この調査事業は極めて小範囲な発掘調査であるが、後期旧石器時代各時期にかかわる石器群と共に大量の剥片類の出土が認められた。さらに、これらの石器群内には比較的良質な黒曜石を使用した大型な槍先形尖頭器の

未製品が多数含まれており、これらとの関わりを推定できる石器群が幾つかの遺跡に存在するのである。

図4-1〜7は、佐野市上林(かんばやし)遺跡第Ⅰ文化層出土の槍先形尖頭器で（出居2004）、分析結果からすべてに高原山産黒曜石が使用されている（望月2004）。同文化層出土の黒曜石製石器群を構成する石器総数は46点と非常に少ないが、1・2の完成品、3〜7の欠損品および未成品が含まれる以外は石器製作時の剥片類であり、出土総数に対する完成品の出土割合が極めて高い。

8は群馬県桐生市武井(たけい)遺跡出土の槍先形尖頭器である（岩宿フォーラム2004）。先端には欠損後に再加工なされるが、本来は大型で厚みがあり、柳葉状の形状は上林遺跡出土のものに近い。さらに重要なことは、上林1・2と武井8の先端左側に、樋状剥離(ひじょうはくり)が施されている点である。この特徴的技法のある尖頭器は、男女倉型有樋尖頭器(おめぐらがたゆうひ)とも呼ばれるもので、非常に特徴的で出現時期や分布範囲が限定されている（須藤2004）。

武井遺跡では後期旧石器時代初頭の群馬Ⅰ期からⅣ期まで連綿と遺跡が形成され（加部1998）、8が所属するⅢ期では1,330点の槍先形尖頭器を含む多量の石器群が出土している（加部・

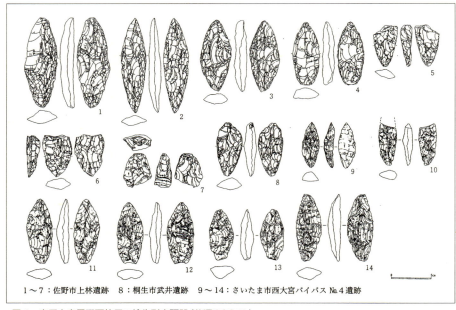

1〜7：佐野市上林遺跡　8：桐生市武井遺跡　9〜14：さいたま市西大宮バイパスNo.4遺跡

図4　高原山産黒曜石使用の槍先形尖頭器（芹澤2004b）

阿久澤2004)。1,330点における黒曜石が占める割合は、全体の4割を超える542点に及んでおり、如何にこのⅢ期では黒曜石使用の比率が高位であるかが理解できる。また、産地同定分析は247点に対して行われ、8を含む11点の高原山産黒曜石が確認されている（建石ほか2004)。この247点については、形態的・技術的分類を行っており、11点の高原山産の半数以上の6点（55%）が、両面調整された木葉形・柳葉形の大型品である1類に含まれる結果となった。同様に、他の黒曜石製における1類の占有率は、信州産星ヶ塔が111点中23点（21%）、信州産小深沢は63点中8点（13%）、信州産麦草峠は43点中8点（19%）であり、高原山産黒曜石使用の槍先形尖頭器が大型品を意識したものであることが分かる。

上林遺跡第Ⅰ文化層出土の石器群を見る限り、ほぼ完成品の状態で遺跡内に持ち込まれていることは想像に難くなく、同石器群を構成する46点内には図4-1・2以外に施された樋状剥離片が数点含まれている。このことは、上林遺跡にて多数の樋状剥離尖頭器が製作されたことを意味しており、やはり図4-8の樋状剥離尖頭器が完成品として武井遺跡に持ち込まれたならば、

その搬出先として渡良瀬川を35kmほど下った上林遺跡が想定できる。

図4-9～14の6点は、さいたま市西大宮バイパスNo.4遺跡出土のもので、削器2点を含めた計8点は隠匿的な出土状態を示している（田代1986)。10は器体上半を失うが、図4-11～14の4点は先端に丸味が残り、また断面形が均整の取れたレンズ状でないなど、未製品としての状態が明らかである。また、製作の際の剥片類が皆無であり、一括して運び込まれたものとして間違いないであろう。さらにこれらの表裏面には、お互い擦れ合った痕跡

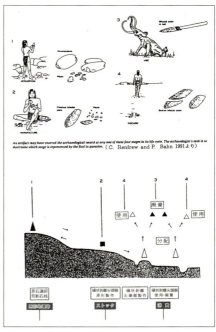

図5　樋状剥離尖頭器のライフスタイル（白石1997)

が見られることから、袋に詰めて運ばれたと考えられている。西大宮バイパスNo.4遺跡の槍先形尖頭器は、先の2遺跡より時間的に後出するものであるが、これら3遺跡に共通する特徴として、高原山産黒曜石を用いた大型な槍先形尖頭器が出土し、しかも完成品に近い状態で遺跡内に持ち込まれている点にある。このような状況は樋状剝離尖頭器を製作する集団が存在し、直接的もしくは他の遺跡を介在して各遺跡に搬入されることを示すものであり、白石浩之による樋状剝離尖頭器に見られる流通ネットワークの一部を如実に物語るものと思われる（白石1997）。

④高原山産黒曜石と遠隔地の遺跡

　高原山産黒曜石が出土する遠隔地の遺跡として、静岡県三島市山中城跡と長野県信濃町西岡A遺跡を示したが、この2遺跡における高原山産黒曜石使用の石器を検証すると、山中城跡では槍先形尖頭器が製作され、また西岡A遺跡では僅か1点の出土ではあるが、尖頭器を製作する際の調整剝片であることが判明している（谷2005）。双方には時期の異なる石器群が存在するが、高原産黒曜石の使用時期は上林遺跡や武井遺跡と同じように、槍先形尖頭器が主体的に作成される段階なのである。高原山産黒曜石調査委員会調査委員の井上巖よる高原山産黒曜石の蛍光X線分析報告では、特定分析対象元素の集中箇所の違いによって、Ⅰ～Ⅲ類の3種類が存在することが明らかになっており、その中でもⅡ類としたものは特に気泡やスポットなどの不純物が少なく、高原山産内にあって最も良質なものとされている（井上2005）。山中城跡出土の高原山産使用石器も、再分析の結果から良質なⅡ類に含まれることから、より良質の黒曜石が遠隔地に運ばれていることが証明された。

　既に記載したが、高原山産黒曜石原産地遺跡群剣ヶ峯地区における表採資料や調査出土遺物内には、良質な黒曜石を使用した大型な槍先形尖頭器の未製品が多数含まれている。これら原産地遺跡との関係から上林・武井および西大宮バイパスNo.4遺跡については、白石浩之の言う樋状剝離尖頭器とその流通ネットワークの中で捉えることが可能であり、また同様に遠隔地にある山中城跡や西岡A遺跡についても、この剣ヶ峯地区を基点とする何らかの流通形態の存在を否定することはできないであろう。

　さらに、寺野東遺跡をはじめ、近県では群馬県伊勢崎市三和工業団地Ⅰ遺跡（津島1999）、千葉県柏市聖人塚および中山新田Ⅰ遺跡下層石器群（田村

ほか1986)、市原市草刈六之台遺跡（くさかりろくのだい）(島立1994)、鎌ケ谷市五本松№3遺跡(矢本2003・2005)の出土例から、後期旧石器時代初頭やその直後より使用されることが理解され、中でも五本松№3遺跡は多量の黒曜石を集中的に消費する遺跡として特筆できる。幾つもの母岩の出土は、原産地遺跡をネットワークの基点として広範囲に分布する槍先形尖頭器段階と異なる状況を示している。

(2) チャート

チャートは多種多様な石材が存在する関東地方にあって、最も地元に密着した代表的石材である。特に栃木、群馬県境に広がる足尾山塊やその周辺では、チャートの岩脈が多数存在する(林・長谷川1981)。岩宿文化資料館が行う岩宿フォーラムでは、『石器石材』(岩宿フォーラム1995)、『石器石材Ⅱ』(岩宿フォーラム1997)にて、各種石材に関わる流通を詳細に検討すると共に、列島内における代表的な石材地域での様相を明らかにし、さらに2005(平成17)年度の『石器石材Ⅲ』(岩宿フォーラム2005)では栃木県内の主要河川の転石調査を実施し、遺跡出土石材との関係を直接的に示している。また、本県には東北大学考古学研究室

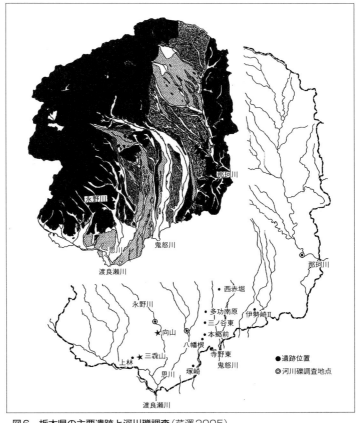

図6　栃木県の主要遺跡と河川礫調査(芹澤2005)

の調査によって明らかとなった、日本最古の原産地遺跡と示された栃木市向山（むこうやま）遺跡が存在するなど（芹沢1980）、河川の転石ばかりか露頭採取による石材入手にいついても看過できない状況にある。

① チャートの利用状況

栃木南部の河川流域に密集する9遺跡13枚の文化層に対し、約29,000年前に降灰した姶良火山灰（AT）にて上下に区分し、各石器群におけるチャートの利用状況を見ると（芹澤2005）、先ずAT降灰以前の佐野市上林遺跡第Ⅱ文化層では出土石器3,540点中の約80％、真岡市伊勢崎（いせざき）Ⅱ遺跡第Ⅱ文化層（森嶋2000）では1％、小山市塚崎（つかざき）遺跡第2文化層（岩上1994）では38％となり、上林第2に卓越した状況が窺える。この様相に河川と遺跡の位置関係で示した図6を重ね合わせると、足尾山塊から東側に離れるに従ってチャートの使用頻度が減少する傾向が見て取れ、このことは岩宿フォーラムの河川礫調査によるチャートの採取率と一致している。

同様にAT降灰以後の使用比率は、上林遺跡第1文化層が約22％と飛び抜けて多く、これ以外の遺跡では小山市八幡根東（やはたねひがし）遺跡の11％を最高に使用比率が極端に低い。中でも下野市三ノ谷東（やひがし）第3・同第2・同第1文化層、小山市本郷前（ほんごうまえ）および上三川町多功南（たこうみなみ）原（はら）遺跡では皆無に近い。AT降灰以前の状況と同様、河川調査におけるチャートの採取率に比例するような結果が得られてはいるが、極端なチャートの使用が認められる上林第1・第2、また塚崎第2では河川礫ばかりでなく、露頭や岩体より採取された角礫が大量に持ち込まれている。例えば、上林第2の出土チャート92kgは、角礫81kgと円礫11kgであり、全体重量における円礫に重量比率は9％程度ある。この程度であるならば、AT降灰以降の八幡根東や多功南原と同様な比率を示すものである。上林第1でも22点のチャート製品に対して、円礫からの取得は僅かに2点、逆に角礫は10点、不明10点であり、やはり河川礫の使用率は数％程度と考えた方が良さそうである。

② 上林遺跡第2文化層のチャート製石器について

上林第2出土の石器群は、日本最大の環状ブロックを構成し、出土石器3,540点、総重量117kgという膨大な資料が出土している。特にチャートは総重量中の92kg（約72％）を占め、丹念な接合作業のもとに、一見して岩脈より採取された箱形状の角礫に復元さ

れた多くの接合資料は圧巻の一言である。

　出土した220点におよぶチャート製石核は、接合による復元形状や礫面などの観察から、一部に転石が用いられているがその大部分は角礫が使われている。チャート総重量92kgの角礫と転石の重量比率は、角礫が約88％の81kgに対し転石は11kgであり（出居2005）、角礫への依存度が極めて高いことが窺える。復元された接合個体資料には3kg程度のものが複数存在しており、すべてとは言い難いが、おそらく3、4kgほどの角礫のまま遺跡内に持ち込まれ、全面調整の後に分割使用されていると思われる。また、中には岩脈チャートの特徴となる生成時の上下平坦面を、そのまま打面として使用するものも当然存在する。

　さらに詳細に見ると、上林第2からは9種類180点の石器が出土しており、中でも台形状石器10点中8点、尖頭状石器8点中7点、楔形石器37点中35点、ドリル状石器にいたっては5点すべてがチャート製というように、特定器種に対し使用頻度が高位である。しかし、当時の石器群内にあって最も主体的器種であるナイフ状石器99点は、チャート27、黒曜石23、流紋岩18、ガラス質安山岩9、黒色頁岩6、硬質頁岩5などであり、石核220点・累計総重量92kgのチャートと、石核13点・累計総重量1.5kgの黒曜石との差は僅かに4点である。同様に流紋岩は石核2点・710g、ガラス質安山岩は石核3点・550g、黒色頁岩は石核3点・480g、硬質頁岩は石核3点・330gであり、単純にナイフ状石器1点を製作するための石材重量を求めると、チャートの3,400gに対し最大は黒色頁岩の80g、最小は流紋岩の39gとなり、残りの黒曜石・ガラス質安山岩および硬質頁岩は60g代の数値を示す。

　石器は消費されるものであり、遺跡外に持ち出された数を差し引いたとしても、角礫チャートは非常に製作効率の悪い、言い換えるならば石器製作にあたって目的的剥片が得にくい石材であったと考えられる。特に、ナイフ状石器の素材となる石刃や縦長剥片の取得に対して、角礫全体が均一化した安定的な中身を持たないなどの点は、不向きとなる大きな要因ではなかったろうか。

　これら総重量92kgにも及ぶ石材の供給地として、色調および石質等の類似点や遺跡が形成された時期などから、直線距離で北東方向約11kmに位置する栃木市向山遺跡原産地遺跡とす

る意見もあった。しかし、出居博による詳細な調査により、遺跡東側に聳える三毳山(みかもやま)が有力視されている。

③芹沢長介発見の栃木市向山原産地遺跡

昭和45・46(1970・71)年、東北大学考古学研究室が標高110mの栃木市向山斜面中腹の発掘調査を実施し、当時2.5万年前とされる黒色帯や3.2万年前の堆積と言われる鹿沼軽石層直上のローム層内に、山頂部の露頭と同質のチャート原石や石器類が包含されることから、日本最古に属す旧石器時代石材採取遺跡(原産地遺跡)であることを確認した(芹沢1980)。

当地はその後、山砂利採取によって切り崩され続け、平成に入ってからは東北大調査地点が削平されたことに伴い、平成6(1994)年より4年間にわたって栃木市教育委員会が再度発掘調査を実施することとなった。

栃木市教育委員会の調査によって、山頂部周辺に良質なチャートの岩盤が発見され、そこには石材採取による多数の敲打痕(こうだこん)が確認された。この行為を裏付ける1,600点を超える敲石(たたきいし)や300点を数える楔形石器(鏨か)(たがね)が出土し、また僅か1点ではあるがナイフ形石器が出土している。このことから、後期旧石器時代に所属するものとして間違いないであろうが、石器類には明らかに縄文時代のものも含まれており(森嶋2009)、長期間にわたって石材採取や採掘が行われていたのである。

向山産チャートは、黒色的色合いの強さや木目の細かさが際立っており、数遺跡にて類似するものが見受けられるものの、黒曜石と違い理化学な同定は不可能である。よって視覚による分類に他ならないが、塚崎遺跡第2文化層や野木Ⅲ遺跡(中村1991)出土のチャートが向山産と考えられている(戸田1991)。塚崎遺跡では出土総数170点中約38%にあたる62点がチャートであり、多数の剥片に岩脈ないしは基盤チャートに特徴的な節理面が伴う。野木Ⅲ遺跡いたっては、色調や質感が向山産そのものと判断可能である。

さて、芹沢長介による向山遺跡の調査では、鹿沼軽石層の上位に4枚、下位に3枚の文化層が確認されているが、鹿沼軽石層とその上位の黒色帯間の第Ⅳ層と黒色帯中の第Ⅲ層出土石器は、素材となる縦長剥片の有無によって大きく区別される。黒色帯の下位出土の茂木町並松B遺跡や笠間市大畑遺跡などでは、不定形剥片を用いた藪塚(やぶづか)系ナイフ形石器が見いだせ(芹澤2006)、向山第Ⅳ層中には初現的な藪

塚系ナイフ形石器の存在が指摘されている（須藤1991）。向山を含むこれらの石器群の様相は、後期旧石器時代初頭の指標である縦長剝片素材の基部加工ナイフ形石器や局部磨製石斧が組成されるが（諏訪間2003・2005）、北関東では異なる状況を示すものであろう。

(3) 珪質泥岩・緻密黒色安山岩

　下総台地に供給される石材については、「下野─北総回廊」を経由して大量に持ち込まれると共に、その採取地についても石器石材研究会によって明らかにされている。それらは、宇都宮丘陵から宝木台周辺の半蔵山安山岩と大谷層・長岡層の流紋岩質溶結凝灰岩、西荒川上流域の珪質泥岩、高原山周辺の黒曜石と鹿又沢層産の珪質泥岩、そして那珂川および久慈川流域の黒色緻密安山岩・珪質泥岩・碧玉・珪質頁岩や、八溝山地の黒色珪質頁岩である。

　宇都宮丘陵を源とする武子川や姿川に分布するガラス質黒色安山岩については、以前から柴田徹により明らかにされ（柴田2002）、また真岡市磯山遺跡やその周辺より多出する黒色で緻密なガラス質安山岩については産出地が想定されているが（荒川・上野1993、芹澤1995）、近年ではさらに詳細な分布調査や蛍光Ｘ線分析による産地同定が行われ、確実に成果が上がっている（森嶋ほか2006）。

〈主な参考文献〉

国武貞克　2014　「黒曜石原産地遺跡の様相」『考古学ジャーナル』№659

芹澤清八　2004　「高原山産黒曜石の流通について」『高原山産黒曜石調査事業報告書』（矢板市教育委員会）

芹澤清八　2007　「第3章 旧石器時代　第6節 石材」『研究紀要』第15号（(財)とちぎ生涯学習文化財団）

田村　隆・国武貞克・吉野真如　2003　「下野─北総回廊外縁部の石器石材」『千葉県史研究』第11号

田村　隆　2005　『氷河時代の旅』（千葉県立中央博物館）

旧石器時代の環状集落
上林遺跡が営まれた社会と環境

出居 博

1. はじめに

環状集落というと、大抵の人は縄文時代に特有の集落形態をイメージするのではないだろうか。だが、旧石器時代にも環状集落は存在したのである。

1985（昭和60）年に「群馬県下触牛伏遺跡から衝撃的な石器群」（安蒜1993）が発見され、それ以降、各地で検出例が増加し、今日では、関東地方を中心に全国で100遺跡を超える環状集落跡が確認されている（橋本2010）。

上林遺跡は、その中の1つであるが、現在のところ日本最大規模を誇る。

2. 上林遺跡第2文化層の石器群

遺跡は、佐野市南東部にかつて広がっていた旧越名沼の水田地帯に突き出た標高24mの洪積世台地上に位置する。調査は、1995～97（平成7～9）年にかけて実施し、縄文時代前期の環状集落跡、槍先形尖頭器を中心とする旧石器時代第1文化層、そして、本稿

図1 上林遺跡の各時代集落跡

で取り上げる約80m×50mの範囲に石器群が廻る第2文化層が検出された（図1）。出土した3,540点の石器類は、その内1,105点で接合関係が認められ、共時性の高い一群であることも確認できた。

出土した資料（写真1）は、この時期特有のナイフ状石器・台形状石器・局部磨製石斧をはじめ、敲石（たたきいし）・台石・磨石（すりいし）などの利器と多数の石核・剥片類で構成される。石材は、在地の三毳山（みかもやま）産とみられるチャートをはじめ、黒曜石・ガラス質安山岩など遠隔地石材までを含む22種類を識別でき、これら出土資料の総重量は117kgにも達した。

写真1　上林遺跡出土資料の一部

3．日本列島の人類史と上林遺跡

日本列島における人類の営みは、いつ頃から始まったのであろうか。筆者は、新人（ホモ・サピエンス）の段階になってからであろうと予てより推測している（出居2006）。数万年を遡（さかのぼ）る時代であっても、人類がその地域に存在し、営みを展開していたとすれば、諸活動の痕跡は、ある一定程度の範囲に複数認められるはずである。しかしながら、これまでのところ、「すべての研究者が確実視する4万年前以前の遺跡は、日本列島において皆無」（堤2011）の状況であり、後期旧石器時代初頭は、列島の人類史において黎明期であったと捉えるべきである。

新人の時代が訪れ、列島への渡来が本格化して大きなうねりとなり、「種々の場の機能を有した一定の居住域と推定」（橋本1993）された環状に分布する石器群が出現する。この特徴的な痕跡こそ、後期旧石器時代前半期（AT降下期〈約29,000年前〉以前）に見られる環状集落跡なのである。

上林遺跡の石器群は、AT（姶良（あいら）・丹沢（たんざわ）火山灰）下位の層準から検出されて

おり、30,000年もしくはそれを遡る時代の所産であるとみられる。また、石器組成等の分析により、上林の集落跡は、「環状ブロック群の存続期間の後半から終末に位置づけられ」、「終末期にかけての集落景観を代表」（島田2011）する遺跡と捉えられる。後期旧石器時代前半期の集落跡研究においては、看過できない存在といえよう。

4．旧石器時代の環状集落論

　上林の環状集落は、大規模であるが決して特別な存在ではなく、下触牛伏遺跡（岩崎1986）と共に旧石器時代集落形態の１つとして捉え得る。

　それまで、環状集落は、縄文時代になってから出現する集落形態だと考えられてきた。旧石器時代は、小集団による季節性を伴った遊動生活が基本であるとの考えが定説化していたのである。ところが、下触牛伏遺跡の出現で、それまで各研究者が抱いていた後期旧石器時代前半のイメージに「衝撃」が走った。そして、上林遺跡での長径80mにも及ぶ環状集落跡発見は、時代認識の再考を決定的にしたともいえる。

　今日、この共時的関係をもって環状に廻る石器群は、「当時の集落形態として重要であるばかりでなく、その社会組織をも映し出している可能性がある」（小菅1993）との指摘もあり、旧石器時代の重要な研究テーマとなって、議論がさらに活発化している。

　これまでの研究では、離合集散による生業動態によって社会が成り立っていたとする考えが主流であった。つまり、各小集団で遊動しながら生活する中、それらのグループ同士が、何らかの目的や必要性のもとに集い、環状に廻る集落（キャンプ）を形成する。そして、短期間の営み後、再び分散して各地へ出向いていくとの考えである。

　多くの研究者は、この離合集散遊動論の立場で分析検討を進めている。一方、稲田孝司は、単一集団遊動論のもと議論を展開している（稲田2001・2006）。しかしながら、筆者はどちらの立場にも立たない。

　旧石器時代の環状集落は、その形成要因として、大規模・大形動物狩猟説（大工原1990・1991）、石材交換分与説（栗島1993）、中央広場公共活動説（須藤1993）、祭祀および大型獣分配説（白石2002）、外部警戒単一集団説（稲田2001）、同盟関係確認説（佐藤2006）、土地所有観念説（竹岡2010）、警戒と記憶説（宇井2012）、ゴミ捨て場説（田村2012）、邂逅の場と地図的機能説（山岡2012・山岡/青山2013）などさまざまな説が提示され、議論は、

背景の社会構造や生態論にまで及んでいる。

　これらの各説は、稲田説を除いては、概ね季節性を伴った離合集散論の中で包括可能である。この多くの研究者が用いる「離合集散」という演繹的概念は、魅力的でわかりやすく、それぞれの説に適用できる有効な触媒ともいえる。しかしながら、遺跡に残された石器群の複雑で多様な現象を示す上林遺跡の解釈においては、結果的に適用することができないと判断している。

5．上林遺跡に見る大規模環状集落

　上林遺跡の石器群には、環状部全体にチャート石材が広く分布しているが、一方で、多様な石材の構成比率や遠隔地からの搬入品分布を検討した結果、東西の石器群は石材のあり方を異にしていることも判明した（図2・出居2004）。この状況を踏まえ、ムブティ・ピグミーの民族誌事例（図3・市川1978）も援用し、多角的に分析を行い、演繹両面から集落構造の実態に迫った。

　その結果、上林遺跡では、全体としてチャートの石材を中心に石器群の均質化が認められる一方、東西に対峙して分別可能な2つの石器群から、2集団の存在を導き出す結果となった（出居2008・2013）。

　両石器群の相違は、各集団の過去における活動内容の違いを反映したものと捉えられ、両者は、それぞれの地での各活動を経て、共通する目的や課題解決のために上林の台地で集い、環状を呈する集落を形成したと推測する。

　環状に分布する石器群が二分することは下触牛伏遺跡でも認められ、「分節化された区域は、集団の違いによる対応と考えるのが現時点では妥当」（津島2013）との見解が示されている。また、西日本の事例であるが、兵庫県板井寺ケ谷遺跡では、分析の結果、「サヌカイト製石器群とチャート製石器群、瀬戸内系と中国山地帯内系の分布

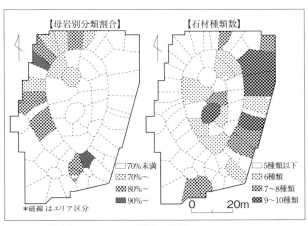

図2　上林遺跡における石器群分布の様相

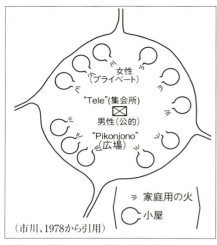

図3　ムブティキャンプの一般的モデル

のあり方に大きな片寄り」が確認され、2つの集団が「一つの遺跡で同時に居住し、何らかの関係を結んだことにより形成された」(山口2005)との見解が示されている。

　大規模な環状集落の形成過程について、安蒜政雄は、「別々の場所に分かれて環状ブロック群を営んでいた集団の構成員が、一方から総転出し他方へと全転入するかたちで、一同に集合したもの」(安蒜2006)と捉える。一方、白石浩之は、上林遺跡の集落について、「単村的な在り方というよりは血縁関係を越えてムラに集った連合村的な様相」(白石2004)と解し、集団の合流による村の形成ついて言及した。

　上林に残された痕跡は、石材の多彩性や総量の豊富さ、神津島産を含めて各方面からもたらされた遠隔地石材(図4)のあり方などから、「短期間暮らしただけの、遊動生活の中での一種の居住跡」(稲田2006)や「季節的居住としての冬村」(佐藤2006)と解釈する単一集団遊動論や離合集散論の中で収斂させることは困難である。

　上林遺跡は、いくつかの家族構成を中心に成り立つ2集団の合流により編成された50人～100人にも上る拠点集落跡と考えられる。そこには、健康体の成人のみならず、ケアを必要とする老若男女もある程度含まれていたに違いない。集団が大きくなるにつれ、遊動生活は、負担が増加し困難が増すと予想され、状況さえ許されれば、定着化が促進されたのではなかろうか。

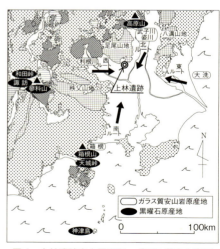

図4　上林遺跡出土黒曜石・ガラス質安山岩原産地(出居2013より)

集団は、一定の場所に留まって生活を営んだ場合、物身の交流や情報の交換と共に、付近で調達する石材を始めとする資源の共有化も図られることが予想される。結果的に、滞在期間が延びるにしたがい、構成要素の均質化が進んでいったものと推測される。

　上林で営まれた環状集落（図5）は、旧石器時代という特有の環境を背景に、系譜的には遊動社会の中にありながら、2つの集団が合流して大集団化した結果とみられる。当時の人々は、環境への関わり方を深化させる中で生業動態も多様化したのであろう。それに適合すべく、社会構造も変容し、人々の心理や行動を制する規範にも変化が生じたに違いない。大規模な環状集落は、その社会的構成体の1つとして捉えられる。その集落では、定住化への萌芽が認められるような生業が繰り広げられ、旧石器時代でありながら、季節性を超えた生活拠点としての営みがあったものと推測している。

　集団が合流する要因は、現在のところ民族誌の中にある程度のヒントを求めざるを得ない（市川1987・出居2008）。人々は、採集狩猟による営みの時代を生き抜くために、そして、一族を守るために交流し、良好な関係を結び、発展させていったのではなかろうか。しかし、その前提条件として、大集団を営むに足りる自然および社会的環境が整っていなければなるまい。

　なお、上林遺跡のような「相対性環状石器群」に対し、「特定のブロックに特定の石材が偏ることはない」（谷2005）長野県日向林B遺跡などに見る石器群は、「単一性環状石器群」（出居ほか2004）として区別すべきである。両者は、成立の過程や背景を異にしている可能性が高い。前者は、合流した集団の活動拠点として種々の生業が反映された痕跡であり、後者は、社会的構成体の1つである単一集団が活動を展開した痕跡と捉えられる。

図5　上林遺跡環状集落想定景観図（出居ほか『上林遺跡』2004より）

6．旧石器時代環状集落の盛衰

　旧石器時代において、大規模な環状集落の生成要因は、現象としての石器群分析と共に、その時代背景をも探ることにより明らかになっていくものと考えている。彼らは、いったいどんな時代をいかに生きたのであろうか。

　後期旧石器時代初頭ともいえる時期に環状集落が出現し、その後、大規模化した環状集落は、その時代に定着することなく、前半期のうちに消滅してしまう。人類の定住化へ向けた流れが継続することはなかったのである。期間限定ともいえる環状集落がその時代に生成し、そして衰退していった背景には、何が起因していたのであろうか。

　筆者は、くらしと環状集落の推移には気候の変動が大きく作用しているとみて、推論を立てている（出居2005）。

　環状集落の生成は、単純な構図では描けない複雑な社会的要因もあるとみられるが、それを促進した主因に気候の温暖化があると考える。そして、温暖化による環境の変化は、植生に直接的影響を及ぼし、一定地域内における植物質や動物質の食物環境を改善させ、食糧確保と生活環境の安定化が図られていったのではないかと推測する。

　それでは、当時はどんな自然環境であり植生であったのであろうか。百原新が編集した関東平野南部の植生時代区分（図6・百原2007）によると、AT降下の頃を境に植生などに大きな変化が認められる。新人が日本列島へ渡来してきた時期とみられる4万年前頃から環状集落が終焉を迎える3万年前頃までは、コナラ属コナラ亜属（コナラやクヌギのドングリ類）の落葉広葉樹が優勢となる。一方、マツ属やトウヒ属の針葉樹は劣勢で、比較的温暖な時期であったことがわかる。この状況は、上林遺跡が立地する関東平野北部にもある程度対比できるか、もしくは、南部に比べて植生の優劣がやや緩和された環境であったと考えられる。

　環状集落が営まれた時期の環境については、「最後のコナラ亜属―ブナ属帯は、それまでよりは降水量が増え温暖化の傾向があり、植生の回復を示しているという」（島田2008）報告や、「気候的には最終氷期最寒冷期に入る一歩手前のやや温暖な時期にあたる」（高屋敷2013）との見解など、比較的温暖な時期であったとの見方が一般的である。さらに、橋本勝雄は、自然環境の変化を集落論に結び付け、「寒冷化という大きな環境変動が環状衰退の大きな要因であった」（橋本2013）との見解を示している。

　比較的温暖でコナラやクヌギのドン

グリ類が実る樹林を抱える環境は、針葉樹林や寒冷で乾燥化が進んだ草原の環境に対し、植物質や動物質の食物資源の内容を豊富にしていることは想像に難くない。佐藤洋一郎は、湿潤で「植物質の資源が豊かであれば、それにつれて動物質の資源も豊かになる」と言及し、「集団の中には分業も発達する」(佐藤2016)とも指摘する。

上林遺跡は、地理的条件にも恵まれ、周辺は平野部の環境と共に山地帯の環境が広がり、活動領域内には、河川や湖沼も点在し、採集狩猟や漁労活動も含めた生業が通年サイクルで可能な地域であった可能性が高い。その恵まれた環境を用意するためにも、温暖な気候は、重要な条件となっていよう。

温暖化は、食物資源の改善を促し、人々の営みに変化を生じさせ、一定地域内での活動を中心とした暮らしへ移行したと推測する。大陸からの渡来後、各地に出向く遊動生活の中にあって、地域内での食糧確保が図られ始めると定着化が進行し、一定規模の集団が形成され、目的に応じ環状や弧状を呈した規則性のあるキャンプが営まれる。集団間には、基本的に有効な関係が築かれ、合流により成立した大型の環状集落は、他の個別活動や生業動態と有機的に結ばれ、社会的構成体の1つとして時代的役割を担うことになる。

しかし、その後、気候の寒冷化で植

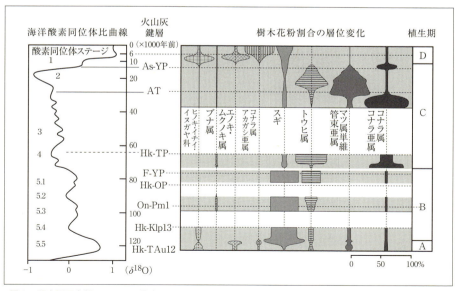

図6　関東平野南部における最終寒氷期以降の主要樹木花粉の層位的分布と植生時代区分（百原2007より）

旧石器時代の環状集落

生は大きく様相を変える。それに伴い、それまで可能であった一定地域内での安定的食糧確保は困難となった。地域への定着化によって維持可能であった大集団は、それを維持できなくなり、急速にその姿を変容させていったとみられる。比較的温暖な気候のもとに形成されてきた共同体は、生活環境の悪化により、維持可能なまでに集団の分散化が図られ、一方で、食糧資源の開拓と確保のために活動範囲の広域化が進められていったと推測する。

その状況は、各地で見つかる石器群の様相にも見てとれる。遺跡が密集する下総台地では、環状集落跡が頻出する時期は「在地石材を主としたほぼ等質な石器群が台地を席巻」し、消滅後は「集団の広域移動が現象化する」(橋本2010)との分析結果もある。

7．おわりに（今後に向けて）

日本列島でのみ確認される旧石器時代環状集落は、新人の渡来後、あまり時を経ずして出現している。なぜか。人々の列島内拡散・植生の変化と適応・環状集落の形成、これらの現象は、新人の動態を探る上で重要な論点となる。そして、それらの関係性を解明することができれば、極東の一地域を越えて、人類の営みを社会史的に位置づけていくことも可能になろう。はたして、環状に分布する石器群は、「日本列島固有の旧石器時代の特徴」(高屋敷2013)に留まる存在なのか。

上林遺跡などにみる環状集落の探求は、旧石器時代に対する歴史認識を新たなステージへ導くことになろう。

〈参考文献〉

安蒜政雄　1993　「岩宿時代の集落研究」第1回岩宿フォーラム『環状ブロック群』資料集

安蒜政雄　2006　「旧石器時代の集落構成と遺跡の連鎖」『旧石器研究』第2号

市川光雄　1978　「ムブティ・ピグミーの居住集団」『季刊人類学』9-1

出居　博ほか　2004　『上林遺跡』(佐野市教育委員会)

出居　博　2005　「栃木県上林遺跡から眺めた旧石器時代」日本旧石器学会第3回講演・研究発表シンポジウム予稿集『環状集落―その機能と展開をめぐって』

出居　博　2006　「環状に分布する石器群に定住性を探る」『唐澤考古』25

出居　博　2008　「ムブティ・ピグミーのダイアディック・バンドと上林遺跡」(『唐澤考古』27)

出居　博　2013　「民族誌と旧石器時代環状集落」『月刊考古学ジャーナル』№640(ニューサイエンス社)

稲田孝司　2001　『遊動する旧石器人』(岩波書店)

稲田孝司　2006　「環状ブロック群と後期旧石器時代前半期の集団関係」『旧石器研究』第2号

岩崎泰一ほか　1986　『下触牛伏遺跡』(群

馬県埋蔵文化財調査事業団）

宇井義典　2012　「環状ブロック群の遺跡構造と究極要因」『千葉大学文学部考古学研究室30周年記念考古学論考Ⅰ』（六一書房）

栗島義明　1993　「環状ブロックの構成」第1回岩宿フォーラム『環状ブロック群』資料集

小菅将夫　1993　「環状ブロック群の分析と評価」第1回岩宿フォーラム『環状ブロック群』資料集

佐藤宏之　2006　「環状集落の社会生態学」（『旧石器研究』第2号）

佐藤洋一郎　2016　『食の人類史 ユーラシアの狩猟・採集、農耕、遊牧』（中央公論新社）

島田和高　2008　『氷河時代の山をひらき、海をわたる』（明治大学博物館特別展解説図録）

島田和高　2011　「後期旧石器時代前半期における環状ブロック群の多様性と現代人の拡散」『資源環境と人間』第1号

白石浩之　2002　『旧石器時代の社会と文化』（山川出版社）

白石浩之　2004　「上林遺跡と日本旧石器時代」『越名沼周辺の原風景』（佐野市教育委員会）

須藤隆司　1993　「岩宿時代における「環状集落」の歴史的背景―その視点と課題―」第1回岩宿フォーラム『環状ブロック群』資料集

大工原豊　1990　「AT下位の石器群の遺跡構造分析関する一試論（1）」『旧石器考古学』41

大工原豊　1991　「AT下位の石器群の遺跡構造分析関する一試論（2）」『旧石器考古学』42

高屋敷飛鳥　2013　「旧石器時代環状ブロック群の研究動向」『古代文化』65-1

竹岡俊樹　2010　「旧石器時代の遺跡はどのようにして形成されたのか」『国学院大学考古学資料館紀要』26

谷和　隆　2005　「斧形石器と環状ブロック群」日本旧石器学会第3回講演・研究発表シンポジウム予稿集『環状集落―その機能と展開をめぐって』

田村　隆　2012　「ゴミ問題の発生」『物質文化』92

津島秀章　2013　「関東地方における環状ブロック群の分布と構造―北関東―」『月刊考古学ジャーナル』№640（ニューサイエンス社）

堤　隆　2011　『列島の考古学 旧石器時代』（河出書房新社）

橋本勝雄　1993　「環状ユニットの全国分布とその意義」第1回岩宿フォーラム『環状ブロック群』資料集

橋本勝雄　2010　「ナイフ形石器文化前半期の居住様式」『講座日本の考古学第2巻 旧石器時代〈下〉』（青木書店）

橋本勝雄　2013　「環状ユニットの特質とその意義」『月刊考古学ジャーナル』№640（ニューサイエンス社）

百原　新　2007　「東アジアの植物の多様性と人類活動」『地球史が語る近未来の環境』（東京大学出版会）

山岡磨由子　2012　「泉北側第3遺跡環状ブロック群の"場"―石のまとまりはなぜ"輪"を描くのか―」『研究連絡誌』73（千葉県教育振興財団）

山岡磨由子・青山幸重　2013　「環状ブロックの"場"その2・神山型彫器に類する資料について」『研究連絡誌』74（千葉県教育振興財団）

山口卓也　2005　「板井寺ケ谷の集落」日本旧石器学会第3回講演・研究発表シンポジウム予稿集『環状集落―その機能と展開をめぐって』

Column
「葛生原人」は今？

　栃木県南西部に位置する足尾山地の南縁部には、佐野市葛生地区や栃木市鍋山を中心に馬蹄形状に広がる石灰岩地帯が分布し、「葛生石灰岩地帯」と呼ばれている。この石灰岩層は古生代ペルム紀前～中期（2億7千万～2億6千万年前）の海中に形成されたもので、フズリナやウミユリなどの化石を多く含んでいる。また、石灰岩層には水の浸食を受けた洞穴（鍾乳洞）や地殻変動による割れ目（裂罅）などがあり、その中の埋積土からは新生代第4紀更新世（258万～1万年前）のナウマンゾウやヤベオオツノジカ、ニッポンサイなどの化石が発見されている。これらの動物化石は「葛生動物群」と呼ばれ、更新世を代表する動物群として、地質学者から注目されていた。

　さて、太平洋戦争に敗れ文化国家を目指した日本では、神話による歴史が否定される一方、静岡県静岡市の登呂遺跡の発掘などで考古学研究への関心が高まった。古代人はどんな生活をしていたのか、日本人の起源はいつ頃なのかといった疑問が湧いて来た時、「葛生原人」が発見された。1950（昭和25）年、安蘇郡葛生町（現・佐野市）の吉澤石灰工業（株）大叶鉱山第10採石場から産出した化石骨2点が直良信夫によってヒトの右上腕骨下端部（写真1-3）と左上腕骨中央部（写真1-4）とされた（註1）。2点の化石骨を形態学的に検討した直良は、上腕骨下端部の化石については発見当時Ursus（クマ）の幼体かと考えたものの、最終的には「筋骨の逞しかった古人類として認められるのではないだろうか」とし、上腕骨中央部については水磨による損耗があり、類人猿のような骨だが「人類の上腕骨と見るべき」とした。そして、この洞窟からはニッポンムカシジカの臼歯化石なども発見されており（註2）、共伴する動物化石からネアンデルタール人の時代の化石人骨と推考し、「葛生化石骨は日本古代の人々とも異なった骨学的な特徴を有していた人類と認めなければならないだろう」とし、和名を「葛生原人」として1952（昭和27）年に発表した（註3）。また、1951（昭

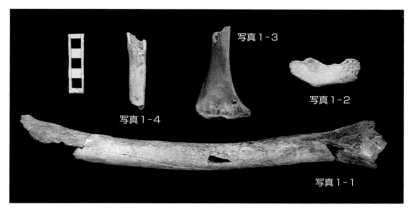

写真1　出土した骨（葛生化石館蔵、1・2は原物、3・4はレプリカ［現物は国立科学博物館蔵］）

和26）年に葛生町の前河原洞窟上洞の発掘調査で直良や清水辰二郎らによって発見された化石骨のうち、下顎骨はサルの骨に類似するもののヒトの小児下顎骨（写真1-2）とし、左上 膊骨（上腕骨）は原始人類の小児骨とした。そして、足利市の中学生によって崖の中腹から発見された化石骨を含む石灰岩は、崩壊した洞窟（下洞）の石灰岩屑の一部と考えられ、長さ31cmを測る化石骨は「ネアンデルタール原人的」なヒトの左大腿骨（写真1-1）として発表した（註4）。

長谷部言人や清野謙次という東西の人類学界の権威者からのお墨付き（註5）も得た「葛生原人」は教科書にも登場し、石灰の町葛生は「葛生原人」の町として有名になった。団塊の世代に属する筆者も学校で教わり、興味を抱いて前河原洞窟を訪れたりした記憶がある。

人類学研究における化石人骨の発見は、戦前の明石人にはじまり、戦後は牛川人、葛生原人、三ケ日人、浜北人、聖岳洞穴人などが報告され、比較資料も増加していった。沖縄県では1970年以降に港川人や山下町人などの人骨が発見され、放射性炭素年代測定の結果、旧石器時代の化石人骨であると判定され、最近では石垣島の白保竿根田原洞穴からも化石人骨の出土が伝えられ、資料は増加している。

人類学研究では、化石人骨の形態学的研究に加え、放射性炭素による絶対年代測定法も導入され、人骨のみならず、旧石器時代の化石か否か

写真2　天神橋から前河原洞窟を望む（○印が洞窟の位置）

図1　洞窟堆積物のでき方（葛生化石館提供）

する機運も広がり、かつて旧石器時代人骨とされた資料を理化学的年代測定によって再検証する作業が進展していった。

葛生原人についての検証も1995（平成7）年に馬場悠男らによって行われ、かつて直良が報告した化石を含め葛生町（現・葛生化石館）や国立科学博物館、国立歴史民俗博物館に現存する8点が調査された。その結果、前河原洞窟から産出した4点は人骨だが、小児下顎骨とされた骨（写真1-2）はニホンザルの骨と判定された。大叶鉱山第10採石場から産出した3点は人骨でなく、右上

も理化学的に判定できるようになった。そのため、過去の研究を再検討

腕骨下端部（写真1-3）は更新世のクマの幼体と判定され、左上腕骨破片（写真1-4）は種別が不明の動物骨と判定された（註6）。さらに、3点の人骨を含む7点を松浦秀治らがフッ素年代判定を行い、新旧2つの年代グループに分かれるという結果が得られ、動物骨は旧石器時代までさかのぼるものもあったが、人骨はすべて新しいグループに属するとされた。写真1-1を含む人骨2点は放射性炭素年代測定を行ったところ、15世紀前後の人骨であることが2001（平成13）年に判明した（註7）。こうして、化石発見当初に直良が不安視していたことが理化学的年代測定等によって現実となったのである。

1931（昭和6）年に兵庫県明石市の西八木海岸で直良が採集した人骨化石は、1947（昭和22）年になって長谷部言人によって「明石原人」と命名された。在野の研究者としての悲哀を味わった直良だが、「葛生原人」の発見で研究者としての評価を高めたものの、彼の死後ではあるが研究成果は否定されることになった。悲運の研究者と言わざるを得ない。

前河原洞窟は、秋山川に接するように突き出した低丘陵先端部の崖面に今でも残っている。洞窟のある丘陵の尾根は江戸時代からの墓地となっており、墓地の崩落により人骨が混入した可能性が考えられている。

再検証の結果、「葛生原人」は幻の原人となってしまったが、佐野市葛生地区では町おこし事業として「原人まつり」を継続し、2005（平成17）年2月に開館した葛生化石館でも「葛生原人」と言われた骨を紹介している。

化石人骨や石器を探そうという夢を抱いて石灰岩地帯の洞窟を渉猟している人たちもいて、原人の魅力とロマンは今でも健在である。

（矢島　俊雄）

〈註〉

(註1)　直良信夫　1952　「栃木県葛生発見洪積世人類の遺骸」『人類学雑誌』第62巻第3号

(註2)　直良信夫　1954　『日本旧石器時代の研究』（寧楽書房）

(註3)　註1に同じ

(註4)　直良信夫　1952　「葛生前河原洞窟と同所出土の人類化石骨」『考古学雑誌』第38巻第2号

(註5)　春成秀爾　2006　『考古学はどう検証したか』（学生社）

(註6)　坂本裕一「原人の町　ロマンに冷水」(『下野新聞』1995年3月29日付)

(註7)　松浦秀治・近藤　恵　2007　「日本列島の『旧石器時代人骨』―古人骨の年代推定とその信頼性―」『生物の科学遺伝』第61巻（エヌ・ティー・エス）

II とちぎの縄文・弥生時代

那須町何耕地遺跡出土の深鉢形土器
(宇都宮大学蔵・写真提供:栃木県立博物館)

縄文時代のはじまりと試行錯誤の時代

中村　信博

1. 本県最初の縄文文化

　縄文時代は、草創期・早期・前期・中期・後期・晩期の6時期に分けられており、草創期の始まりを告げるのが神子柴・長者久保文化である。

　その内容は、尖頭器や掻器といった旧石器時代的な石器に加えて、シベリア・沿海州方面の影響を受けたとされる大型の石斧や尖頭器を併せ持つ石器文化で、少量の土器を伴う場合がある。年代は、青森県大平山元Ⅰ遺跡の土器に付着していた炭化物の放射性炭素年代測定法（以下、炭素14法と表記）値の較正年代により、近年は約1万6千年前とされている。

　大田原市川木谷遺跡では、草創期の2つの石器群が確認され、川木谷Ⅰ・Ⅱ文化とされた（芹澤1989）。川木谷Ⅰ文化は、大型の円鑿形の局部磨製石斧・木葉形の尖頭器・洋梨形の掻器・彫―掻器・削器が組成するものである（図1左）。ほぼ同時期の石器群は、近

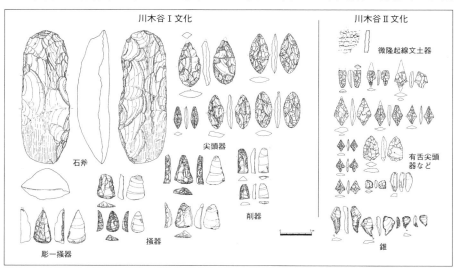

図1　川木谷遺跡の石器

年大田原市片府田富士山遺跡からも出土しており、石刃を量産した円盤状の石核が確認されている。川木谷Ⅱ文化は、花見山型とされる小型の有舌尖頭器を主体に錐や削器などが組成し、微隆起線文土器が伴う（図1右）。

川木谷Ⅰ文化は、神子柴・長者久保文化のなかでも大型尖頭器が出現する以前の古い様相の石器群で、茨城県後野A遺跡と同時期のものとされる。川木谷Ⅱ文化は、これに後続する隆起線文土器の後半にあたる微隆起線文土器の時期のものとされる（芹澤1990）。これらの発見により、本県の縄文時代開始時期の様相がわかってきた。

2．縄文的な生活様式の始まり

草創期の遺跡は、宇都宮市大谷寺洞穴に代表されるように洞穴や岩陰遺跡がよく知られているが、同市野沢遺跡では、台地上に営まれたきわめて縄文時代的な集落が確認された。

野沢遺跡は、田川の一支流の水源である東弁天沼をのぞむ台地上に立地し、弥生時代の野沢式土器の標式遺跡としても知られている。集落は、東弁天沼に向かって舌状に張り出す台地の端部から東側緩斜面にかけて広がる（図2）。調査では、竪穴住居3軒、屋外炉1基、土坑数基が確認された（後藤2003）。

竪穴住居（図2右上）は、直径3.9mの円形で、中央北寄りに浅い掘り込みを持つが、炉は確認されていない。中央南寄りで、直径12cm、深さ50cmの先を尖らせた打ち込み式の柱が確認された（図2右下）。先端の30cm程が炭化していたため残ったものであり、これ

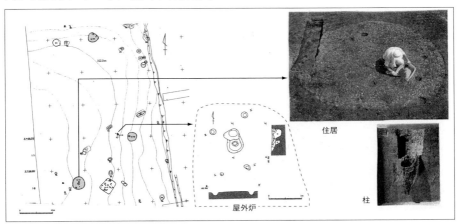

図2　野沢遺跡の集落

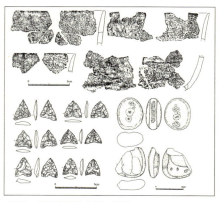

図3 野沢遺跡の土器・石器

を主柱とする伏屋式の住居と考えられている（後藤2003）。草創期の竪穴住居は全国的にも例が少なく、このような構造が明らかとなったのは初めてであり、貴重な事例となる。他には、4本の柱を伴う屋外炉が確認されており、この集落では炉が屋外に設けられていたことがわかる。

出土した土器は、厚さ5mm程の薄手で、ナデ調整が行われる焼きの良い無文の土器であり、底部は丸底となる（図3上段）。草創期の土器は、大きく見て無文土器→隆起線文土器→爪形文土器→多縄文土器と変遷するが、これらは隆起線文土器の終わり頃に出現する円孔文土器の一種と考えられている（後藤2003）。土器に付着していた炭化物の炭素14法は、11760 ± 50年BPと11870 ± 50年BPである。これに伴い、多量の石鏃と、石皿や磨石が出土した（図3下段）。石鏃は、寸詰まりで、やや粗い作りの凹基鏃であり、出現期の石鏃の様相がわかる。石皿や磨石は、早期に盛行する堅果類加工型の石器群の先駆けとなるものである。

本遺跡は、集落の成立や石鏃の使用など、北関東地域において、縄文時代的な生活様式の始まりを知ることができる重要な遺跡である。

3．撚糸文文化と天矢場式文化

縄文早期になると、関東地方では撚糸文文化、沈線文文化、条痕文文化の3つの文化が変遷する。これらは、土器に施された文様をもとに名付けられたもので、撚糸文文化は、撚糸文や縄文を多用する早期前葉（約1万～9千年前）の文化である。

その前葉～中葉にあたる井草I式～稲荷台式期では、本県においても南関東と同様な土器型式が変遷しており、主要な遺跡を表1に記した。

表1 撚糸文期（早期前葉）の土器編年

南関東	栃木
井草I式	宇都宮清陵高校地内遺跡
井草II式	立野遺跡（宇都宮市）
夏島式	山崎北遺跡（宇都宮市）
稲荷台式	市ノ塚遺跡（真岡市）
稲荷原式・花輪台I式	堀込遺跡（市貝町）
東山式・大浦山I式	品川台2群3類
平坂式	天矢場

この時期は、遺跡が徐々に増加して集落が営まれるようになり、ある程度の定住が行われたと考えられている。本県でも、宇都宮清陵高校地内遺跡で井草Ⅰ式期、宇都宮市山崎北遺跡で夏島式期、真岡市市ノ塚遺跡では稲荷台式期の集落が確認されている。それらは、1～数軒の竪穴住居で構成され、前期以降に出現する集落に比べると小規模である。写真1は、茂木町登谷遺跡の稲荷台式期の竪穴住居である。一辺が4～5mの長方形で、中央の奥に灰床炉と呼ばれる方形の掘り込みを持つ。これは、板で囲って灰を敷き詰めたいろりのようなものであり、撚糸文期に特徴的な炉である。

写真1　登谷遺跡の竪穴住居跡

　一方、石器群の様相は、南関東とはだいぶ異なる。当地では、石皿・磨石・スタンプ形石器といった堅果類を加工する道具が主体となるのに対して、本県では、石鏃や削器などの狩猟具を一定量持ち、これに三角錐状石器（図4下段）が伴う。この石器は、全体を三角錐に仕上げて底面を使用面とするもので、稜が潰れていることから、ものを叩いたり、擂りつぶすような道具と考えられている。このような石器群の違いは、両地域の生業の違いを反映しているものと考えられる。

　撚糸文期の後葉になると、関東では

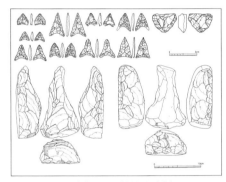
図4　市ノ塚遺跡の石器（稲荷台式期）

土器の地域差がはっきりしてきて、やがて文様が無文化する。その終末期に本県では、茂木町天矢場遺跡の資料を標式として設定された天矢場式土器が分布する（中村2002a）。器形は、平縁・胴長の深鉢で、底部は小平底となる（図5）。胎土には、石英粒を混入し、内面にナデ・ミガキ、外面にケズリを行う。無文土器が主体となるが、外面には石英粒が引きずられた擦痕が顕著に見られ、これが最大の特徴である。他には、口縁部に縄圧痕文や沈線

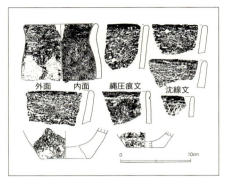

図5 天矢場式土器（天矢場遺跡）

文を施す土器が少量伴うことがある。縄圧痕文については、前代に常総地域に分布した花輪台Ⅰ式の影響、尖底が主流であるこの時期にあって平底を持つ点については、東北地方の平底無文土器からの影響が考えられる。分布圏は、本県を中心として福島県から千葉県にわたっており、西関東の平坂式とは旧利根川（現在の中川など）を挟ん

図6 天矢場式・平坂式土器の分布圏

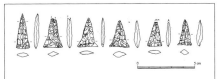

図7　天矢場式期の石鏃（山崎北遺跡）

表2　沈線文期（早期中葉）の土器編年

南関東	栃木
竹之内式	仁王山遺跡（市貝町）
三戸式	大峰山遺跡（茂木町）
田戸下層式	中島笹塚遺跡（宇都宮市）
田戸上層式	黒袴台遺跡（佐野市）
城ノ台5類	出流原a式
子母口式	出流原b式

で対峙する形で分布する（図6）。

　本式には、チャートを主な石材とする細長い特徴的な形の石鏃（図7）など大量の石器が伴っており、本県を中心に、東関東で独自の文化圏を形成していたと考えられる。本式の胎土や製作技法は、次の沈線文文化の最初の型式である竹之内式土器に受け継がれることから、その成立を担った土器として位置付けられている。

4．沈線文文化と出流原式文化

　沈線文文化は、土器文様に沈線文（棒やヘラで描いた沈んだ線）を多用する早期中葉（約9千～8千年前）の文化である。本文化では、関東地方から北海道西部にいたる広域な文化圏が形成される。

　撚糸文期後葉に見られた関東地方の地域差は、竹之内式土器の成立により解消される。その後、田戸上層式期までは、本県でも南関東と同様な土器型式が変遷する（表2）。

　撚糸文期からの大きな変化は、竪穴住居を持つ集落がほとんど見られなくなることである。本県でも、この時期の遺跡を発掘すると、土器や石器は出土するが、遺構はほとんど確認されない。これは、関東地方全体の現象である。一方で、千葉県成田市十余三稲荷峰遺跡のように、数十軒の竪穴住居を持つような拠点的な集落も、ごく少数ではあるが存在する。この時期、拠点集落を中心としながら、キャンプ地を転々と移動するような生活様式に変化したと考えられている。

　これを反映するかのように、石器にも汎関東的な変化が見られ、石皿・磨石といった堅果類加工具主体の石器組成から、石鏃や削器などの狩猟具主体の組成に変わる。

　沈線文期後葉から条痕文期の初めにかけては、再び土器の地域差が顕著となり、東日本では小型式分立の様相となる（図8）。本県では出流原式土器が成立し、周辺では、東北地方南部に常世1式土器、新潟県から長野県北部に

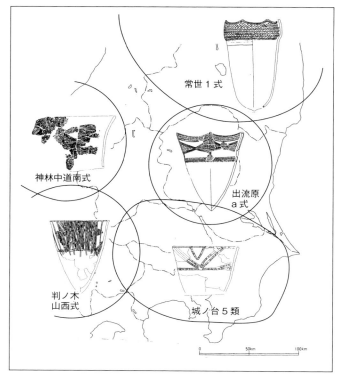

図8　沈線文終末期の土器分布圏

神林中道南式土器、長野県南部から山梨県に判ノ木山西式土器、南関東では城ノ台5類土器が成立する。

　出流原式は、佐野市出流原遺跡の土器を標式として設定された（阿部1999）。器形は、平縁や波状口縁の胴長の尖底深鉢である。文様の特徴は、胴部上半に刺突文や沈線文を横位多段に、または幾何学文状に施し、口縁には絡条体圧痕文などを押圧する。文様帯の区画に隆線文を用いて、刺突文が多段に密集して施文されるものをa式、隆線が退化して刺突文がまばらに施されるものをb式（図10）としている（中村2012）。本式の多段の刺突文は、常世1式からの影響と考えられる。分布圏は、本県を中心としており狭い。

　本式には、図9下に示した出流原タイプの片刃石器（出居1986）が伴う。これは、一見すると小型の打製石斧のようであるが、ホルンフェルスやチャートなど硬質の石材を用いており、背面のみ調整加工を施し、腹面は平らとなるのが特徴である。掻器や土掘り具に使われたとされる。このように、出流原式期においても、本県を中心とする文化圏が形成される。

5．条痕文文化と後半期の地域性

　条痕文文化は、土器の地文に貝殻などの条痕文を多用する早期後葉（約8千～6千5百年前）の文化である。文

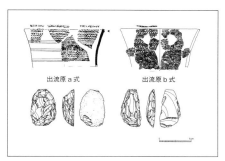

図9 出流原式土器と片刃石器

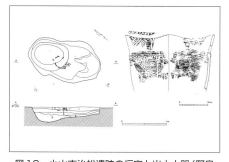

図10 小山市治松遺跡の炉穴と出土土器(野島式期)

化圏は、さらに西日本にまで広がる。

沈線文終末期に見られた関東地方の地域差は、野島式土器の成立により解消される。その後、茅山下層式期までは、本県でも南関東と同様な土器型式が変遷する。

条痕文期から前期の前半にかけては、縄文海進の最盛期にあたり、温暖化にともない遺跡数が増加し、東京湾岸では貝塚が盛んに形成される。集落の様相は、前代と同様に少数の拠点集落と多数のキャンプ地的な遺跡で構成されるが、炉穴、またはファイアーピットとよばれる屋外炉(図10)がさかんに作られるようになる。これは後者の遺跡で顕著であり、南関東では炉穴のみが出土する遺跡が大半をしめる。ところが本県では、小山・佐野・足利市などの南部地域を除き、炉穴が確認されないことから、中・北部地域では生活様式が異なっていた可能性がある。

条痕文期後半には、三たび地域差が顕著となる。南関東では、茅山上層式期以降、東海地方からの影響が強まり、その影響下に土器が変遷する。一方、本県を含む北関東では、東北地方南部からの影響が強まり、南関東とは全く異なる土器が作られるようになる(表3)。

胡麻沢タイプ(図11上段)は、福島県棚倉町胡麻沢遺跡の土器(井上1977)をもとに命名された。器形は、頸部と胴下半部に隆帯を巡らせ、底部は平底

表3 条痕文期(早期後葉)の土器編年

南関東	栃木
野島式	治松遺跡(小山市)
鵜ヶ島台式	小佐越遺跡(日光市)
茅山下層式	木下遺跡(那須町)
茅山上層式	胡麻沢タイプ
下沼部式	常世2式
打越式	佐貫1群1類?
神之木台式	佐貫1群3類?
下吉井式	遠下式

となる。文様は、縦横の隆帯上に矢羽状の押圧を施すのが特徴である。福島県中部から栃木・茨城県にかけて分布しており、茅山上層式前半に併行する土器と考えられる。

常世２式土器（図11下段）は、福島県塩川町常世原田遺跡の土器を標式とする（芳賀1977）。器形は、平縁または小波状口縁の胴長の深鉢で、底部が小平底で上げ底状となるのが特徴である。文様は、口縁部に絡条体圧痕文を縦に並列したりＸ字状などに施し、底部の外周に施すこともある。地文には、絡条体による条痕を施す。分布圏は、福島県の会津・中通りから北関東東部であり、本県でも全域で出土する。茅山上層式後半から下沼部式に併行する土器と考えられる。

図11　胡麻沢タイプ・常世２式土器

本県では、その後の土器様相が不明である。前期初頭になり、花積下層式が成立して、長かった南・北関東の地域差は解消される。

この時期南関東では、集落の様相にも変化が見られる。打越式期以降になると、炉穴が消滅するとともに再び竪穴住居を持つ定住的な集落が増加し、前期に受け継がれるが、北関東では遺跡が少なく集落様相は不明である。

以上、３つの早期文化について見てきた。これらに共通するのは、前半期には関東一円に斉一的な土器が分布するが、後半期になると地域差が出てくること。そして、再び斉一的な土器が成立することにより次の新しい文化が生まれるという現象である。

こうしたなかで、撚糸文・沈線文両文化の終末期に成立する天矢場式文化・出流原式文化は、本県の地域性が現れた文化としては、先駆けといえるものである。

6．縄文時代の陥し穴猟

縄文時代の狩猟は、大きく見ると弓矢などの刺突具による猟と、わな猟の２種類が行われていた。後者の１つとして、陥し穴猟がある。

茂木町登谷遺跡は、八溝山地西側にある標高190ｍの山頂部に立地してお

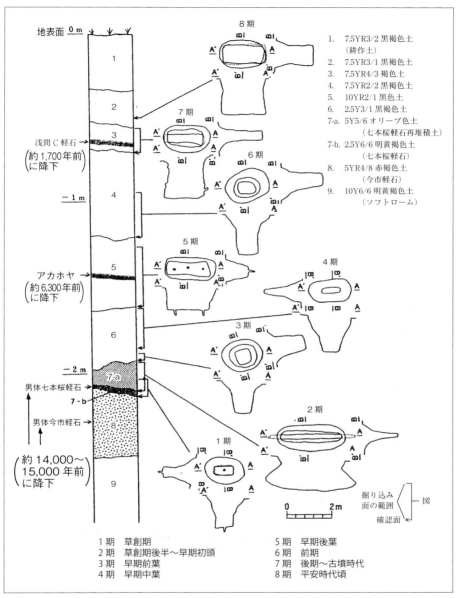

図12 登谷遺跡埋没谷の土層と各時期の陥し穴

1期 草創期
2期 草創期後半～早期初頭
3期 早期前葉
4期 早期中葉
5期 早期後葉
6期 前期
7期 後期～古墳時代
8期 平安時代頃

縄文時代のはじまりと試行錯誤の時代

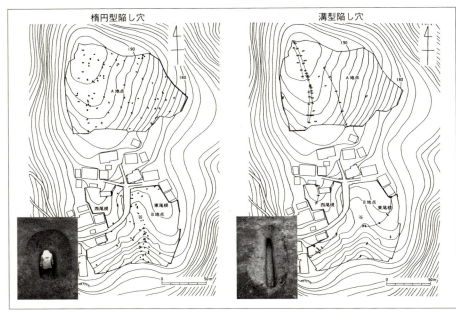

図13 楕円型・溝型陥し穴の配置

り、ツインリンクもてぎの建設に伴う発掘調査で、213基の陥し穴が確認された。ここでは、登谷遺跡の調査成果（中村2002b）から、縄文時代の陥し穴猟について見て行きたい。

陥し穴には、基本的に3つの型があり（中村2007）、本遺跡では、円型7基、楕円型142基、溝型64基が確認された。これらについて、埋土から推定される掘り込み面・出土遺物・他遺構との新旧を検討し、火山灰分析や炭素14法での測定を行った結果、草創期～平安時代頃の大きく8つの時期に使用されたことがわかった（図12）。

さらに、各時期内で形の共通するものが20の細別形態に分けられた。縄文時代に使用された楕円型・溝型陥し穴について見る。

(1) 楕円型陥し穴（図13左1・4～8期）

A地点では、尾根上から東側斜面にかけて散在し、B地点では谷部に集中して配置される。後述する溝型のように列を成さず、単独、または「ハ」の字形に2基1組でけもの道に配置するものである。この配置法は、楕円型では草創期から前期にかけて一貫している。B地点での配置から、谷でヌタを

打つ習性を持つイノシシを狙ったものと想定された（中村2002b）。

(2) 溝型陥し穴（図13右　2期）

2期とした草創期後半のものが、A・B地点の尾根上を中心に列配置される。列は、尾根筋に沿うように南北に延びており、いずれも東側が膨らむことから、西から東へ尾根上を横切って移動する群れを狙ったものと考えられる。北海道の事例から、シカを狙ったものと想定された。

本遺跡での大きな成果は、陥し穴の時期と使用法が明らかにされたことである。時期については、東京都多摩ニュータウン遺跡群の事例から、それまでは早期後半に使用されると考えられていた楕円型陥し穴が、草創期以降、長きにわたって使用されていたことがわかったこと。また、北海道でのTピットの事例などから、中期以降に出現するとされていた溝型陥し穴が、関東では草創期後半には出現することがわかったことである。なお、本遺跡の西方1.5kmにある中根遺跡では、旧石器時代の円型と楕円型陥し穴が出土しており、両型については、旧石器時代からの使用が確認できる。

使用法については、1つの遺跡内で楕円型と溝型が全く異なる配置をとることが確認され、イノシシとシカという獲物の違いによって、使い分けられていたことがわかったことである。本遺跡の成果は、縄文時代の陥し穴研究に寄与するところが大きい。

〈主な参考文献〉

阿部芳郎　1999　「縄文時代早期後葉における北関東地域の様相」『駿台史学』106号

出居　博　1986　「栃木県出流原周辺出土の片刃石器について（試論）」『唐沢考古』6号

後藤信祐　2003　『野沢遺跡・野沢石塚遺跡』（(財)とちぎ生涯学習文化財団）

芹澤清八　1990　「栃木県川木谷遺跡採集の神子柴系石器群」『縄文時代』1

中村信博　2002a　『天矢場』（茂木町教育委員会）

中村信博　2002b　『登谷遺跡』（登谷遺跡調査団）

中村信博　2007　「関東地方の陥し穴猟」『縄文時代の考古学』5なりわい（同成社）

中村信博　2012　「出流原式土器論」『古代』128号

芳賀英一　1977　「常世遺跡出土の早期縄紋土器をめぐる2、3の問題点」『福島考古』18

Column
縄文時代の人々と石材へのこだわり
玉髄（瑪瑙）とその利用

　縄文時代を代表する石器のひとつに石鏃がある。押圧剝離（おうあつはくり）によって丁寧に加工されたその形は、道具の域を超えて芸術品と見まがうほどである。生業のなかでも狩猟に関わる石鏃や石槍、さらには解体具である石匙（いし さじ）や各種のスクレイパーなど、鋭利な刃が必要な石器の石材選択には、旧石器時代以来の伝統が色濃く反映されている。

　例をあげれば、北海道では白滝の黒曜石、東北地方では珪質頁岩（けいしつけつがん）、群馬県や長野県では八ヶ岳山麓の黒曜石、中部地方では下呂石（げ ろ）、近畿・中国地方ではサヌカイトなど、特定の石材が圧倒的な比率で利用されている。本県域の場合は、チャートがそれに当たる。早期を代表する茂木町天矢場遺跡（てんやば）や市貝町堀込遺跡、宇都宮市山崎北遺跡、中期の那珂川町三輪仲町遺跡、後期・晩期の壬生町八剣遺跡（つるぎ）や栃木市藤岡神社遺跡などでもその傾向は同じである。

　八剣遺跡での分析によると、チャートの原石としては節理面を残した亜角礫と円礫が利用されている。こうした転石を利用する方法以外に、露頭で原石を採掘する貴重な事例も確認されている。栃木市向山遺跡（むこうやま）では山頂付近に採掘坑が確認されており、縄文人が鑿や楔状（たがね くさび）のホルンフェルス製の石器で露頭を破砕し、群青色（ぐんじょう）をした良質なチャートを探しながら掘削した様子がうかがえる（口絵3ページ参照）。山頂下の平坦面には、原石を加工した夥しい量の石核や剝片が廃棄されている。また、製品としては押圧剝離によって整形された、薄い円盤状の両面加工石器が残されていることから、これらが交易品として用いられていた可能性が高いと考えられている（森嶋2009）。なお、向山遺跡の採掘坑の時期については土器の伴出が無いために特定できないが、製品や素材の流通が活発化する後期中葉から晩期の時期可能性が高いと推定されている。

　この時期は、本県域の場合各地域における石材利用の傾向が、チャートを中心としつつも多様化するのが特徴である。たとえば那珂川流域か

ら鬼怒川中流域の遺跡では、全国的に見ても珍しい玉髄(瑪瑙)の利用が顕在化している。栃木県域では宇都宮市刈沼遺跡、茂木町九石古宿遺跡、茨城県域では常陸大宮市小野天神前遺跡などで、石鏃だけでなく多量の剥片や原石が出土している。また、加工にも工夫がみられ、加熱処理による黄変や白濁の技術が既に習得されている。

こうした石鏃数の急増や素材の流通が活発化した背景について、かつては後・晩期の冷涼化に伴い食料資源が枯渇し、それに伴って狩猟圧が高まった結果であると説明されてきた。しかし、そのような逼迫した状況ならば、加工が容易な黒曜石などの単一の石材に集中すればよいのに、何故に加工が難しい玉髄やチャートなど多様な石材を集めたのか、その理由を明確に説明することができなかった。

出土した石鏃の色に注目すると、その答えが見えてくる。具体的には黒曜石の黒色、安山岩の黒色、チャートの青色・赤色、珪質頁岩の灰色・薄茶色、碧玉の朱色・橙色・茶色、緑色、玉髄の透明・赤色・白色などが選ばれている。こうした色彩を意識した石材の選定は、北関東地方から東北地方南部の遺跡に広く確認できる事象であり、弥生時代中期にまで引き継がれている。伝統的な狩猟祭祀の発達に伴い、縄文人が石鏃の色にも「こだわり」をみせていたことがうかがえる(上野1999)。

(上野 修一)

〈参考文献〉

上野修一 1999 「峠の旅人」橋口尚武『海を渡った縄文人』(小学館)

森嶋秀一 2009 「栃木市向山遺跡における縄文時代のチャート採掘活動について(予察)」『野州考古学論攷』

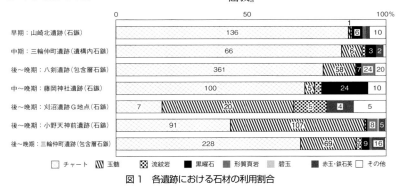

図1 各遺跡における石材の利用割合

ムラの形成と安定した定住生活

塚本　師也

　縄文時代前期は、気候が温暖化し、東日本において環状集落を含む大規模な集落がみられるようになる。中期になると、遺構、遺物の量も増え、多くの地域で遺跡数がピークを迎える。栃木県域でも同様の傾向がみられる。

1. 気候の温暖化と縄文海進—現在の渡良瀬遊水地周辺での貝塚の形成—

　気温の上昇により、北極や南極、高山の氷が溶け、海水面が上昇し、海岸線が内陸に入り込む。この現象を「海進」と呼ぶ。縄文時代早期末葉から前期にかけて起こった海進は「縄文海進（有楽町海進）」と呼ばれ、今から6500から6000年前頃ピークを迎える。東京湾は現在の海岸線から60kmも内陸、茨城県古河市周辺まで入り込んだと考えられる（図1）。現在の渡良瀬遊水地周辺には、淡水と海水が入り交じる汽水域が形成され、ヤマトシジミが生息する環境となった。縄文時代の人々はヤマトシジミを捕食し、貝殻を廃棄した。こうして栃木市藤岡地区や野木町に奥東京湾最奥部の貝塚が形成された。野木町野渡貝塚、清六Ⅲ遺跡（写真1）、栃木市篠山貝塚、城山遺跡などが有名である。

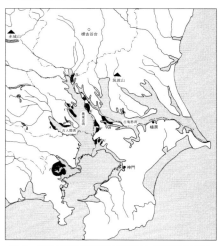

図1　黒浜式期の関東地方（富士見市教育委員会，1995,『水子貝塚』から転載）

写真1　貝ブロック　清六Ⅲ遺跡（野木町）

酸性土壌の日本列島では、有機質の物質は腐蝕するが、貝塚は、貝に含まれるアルカリ分が溶け出し、土壌がアルカリ性となるため、骨や角、貝殻などが遺存する。渡良瀬遊水地周辺の貝塚からは、シカ、イノシシなどの哺乳類、汽水域に多いスズキ、クロダイ、ヘダイ、エイのほか、海水産のマダイやハマグリ、アサリ、シオフキ、オキシジミなどの貝類が出土し、当時の食料を知る貴重な材料となっている。

2．遺跡数の増加
―黒浜式期の集落の形成―

縄文海進がピークを迎えた頃、粘土に植物繊維を混ぜ、縄文を主な文様とする「黒浜式土器」が作られる。この頃、栃木県域では遺跡数が急増する。

写真2　黒浜式土器　欠ノ上遺跡（さくら市）

欠ノ上遺跡（さくら市）、流通業務団地内遺跡（鹿沼市）、横倉宮ノ内遺跡（小山市）、城山遺跡（栃木市）、上林遺跡（佐野市）、神畑遺跡（足利市）では、複数の竪穴住居跡が発見された。人口、ムラの数が増えたと考えられる。

縄文時代は定住型の狩猟採集社会と言われるが、定住の度合いは地域や時期によって異なる。草創期や早期は、定住を前提としながらも、移動性が高かったと考えられる。黒浜式期に、定住の度合いが高くなったと思われる。

定住

"定住"とは、年間を通じて1カ所に住み続ける生活様式で、大量の食料貯蔵が可能となり、多くの財産を所有できるようになる。定住をする狩猟採集民のなかには、農耕社会に匹敵、もしくはそれを凌ぐ豊かな生活を営むものも知られており、日本列島の縄文文化もその1つと言われる。発掘調査により複数の竪穴住居が発見される縄文時代の集落は、定住の証拠とされる。しかし、縄文時代全体を通して、長期にわたる定住生活を営んでいたとは限らない。季節的な集住と分散居住をしたり、数年単位での移動などを行っていたことを考慮する必要がある。

東日本の縄文時代の集落には、中央の広場を円形に家屋が取り囲む「環状集落」がみられる。宇都宮市根古谷台遺跡が好例である。環状の家屋群の内側には、土坑墓群があり、副葬品もしくは埋葬時に装着されたであろう石匙(獣の解体用の石器)や管玉、玦状耳飾りなどの装身具が発見された土坑墓もある。玦状耳飾りや管玉は、司祭者などの特殊な身分を示すと考えられる。この頃既に、分業や身分の差が生じていたことが議論されている。根古谷台遺跡の竪穴建物跡や掘立柱建物跡には、長方形で長辺が10mを越える大形のものが多数存在する。大型の建物跡だけで構成される時期もある(図2)。大型の建物跡は東北地方や北陸地方などの豪雪地帯に発見例が多く、積雪時の共同作業場とする説がある。雪の少ない関東地方で発見されたため、その機能について再考を迫られた。公会堂的な施設とする見解もあるが、近年では複合居住家屋とする説が有力である。その後、古宿遺跡(宇都宮市)や神畑遺跡(足利市)でもほぼ同時期の大型住居跡が調査された。この時期、大型住居跡が作られる意味を、東北・北陸地方との比較において、検討をしていく必要がある。

3. 気候の冷涼化と遺跡数の減少
　―前期末から中期初頭の人口減少―

　縄文時代前期後半から中期初頭に気候が冷涼化する。それと呼応するかのように、前期末葉から中期初頭にかけて、関東地方を中心に遺跡数が激減する。人口が減少したと指摘されている(今村1992)。栃木県でも遺跡数の減少は顕著である。筆者は、数の少ないこの時期の遺跡を調査する機会に恵まれた。鹿島脇遺跡(那須町)では、前期末葉の掘立柱建物跡と貯蔵穴、鶴田中原遺跡(宇都宮市)では竪穴住居跡2軒と貯蔵穴1基が発見された。

　鹿島脇遺跡の調査では、土器と石器の出土位置を全点記録し、多量に出土した高原山産の黒曜石と前期末葉の土器の分布が見事に一致し、黒曜石が前

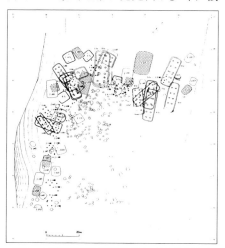

図2　大型住居跡等遺構配置図　根古谷台遺跡
(宇都宮市)

期末葉に多用されたことを証明した（塚本1988）。前期末葉から中期初頭の遺跡から、高原山産の黒曜石の出土が目立つ。高原山麓にある雲入遺跡（矢板市）からは、大量の黒曜石が出土し、採取した黒曜石を各地に搬出したと考えられる（写真3）。鶴田中原遺跡の西3.5kmにある宇都宮市上の原遺跡は、この時期の黒曜石を多量に出土する。黒曜石流通の中継地的遺跡で、高原山麓から運ばれた黒曜石は、ここから周辺の遺跡（鶴田中原遺跡など）に分配されたことも想像できる。前期中葉以降、長野県和田峠など信州産黒曜石が、碓氷峠を越えで群馬県域に流通する（大工原2008）。黒曜石の多用は中部・関東地方全体のできごとである。気候の冷涼化により、狩猟への依存が高まり、石鏃の材料として黒曜石が多用され、流通したとする考え方がある。しかし、単に狩猟用の石鏃を多産するなら、チャートなど地元産石材で十分である。"黒曜石ブランド"としての価値があった（大工原前掲）と考えられている。

環境適応論の是非

縄文時代1万年以上の間には気候の変動があり、冷涼化する時期もある。縄文時代前期後半には5.8kaイベントと呼ばれる汎世界的な冷涼期が指摘されている。前期末葉から中期初頭の遺跡数減少を、この影響とする考え方がある。一方、気候の冷涼化が直接的に縄文社会に影響を与えていないとする見解もある。気温の変化と植生の変化にはズレがあり、そこに暮らす人々の生活が変化するにはさらに時間がかかる。栽培植物に依存していない縄文社会が、冷涼化によって打撃を受ける過程の説明も必要である。

4. 東関東地方の土器文化と大型貯蔵穴の受容—阿玉台式土器の分布圏—

縄文時代中期前半、千葉、茨城、栃木3県を中心に「阿玉台式土器」（写真4）が分布する。その前半期の土器は、縄文を付けず、粘土に花崗岩を砕いて混ぜ、暗い色調で焼き上げ、花崗岩中の雲母片が金色に輝いて見える。

写真3　黒曜石製剝片　雲入遺跡（矢板市）

写真4　阿玉台式土器　仲内遺跡（日光市、小川忠博氏撮影）

山形・宮城県南部、新潟県から甲信地域など他の土器分布圏からも発見される。分布の中心が東京湾岸や霞ヶ浦周辺など当時の内湾沿岸であることから、中部西関東の勝坂式の内陸文化に対比させ、漁撈文化の象徴とされた。しかし、中村紀男や下総考古学研究会が、栃木県や群馬県など内陸地方に濃密に分布することを示し、単純に漁撈文化の土器と言えないことが明らかになった（高橋1962、中村・三橋1962）。

この時期、遺跡数が増え、貯蔵穴と考えられる大型の袋状土坑（ふくろじょうどこう）が作られるようになる（写真5・6）。縄文時代前期、東北地方北部で作られた大型の袋状土坑は、伝播するかのように時期を追って南下し、栃木県に及ぶ。袋状土坑の用途は諸説があるが、貯蔵状態での調査例から、堅果類（けんかるい）の貯蔵穴と考えられる。海岸部の阿玉台式期の集落からも袋状土坑が発見され、阿玉台式が漁労文化の象徴ではないことを物語る。

硬玉製大珠（こうぎょくせいたいしゅ）

縄文時代中期から後期を中心に、新潟県糸魚川産のヒスイ（硬玉（こうぎょく））を材料とする大型の垂飾り（たれかざり）が、日本列島全域

写真5　袋状土坑　品川台遺跡（大田原市）

写真6　袋状土坑使用状況復元

に広がる。多くは原産地周辺の製作遺跡で作られる。分布に粗密がある。栃木県那須地方から茨城県北部は、多く出土する地域である(写真7)。茨城県坪井上遺跡では8点出土しているが、多くの遺跡は1～3個程度である。リーダーや司祭者的な人物が所有したとも考えられる。日光市仲内遺跡のように土坑墓への副葬例もあるが、大半は土器や石器とともに廃棄される。上野修一は、硬玉製大珠の大半が被熱していることを明らかにした。儀礼の一環、もしくは儀礼終了後に火中に投じる場面があったと思われる(上野2007)。

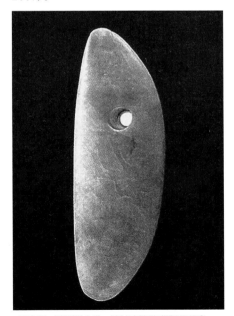

写真7　硬玉製大珠　浄法寺遺跡(那珂川町)

5．複数の異系統土器が共存する時代

阿玉台式の終末になると、1つの遺跡の土器が阿玉台式のみで構成されず、他の土器群と共存する。1つの地域に1つの土器群ではなく、器形や文様が異なる複数の土器群が共存するようになる(異系統土器の共存)。

県北部の那珂川上・中流域では、中空の把手を持つ大木式系の土器や火炎系土器(越後地方の火炎土器と類似する土器)などが、阿玉台式に共存する。一方、県南部、特に鬼怒川・小貝川流域を中心に、阿玉台式と中峠式土器と大木式系土器が共存する(図3)。

流域単位で土器の組合わせの違いが表れる一方で、土器をより細かなレベルで分類し、比較すると、近接する遺跡間相互でも土器が異なることが分かった(塚本2014)。益子町御霊前遺跡では、阿玉台Ⅳ式土器、大木式系土器と阿玉台式と大木式の文様を併せ持つ土器、全面縄文施文の土器が共存する。一方、12km離れた茂木町桧の木遺跡では後二者を欠く(図4)。茨城県常陸大宮市滝ノ上遺跡でも、11km離れた桧の木遺跡にはない土器があった(塚本2015)。この現象から、土器文様の背後に同族意識を持つ集団があり、それらが同じ地域や遺跡に居住したとの解釈もある。異系統土器共存の背景は

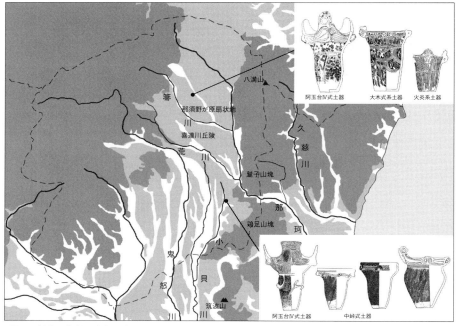

図3　栃木県北部と南部の土器

今後の課題である。

　続く加曽利EI式古段階にも異系統の土器が共存する状況は続くが、やや変化がみられる。ある狭い地域に特定の土器群が集中し、組成の中で大きな割合を占めるようになる（図5）。那須野が原を中心に"浄法寺類型"の土器（写真8）が濃密に分布する。那珂川下流域に、細い貼付粘土紐で波状文を描く、スマートな器形の加曽利EI式土器が濃密に分布する（塚本2016）。土器群の背後に人間集団を考えれば、主体となる土器、主体となる地域の出現は、集団相互の関係に変化が生じたことを意味するであろう。

　この時期、袋状土坑は最盛期を迎え、1つの遺跡から多数発見される。人口の増加が想定できる。しかし、袋状土坑のライフサイクル（製作、使用、廃絶、再利用の過程）は、解明が困難で、且つ多様である。竪穴住居は発見例が少なく、痕跡の残りにくい他の形態の居住施設に住んでいた可能性がある。一時点での集落景観、規模の解明は、今後の分析を待たなくてはならない。貯蔵穴での貯蔵は、短期の生貯蔵

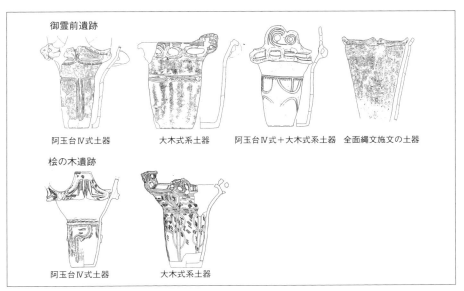

図4 遺跡間の土器の比較（御霊前遺跡と桧の木遺跡）

であり、乾燥した状態での屋根裏貯蔵が貯蔵の主流とする見解がある。しかし、竪穴住居を欠くこの時期、屋根裏での貯蔵量を確保できる建物の存在は想定できない。本地域での貯蔵は、貯蔵穴での生貯蔵が主流であり、冬場を乗り切るためのものと思われる。

海老原郁雄の中期土器論との違い

　海老原郁雄は、土器の差異に注目し、栃木県の中期縄文土器の編年を確立し、周辺地域の土器編年にも多大な影響を与えた。筆者は、海老原が確立した編年をベースに、土器の系統的な変化と断絶に注目した。目的も分析手

写真8　浄法寺類型の土器　浄法寺遺跡（那珂川町）

ムラの形成と安定した定住生活

図5 那珂川川沿いの土器

法も異なる。海老原は、関東の阿玉台式、加曽利E式と東北の大木式という2つの大きな土器文化を措定し、両者が栃木の地で接触し、独自の文化圏（海老原の用語では「接圏」）の形成を考えた。筆者は、土器を分類し、その組合せの変化を辿った。阿玉台式前半期には、七郎内Ⅱ群土器と阿玉台式が南北に存在し、阿玉台式後半期には、在地の土器（七郎内Ⅱ群土器）から発達した土器を中心に、狭い地域に分布する独自の土器が複数共存し、それぞれが組合う状況を読み取った。

6．中期環状集落の形成

加曽利EⅠ式中段階になると、関東地方北東部（栃木・茨城県域）では加曽利E式土器と大木8b式土器が分布するようになり、異系統の土器群が複数共存する状況はなくなる。

土器の体部に磨消縄文の手法が取り入れられる頃（加曽利EⅡ式期）、竪穴住居跡が一般化する。竪穴住居が環状に巡り、中央の広場に貯蔵穴を配す環状集落もみられる。この頃から、分銅形の打製石斧が大量に作られる。中部高地から関東地方西南部では、縄文時代前期から中期に、短冊形打製石斧が多量に出土する。これに対して旧利根川以北では、袋状土坑と分銅形打製石斧がセットとなる。生業に大きな違いが想定される（根茎類採取と堅果類採取か？）。関東地方南西部では、加曽利E式後葉に遺跡が減少し、断絶する集落が多い。気候の冷涼化が原因とも言われる。しかし、栃木県域をはじめ関東地方北東部から東北地方南部では、大規模な遺跡は後期前葉まで継続し、遺跡数の減少も顕著ではない。

〈参考文献〉

今村啓爾　1992　「縄文前期末の関東における人口減少とそれに関連する諸現象」『武蔵野の考古学』（吉田格先生古希記念論集刊行会）

上野修一　2007　「焼かれた玉－硬玉製大珠の二次的変形－」『縄文時代の社会と玉』（日本玉文化研究）

大工原豊　2008　『縄文石器研究序論』（六一書房）

高橋良治　1962　「阿玉台式土器の研究史と問題の提起」『考古学手帖』16

塚本師也　1988　『鹿島脇遺跡・追の窪遺跡』（栃木県教育委員会）

塚本師也　2014　「近接する遺跡間における同一年代の縄文土器の比較」『研究紀要』第22号

塚本師也　2015　「近接する遺跡間における同一年代の縄文土器の比較（2）」『研究紀要』第23号

塚本師也　2016　「那珂川流域の加曽利EⅠ式初源期の地域差」『研究紀要』第24号

中村紀男・三橋澄子　1962　「縄文文化中期遺跡地名表1」『研究メモ』3

Column
根古谷台遺跡

　宇都宮市の西郊、姿川右岸の舌状台地上に立地した本遺跡は、縄文時代前期・黒浜式土器期に営まれた集落跡である。発掘調査が実施されたのは1986～87（昭和61～62）年、宇都宮市営墓地公園（聖山公園）造成に先立つものであった。調査の結果、大規模な住居・建物跡群で構成される集落や装身具・副葬品等を伴う墓坑群等、縄文前期としてはそれまでになかったような様相が明らかにされた。

　集落跡は南東部が未調査であるが、台地上平坦部をほぼいっぱいに使い100×150mほどの楕円形状の範囲に広がっていたものとみられる。またその形状はいわゆる環状集落と呼ばれるもので、重複する住居・建物跡群が70×80mほどの中央広場を中心に弧状に巡らされるものであった。さらにこの広場内からは多数の墓坑が発見されており、集落全体が中央に墓域を囲んで構成されていた状況が確認された。

　集落を構成する住居・建物跡群には、一般的な竪穴住居跡以外に長方形大型建物跡・方形建物跡・掘立柱建物跡など多様な形態がみられた。中でも16棟確認された長方形大型建物跡は、本集落跡を最も特徴付ける建物跡である。この内の1号長方形大型建物跡は幅9.8mで全長23.1mという平面規模を誇り、隅丸長方形に巡らされた小溝（もしくは小ピット列）の内側に2列10本（1間×4間）の主柱穴が整然と配されていた。この建物跡の最大の特徴は規格性の高さであり、確認された16棟は規模の大小（全長14.4～23.8m）はあるもののすべて長大で2列10本の主柱穴が配されてい

写真1　1号長方形大型建物跡

た。また17棟確認された掘立柱建物跡の内、J-4号としたものは特異な形態で、直径90〜140cmの大型の柱穴8本が楕円形に配されるというものであった。配置的にも集落の中央部で、住居・建物跡群と墓域を繋ぐような位置であることから、いわゆるウッドサークルと呼ばれる象徴的な構造物の可能性も指摘されている。なお、竪穴住居跡は27軒確認されたが、同時期の一般的なものと比較して、半数近くは大型と呼べるものであった。

中央広場からは320基余りの土坑が確認されたが、その多くは墓坑と考えられる。これらの分布状況をみると、広場の縁辺部すなわち住居・建物跡群寄りに多く、中心部に行くに従って密度が少なくなる傾向がみられた。また5〜10基程度が1つの単位としてサークル状に配された状況がみられ、中央広場全体はこれらの集合体として構成されていたものと考えられる。そして最も注目されたのは、この一単位とみられる広場北西隅の墓坑群から、装身具の玉類や副葬品とみられる石器類が発見されたことであり、その内訳は玉類（管玉・丸玉等）を出土した墓坑が2基、玦状耳飾りを出土した墓坑が2基、石匙や石鏃を出土した墓坑が4

写真2　墓坑内の装身具出土状況（上：管玉と丸玉、下：玦状耳飾り）

基であった。当時の埋葬形態や集団関係を知る上で貴重な資料となった。

以上のように本集落跡は、墓域を囲んで大規模で特殊な構造の建物群が巡らされたというものであり、単なる日常生活の場というよりは、周辺地域をも含めた葬送儀礼の場と考えられている。なお本遺跡は1988（昭和63）年、縄文時代の社会構造・精神生活を探る上できわめて重要ということから国指定史跡となっている。
　　　　　　　　　　（梁木　誠）

〈参考文献〉

宇都宮市教育委員会　1988　『聖山公園遺跡―根古谷台遺跡発掘調査概要―』

Column
栃木の袋状土坑

1．はじめに

　1933年、池上啓介らによって那須塩原市（旧西那須野町）槻沢遺跡が発掘調査され、はじめて縄文時代の袋状土坑が発見された（池上1935）。以後、本県では塙静夫（1968、1972）、海老原郁雄（1975）、田代寛（1968、1971、1973、1975）らに代表される袋状土坑の研究は他県よりも先駆的に行われ、植物質食料を入れておく貯蔵穴という今日の研究の礎を築いてきたといっても過言ではない。

2．袋状土坑の概要

（1）袋状土坑とは

　袋状土坑は、平面形が円形又は楕円形で、口部が狭く、底部にいくにしたがって広がるもので、断面形より「袋」の形状を言う（図1）。断面形により理科の実験で使用する「フラスコ」に似ていることから、「フラスコ状土坑」と呼称する場合もある。

（2）袋状土坑の時期

　袋状土坑は、本県では縄文時代前期中葉の黒浜式期からみられる。1遺跡で数基や住居内に1基付属して作られる場合がある。住居内に作られることから袋状土坑は個別管理されていたと考えることができる。

　中期前葉から中葉にかけては多くの遺跡で袋状土坑がみられる。那須塩原市の槻沢遺跡、那珂川町の三輪仲町遺跡、那須烏山市の曲畑遺跡、宇都宮市の梨木平遺跡、御城田遺跡、益子町の御霊前遺跡等枚挙にいとまがない。これらの集落には袋状土坑が多数発見され、集落内で一定の場所にまとまっていることもある。このことは集落での共同的な管理が行われたのではないかとも考えられる。

　そして、後期前葉以降は忽然と姿を消す（西関東では後期後半まで）。

　他県の調査例では、袋状土坑は新潟県の卯の木南遺跡で草創期から確認され、断続的ながら晩期中葉まで見られる。特に東北地方の秋田、岩手県では前期の円筒下層a式〜b式期には大型の袋状土坑が多数みられるようになる。

3. 袋状土坑の用途

　袋状土坑の用途については、トチ、クリ、ドングリなどの堅果類やヤマイモなどの地下茎根茎類を貯蔵した貯蔵穴であると言われている。それは、口部よりも底部が広がることは一定の空間保持のために作られたものと考えられる。袋状土坑内の温湿度を実験した永瀬福男（1981）の結果によれば、冬季で口部に蓋をすると外気の温湿度に関係なく一定であり、野菜等を越冬させるためには十分な数値であったという報告もある。

　袋状土坑は、貯蔵の機能分化のあらわれとみることができる。それは、環境変化による調理素材の多様化がおこり、調理技術が発達したことが土坑に貯蔵をするという行為と関係するものと考えられる。

(木下　実)

〈参考文献〉

池上啓介　1935　「栃木縣狩野村槻澤石器時代住居趾發掘報告」『史前学雑誌』第7巻第6号（大山史前学研究所）

海老原郁雄　1975　『梨木平遺跡　第四次調査報告書』（上河内村教育委員会）

田代　寛　1968　「鉢木遺跡の袋状土壙」『塩谷郷土史館研究報告』第2号

田代　寛　1971　「袋状土壙の一側面」『鹿沼史林』第11号（鹿沼史談会）

田代　寛　1973　「袋状土壙の一側面（その二）」『鹿沼史林』第12号（鹿沼史談会）

田代　寛　1975　『浅香内8H遺跡　黒羽高等学校社会部研究報告』第4集（栃木県立黒羽高等学校社会部）

永瀬福男　1981　「秋田県内におけるフラスコ状ピットについて」『秋田地方史論集』（半田教授退官記念会）

塙　静夫　1968　「栃木県における縄文中期の袋状竪穴址について」『日本考古学協会昭和43年度大会研究発表要旨』（日本考古学協会）

塙　静夫・大和久震平　1972　『栃木県の考古学』（吉川弘文館）

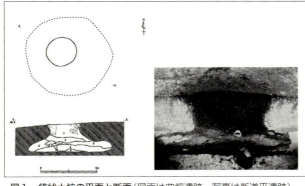

図1　袋状土坑の平面と断面（図面は曲畑遺跡、写真は新道平遺跡）

Column
南縁の複式炉と槻沢(つきのきざわ)遺跡

複式炉とは

定住生活が始まる縄文時代の代表的な遺構に竪穴住居がある。その中で日常生活に欠かせない重要な施設が炉で、土器による煮物料理をはじめ、暖房や照明、野獣の襲撃の防御、住居内の湿気取りにも有効である。

炉は縄文時代のほぼ全時期の竪穴住居に付設されるが、時期や地域によってさまざまな形態がある。地面をわずかに掘りくぼめただけの地床(じしょう)炉、石囲い炉、土器埋設炉などが一般的である。しかし、約4000年前の縄文時代中期後半の一時期、複式炉という独特の炉が東北から北陸地方に発達する。その中心は東北南半で、大木(だいぎ)式土器の分布圏とほぼ一致し、土器埋設部・石組部・前庭(ぜんてい)部からなる優美な土器埋設複式炉である。栃木県北部、那須や塩谷郡などはこの南縁にあたり、基本的には土器埋設複式炉(図1)であるが、東北南部のものとはやや趣を異にする。

「複式炉」という用語は、1957(昭和32)年の福島県飯野町(現・福島市)白山遺跡の発掘調査で、梅宮茂が命名したもので、1960(昭和35)年刊行の報告書で「土器を利用した火つぼと石で構成した炉が1つのセットとなっているもの」と定義した。その後、発掘調査による複式炉の検出例が増加し、「複数の燃焼部を有する炉」や「土器埋設部・石組部・前庭部の3つの施設がセットになって構成されている炉」など再定義される。今日では、その出現や終焉、地域性を考慮し、これらの2つ以上(複数)の施設を持つ炉を複式炉と定義するのが一般的である。

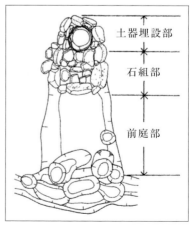

図1 土器埋設複式炉の部位と名称

槻沢遺跡の複式炉住居の発掘

　本県の複式炉の研究の画期となるのは、那須塩原市に所在する槻沢遺跡の5度の発掘調査である。1933・35（昭和8・10）年の大山史前学研究所の調査が最初で、五号竪穴の上部に「この敷石の一部には石で囲った炉址（3号炉）があり、また同一レベルの上に土器の口縁部および底部を欠いたものを埋めた炉址（4号炉）が存し」とあり、1952（昭和27）年の宇都宮大学の調査でも、1号住居址の中央に近い所に「この炉址は大小29ケの河原石をもって、北側は円形に南側は方形に敷石された長さ1米、幅70糎の炉址で円形のほうに寄った中央部には胴の部分のみの土器が埋め込んであった」とある。いずれも複式炉の命名以前の調査であるが、記述や実測図から那須地方に特徴的な複式炉であることがわかる。その後もさくら市堂ッ原遺跡、那須町脇沢遺跡などで土器埋設複式炉が調査されているが、石組炉と土器埋設炉の別々の炉と考えられていた。

　複式炉という記述は1972（昭和47）年の『栃木県の考古学』で初めて登場するが、馬頭町（現・那珂川町）五斗蒔(ごとまき)遺跡の2つの隣接する石囲い炉を指しており、槻沢遺跡1号住居址の土器埋設複式炉は「石敷石囲土器埋込み式炉」としている。

　本県で複式炉の存在が注目されるようになるのは、14基の複式炉が発見された1977（昭和52）年の広域農道建設に伴う発掘調査である。この調査で初めて福島県の複式炉を視野に入れた検討がなされ、これを機に海老原郁雄は県内の縄文中期の炉跡についてまとめ、複式炉については那須・塩谷郡内に限られること、中心域の福島県では大木10式期がピークであるのに対し、本地域は加曽利EⅣ式の席捲により一段階早い大木9式期をもって消滅するとしている。

　そして1991～93（平成3～5）年の県営圃場整備の発掘調査では、150軒以上の竪穴住居跡とそれに伴う多数の複式炉が発見され、那須地方の複式炉の特徴や出現から終焉までの様相が明らかになってきた。その後、県北の日光市仲内遺跡、那須町ハッケトンヤ遺跡、大田原市片府田(かたふた)富士山遺跡などでも複式炉住居が多数発見され、地域性がより鮮明になってきている。

南縁の複式炉の地域性

　平成3～5年の槻沢遺跡の発掘調査から複式炉の変遷を見ていく（図2）。複式炉の出現については東北地方とほぼ同じ中期後葉（大木9式

期)で、釣鐘形の大型石組炉に前庭部が付いて焚口が一方向に固定されるものを基本形態とする。石組部底面には石や土器片を敷くもの、先端に土器を埋設するものなどがある。

　典型的な土器埋設複式炉が出現盛行するのはその後半段階で、全体的に規模が小さく掘り込みの浅いものが少なくない。土器埋設部と石組部の間に括れがない先端の丸い長方形や楕円形で、埋設土器は胴部下半を欠くキャリパー状の加曽利E系の深鉢を1個斜位に埋設するものが多い。石組部は土器埋設部と接する奥壁が不明瞭で、平坦面が広く緩やかな傾斜を持つものが少なくない。土器埋設部と石組部が括れや段差で明瞭に区分され、底部まで残る寸胴の大形深鉢を正位に複数埋設するものも多い東北南部のものとは大きく異なる。埋設土器の周囲の石列、前庭部に縁石を持つものが少ないのも相違点としてあげられる(図3)。また、石組部を二室に分けた石組複式炉も一定数存在するのも、南縁の複式炉の特徴といえよう。

　中期末葉(大木10式期)になると土器埋設複式炉は少なくなり、方形で小形の石囲い炉に変わっていく。東北南部ではこの時期最も複式炉が多くなるのとは対象的である。土器埋設複式炉は小型で、石組部は箱形でさらに浅くなる。使用する石は大きく、底面は大型の扁平礫を1、2個置き、隙間に割石を疎らに敷くなど簡略化が目立つ。

　複式炉が盛行する中期後葉は、栃木県北部では関東の加曽利E系式土器が東北の大木系土器を凌駕するようになる。南関東西部から甲信地方に系譜が求められる曽利系深鉢、両耳壺などが在地の土器組成に組み込まれ、埋甕や石棒・丸石祭祀なども伝播し、次第に南からの影響が強くなる。栃木県北部、南

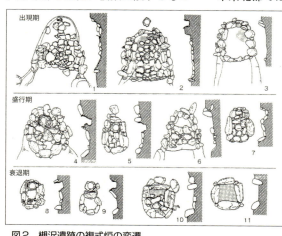

図2　槻沢遺跡の複式炉の変遷

縁の複式炉については、東北南部の複式炉を基本形態としながらも、複式炉出現の前段階から関東でもしばしば認められる石囲い土器埋設炉とも関係が深い地域色豊かな複式炉といえよう。

複式炉出現の背景

複式炉の盛行する縄文時代中期後半は、花粉分析などから気候が冷涼湿潤であったと推定される。関東から東北地方の丘陵や低山地は、ブナやコナラを主とする落葉広葉樹林で形成され、それ以前に比べクリが減少し、トチノキが急増することが指摘されている。

この時期、県北部の遺跡ではクリなどの堅果類の貯蔵施設と考えられている大型袋状土坑が衰退するものの、石器組成においては堅果類を加工する石皿・磨石の割合がそれ以前より高くなる。これは主要な植物食糧が、クリからトチに変わったことが大きな要因と推測される。トチを食するのにアク抜きが必要で、その灰を大量に生産するため複式炉が出現したとの考えもある。

複式炉住居は、主柱穴が石組部の両側に対峙し、主炉である石組部の上に梁を渡し、火棚や屋根裏が存在したと考えられ、貯蔵方法もクリの穴貯蔵からトチの屋根裏貯蔵へ変化したと解釈することも可能だろう。

（後藤　信祐）

〈参考文献〉

後藤信祐　2010「加曽利Eの複式炉・大木の複式炉」『研究紀要第18号』（(財)とちぎ生涯学習文化財団埋蔵文化財センター）

後藤信祐　2010「那須の縄文時代」『ブックレット那須をとらえる1』(随想舎)

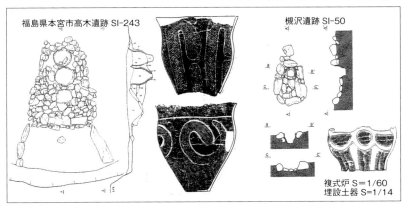

図3　中心部（東北南部）と南縁（栃木県北部）の土器埋設複式炉

栃木における縄紋時代後晩期の研究

江原　英

はじめに―後晩期という時代

　縄紋時代後期から晩期という時代は、土偶や耳飾りが多く作られるなど、特徴的な時代である。隆盛する中期文化に対して停滞的な時代と評価されたこともあるが、近年では調査例の増加や研究の進展により、東日本後晩期社会の特質が提示されている（阿部2002、設楽2014など）。栃木県では、1990（平成2）年ぐらいまでは極めて資料が少なく、不明な部分が多かったが、小山市寺野東遺跡をはじめとするいくつかの遺跡の調査によって、多くのことが判明してきた。

　ここでは、蓄積されてきた遺跡発掘調査成果をもとに、栃木県における縄紋時代後晩期の遺構・遺物について特徴を整理し、あわせて研究上の到達点と課題を示してみたい。

1．後期初頭から前半の遺跡と遺構
〈遺跡の継続性と集落の形〉

　栃木県内における縄紋時代の中期集落を代表する遺跡として、宇都宮市御城田(しろだ)遺跡、同市上欠(かみかけ)遺跡、同市竹下遺跡、那須塩原市槻沢(つきのきざわ)遺跡、那珂川町三輪仲町遺跡、茂木町桧の木遺跡等が挙げられる。これらの遺跡は中期から後期前半まで集落として継続する場合が多い。南関東では中期末に終焉する集落跡がほとんどだが、北関東では小規模ながら後期前半まで続く遺跡が多く認められる。後期集落の形態は不明な点が多いが、住居跡および貯蔵穴などの土坑が少数確認される例が多い。

　後期初頭～前半がメインの時期となる遺跡もある。宇都宮市古宿遺跡や同市下上(しもがみ)遺跡、佐野市四ツ道北遺跡、鹿沼市明神前(みょうじんまえ)遺跡、壬生町八剣(やつるぎ)遺跡などがその例で、住居跡をはじめとする遺構が比較的多く見つかっている。

〈住居の形〉

　入口部の明確な住居跡が増えてくるのがこの時期の特徴である。入口が明瞭に張り出す「柄鏡形住居跡(えかがみがたじゅうきょあと)」は、下野市西原南遺跡、小山市寺野東遺跡などで良好な例がある（図1）。また、入口部～床面の一部またはほぼ全面に石

を敷く「敷石住居跡」も那須烏山市荻ノ平遺跡（写真1）、下上遺跡、茂木町河原台遺跡などで確認される。集落内における位置や、後期中葉以降の住居跡との関係等、検討課題も残る。

〈配石遺構と集落の形〉

配石遺構とはある一定の範囲に石が並べられ、あるいは一定の形に石が組まれる類の遺構の総称で、下部に掘り込みを有する「配石墓」や弧状に列石が設けられるものなど多様である。敷石住居跡も遺存が悪い場合では配石遺構として捉えられることが多い。

明神前遺跡では、長方形石組の形態、一定の整った面を為す敷石状のものなど、バラエティが認められる。また、古宿遺跡でも石を用いた遺構が多く確認されているが、とりわけ面状に敷石が拡がる「大型配石遺構」が集落内の核となる遺構として評価されている。

後期初頭〜前葉の集落形態は不明な点が多い。寺野東遺跡谷西集落では谷に沿う住居の列状配置が観察できる。詳細な検討が求められようが、後期中葉以降顕著となる中央窪地型の形態例は認められないようである。

〈貯蔵穴と墓〉

貯蔵穴については寺野東遺跡で後期初頭の円筒状を呈する例が多く確認されているほか、四ツ道北遺跡などで後期前葉の貯蔵穴が認められる。中期集落で顕著な群在性は後期では認められないようである。研究例では、海老原郁雄による芳賀町上り戸遺跡を素材としたものがある（海老原2006）。

墓については、遺構よりの人骨出土事例は無く確定例を見いだせない。墓の可能性が高い土坑例も判断が難しく限られる。中期より続く集落跡の例ではあるが、茂木町桧の木遺跡の報告で

写真1　敷石住居跡（荻ノ平遺跡）

図1　柄鏡住居跡（寺野東遺跡）

は土坑1,665基中316基を墓坑或いはその可能性あるものとして提示している。寺野東遺跡の後期土坑についても形態や遺物出土状態から検討した（江原2003）。一方この時期の集落跡で比較的多く見られる単独的に検出される埋甕について分析した後藤信祐の論も注目される（後藤2009）。

2. 後期初頭から前半の遺物
〈称名寺式〉

後期初めは称名寺式土器が関東地方に分布している。この土器は曲線的な磨消縄紋によるJ字文などの文様を特徴とする（写真2）。最も古い称名寺式（初期称名寺式、図2）は、関西地方中期末の北白川C式と類似する特徴を示しており、在地の加曽利E式とは明らかに違う土器の作り方が観察される。この初期称名寺式は、関東南西部には一定数分布しているものの、北関東地方では稀である。ところが寺野東遺跡では、北関東としては突出した量の初期称名寺式が出土しており、他とは異なる集落とし

て位置づけられていた可能性がある。その後県内各地に称名寺式が見られるようになるが、引き続き加曽利E式系土器との共存が確認される（江原2016）。

〈貝輪状土製品・腕輪〉

貝輪状土製品（写真3-1）は、東京湾岸の貝塚で多くみられる貝輪を模倣し、粘土を焼いて作っている腕輪である。忠実に形を模倣しているものや、貝を真似て白色の顔料を付している例もある。一方別な形の土製腕輪が、県中央部から北部において確認されている。これは概ね筒形を呈しているもので、荻ノ平遺跡で良好な資料が多く認められた（写真3-2）。複数の貝輪を重ねた状態を模倣しているようだが、忠実に模倣している例と、重ねた状態を沈線文様で表現しているものなど、い

写真2　称名寺式土器（寺野東遺跡）

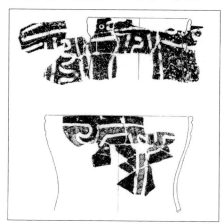

図2　初期称名寺式（寺野東遺跡）

写真3-1 腕輪（藤岡神社遺跡）

写真3-2 腕輪をつけた様子（荻ノ平遺跡）

中央窪地で多く見られるピット群・弧状の建物跡群の評価に関わる問題でもある。

遺跡の継続性という点では、時期幅がやや限定的な遺跡（宇都宮市野沢石塚遺跡、同竹下遺跡、栃木市伯仲遺跡）と、長期継続的な遺跡（寺野東遺跡、栃木市後藤遺跡、那須烏山市鳴井上遺跡等）との両者がある。後者くつかの変化が認められる。今のところこの２形態が地域差を示しているようであり、詳細な分析が求められる。ほかの骨角器模倣土製品も含め、海岸部－内陸部の関係性を示す遺物として注目してゆく必要があろう。

3．後期中葉～晩期の遺跡と遺構
〈住居と集落〉

後期中葉～晩期の住居跡例はいくつかの遺跡で確認されているが、方形基調の例は少なく、円形基調の例が多い（図3）。検討例としては、県南部でいくつか認められる奥左右壁３本柱住居という特徴的な形態例の指摘がある（江原2005）。掘立柱建物跡については、三澤正善による小山市乙女不動原北浦遺跡での確認が嚆矢で、集落内の位置も含め注目された（図4）。寺野東遺跡をはじめ環状盛土遺構の

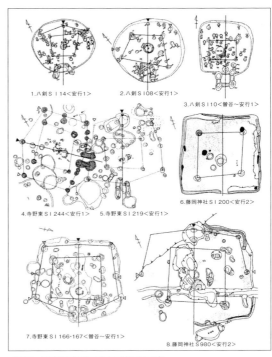
図3　栃木県南部の安行式期住居跡

の遺跡が集中する現思川～渡良瀬川流域における区域を渡良瀬川基部遺跡群と呼称したことがある（江原2007）。

〈墓と貯蔵穴〉

日光市川戸釜八幡遺跡で確認された石棺墓群（写真4）は注目すべき遺構である。後期中葉～後葉の時期が推定されている。乙女不動原北浦遺跡では一定範囲に集中する墓坑群があり、中には副葬品と考えうる遺物出土例もある。調査報告者による分析も注目される（三澤1981）。後晩期集落の中で、明瞭な墓域を作るものと、寺野東遺跡や藤岡神社遺跡のように、墓が不明瞭なものとがあることも確認しておく。

後期中葉以降の貯蔵穴はほとんど見られないが、曽谷式～安行式期特有の深い円筒状土坑については、寺野東遺跡や野沢石塚遺跡で若干数の確認がある。

〈環状盛土遺構と集落の形態〉

集落として注目されるのは、環状盛土遺構である（写真5、6）。これは小山市寺野東遺跡の調査で確認されたもので、新聞報道などもあって「縄文時代の大土木工事跡」として当時大きな注目を集め、その後国指定史跡となった。埼玉県や千葉県などで調査による確認例が増えると共に、シンポジウムの開催、研究論文や報告書の刊行等、活発な議論が展開されている（阿部1996、2004、鈴木正博2005、江原2009など）。当初指摘されていたような祭祀に注目する立場での見解はほぼ見られなくなり、集落の一形態としての評価という点では一致している。一方、盛土遺構の成因を住居の積み重なりに求めた阿部芳郎の見解（阿部1996）に

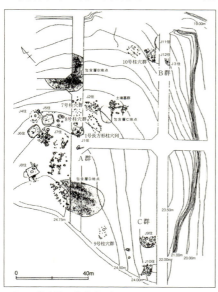

図4　後晩期の集落（乙女不動原北浦遺跡）

写真4　石棺墓群（川戸釜八幡遺跡）

写真5　寺野東遺跡環状盛土遺構全景

写真6　環状盛土遺構の断面

ついては、多くの検証すべき課題も残されている。

　環状盛土遺構は、栃木県内でも栃木市中根八幡遺跡や宇都宮市刈沼遺跡、上り戸遺跡で盛土や削平の痕跡が確認されている。後藤遺跡も環状盛土遺構と認めて良いほか、藤岡神社遺跡においても中央の窪地を囲むように環状にめぐる厚い包含層が形成されている。

　以上とは別の後期中葉〜後半にかけての集落跡である槻沢遺跡F区、野沢石塚遺跡、八剣遺跡の低段丘面部分などを観察すると、遺構分布は集約的だが中央窪地型の集落形態ではないようである。すべての後晩期集落が中央窪地型や環状盛土遺構ではないことはあらためて確認できよう。

〈谷の遺構と生業〉

　寺野東遺跡の水場の遺構・木組遺構群（写真7-1、2）および明神前遺跡の水さらし場遺構は、近年の縄紋時代研究上、全国的にも重要な発見となった。生業に関わる遺構として渡辺誠により先鞭をつけられた研究（渡辺2002等）だが、近年研究会の開催（かながわ考古学財団2010、縄文時代の資源利用研究会2012）や佐々木由香、栗島義明による研究（佐々木2000、栗島2011）において、堅果類の利用と水場遺構の関連について検討が進められた。一遺跡内から多数確認された寺野東遺跡例は、集落内に設置される例を示した点でも重要な問題を提起した。

4．後期中葉〜晩期の遺物

〈後期後半の異系統土器と器種〉

　県内の後期後半土器型式は、曽谷式—安行1式（写真8）—安行2式が位置づけられる。近年の資料増加により、これらの土器に伴って東北地方で主体の瘤付系土器群（図5-1）が一定量出土

写真7-1 木組遺構SX048（寺野東遺跡）

写真7-2 SX075（寺野東遺跡）

写真8 安行1式

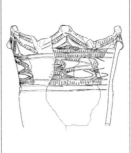
図5-1 瘤付系土器

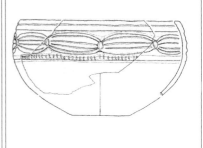
図5-2 西日本系の土器

（寺野東遺跡出土）

することが分ってきた。瘤付系土器群は、前半段階の注口土器が県内の遺跡で比較的多く認められる（三澤1985）。県中央～北部では後半段階の深鉢も一定量出土しているが、関東的な文様表現例も多く、単純な伝播では捉えられない瘤付系─安行系の関係性を示す事象として注目される。

なお後期末～晩期初頭と推定される西日本系の橿原文様を有する土器が寺野東遺跡（図5-2）および三輪仲町遺跡で確認されている。また川戸釜八幡遺跡では、変容した東北系土器群を主体としつつも、南関東的な安行系土器群も共存しており、興味深い。

一般的に後期以降、土器の器種が増加し、それぞれの機能に応じた土器の作り分けが進むとされている。とりわけ後期中葉～晩期の注口土器（写真9）については、持ち運び可能かつ特別な土器として社会的な機能・性格に注目する研究も進められている（縄文セミ

〈晩期土器の様相〉

南関東地方の編年では安行3a-3b-3c-3d式-(浮線文系)-荒海式とされ、東北地方では大洞B、B-C、C1、C2、A、A'式と編年されている。1980年代まではまとまった資料が無く様相不明であったものの、1990年代以降寺野東遺跡をはじめとする調査報告により、県南地域については一定程度の様相把握が可能となった。県央部〜北部にかけては、晩期初頭を除くと安行式は少なく、大洞諸型式に対応する土器群が目立っている。晩期中葉大洞C2式では寺野東遺跡や益子町御霊前遺跡で主体的と言って良い程高い割合を示しており、県内は一部を除き概ね大洞式分布圏内に入ると言うこともできよう。

また晩期前葉から中葉にかけては、同じ県南地域においても細かい地域差あるいは遺跡による差が大きいことが判明しつつある。すなわち寺野東遺跡、藤岡神社遺跡、乙女不動原北浦遺跡それぞれで、東関東系とされる姥山Ⅱ式系、群馬県で主体的に分布する天神原式、安行3c式・3d式、大洞式それぞれの割合が各遺跡で異なっており、複雑な状況が窺われる(図6)。晩期中葉にかけて、南関東的安行文化から東北的な亀ヶ岡文化へ併存しつつも移行する様相と捉えてよいが、純粋的な大洞式は少なく、変容例が多いことも注意される(猪瀬2001、2002)。

〈製塩土器〉

製塩土器の確実な例として、寺野東遺跡での破片20点がある。関東地方では現在の霞ヶ浦沿岸で後期後半から製塩活動がはじまるとされている。製塩土器自体は栃木県以外でも関東の内陸地域で比較的多くの出土事例があり、いくつかの解釈も示されている。塩づくり専用の土器がなぜ内陸の栃木

写真9 注口土器(茂木町高畑遺跡)

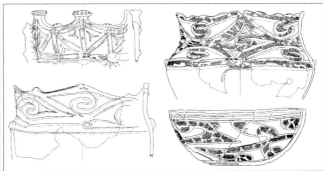

図6 寺野東遺跡出土の晩期土器

県内の遺跡から出土するのか、その理由については不明だが、塩そのもの、あるいは塩に関わるものと共に運ばれた可能性も考えられる。

　現段階で筆者の確認した限りでは、足利市神畑(かんばたけ)遺跡、刈沼遺跡、茂木町九石古宿(さざらしこじゅく)遺跡でも出土している。

〈晩期後半と弥生時代への移行〉

　関東地方ほぼ全域の動向であるが、晩期後半大洞A・A'式の時期は遺跡数が激減する。栃木県内全域で弥生時代初頭まで土器の出土すら乏しく、県内における縄紋時代から弥生時代への移行期の様相は不明とせざるを得ない。但し県北部では三輪仲町遺跡をはじめ、数遺跡で大洞A式などが一定量出土しており注目される。

〈土偶〉

　後期中葉以降、急増する遺物として、土偶と耳飾り、石剣・石棒類がある。土偶については2010（平成22）年に栃木県立博物館で県内資料の大半が展示された企画展および研究会の開催により、県内資料の型式論的な位置づけについて研究が進んだ。後藤遺跡の整理を基礎として山形土偶の系統論的な分析を進めた上野修一の研究は、東日本全体の山形土偶研究の基礎を築いた（上野1991）。本県域における土偶研究は比較的進展したが、晩期土偶の

様相解明など課題も残されている。

〈耳飾り〉

　後晩期の耳飾りは、資料の蓄積が進み、様相の明らかとなった部分は多い。藤岡神社遺跡は極めて多くの耳飾りを擁する集落跡であり（出土数1056点、写真10）、渡良瀬川を遡った位置にある桐生市千網ヶ谷戸遺跡などと同様の「耳飾り多出集落」と評価できよう。後晩期における耳飾り多出集落跡は、現段階では北関東および中部地方に偏っている。藤岡神社遺跡もそれらと同様に、耳飾りをつくる集落跡と評価し、交易の拠点としての性格について検討してゆく必要があろう。

〈稀少な土製品・石製品〉

　後晩期の遺物としては、他にも多種多様な土製品・石製品が認められる。藤岡神社遺跡の動物形土製品、寺野東遺跡の土面、川戸釜八幡遺跡の石冠、御霊前遺跡の石冠状土製品などは稀少な遺物として注目され、博物館企画展の展示等でも活用されている。石剣・石棒類については、用いられる石材の産地が概ね判明し得るものも多く、具体的な動きが捉えられつつある。

〈土製品・石製品の特性〉

　土偶や耳飾り（写真10）、石剣・石棒類といった土製品・石製品で注目されるのは、それが比較的容易に移動で

写真10 耳飾り（藤岡神社遺跡）

きる「もの」という点にある。この点に注目しての硬玉製品をはじめとする土製品・石製品の交易については上野修一による多角的な問題提示と検討がある（上野1999）。このような交易に関わる分析と共に、ある種の製品が多量に出土する遺跡や未成品など製作にかかわる遺物の出土した遺跡を製作跡として評価してゆく方向性も必要であろう。石器生産では足利市神畑遺跡の後期後半〜晩期集落における石鏃類の生産について、芹澤清八による分析が示されている（芹澤2012）。

まとめ

以上、羅列的に示してきたことをまとめてみよう。集落については、寺野東遺跡や藤岡神社遺跡のように、他とは違う性格、拠点性を示す集落跡の確認が重要である。環状盛土遺構類例のほとんどが後期中葉以降の集約化傾向と拠点性を示しており、この視点から一定地域内の分析を深めるべきであろう。

遺物については、異系統土器の分析などから社会論へ迫る研究が求められている。各種遺物の動きから見て特異な集落があることが確認されてきたことも大きな成果である。

弥生時代への移行については、資料の蓄積を期待しつつ、当面は晩期社会の特質を整理し弥生社会と対比的に分析してゆく方向性が必要となろう。

〈参考文献〉

※主要なものに限定。2007年以前の県内の文献は、埋蔵文化財センター研究紀要15号を参照

阿部芳郎　2002　『縄文のくらしを掘る』（岩波ジュニア新書）

今村啓爾　1999　『縄文の実像を求めて』歴史文化ライブラリー76（吉川弘文館）

江原　英　2009　「関東地方の縄文後期集落」『考古学ジャーナル』584

栗島義明　2011　「縄文時代の湧水利用」『埼玉考古』46

後藤信祐　2009　「栃木県における縄文中期後半〜後期前半の「埋甕」の様相」『野州考古学論攷』

設楽博巳　2014　『縄文社会と弥生社会』（敬文舎）

Column
後藤遺跡の土偶と土偶研究

　後藤遺跡は、栃木県の南部に位置する縄文時代の早期末から晩期にかけての集落跡であり、足尾山地の東南端に位置する三毳山（標高229m）から南へ約1kmの段丘上に立地している。遺跡の西には越名沼があり、南には関東平野が開けている。周辺には渡良瀬川とその支流とによって形成された氾濫原や河跡湖、自然堤防などの微高地、樹枝状に開析された丘陵が広がっている。こうした環境は、自然の幸に依存して暮らしていた縄文人にとって格好の生活の場であったようで、後期前葉から晩期中葉にかけての多量の遺物が出土している（竹澤ほか1972）。なかでも100点以上出土した土偶は、それまでの関東地方における土偶研究の成果を大きく書き換えるものとして、注目を集めている。ここではその概要について紹介する。

　後藤遺跡から出土した土偶は、7群に大別されている。まず最初に注目されるのは、第1群のハート形土偶と、第2群とされた筒形土偶である。いずれも施された文様の特徴から、後期の堀之内2式から加曽利B1式にかけての資料であることが判明している。後藤遺跡に近い栃木市伯仲遺跡でも同じ時期のハート形土偶と筒形土偶が伴出しており、これらの成果によって関東地方におけるハート形土偶の終末期の様相が明らかになってきた。

　次が、後藤遺跡の存在を全国的に知らしめた第3群と第4群の土偶である。これらは、全体の形状などから後期中葉の山形土偶の一群であると考えられるものの、目・口の表現方法や正中線の有無などの点で、霞ヶ浦周辺の山形土偶とは大きな相違が認められる。資料の分析と型式の広がりを検討した結果、後藤系列と名付けられたこの種の土偶は、栃木県内では壬生町八剣遺跡や栃木市神畑遺跡、藤岡神社遺跡、埼玉県高井東遺跡、同県原ヶ谷戸遺跡や同県駒形遺跡、山梨県金生遺跡、さらには中信地域を経て、最も遠方では熊本県三万田遺跡で出土していることが確認されたのである（上野1991）。分布範囲が把握されたこ

とで、後藤遺跡の山形土偶は後期中葉の高井東式土器を使用する集団と関係が深く、東関東の山形土偶とは異なる系統であることが分かってきた。同時に、霞ヶ浦周辺の茨城県椎塚貝塚や福田貝塚出土の山形土偶との対比が慎重に検討されたことで、関東地方における山形土偶出現の様相までもが明らかになった。

また、第4群とされたミミヅク土偶への過渡期の土偶や、第5群とされたミミヅク土偶も東関東地方の土偶とは異なり、顔面の表現や体部への縄文施文が希薄な事実が確認できた。これらもまた、大宮台大地周辺の後期後葉のミミヅク土偶とは様相が大きく異なっており、後藤系列山形土偶の伝統が色濃く反映された結果であると考えられる。このように、高井東式土器の分布圏においては、ミミヅク土偶の製作が極めて低調であることから、後期後葉に山形土偶からミミヅク土偶を発達させたのが、古鬼怒湾周辺から大宮台地周辺の集団であったことが明らかになったのである。

本来、この地域は渡良瀬川を媒介として、後藤遺跡などが位置する中流域の集団との関係が深かったものが、後期後葉以降は古鬼怒湾周辺の集団との関係を一気に深めているこ

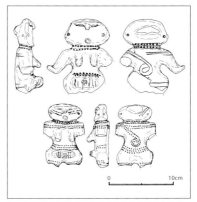

図1　後藤遺跡出土の山形土偶（後藤系列）

とが分かる。こうした土偶の分布が、当時の社会のどのような変化を意味しているのかについては、現時点では製塩技術との関係に注目しているが、今後の課題である。その解明には、研究を地道に続けていくしかない。だから、考古学は面白いのかも知れない。　　　（上野　修一）

〈参考文献〉

竹澤　謙ほか　1972　『東北縦貫自動車道埋蔵文化財発掘調査報告書』栃木県埋蔵文化財報告書5　日本道路公団東京支社　栃木県教育委員会

上野修一　1991　「北関東地方における後・晩期土偶の変遷について（下）」『栃木県立博物館研究紀要』8

栃木の弥生文化

藤田　典夫

1．はじめに

　弥生時代は、イネと鉄という2つのキーワードによって語られてきた。特に水田稲作による米の蓄えと利用によって、600年という、世界に類をみない速さで古代権力が生まれたと評価された（佐原1987）。しかし、発掘調査による資料の蓄積に加えて、年代測定、自然環境、種子類の同定など多方面からの理化学的分析によって、解釈の変更が必要な事項も生じている。

　栃木県域における弥生時代の社会は未解明の部分が少なくない。それでもこの数十年で明らかにできた部分もあり、その成果を中心に栃木の弥生文化を3つのテーマから時期を追って探ってみたい。

2．再葬墓の社会―前期～中期前半―

　弥生時代は一般に、早期、前期、中期、後期に区分される。早期は、最も早く水田稲作を受け入れた北部九州だけに認められる時期で、東日本では前期前半までは縄文晩期に含まれるため、前期後半からが弥生時代ということになる。前期後半から中期中頃（前4世紀～前3世紀）、中部地方から東北南部にかけて、穴に土器をいくつも納める習俗があった。それは「再葬墓」と呼ばれている。

　清六Ⅲ遺跡は栃木県の最南端、野木町にある。1993（平成5）年、思川浄化センターを作るための発掘調査だった。台地の西端にあたり、低地との比高10ｍ、明瞭な崖線で画されている。墓穴は全部で19基あり、17基が8ｍ四方にまとまっていた。この広さは古墳時代なら少し大きめの住居1軒分であるから、密集度の高さがわかる。

　墓穴は、土器9個を納めたものが1基（SK-300）、4個が1基、2個が1基、1個のものが11基ある。土器を含まないものも5基ある。穴の大きさは、最大のSK-300でも直径1.3ｍで、9個の土器を正位、斜位、横位などにして、隙間がないくらいに詰めている。土器1個のものは壺を横倒しにしてちょうどよい大きさ、長軸30～40

cmの楕円形に掘っている。土器は全部で27個。壺が25個、甕が1個、高杯が1個で、壺が圧倒的に多い。

ではなぜ「再葬」なのであろうか。穴に埋められた土器は骨容器であり、日常使っていた壺を再利用している。遺跡で一番大きなもの（図1-9）でも高さ63cm、しかもこの時期の壺は頸が細長く、遺骸をそのまま納めることはできない。土器に骨が残っていた例でも、大腿骨や尺骨、あるいは歯など、一部分であることが多い。そうしたことから、一度地中に埋めるなどして遺骸を腐らせて（第一次葬）、改めて遺骸を取り出して、ある部分の骨を土器に納めて、まとめて葬る（第二次葬＝再葬）と考えられるようになった。

清六Ⅲ遺跡では土器のほかに管玉が5つの穴から12個見つかっている。

管玉は碧玉でできた円柱形の装飾品で、再葬墓からの遺物としては最も一般的である。ほかには勾玉、石鏃、石器剝片などが埋められることがある。管玉には意図的に壊されたものもあり、「故人とかかわりをもつ装身具を再葬の期間呪術に用い、再葬終了とともに破壊して遺棄した」（設楽2008）と推測されている。また石器剝片は、遺骸を切断・解体する道具の可能性も考えられている。再葬墓遺跡で、壺から出土した人骨にキズの残るものがあることや、焼けた人骨が周囲に多量に見出されたりするのは、再葬の工程で遺骸を解体あるいは焼く行為が行われたことを裏付ける。

この墓制を象徴するものに顔面付土器がある。土器を人体にみたて顔を立体的に表現したもので、この種の土器

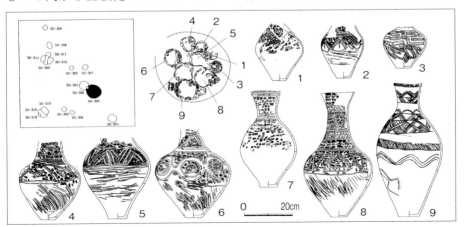

図1　清六Ⅲ遺跡　SK-300と出土土器

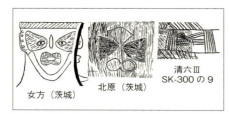

図2　顔面付土器(左)と顔面画

が初めて見つかったのが宇都宮市野沢遺跡で、1894（明治27）年のことだ。写実的なので目を引くが、顔の表現が抽象化、省略化されたものも知られるようになった。清六Ⅲ遺跡SK-300の9は、胴部に縦、横、斜めの線が描かれているが、これは目や口のまわりに施されたイレズミが転化したものと解釈され、顔面画土器と呼びわけられている（石川2008a）。

ところでこの時期の遺跡は墓ばかりが見つかり、ムラの跡の例はきわめて少ない。県内では足利市常見遺跡で住居跡が1軒知られるだけである。縄文晩期から弥生前期にかけては、寒冷な気候が長く続いたとされ、住居が減少する時期とも重なるという。寒冷化、ムラの減少、そして再葬墓は関連するのだろうか。

この時期のムラの例では、高燥な台地上に数軒の住居があり、土掘具である石鍬やイネ科植物を刈る横刃形石器、小型化した石鏃などが多く出土する。このようなムラがいくつか近隣に点在したようである。遺跡の立地や道具類からみて、水田稲作に適したムラとは言いがたい。一般に朝鮮半島から水田稲作が伝わったとされるが、近年では、朝鮮半島には中国大陸からアワ・キビなどの雑穀栽培と稲作が段階的に伝えられ、両者が複合された形の農耕文化として日本列島に伝わったと考えられている。再葬墓の時期には、イネやそれら雑穀の実物、土器に印された圧痕が多く確認されている。県内屈指の再葬墓群佐野市出流原遺跡でも、イネのほか、最近ではアワ、キビの圧痕が報告されている（遠藤2014）。

水田稲作は多くの人々の協同作業で、ある程度の規模の集落と、それを営む人間が必要である。ムラを維持、拡大していくには、安定した食糧の確保が前提となる。寒冷化によって引き起こされたであろう食糧不足に対応するには、ムラの規模を小さくしてあちこちに分散させることが必要であった。小規模、少人数でも対応できる生業として、イネのほかにアワ、キビなど主食となりうるイネ科の穀物を栽培する道を選択したようだ。当時は血縁関係を主とした同族の集団で結ばれていたとされる。しかし集落の分散によって、同族集団という意識が次第に

希薄になっていく。その意識を再認識し、共通の祖先祭祀を維持継続していくために採用したのが再葬墓であったと考えられている。顔面付土器は、1つの再葬墓群に1つ程度で、多くの土器が集まった土坑に納められることなどから、集団の祖霊像と解釈され（石川2008b）、再葬墓には不可欠なアイテムなのである。

再葬墓が盛行した弥生時代初期の東日本は、狩猟採集に加えて、アワ、キビなどの雑穀栽培を主な生業とし、一部にコメ作りも含む小規模な農耕を営んでいたと想像され、縄文文化の伝統が残る社会であったと考えられる。

3．地域性の顕在化―中期後半―

列島各地では、水田稲作の発展、拡散により、弥生社会は中期後半で大きな変革を迎えたようだ。年代は紀元前2世紀から紀元前後、中国では前漢(ぜんかん)の時代で、前108年に前漢の直轄地(ちょっかつち)として朝鮮半島に設置された楽浪郡(らくろうぐん)との直接交渉により、大陸の文物や習俗が流入するようになったことも一因であろう。

北部九州では、甕棺墓(かめかんぼ)が発達し、漢鏡をはじめとする副葬品の有無や組み合わせに明確なランクが現れた。近畿では、ムラのまわりに溝をめぐらす環濠(かんごう)集落の大規模化や多重化が起こり、居住域、青銅器の生産域、墓域などに分化する。南関東で本格的な水田稲作を背景とした環濠集落や、方形周溝墓(ほうけいしゅうこうぼ)が盛行するのもこの頃である。

県内においては、県央から県南にかけて約20カ所の遺跡で30軒ほどの住居が発掘されている。小規模ながら、ようやくムラの実態がわかるようになってきた。

山崎北(やまざききた)遺跡は、1994（平成6）年に東北自動車道大谷パーキング拡幅工事の下り車線部分で見つかった。西に小さな谷を臨む台地の突端に穴（土坑）9基とそれを取り巻くように住居3軒があった。住居跡は一辺3～4mの長方

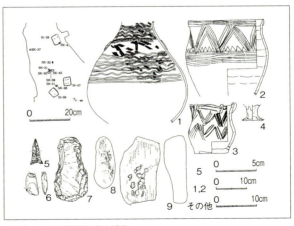

図3　山崎北遺跡と出土遺物

栃木の弥生文化

形をなし、2本ないし4本の柱穴、中央に煮炊きの炉を設ける。出土土器は壺、甕、小型甕、杯、高杯などがある（図3-1～4）。壺は、前代の細長い頭は太く短くなり、下膨らみの安定した形となる。文様は波状文、刺突文、鋸歯文などがみられ、基本的に前時期の土器の文様要素を引き継ぐ。少数ではあるが渦巻き文の壺もある。石器は狩猟具として石鏃（5）、製粉加工の凹み石兼用の石皿（9）、それとセットになる磨石や敲石（8）、土木具あるいは開墾具として石鍬（7）、細部加工用の小形の磨製石斧（6）などがある。

この時期には、朝鮮半島に系統がたどれる各種の磨製石器が普及する。それらの製作には専門集団が形成され、製作工程や供給範囲、流通ルートなど広域なモノの流通が解明されつつある。東日本では、長野市やいわき市に伐採用石斧の製作地が知られているが、県内には両地域の製品が持ち込まれたようだ（杉山2006）。

次に墓制をみる。栃木市大塚古墳群内遺跡は、岩屋古墳を主墳とする大塚古墳群の中にあるためこう呼ばれている。1999（平成11）年、農道整備事業に伴う発掘調査により、中期後半の墓穴15基のほかに建物と目される柱穴が4棟分見つかっている。

墓には大きく2つの葬り方があった。ひとつは土器を棺とする土器棺墓で、壺2つを身・蓋とし、土器の大きさぎりぎりに掘った穴に正位に納める。乳幼児用で3基ある。もうひとつは底面から少し上、破損した状態で土器が出土するもの。楕円形3基と円形3基がある。SK-16とした穴は、180cm×110cmの、長軸を南北に向けた楕円形で、北側中央に顔面付土器の顔の

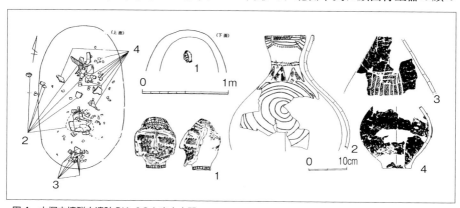

図4　大塚古墳群内遺跡SK-16と出土土器

部分が西に向けて置かれていた。その約20cm上で壺5〜6個体分の破片が散乱していた。この墓の埋葬工程は、まず穴を掘って遺骸を木棺に安置する。その際、顔面付土器の顔面部を遺骸の頭部付近に添えたようだ。そして蓋をして土を埋め戻してから、死者と飲食の儀式をして、最後に使用した土器を打ち割るという行為が想定される。

楕円形土坑は、成人を直接葬ることができる大きさであるが、小さな円形の穴は、木棺を用いたかは別として、土器棺とは別に乳幼児用に設けられたのであろうか。そうするとSK-16の南には多くの乳幼児の墓が配置されたことになる。当時は衛生状態が悪く、その年代の死亡率が非常に高い。死亡した子どもたちを、ひとりずつていねいに葬ったのだろう。いずれにせよ、大人、子どもにかかわらず、それぞれ個別の墓をつくるという新たな墓制が採用された。これらには再葬の痕跡を見出すことはできないが、前時期の風習である顔面付土器が残っていることに注意したい。

出土土器には、周辺地域の特徴を示すものが含まれている。それは、①繊細な線で渦巻文を描く福島系の一群（二ツ釜式）、②櫛状の道具で波形を描く長野・群馬系統の一群（栗林式）、③鋸歯文を多く用いる地元の一群（後新田式）、そして④各地の要素を組み合わせたものなどである。前時期まで、土器の地域性はあまり顕著ではなかったが、中期後半になって各地域独特の文様が明瞭になってくる。この遺跡で興味深いのは土器棺で、②同士あるいは③同士といったように、同系統の土器を組み合わせている。また、SK-16に見られる葬法は、南東北に特徴的なのだが、破砕された土器がみられる4基のうち3基には南東北系の土器が含まれている。福島県油田遺跡では一時期再葬墓と重なるように土坑墓が採用され、その後土坑墓に変わっていくことが明らかにされている。関東より一時期早く土坑墓が成立していることから、土器とともに墓制も南東北から伝わったものとみてよい。

中期後半において、栃木県域では、数軒の住居で構成された小規模なムラが形成され、社会生活が安定してきたようだ。もちろんその背景には、気候が温暖化してきたことも影響したであろう。壬生町御新田遺跡の土器にはイネの圧痕が印されているから、その存在は疑いない。しかし山崎北遺跡の石器類の組み合わせからは、本格的に水田稲作を受け入れた様子はうかがえず、依然として狩猟や雑穀類を中心と

した農耕を主としていたのではないか。

この時期は、福島や長野・群馬などの土器や石器の存在が示すように、周辺地域との交流、モノの流通が盛んになってくる。特に北からの流れは、保守性が強いとされる墓制をも受け入れるほど大きい。中期後半の関東全域をみれば、土器の文様から5つの小地域に分けられ、ムラの形態、墓制、道具などに違いがみられる（石川2011）。それぞれの地域が、前時期や周辺地域の影響の強弱によって、多様な地域性を生み出したようだ。

4．地域間交流の活発化—後期—

県内の後期の遺跡は、住居跡を含む集落が約40カ所ある。中期後半に較べ確実に数を増し、住居も増えムラの規模も大きくなっている。遺跡は県の中央から南部へかけての平野部に多く、真岡・益子周辺の小貝川・五行川流域、宇都宮南部の鬼怒川・姿川の中流域、小山周辺の同下流域、それに足利周辺の渡良瀬川流域の4地域にまとまりをみせる。特に宇都宮南部を中心とする地域は後期から古墳時代にかけて重要な地域であった。

宇都宮市本村遺跡は、道路建設と特別養護老人ホーム建設による調査で住居跡19軒が発見された。田川を東に臨む低台地にあり、遺跡の広がりを考えると、かなり大規模な集落と想定される。

遺跡からは土製紡錘車（図5-3・4）、石鏃（5）、磨石（6）、扁平片刃石斧（7）などが出土している。石鏃は狩猟具としてなお主要な道具であった。根元を大きく作り出した形は、東北や北陸に多くみられる。扁平片刃石斧は木製品の加工具で大陸系の磨製石器。南関東以西では中期後半に盛行するが、本県では弥生時代を通して主要な道具とはならなかったようだ。紡錘車は糸作りに関わる道具で、県内の弥生後期の遺跡では、必ずといってよいほど出土し、本遺跡でも6点ある。中央に棒を通した円板で、回転させて撚りをかけ棒を伝わせて糸を巻き取る。

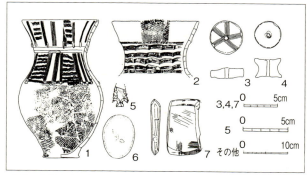

図5　本村遺跡の出土遺物

栃木県域の後期弥生土器は、足利周辺では、段状に縄文をつける吉ヶ谷式土器や櫛描文の樽式土器がみられ、県央〜県南・県東には二軒屋式土器が広く分布している。二軒屋式土器は、壺と甕の器形の違いが不明確になるのが大きな特徴である。頸の部分は櫛描きの波状文、鋸歯文、連弧文、簾状文などで埋める。胴部は縄文がつけられるが、縄の撚りの方向に、別の縄を巻く原体を転がしている。縄文時代以来、土器を飾った縄目文様の最後の姿である。本村遺跡では、頸部波状文を区切る縦の直線文や粘土紐を巻くもの、縄文でも付加する縄を軸縄とは逆方向に巻きつける原体を用いるものなどがあり、これらは茨城に分布する十王台式の要素で、二軒屋式の要素と組み合わさったものが多く見られる。

　後期の墓制については、明確な事例がなく不明と言わざるをえない。

　栃木県域では後期にいたっても、環濠集落、方形周溝墓は採用されなかった。道具類は石皿、磨石など製粉加工具、狩猟具など前時期と大きく変わらない。はたして水田稲作は行っていたのだろうか。上三川町にある上ノ原・向原南・殿山の３遺跡は合わせて35軒の住居が幅100〜200ｍの蛇行する低地を挟んだ両岸に営まれており、低地での水田稲作を想定したいところだ。一方で、下野市三王遺跡で見つかった数条の平行する溝は、畠跡（サク）の可能性が指摘されている。

　紡錘車の増加は、布作り（ないし糸作り）の盛行を示すもので、後期社会の発展を支えた主要な生業の１つとなっていた可能性が高い。布あるいは糸を交易品としていたのかもしれない。

　さて、弥生後期は中国では後漢（25〜220年）と次の魏・蜀・呉の三国時代にあたる。特に後半の時期は、『魏志』倭人伝に卑弥呼が登場し、倭国がたびたび内戦状態になったことや、魏との交渉が頻繁に行われたことが記され、国際社会に大きく踏み出したことがわかる。

　農耕祭祀に使われた青銅器は、後期になって、北部九州から四国にかけた銅矛の分布圏と、近畿や東海を中心とした銅鐸の分布圏が並立していた。一方、出雲や吉備、北陸などでは、四隅突出型、双方中円形、方形など地域特有の墳丘墓が現れ、墳墓の祭祀がおこなわれたようだ。

　後期後半（３世紀前半）には青銅器の地域でも墳墓祭祀に移行し、北部九州〜近畿では前方後円形、東海以東では前方後方形、そして出雲〜北陸は四隅突出型と、墳墓の３つの分布圏が形

成される。列島全体が青銅器による共同の祀りから、有力な特定個人墓の祀りへと変わっていった。この変化と重なるように各地で土器の移動が活発化し、地域間の交流が盛んになってくる。

土器が動く背景には、婚姻・移住・交易・戦乱など、さまざまな要因が考えられるが、この動きは列島規模で広範囲に及び、内戦からやがて新体制へ向けた編成、古墳成立への大きな流れのなかに、栃木県域も巻き込まれたようだ。

吉ヶ谷・樽式は後期後半から次第に県央部から県東部、県北部にも広がりを見せる。茨城の十王台式は県内での出土量が増え、本村遺跡のように文様構成など二軒屋式に影響を与えるようになる。矢板市堀越遺跡では、新潟から福島に分布する桜町Ⅰ式に類似する土器が出土し、北からの流れも再び顕在化してくる。

その後、東海系、近江系、北陸系などの土器とともに流入してくるのが南関東系で、弥生時代にはみられなかった現象である。東西南北多方面の土器が流入する一方で、二軒屋式が積極的に他地域へ動いた様子は認められない。

古墳成立前後の交流の中で、本県にも金属器がもたらされる。それは下野市三王遺跡の鉄剣であり、小山市田間（西裏遺跡）の小銅鐸である。鉄剣は北陸地方から長野や群馬、南関東にも及んでいる。小銅鐸は後期以降東京湾沿岸に多くみられるが、西裏遺跡は古墳前期のムラが見つかっており、それに伴った可能性が高い。

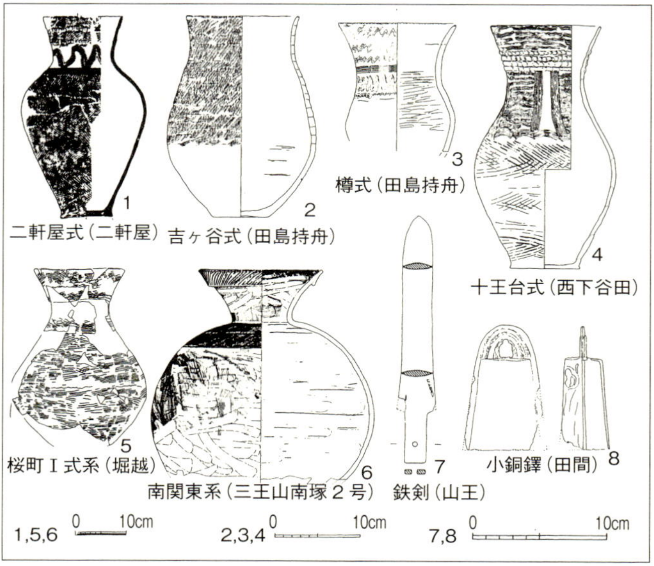

5．おわりに

21世紀になって、弥生時代・弥生文化を考えるうえで衝撃的な見解が提示された。国立歴史民俗博

図6　地域間交流を示す土器と金属器

物館の研究チームにより、弥生時代の開始が500年さかのぼり、弥生時代の年代幅がこれまでの倍の1200年とされたことと、その研究成果を受けて、「弥生文化」は、水田稲作、環濠集落、青銅器祭祀などの大陸出自の要素が揃った地域に限定すべき、という主張だ（藤尾2014など）。

　前者の開始時期とされる紀元前10世紀については、人骨の年代測定結果などから、古過ぎるという反論もあり流動的である。後者については、縄文出自の要素がベースにあり、それに大陸出自の要素や、新たに形成された要素が加わって生まれたのが弥生文化で、前の時期や近隣地域とつながりの強弱によって、地域ごとにさまざまな内容をもつ、と理解する立場（石川氏や設楽氏など）に異論を唱える。これにしたがえば、栃木県域の多くは「弥生文化」に含まれない。

　栃木では弥生時代の情報はいまだ限定的である。整備途上の弥生文化の枠組みを完成させる地道な作業はなお必要であり、過去の資料の見直しや検討も行われなければならない。

〈主な参考文献〉

会津美里町教育委員会　2007　『油田遺跡』
五十嵐利勝　1982　「宇都宮市雀宮町西原発見の弥生式土器紹介と若干の考察」『下野考古学』4（下野考古学研究会）
石川日出志　2008a　「関東・東北における弥生時代中期の顔面画土器」『駿台史学』第133号（駿台史学会）
石川日出志　2008b　「⑥再葬の儀礼」『弥生時代の考古学7』（同成社）
石川日出志　2011　「9関東地域」『講座日本の考古学5』（青木書店）
宇都宮市教育委員会　2004　『本村遺跡（弥生・古墳編）』
宇都宮市教育委員会　2006　『西下谷田遺跡―弥生・古墳時代前期編―』
宇都宮市教育委員会　2007　『本村古墳群・本村遺跡』
遠藤英子　2014　「栽培植物から見た、関東地方の『弥生農耕』」『SEEDS CONTACT』第2号
小山市　1981　『小山市史』史料編・原始古代
佐原眞　1987　『大系日本の歴史1』（小学館）
設楽博己　2005　「東日本農耕文化の形成と北方文化」『稲作伝来』（岩波書店）
設楽博己　2008　「③装身具の儀礼的性格」『弥生時代の考古学7』（同成社）
杉山浩平　2006　「栃木県下の太形蛤刃石斧」『唐澤考古』第25号（唐沢考古会）
栃木県教育委員会　1998　『山崎北・金沢・台耕上・関口遺跡』
栃木県教育委員会　1999　『清六Ⅲ遺跡Ⅰ』
栃木県教育委員会　2001　『大塚古墳群内遺跡・塚原遺跡』
藤尾慎一郎編　2014　『弥生ってなに？！』（国立歴史民俗博物館）
南河内町　1992　『南河内町史』史料編1考古

Column
田中国男と弥生土器研究

　茨城県筑西市にある女方遺跡は、20m四方に小竪穴41、土器総数190個にも及ぶ、「どえらい遺跡」として知られた大再葬墓群である。この手の遺跡が墓地と決着する前、もう1つの有力な説である祭祀跡の根拠とされた遺跡である。発掘をしたのはたった一人、医者が本業というアマチュア考古学者の田中国男という人。休日を利用して足掛け3年、まさにこの遺跡に命を賭した執念の人生であったと伝えられる。

　田中は1897（明治30）年、長野県東筑摩郡（現・塩尻市）に生まれた。東京帝国大学医学部を卒業、1931（昭和6）年に栃木県立宇都宮病院の小児科部長として赴任した。この病院は、東武宇都宮駅と市立中央小学校の間あたりにあった。彼は休日をもっぱら遺跡歩きにあて、顔面付土器で名高い野沢遺跡にもたびたび足を運び、土器片のほか管玉を採集、正確な位置がわからなくなっていた出土地点を推定している。野沢遺跡との出会いによって縄文時代から弥生時代移行期に興味をおぼえ、やがて女方遺跡の発掘を成功に導く。

　宇都宮に来て2年、田中は現在の小山市間々田の乙女で竪穴から口の部分を欠く土器を掘り出している。その報告が彼の栃木県内弥生時代に関する最初のもので、全体の細い縄文、底面木葉痕、頸部幾何学文と、土器の特徴を簡潔に述べ、写真と拓本を示している。類例に東河田（以下、東川田）をあげていることから、この時点で後述する東川田遺跡は踏査済みであったことがわかる。乙女の土器は、鮮明なカラー写真で1984（昭和59）年刊行の『小山市史』通史編の巻頭を飾っている。この土器や女方遺跡など、田中の発掘した遺物が、現在東京国立博物館所蔵になっているのは、彼の義兄が前身の東京帝室博物館に勤務していたことが関係していた。

　1939（昭和14）年には宇都宮市東川田遺跡の報告を著す。この中では、茨城県「紅葉」出土の土器との類似を指摘し、土製紡錘車の存在、市内の八幡山公園の竪穴から同種土器と太型蛤刃石斧片が出土した

ことにも言及している。そして北関東の弥生土器に、野沢の土器の一群とは別の一群があることを説いた。

この報告は、後期の標式遺跡である寺内武夫・篠崎善之助両氏の二軒屋(にけんや)遺跡の報告より7カ月早い。昭和10年代前半は、寺内や田中が該期の遺跡を精力的に探査している。寺内は雀宮出身の國學院大学生で田中との交流の様子は互いの文献にも見え、2人の尽力によって県内の弥生後期土器研究の基礎がつくられたといえよう。

田中は1944(昭和19)年3月10日、女方遺跡の報告書である『弥生式縄文式接触文化の研究』を上梓する。1月付けとある序文に後藤守一(元東京帝室博物館)が、「田中さんは近時健康を害し、病の床にある。」と明かし、整理途上であるが自ら死を悟ったのか、急ぐようにこの本を刊行する。翌4月没、享年47。本は400部、立派な装丁と良質な紙で定価は11円。だがそのほとんどは激しい戦火によって失われてしまったという。

ところで「接触文化」あるいは「接触式土器」は、野沢や女方など東日本の弥生時代初めは縄文文化の伝統が強く、弥生文化が縄文文化地域への東漸によって接触してできたものとして提唱された。この考えを推進したのが杉原荘介(のち明治大学教授)や田中であった。しかし、どの地域も弥生文化は接触文化であり、この用語は文化の内容や土器の実態を示しておらず、戦後、「学史の1時期にあらわれた1つの考え方を代表するにとどまる」(小林1959)と総括される。

東川田遺跡は、没後半世紀が過ぎた1994(平成6)年から、発掘調査がはじまった。田中の気持ちは如何ばかりか。多くの成果をあげ、2004・2007(平成16・19)年に『本村遺跡』として宇都宮市教育委員会から刊行された。田中は東川田の報告で、土器の採集地点を下野国河内郡雀宮村字東河田小字本村(ほんむら)1366番地と明記していた。

(藤田　典夫)

〈参考文献〉
小林行雄　1959　「せっしょくしきーどき」『図解考古学辞典』
田中国男　1936　「間々田町出土の弥生式土器と竪穴」『下野史談』13-1
田中国男　1939　「宇都宮郊外東河田の弥生式土器」『考古学』10-2
寺内武夫・篠崎善之助　1939　「下野中原遺跡調査概報—第一回—」『考古学』10-10
藤森栄一　1973　「ある考古学書の流転」『考古学ジャーナル』№78

Ⅲ とちぎの古墳時代

昭和44(1969)年4月、宅地造成中の大平町(現・栃木市大平町)西山田の七廻り鏡塚古墳から発見された舟形木棺(写真提供:下野市教育委員会)

栃木における古墳時代の幕開け

今平　利幸

1．はじめに

　『魏志倭人伝』に登場する卑弥呼の生きた3世紀前半は、以前は誰もが「弥生時代」と捉えていた。しかし、加速器質量分析法（AMS）法による放射性炭素年代測定（以下、炭素14法）の導入等、近年の調査研究の進展により、この時期を「古墳時代早期」や「古墳時代初頭」と捉える研究者が増えてきている。

　岸本直文は、炭素14法と中国鏡の年代観とに齟齬が無いことを指摘した上で、「庄内式後半≒2世紀後半から3世紀前葉、布留0式古相≒3世紀前半から中頃」との年代観を導き出し、「倭国および倭国王が確立した3世紀前半を古墳時代早期と位置づけることが現実的」と指摘する（岸本2015）。

　また、白石太一郎は「卑弥呼の墓が箸墓古墳である蓋然性が大きくなった」（白石1999）と指摘する。

　さらに、奈良県桜井市纒向遺跡で大型の建物跡が発見されたことにより、邪馬台国畿内説が有力視されている。

この纒向遺跡からは瀬戸内海から関東南部にかけての土器が出土していることから、非常に広い地域から人々が集まった場所であるとともに物資の流通拠点としての役割も果たしていたことが想定されている（橋本2014）。

　このように、古墳時代開始期に関する新たな研究成果が示される中、本地域においても古墳時代の始まりの時期には、東海系、南関東系、畿内系、近江系、北陸系、樽式（系）、吉ヶ谷式（系）、十王台式（系）、天王山系など他地域の影響を受けた土器（以下、外来系土器）が出土することから、小森紀男、藤田典夫等により、この時期に他地域との交流が活発であったことが言及されている。

　表1は、他地域との併行関係を示した試案であるが、先述した岸本氏の指摘どおりとすれば、畿内で倭国王による体制が確立した時期に、本地域では二軒屋式土器を使用している人々の暮らしが継続していたことになる。そして、筆者の0段階以降に他地域との交

表1 土器編年と併行関係試案

	畿内	濃尾平野	南関東房総	下野
	寺沢 1986	赤塚 1990	大村 2004	今平 2000
弥生後期	庄内式	廻間Ⅰ式	山田橋式	二軒屋式
弥生終末 古墳早期			中台1式	
		廻間Ⅱ式	中台2式	0段階
			草刈1式	1段階
古墳時代 前期	布留式			2段階
		廻間Ⅲ式	草刈2式	3段階
				4段階
		松河戸Ⅰ式	草刈3式	5段階

流が活発化し、古墳時代の幕開けを迎える。

本稿では、本地域の古墳時代の始まりの様相を記載するにあたり、図1に示すように、流域をベースに7つの小地域を設定した。その際の小地域毎の名称については、便宜上、後の時代の郡名をカタカナ名で表すこととした。

［地域区分］

アシカガ…渡良瀬川流域で、秋山川以

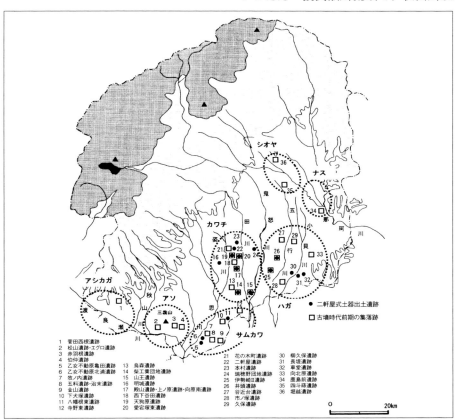

図1　県内の主な弥生時代終末〜古墳時代前期集落跡と地域区分図

西、古代の「足利郡」と「梁田郡(やなだ)」。代表的な遺跡は、菅田西根(すげたにしね)遺跡。
アソ…秋山川以東、思川以西の古代「安蘇郡」と「都賀郡」の南部域。代表的な遺跡はエグロ遺跡・松山遺跡・伯仲(はくちゅう)遺跡。
サムカワ…思川以東の小山(宝木)台地上で、古代「寒川郡」とその周辺域。代表的な遺跡は寺野東遺跡・下犬塚遺跡・牧ノ内遺跡・五料遺跡。
カワチ…田川流域で、旧南河内町から宇都宮市にかけてのほぼ古代「河内郡」の範囲。代表的な遺跡は西下谷田遺跡・上ノ原遺跡・三王遺跡。
ハガ…五行川・小貝川流域で、ほぼ古代「芳賀郡」の範囲。代表的な遺跡は谷近台(ちかだい)遺跡・下椎谷(しもしゅうがい)遺跡・伊勢崎Ⅱ遺跡・亀山北遺跡・市ノ塚遺跡。
ナス…那珂川流域で、古代「那須郡」の中心をなした旧小川町・旧湯津上村の範囲。代表的な遺跡は鹿島前遺跡。
シオヤ…那珂川の支流荒川・内川流域で、ほぼ古代「塩屋郡」の範囲。代表的な遺跡は堀越(ほりこし)遺跡・四斗蒔(しとまき)遺跡。

2. 古墳時代前史

　古墳時代の話に入る前に、前時代の弥生時代後期の様相について見ておく。

　周知のとおり、栃木県を代表する弥生後期の土器は二軒屋式土器である。この土器は、鬼怒川流域を中心に分布するが、那珂川流域や県南西部の渡良瀬川流域においてはほとんど見られない。一方、鬼怒川・小貝川を南流した筑波山西部にかけてその分布域は広がり、さらに同系統の上稲吉式土器の分布域とも重なり合う。土浦市原田遺跡群では、上稲吉式土器と二軒屋式土器の共伴が確認されている。また、茨城県の那珂川・久慈川流域を中心に分布する十王台(じゅうおうだい)式土器とも共伴する。これら3つの土器型式は付加状縄文(ふかじょうじょうもん)を主体とし、壺と甕とが未分化であるという共通性をもつ。さらに、土器以外でも、墓制が土器棺墓や土坑墓である点など生活様式レベルでの共通性が多い。

　二軒屋式土器を主体として使用する集落は、その規模が3～5軒の小規模のものが多く、弥生時代終末期になって約20軒の殿山(とのやま)遺跡が出現するものの、現時点までに県内で発掘調査された弥生後期の竪穴住居跡は100軒程度で、全体的に集落規模は小さく、その主要な生産基盤は畑作で、道具も石器が主であったと考えられる。

　これらの遺跡は「カワチ」「ハガ」地域に集中し、中でも、田川流域の下野市三王遺跡周辺と上三川町殿山遺跡周辺は、二軒屋式土器を出土する住居跡

が多く確認されることから、二軒屋文化圏の中枢部であったと考えられる。

3．外来系土器の流入と人口増

現在県内で確認されている古墳時代前期の竪穴住居跡は、約650軒で、弥生時代の約6倍の軒数となる。集落規模も、小山市寺野東遺跡で91軒、真岡市市ノ塚遺跡で96軒が確認され、それぞれの遺跡で3～4時期の変遷があることから、一時期20～30軒程度の集落であったと想定される。

このような人口増加は、前述したような弥生時代後期社会の発展型とは捉え難く、多くの研究者が指摘するように、人の移動を含めた外的な要因が契機となったと考えられる。

本県の古墳前期の土器群には、二軒屋式の影響がほとんど見られず、外来系土器で占められる。図2は外来系土器の動きを示した図である。

那珂川上流域の「ナス」地域は、弥生時代後期の遺跡がほとんど確認されていない。那須八幡塚古墳や温泉神社古

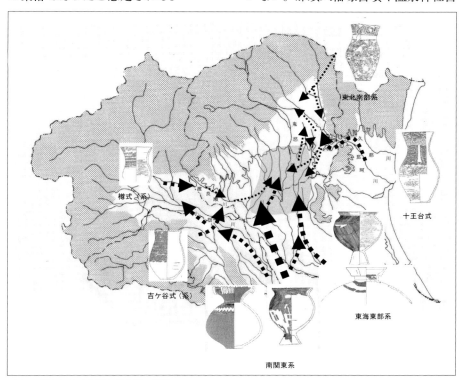

図2　栃木における外来系土器の移動

墳群の調査で十王台式土器や天王山式土器などの出土が見られることから、弥生時代終末期に久慈川・那珂川下流域からの人の移動や東北南部との交流があったと考えられる。古墳時代になると、吉田新宿(よしだあらじゅく)古墳群3号竪穴状遺構で在地化した吉ヶ谷式(系)土器の出土が見られ、隣接する「ハガ」「カワチ」との交流の様子が窺える(今平2003)。

那珂川支流の荒川流域にあたる「シオヤ」においても矢板市堀越遺跡で十王台式土器や吉ヶ谷式(系)土器のほかに東北南部と共通する土器が見られることから、「ナス」と同様の動きがあったものと想定される。

鬼怒川東岸の「ハガ」地域は、芳賀町谷近台遺跡に代表されるように、県内の他の地域に比べて、東海系の「S字甕」が多く出土する。市ノ塚遺跡では、静岡県東部に中心をもつ「大廓(おおぐるわ)式」の大型壺が出土し、益子町向北原(むこうきたはら)遺跡でも東海系の影響を受けた壺が見られる。さらに下流の下妻市下栗野方台遺跡もS字甕を主体とする東海地方の影響を受けた土器が目立つことから、小貝川沿いに文化が伝播していった様子が窺える。

地理的に南関東エリアに近い「サムカワ」地域は、弥生時代終末期から古墳時代初頭にかけて、寺野東遺跡や牧ノ内遺跡に見られるように南関東系の台付甕や複合口縁壺を主体とする土器群が、「様式システム」レベル(田口1998)で移動した状況が見られる。このような状況を西川修一は「南関東社会の拡散現象」と捉え、「相模湾→東京湾→下総→利根川・鬼怒川水系」への集団移動を想定している(西川1995)。

その北側に位置する「カワチ」地域は、下野市三王遺跡や宇都宮市本村(ほんむら)遺跡で見られるように、二軒屋式期の竪穴住居跡が比較的多く確認されていることから、二軒屋文化の中枢的な地域であったと考えられる。

三王遺跡では弥生時代終末期に二軒屋式、十王台式、吉ヶ谷式(系)、東海系、南関東系の土器が共伴して出土した竪穴住居跡が確認され、二軒屋文化と他地域との交流の一端を垣間見ることができる。さらに、この遺跡から9km北に位置する宇都宮市西下谷田遺跡では、古墳時代初頭の時期と考えられる竪穴住居跡から古式土師器とともに十王台式や樽式(系)、吉ヶ谷式(系)などの土器が出土しており、周辺地域との交流の様子が窺える。

渡良瀬川流域の「アソ」地域は、現在までのところ馬門南遺跡で付加条縄文を施した土器片が数点見つかっている

程度で弥生時代後期の遺跡はほとんど確認されていない。よって、当時は閑散とした地域であったと考えられ、古墳時代になり急激に集落が増加した状況が窺え、赤城山南麓域の閑散地域に古墳時代になり、集落が爆発的に増加する状況と類似する。

伯仲遺跡、エグロ遺跡では吉ヶ谷式（系）の土器が出土し、松山遺跡では、刻み口縁台付甕、弥生町系の壺が出土している。このことから、埼玉北部周辺から人の移動も含めた文化の伝播があったものと考えられる。

「アシカガ」も弥生時代後期の遺跡がほとんど見られない。弥生時代終末期の足利市田島持舟遺跡では樽式と吉ヶ谷式土器の共伴する竪穴住居跡が確認され、古墳時代初頭と考えられる菅田西根遺跡では土師器と吉ヶ谷式（系）と樽式（系）土器が共伴する事例が見られる。また、樽もしくは吉ヶ谷（系）の住居形態に近似する住居跡も確認されている。このような状況は、若狭徹が言う「吉ヶ谷式系の拡散」（若狭2000）の一端を示しているものと捉えられ、若狭が地域エリアと設定した新田（にった）地域から人の移動も含めた文化の伝播があったものと考えられる。

4．前方後方墳の世界

このような外来系土器をもたらした人々は、墓を溝によって区画するという新しい埋葬形態ももたらした。

本県の前期古墳は、足利市小曽根浅間山（おぞねせんげんやま）古墳、佐野市馬門愛宕塚古墳を除けば、前方後方墳もしくは方墳で占められる。以下、各地域の古墳の様相についてみてみる。

「アシカガ」「アソ」地域は、前期初頭の段階で、菅田西根遺跡で方形の墳墓が造られ始める。

その後、前期中葉頃に、前方後方墳の松山古墳（墳長44m）、前方後円墳の馬門愛宕塚古墳（墳長52m）、小曽根浅間山古墳（墳長58m）が築造される。この地域は県内の他の地域が前方後方墳で占められているのに対し、前方後円墳がいち早く導入され、前方後円墳と前方後方墳の両方が混在する。また、小曽根浅間山古墳からは、前期古墳としては県内で唯一埴輪が出土している。なお、この埴輪は群馬県太田市朝子塚古墳と類似するとの指摘がある（車崎1998）。

さらに、前期後葉の段階になると「アシカガ」では藤本観音山古墳（墳長117.8m）と「アソ」では栃木市山王寺大桝塚古墳（墳長96m）の100mクラスの大型前方後方墳が築造される。

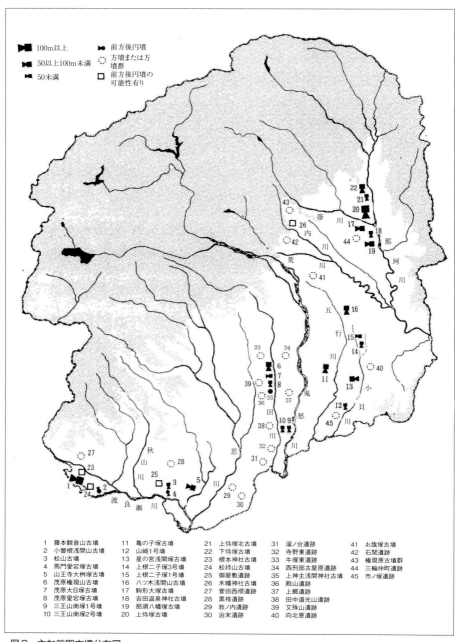

図3 主な前期古墳分布図

なお、藤本観音山古墳周辺で確認された集落跡から出土する土器群を検討した大澤伸啓は「築造や祭祀を行った集団は石田川式土器を使用した集団であった」(大澤2005)と指摘する。

「サムカワ」の地域は、県内でもいち早く方形の墳墓を取り入れた地域で、牧ノ内遺跡第17号墓や横倉戸館遺跡SZ-1など南関東系の壺の出土が見られ、集落のあり方と同様、南関東からの影響が色濃い地域である。その後も溜ノ台遺跡や寺野東遺跡などで方墳群が築造されるが、現時点で前方後方墳は確認されていない。

「カワチ」の地域には、複数の前方後方墳で構成される下野市三王山古墳群と宇都宮市茂原古墳群の2つの古墳群が所在する。三王山古墳群は「サムカワ」の地域に近接し、県内でも最古級の前方後方墳と考えられる三王山南塚

図4 三王山南塚2号墳出土土器(栃木県教育委員会提供)

2号墳(墳長50m)が含まれる。注目されるのは、周溝内から南関東系の壺と在地の二軒屋式土器が出土している点である。北側に隣接する三王遺跡の竪穴住居跡でも南関東系の土器と二軒屋式土器の共伴関係が見られる。このような有様から、二軒屋の人々と南関東から集団移動してきた人々との交流の一端を垣間見ることができる。

その後、前方後方墳の三王山南塚1号墳(墳長46m)、方墳の朝日観音1号墳(一辺15m)が継続して造られる。唯一主体部のわかる朝日観音1号墳は木棺直葬で、小型仿製鏡1面が出土している。

もう一方の茂原古墳群では、大日塚古墳(墳長36m)、愛宕塚古墳(墳長約50m)、権現山古墳(墳長約60m)の3基の前方後方墳が連続して造られる。その後、前期末に円墳の上神主浅間神社古墳(直径54m)が同台地上に造られる。大日塚古墳・愛宕塚古墳の主体部は木棺直葬で、副葬品は前者が小型素文鏡1面、後者が小型仿製鏡1面、管玉5、ガラス小玉2、刀子1、竪櫛2である。

この2つの古墳群の違いは、三王山古墳群が古墳の規模を縮小していくのに対し、茂原古墳群が徐々に規模を拡大する点で、この流れは、中期の東谷

古墳群に引き継がれる。

「ハガ」の地域は、市貝町上根二子塚古墳群が上根二子塚3号墳(墳長42m)、上根二子塚1号墳(墳長33m)と2基の前方後方墳が連続して造られる。益子町星の宮浅間塚古墳(墳長52m)、芳賀町八ツ木浅間山古墳(墳長57m)、同町亀の子塚古墳(墳長56m)は前方後方墳が単独で存在するが、真岡市山崎1号墳(墳長33m)のように周辺に数基の方墳とセットで古墳群を構成している可能性がある。なお、橋本澄朗は、山崎1号墳の検討から、「本地域の弥生人を征服した王者の姿を垣間見る」とし、入植者の墳墓と位置づけている(橋本1987)。

「シオヤ」の地域は、お旗塚古墳や石関遺跡など多くが方墳である。唯一前方後方墳の可能性が指摘されているのが、矢板市木幡神社古墳(墳長53m)

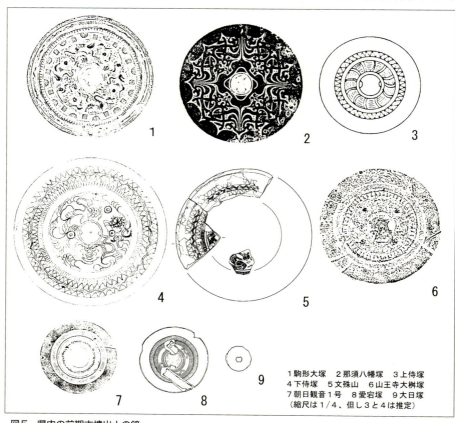

図5 県内の前期古墳出土の鏡

1 駒形大塚　2 那須八幡塚　3 上侍塚
4 下侍塚　5 文殊山　6 山王寺大桝塚
7 朝日観音1号　8 愛宕塚　9 大日塚
(縮尺は1/4、但し3と4は推定)

である。様相的には、五行川・小貝川流域に近い古墳の有様である。

「ナス」の地域には、那珂川支流の権津川流域に所在する前方後方墳3基と方墳21基からなる那須小川古墳群と、その北方約6kmに位置する前方後方墳3基と方墳1基の侍塚古墳群の2つの古墳群がある。

この中でも最古とされるのが駒形大塚古墳（墳長64m）で、その後吉田温泉神社古墳（墳長50m）、那須八幡塚古墳（墳長68m）と三代にわたり前方後方墳が造られる。これらの古墳の主体部は、駒形大塚古墳が木炭槨、吉田温泉神社古墳も木炭槨の可能性が指摘され、那須八幡塚古墳が両小口に粘土を使用する。

一方の侍塚古墳群内には上侍塚古墳（墳長114m）、上侍塚北古墳（墳長48m）、下侍塚古墳（墳長84m）があり、上侍塚古墳、下侍塚古墳と大型の前方後方墳が継続して造られる。

両古墳群内の60mを越える古墳からは、豊富な副葬品が出土している。特に、出土鏡については、駒形大塚古墳の画文帯神獣鏡、那須八幡塚古墳の夔鳳鏡、上侍塚古墳の仿製捩文鏡、下侍塚古墳の斜縁神獣鏡が出土し、このうちの3面が中国鏡である。

以上の様相を踏まえ、被葬者像についで、眞保昌弘は「古墳時代前期をとおして畿内政権と一定のかかわりをもちつづけた王権の存在」（眞保2008）を指摘し、小森哲也も上侍塚古墳などの100m級の古墳の被葬者について、「広域を統括する盟主的首長にまでは成長しえず、畿内連合政権による支配のための拠点」を任された人物（小森1990）と想定されている。

以上のとおり、前方後円墳をいち早く導入する「アシカガ」「アソ」地域、数代にわたり中小の前方後方墳、方墳で構成される「サムカワ」「カワチ」「ハガ」「シオヤ」地域、豊富な副葬品と大型の前方後方墳が築造される「ナス」地域と異なる様相がみられる。このような違いは、前述の文化の伝播ルートに起因するものと考えられる。

5．区画施設の出現

古墳時代前期になると、小山市下犬塚遺跡、さくら市四斗蒔遺跡、矢板市堀越遺跡、那珂川町鹿島前遺跡で、溝により施設を区画する遺跡が出現する（図6）。

これらの遺跡はその内容から2つのグループに分けられる。

1つは、下犬塚遺跡の区画施設で、上幅1.8m、深さ約1mの断面V字形の溝がめぐる。区画内からは、10軒程

度の竪穴住居跡が確認されているほか、区画外からも同時期の竪穴住居跡が確認されている。出土遺物は南関東系の土器を主体とする土器群で、古墳時代初頭の時期のものである。この遺跡は、「南関東社会の拡散現象」の中で出現した環濠集落の可能性が考えられる。

他の3遺跡は那珂川およびその周辺域に所在し、方形を基調とする平面プランで、一辺が50m弱である。溝は上幅3〜4m、深さ1〜1.5mの断面逆

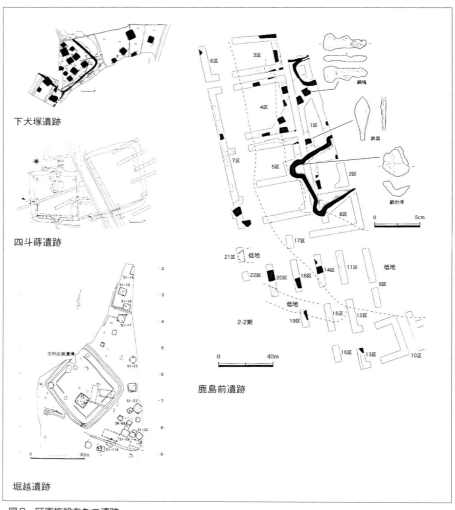

図6　区画施設をもつ遺跡

台形状を呈し、区画内には、一辺が7～8mの大型の竪穴住居跡が1軒所在し、周辺の竪穴住居群とは隔絶した状況が見られる。このことから、所謂「豪族居館」と考えられている（橋本1991）。

なお、区画施設は伴わないが、古墳時代になると、一辺が8mを越える大形の竪穴住居跡が寺野東遺跡や市ノ塚遺跡などの拠点的集落で確認されている。このような大型住居跡を橋本澄朗は「有力家族層の住居跡」と指摘する（橋本1986）。

さらに鹿島前遺跡では、鉄滓や銅塊が出土していることから、津野仁は、鉄や銅器の生産が行われていたと指摘し、その管掌者が、隣接する吉田温泉神社古墳の被葬者と想定している（津野2015）。

後者のような遺構の出現は、弥生時代までの均質的な社会から、支配―被支配者層と階層分化が進んだ社会に変化した一端を示す事象と捉えられる。

6．道具の鉄器化

外来系土器の問題と合わせて、武器や道具の鉄器化の問題がある。二軒屋文化は、基本的に縄文時代以来の石器を道具として使用した。本地域に鉄器や青銅器などの金属器が本格的に導入されるのは、古墳時代になってからのことである。

本地域における鉄器の初源は、下野市三王遺跡の鉄剣と宇都宮市瑞穂野団地遺跡の鉄斧である。両者ともに二軒屋式土器を出土する竪穴住居跡からの出土で、弥生時代終末期の所産と考えられる。特に三王遺跡SI04から出土した鉄剣は全長19.7cmのりっぱなもので、川越哲志が指摘するように鉄製短剣の所有が集団指導者・戦闘指揮者としての集団内での身分表示（川越1993）であるとすれば、この地域にすでに集団的指導者が存在していた証拠となる。

古墳時代になると、鉄器の量も増加し、その種類も鉄鏃、直刀、甲冑などの武器類のほか、鉄斧、鎌、刀子、鉇、鋸などの農工具類が古墳の副葬品や竪穴住居跡から出土するようになり、本格的に鉄器文化が招来したことがわかる。

近年の研究では、日本の国家形成において、鉄器化の問題が重要視されている。白石太一郎は鉄資源の輸入ルートの支配権をめぐる争いが畿内を中心とする政治連合形成、すなわち邪馬台国連合さらには初期ヤマト政権の成立の直接的な契機となったと指摘する（白石2002）。また、都出比呂志は鉄

素材の入手のあり方について「各地の集団ごとに自主的に行ったというより、朝鮮半島の鉄素材を確保しうる、より大きな権力機構が、この流通に指導権を発揮していた」と指摘する（都出2005）。

本地域の人々も文明の利器である鉄器を得るためにヤマト政権との結びつきを徐々に強めていったものと思われる。

7．おわりに

本県における古墳時代の始まりは、以上見てきたように、「アシカガ」「アソ」「サムカワ」「ナス」「シオヤ」など前時代にあまり人が住んでいなかった地域に周辺地域から、新しい技術や文化を持った人々が移動することにより幕開けし、その流れが「カワチ」「ハガ」などの二軒屋文化圏を急速に解体させ、本格的な稲作を中心とした農耕社会に転換していった。

これに伴い、今までの均質的な社会から、稲作などの共同作業を統括するとともに鉄器などの先進文物を手に入れるためのネットワークをもつ首長層が現れ、階層分化が進む。この首長層が残したものが、古墳であり、所謂「豪族居館」と呼ばれるものである。

本県における古墳の様相を見ると、先に述べたように渡良瀬川流域の「アシカガ」「アソ」地域、主に鬼怒川流域となる「サムカワ」「カワチ」「ハガ」「シオヤ」地域、那珂川流域の「ナス」地域と、大きく3地域に分けることができ、その様相の違いは文化の波及ルートに起因したものであると考えられる。

このように各地域に古墳文化が浸透していく中、それぞれの地域で土器の構成内容に違いがみられたものが、宇都宮市花の木町遺跡で見られるような平底甕、長脚高坏、小型丸底壺など前期末から中期初頭にかけて斉一化された土器群が使われるようになり、地域色が徐々に薄れていく。

また、墳墓においても、前期末までには前方後方墳が消滅し、「カワチ」では上神主浅間神社古墳（直径54m）、「アソ」では佐野八幡山古墳（直径46m）、「サムカワ」では鶴巻山古墳（直径53m円墳）と直径50m前後の円墳が各地で小地域首長の墳墓として造られるようになり、「方形墳」から「円形墳」への転換が図られる。

このように畿内的な様相への統一化が進み、5世紀の「倭の五王」の治政下に本地域も組み込まれていく。

〈参考文献〉

赤塚次郎　1990　「Ⅴ考察　1廻間式土器」

『廻間遺跡』(愛知県埋蔵文化財センター)

大澤伸啓　2005　「第3節　毛野中心地の首長墓としての藤本観音山古墳の意義」『藤本観音山古墳発掘調査報告書Ⅰ』(足利市教育委員会)

大村　直　2004　「山田橋遺跡群および市原台周辺地域の後期弥生土器」『市原市山田橋大山台遺跡』((財)市原市文化財センター)

川越哲志　1993　『弥生時代の鉄器文化』(雄山閣)

車崎正彦　1998　「埴輪から見た前期古墳から中期古墳へ」『シンポジウム　前期古墳から中期古墳へ』(東北・関東前方後円墳研究会)

岸本直文　2015　「炭素14年代の検証と倭国形成の歴史像」『考古学研究』第62巻第3号(考古学研究会)

小森哲也　1990　「下野の首長墓」『峰考古』第8号(宇都宮大学考古学研究会)

今平利幸　2000　「下野における古墳時代前期外来系土器の波及と定着」『栃木考古学会誌』第21集(栃木県考古学会)

今平利幸　2003　「古墳時代前期の「下野」の地域性」『栃木の考古学』塙静夫先生古稀記念論集

白石太一郎　1999　『古墳とヤマト政権』(文藝春秋)

白石太一郎　2002　「倭と伽耶の交流の歴史的意味」『第5回シンポジウム古代アジアにおける倭と伽耶の交流』(国立歴史民俗博物館)

眞保昌弘　2008　『侍塚古墳と那須国造碑』(同成社)

西川修一　1995　「東・北関東と南関東－南関東圏の拡大－」『古代探叢Ⅳ－滝口宏先生追悼考古学論集』(早稲田大学出版部)

田口一郎　1998　「新たな土器が成り立つとき」『第2回特別展　人が動く・土器も動く』(かみつけの里博物館)

津野　仁　2015　『鹿島前遺跡』(栃木県教育委員会・公益財団法人とちぎ未来づくり財団)

都出比呂志　2005　「第三章　前方後円墳体制と民族形成」『前方後円墳と社会』(塙書房)

寺沢　薫　1986　「畿内古式土師器の編年と二、三の問題」『矢部遺跡』(奈良県立橿原考古学研究所)

橋本澄朗他　1984　『第5回三県シンポジウム古墳出現期の地域性』(北武蔵古代文化研究会)

橋本澄朗　1986　「２．竪穴住居跡の問題－古墳時代前期大形住居跡を中心として－」『向北原－古墳時代前期集落跡発掘調査の記録－』(益子町教育委員会)

橋本澄朗　1987　「真岡市山崎１号墳の検討」『栃木県立博物館研究紀要』第４号(栃木県立博物館)

橋本輝彦　2014　「纒向遺跡の発掘調査」『邪馬台国からヤマト王権へ』(ナカニシヤ出版)

橋本博文　1991　「関東北部の豪族居館」『季刊考古学』第36号(雄山閣出版)

若狭　徹　2000　「Ｓ字口縁甕波及期の様式変革と集団動態」『Ｓ字甕を考える』第7回東海考古学フォーラム三重大会

Column
古墳の形

　古墳の形は円墳や方墳などさまざまであるが、日本独特の墳形である前方後円墳は、江戸時代、宇都宮出身の儒学者の蒲生君平が名付けた。蒲生はこの墳形を円と方の連接として捉え、『山陵誌』において「前方後円」という言葉を初めて用いたのである。さらに、墳丘は三段の階段状で周囲に溝が巡ると指摘しており、墳形を的確に認識していた。

　蒲生が指摘した前方後円墳は、当時の政治体制を表すものとして、現在も注目されている。つまり、首長の政治的位置や首長間の関係は、前方後円墳を頂点とする墳形や規模の差に表れていることから「前方後円墳体制」と呼ばれ、墳形は身分、規模は実力の表現と考えられている。

　それでは、栃木県域の首長墓の形の変遷を見ていきたい。古墳時代前期はほとんどが前方後方墳であり、「前方後円墳体制」では、前方後円墳を譜代大名、前方後方墳を外様大名と江戸時代の幕藩体制になぞらえることがあるように、首長たちの政治的ランクは高くなかったようだ。

　古墳時代中期（5世紀中葉）になると、畿内型の大型前方後円墳、笹塚古墳（宇都宮市・墳丘長100m）が現れる。特徴として①墳丘が後円部・前方部ともに三段、②墳丘片側に造出が付く、③周溝が二重、などが挙げられ、大和政権の中枢部・畿内の同時期の大型墳と同様である。ただし、前方部は後円部の直径や高さに及ばない。これは畿内では5世紀前葉以前に見られる特徴である。

　笹塚古墳に続き5世紀後葉に築造された塚山古墳（宇都宮市・墳丘長98m）は、笹塚古墳と①②で共通するが、周溝は一重になる。前方部は後円部幅・高に達しており、同時期に築造された畿内の大型墳と比べても、形態上、遜色ないものである。

　6世紀前半の琵琶塚古墳（小山市・墳丘長123m）は、後円部は三段だが前方部は二段に減少し、前方部の幅や高さは後円部より小さい。5世紀後葉以降も前方部が発達し続ける畿内とは対照的である。また、墳丘一段目の平坦面が広い点や、墳丘二段目が一・三段目より高い点

は、以前の古墳には見られない特徴で、当地域の独自性が現れ始めている。なお、造出はなくなり、周溝は二重になる。

6世紀後葉になると強烈な個性を持つ吾妻古墳(壬生町・栃木市・墳丘長127m)が出現する。最大の特徴は「基壇」と呼ばれる低平な墳丘一段目で、平坦面が極めて広い。また、後円部と前方部の連接部分のくびれが不明瞭になる。この基壇と石室に共通の特徴を持つ古墳は、7世紀初頭まで栃木県域南部で数多く築造される。これらは「下野型古墳」と呼ばれ、共通した型の採用は首長達の連合体制を示すと考えられる。

古墳時代終末期の7世紀前葉には円墳に転換する。壬生車塚古墳(壬生町・直径86m)が代表例であるが、墳形が変わっても吾妻古墳築造以来の個性である基壇は引き継がれる。さらに7世紀後葉には多功大塚山古墳(上三川町・一辺53m)が現れ、墳形は方墳に変わる。基壇はなくなり、畿内の強い影響が見て取れる。

このように、古墳時代を通じて墳形には大小さまざまな変化が認められる。これは大和政権の地方統治の変化を示すものであろう。

(齋藤　恒夫)

〈参考文献〉

都出比呂志　1991　「日本古代国家形成論序説―前方後円墳体制論の提唱―」『日本史研究』343

秋元陽光・大橋泰夫　1988　「栃木県南部の古墳時代後期の首長墓の動向」『栃木県考古学会誌』第9集(栃木県考古学会)

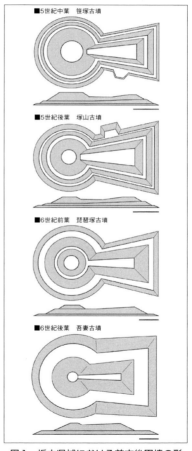

図1　栃木県域における前方後円墳の形態変遷模式図(スケールは20m)

古墳時代中期の下毛野地域と東谷・中島地区遺跡群

内山　敏行

1．はじめに

「下毛野」と呼ばれた栃木県域南半部では、古墳時代中期前葉に径37×46mの佐野八幡山古墳、径54mの上神主浅間神社古墳などの大形円墳が出現する。これに続き、中期中葉に宇都宮市域南部で、長105mの笹塚古墳を含む東谷古墳群や、長98mの塚山古墳を含む塚山古墳群が築かれる。5世紀頃には下毛野の政治的中心地が宇都宮南部にあったことを示している。6・7世紀には、大形古墳の所在地が小山市北部や下野市周辺に移動する。

古墳時代には、上位（大王や首長）から下位（中間層や庶民）までの地位の較差が、集落や墓に生じる。大形古墳や豪族居館（有力者の屋敷）が造られる政治的中心地が、各地に出現する。その具体的な状況を見てゆこう。

2．東谷・中島地区のムラ・居館・墓

宇都宮市街地から南南東7km、鬼怒川から西5km、田川から東1.5kmにある低台地（宇都宮市東谷・中島・砂田・西刑部(にしおさかべ)・平塚町、河内郡上三川町(かみのかわ)磯岡）において、東谷・中島地区遺跡群の発掘調査と整理作業が1994（平成6）～2012（平成24）年度におこなわれた。宇都宮市教育委員会と新潟大学考古学研究室が、この遺跡群の調査を現在も少しずつ進めている。

笹塚古墳を含む東谷古墳群の隣接地で、古墳時代中期・後期を中心とする集落跡10遺跡・豪族居館2カ所・古墳群3カ所が調査された。隣接遺跡と東谷古墳群の間は古墳時代集落が続く平坦地で、さえぎる地形がない。東谷古墳群から、北方に居館跡、南西に田川を見ることができる。

東谷・中島地区遺跡群の中で最大の古墳時代集落が権現山遺跡である。中期と後期の200年間の遺構は、区画整理事業で竪穴建物207棟と豪族居館2カ所、高速道路建設と県道拡幅に伴う調査で竪穴建物182棟、新潟大学の調査で竪穴建物6棟を確認している。南北400m×東西300m以上と見られる権現山遺跡の1/3程度を調査したの

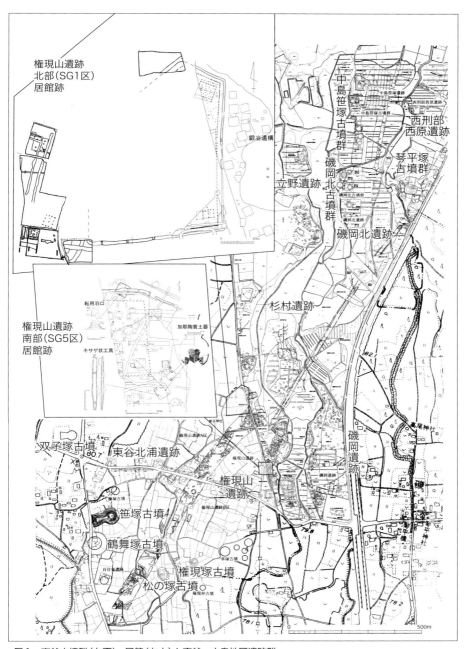

図1　東谷古墳群（左下）・居館（左上）と東谷・中島地区遺跡群
（『東谷・中島地区遺跡群』10・14、『新潟大学考古学研究室調査研究報告』13から作成）

表1　古墳時代中期の編年と主要遺跡

	集成	須恵器	東谷・中島地区周辺遺跡		他地域
			首長墳	居館 / 群集墳	中央部／南部
中期前葉	4・5期				上神主浅間神社○ 54
中期中葉	6期	TK73	双子塚？● 73	中島笹塚7・8号墳□	寒川鶴巻山○ 53
	7期	TK216	笹塚● 105	権現山北居館	塚山● 98
中期後葉		TK208	松の塚○ 51	権現山南居館	塚山西△ 63　桑57号△ 36
				磯岡北・中島笹塚○	
中期末葉	8期	TK23		原古墳群○	塚山南△ 58
		TK47			摩利支天塚● 121
後期前葉	9期	MT15	琴平塚1号● 52	琴平塚古墳群○	琵琶塚● 123
		TK10			

集成＝「前方後円墳集成」の共通編年案。古墳名の後の数字は墳丘長。
●前方後円墳　△帆立貝形古墳　○円墳　□方墳

で、1000棟を超える古墳時代建物を推定できる。居館跡は、権現山遺跡の北部と南部に各1カ所ある。

権現山遺跡の北側にある立野・砂田・中島笹塚遺跡、東にある杉村・磯岡遺跡などは、権現山遺跡から分村した衛星集落とみられる。これらは、権現山遺跡に居館が造られた古墳中期中葉と後葉（中期を4つに分けた時の第2段階から第3段階）より後に集落が出現するか、または大形化する。立野遺跡と中島笹塚遺跡の東には、対応する中期後葉と後期の群集墳を伴う。

権現山遺跡は、東谷・中島地区遺跡群にある各「分村」と盛衰をともにする。権現山遺跡が衰退する7世紀以後には、西刑部西原遺跡や、上三川町西赤堀遺跡に地域の中心が移ってゆく（しもつけ風土記の丘2010）。

3．豪族居館と東谷古墳群

権現山遺跡北部のSG1区に古墳時代中期中葉～後葉の居館がある。大形の掘立柱建物跡が北東隅にあり、周囲には不整方形の塀の外側に区画溝を伴う。東辺の長さ98mで、新潟大学の調査によると南辺は長さ約80mである。より古い時期の溝を2012～15（平成24～27）年に新潟大学が確認し、西側に古い居館が隣接する可能性も指摘されている。

権現山遺跡の南西側にある古墳時代中期中葉～末葉の首長墳群が、東谷古墳群である。権現山遺跡北部居館が営まれた期間の前半（中期中葉）は、笹塚古墳と同時期である。この居館の前半期に笹塚古墳の被葬者が居住していた可能性も考えられる（橋本2013）。笹塚古墳では中期後葉の土師器も採集できるので（秋元・今平1998）、複数

名が埋葬された可能性もあり、居住から死亡までの時間差も考えられるので、居館と古墳被葬者の対応関係を確定させることは難しい。

　権現山遺跡南部のSG5区には、中期後葉の居館がある。東辺の長さ47mの方形柵列の南北に区画溝を伴う。北部居館の後半期と同時に存在していたか、あるいは古墳中期後葉に北部居館から南部居館へ移転したと考えられる。東谷古墳群の首長墳では、墳径51mの大形円墳である松の塚古墳か（橋本2013）、その周辺の大形円墳に対応するかもしれない。

　権現山遺跡では、筒形器台・高杯形器台・脚付壺・有蓋壺・二重甑(はそう)のように特殊な須恵器が出土する。居館で祭祀などに用いた土器が破損した後に、居館の外郭溝や隣接集落へ廃棄されたものだろう。

4．居館周辺の手工業と渡来系文化

　権現山遺跡と周辺では、居館と同じ中期中葉から後葉に、鉄器を製作していた鍛冶屋の作業場（鍛冶遺構）が3カ所で確認された。権現山遺跡の北部（SG1区）と南部（SG10区）に1カ所ずつと、権現山遺跡から谷をへだてた東にある杉村遺跡（北関東自動車道調査区）に鍛冶遺構がある。また、東側の磯岡遺跡の全域や、北方の立野遺跡5区と砂田遺跡6区・23区でも、古墳中期～後期の鉄製品を製作したカス（鉄滓(さい)）や羽口（鉄を熱くするための送風管）が出土している。

　ここで鉄器を製作していた工人たちは、首長層と関係を持っていた可能性が高い。権現山遺跡北部の中期中葉～後葉の豪族居館のすぐ東側に隣接して、中期中葉の鍛冶遺構がある。また、北部居館と南部居館の間のSG10区にある中期中葉～後葉の鍛冶遺構で出土した鉄製品は、内部に銅粒が混じるので、装飾的な製品を材料として再利用したことがわかる。農村で日常生活に使う農具や工具を製作・修理するだけでなく、首長層から依頼を受けて鉄器を加工したことを推定できる。

　権現山遺跡南部の豪族居館の周辺集落（SG5区とSG10区）では、鍛冶遺構や鍛冶関連遺物のほかにも、特徴的な遺構・遺物がめだつ。南部居館の周辺が、渡来系文化を導入する窓口になっていたとみられる。朝鮮半島南部の加(か)耶(や)地域からもたらされたと考えられる陶質土器、日本で須恵器の生産を始めてから間もない時期の初期須恵器、キサゲ状工具などである。

　鉄を焼き入れした硬い刃で金属を削って細かい加工をする道具が「キサ

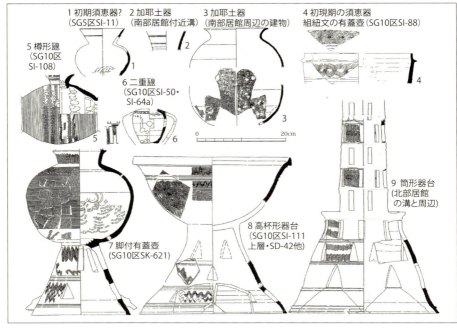

図2　権現山遺跡で出土した加耶陶質土器・須恵器の特別な器種
（『東谷・中島地区遺跡群』10（2010）・『東谷・中島地区遺跡群』14（2013）より作成）

ゲ」である（鈴木2004：202-204）。溝で金属を加工する「ヤスリ」にくらべると、なじみが少ない道具かもしれない。古墳時代遺跡から出土しているキサゲ状工具を、キサゲとして金属加工に用いたことを確実に証明することはまだ難しいが、類例の少ない特殊な加工用具であることは認められる。

権現山遺跡南部のSG5区で居館の周辺から出土した加耶陶質土器は2点ある。非常に細かい格子目を彫った叩き板で成形調整した壺と、頸部に細い突線を持つ小形壺である。一緒に出土した日本の土師器・須恵器は古墳中期後葉なので、南部の豪族居館と対応する時期に使われた土器である。細い突線がある小形壺は、上三川町殿山遺跡の加耶土器にも類例がある。下野市二ノ谷遺跡で出土した陶質土器とともに、韓国南部の慶尚南道咸安地域などに類例がある（定森1995：22-24）。

権現山遺跡北部居館と南部居館の中間にあるSG10区の竪穴建物跡から出土した初期須恵器は、頸部に「組紐文様」を描く特徴的な壺である。組紐文を描く有蓋壺が分布する韓国南東部の

慶州・釜山・金海地域の陶質土器が、倭で変容した初期の製品である。大阪府陶邑窯跡群の大野池231号窯段階に相当し、古墳中期中葉の初めころで、北部居館と同時期か、わずかに古い時期である。須恵器がまだ稀少であった時期に、首長間交流を介して、特別な意味を持ってもたらされたことを想定できる。組紐文様の壺は、本来は蓋をかぶせ、壺の下部に脚や台を付けたり、器台に載せて使う特殊な器で、特別な用途や内容物が考えられる。組紐文様の須恵器は中部以西に多く、東日本では他に東京都野毛大塚古墳で出土している程度である。

東谷・中島地区遺跡群と東谷古墳群の出土品では、松の塚古墳周溝で出土した轡の「二條線引手」や、磯岡北2号墳の轡のような初期馬具、磯岡北古墳群の土坑墓にある鉄鐸も渡来系遺物である。5世紀の渡来系遺物が、栃木県域でも東谷・中島周辺地域に集中していることがわかる。

5．中期古墳群と地域社会

東谷・中島地区周辺の中小古墳は、中期中葉に小形方墳2基が中島笹塚3区で築かれた後に、中期後葉からは円墳の「古式群集墳」が作られる（小森2015）。磯岡北古墳群10基と中島笹塚古墳群14基が古墳中期後葉～末、原古墳群（権現山遺跡北関東自動車道路調査B区）10基が中期末葉である。これらが築造を終えた後は、後期前葉～後期末に琴平塚古墳群で14基が作られる。各群の最大規模墳は、中島笹塚3号墳（径26m）・磯岡北3号墳（径21m）・権現山B区SZ004（径21m）・琴平塚1号墳（長52m）である。

小古墳や土坑墓に葬られていても、貴重品を副葬できる人々が存在した状況が知られる。中島笹塚および磯岡北古墳群では中期の円墳24基のうち3基で鏡が出土した。中島笹塚1号墳では17本以上の鉄針が出土した。10数本以上の針を副葬する日本各地の事例は、墳長60～100mクラスの大形墳や有力古墳に多い。栃木県域では馬具出土古墳が約120基、古墳中期の馬具は10例あり、東谷・中島周辺では磯岡北2号墳・松の塚古墳の2カ所で中期の轡が出土した。副次的な埋葬施設でも副葬品を持つ事例として、大形の鉄鏃が中島笹塚12・14号墳の周溝内埋葬にある。鉄剣（中島笹塚3区）や、鉄鏃と鉄鐸（磯岡北）を副葬する土坑墓も見られる。磯岡北古墳群の鉄鐸は、磯岡北2号墳の轡とともに渡来系副葬品で、新羅系と評価できる。磯岡北古墳群の埴輪棺は、墳長105mの笹

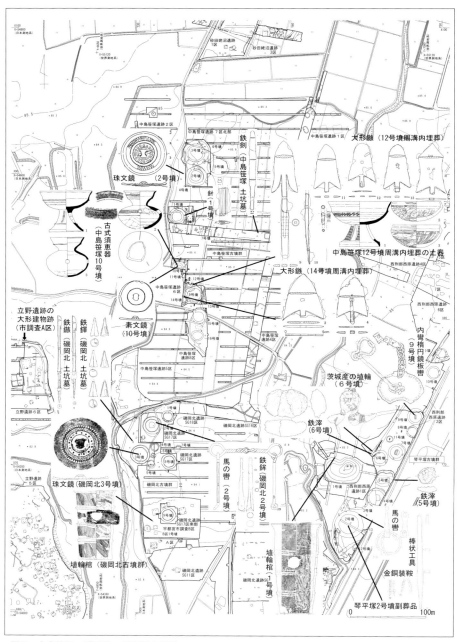

図3　中島笹塚・磯岡北・琴平塚古墳群
（『東谷・中島地区遺跡群』4（2004）・7（2006）・9（2008）から作成）

塚古墳（今平2012）と同種の円筒埴輪を用いている。古式須恵器の数量・器種も各古墳において豊富である。

琴平塚古墳群に墓域が移った古墳後期には、馬や鉄との関わりが見られる。後期前半の9号墳に鉄製鑣、後期後半の2号墳に鑣出土土坑（馬の墓？）、2号墳石室には金銅装の鞍金具がある。鉄滓や、2号墳の棒状工具は、中期の権現山遺跡と同様に、手工業生産に関わる被葬者を示唆している。

集落と墓域の関係を見ると、浅い谷を間にはさんで、西側に集落、東側に古墳群を配置している。中期には、谷の西に立野遺跡の集落があり、東に中島笹塚古墳群と磯岡北古墳群がある。後期には、無名瀬川の西側に中島笹塚遺跡1区周辺の集落があり、東側に琴平塚古墳群がある。

古式群集墳に葬られた階層である「中間層」や「有力家族」の住居や地位を考える手がかりが、西側の立野遺跡

写真1　立野遺跡の大形竪穴建物跡（水野他2005）

にある。切石カマドを持つ辺長14.5mと12mの超大形竪穴建物（宇都宮市調査A地区SI-2・3）が中期末葉に2棟あり、古墳時代を通じて最大級の竪穴建物である。同遺跡5区でも中期後葉～末葉の大形建物跡などが見られる。

権現山遺跡や立野遺跡のカマドに用いた切石は、上流の宇都宮丘陵から運搬・加工する手間をかけた凝灰岩の石材で、上位階層の建物であることを示している。切石カマド材は中期末に現れて後期に増える。権現山遺跡の建物では、辺長8mクラスの北関東自動車道調査A区SI-017（後期中葉）・A区SI-258（後期前葉）だけでなく、辺長5～6mクラスの中形建物跡である4区SI-2（後期前葉）・SG10区SI-6（後期前葉）・SG10区SI-47（後期中葉、砥石転用切石材）に見られる。

磯岡北古墳群と同時期の遺構を立野遺跡で抽出すると、大形の竪穴建物よりも、古式群集墳の円墳のほうが多い。集落内の中形建物に住んだ有力家族層も群集墳を築造したと考えることもできる。一方、他地域・他集落に居住した人物が群集墳を営む場合も想定できる。古式群集墳に隣接する権現山遺跡や立野遺跡以外に、隣接群集墳を持たない砂田・磯岡・杉村遺跡などの集落の構成員も古墳築造の労働力を提

供し、その有力者が近隣の古式群集墳に葬られたと考えることも可能である。

6. まとめ

　東谷・中島地区遺跡群は、古墳時代中期中葉から終末期前葉まで約200年のあいだ繁栄した大規模な集落群と群集墳で、地域社会が高度に複雑化した状況を示す。東谷古墳群の首長墳が隣接する。初期馬具や鉄鐸のような渡来系副葬品と、加耶陶質土器・初期須恵器や須恵器特殊器種が、遠隔地からもたらされている。鉄器・石製模造品・土師器生産の手工業が認められる。動産の貯蔵施設（円筒形土坑）群が不均等に集中する地区が立野遺跡などに認められる。大規模建造物である豪族居館を少なくとも2カ所含み、立野遺跡の超大形・大形建物は隣接する古式群集墳の被葬者層に対応する。

　ただし、農村から分離した典型的都市ではなく、特殊な性格の大形農耕集落で、住民の主体は農民層だろう。同時期建物の分布状況は、弥生時代の大形環壕集落や7世紀以後の都城のような高密度集住ではなく、台地上に集落域が拡散している。一般集落と同様な竪穴建物や、農工具である鉄鎌やスキ・クワ先や鉄斧も目立つ。杉村遺跡周囲の低地でイネを栽培した可能性が、植物珪酸体から推定できる。都市的に分業が進んだ状況は、居館と同時期の杉村遺跡（高速道調査区）と磯岡遺跡1・6区ほかで見られ、専用度が高い作業場を含む長方形竪穴建物群の中に鍛冶遺構や未焼成土師器出土遺構がある（藤田ほか2000）。

　同じく宇都宮市域南部の塚山地域や、河内郡上三川町殿山地域でも、東谷・中島地区と同様に、地域の政治・経済的中心地を推定できる。塚山古墳群の近辺にある中原遺跡や北若松原遺跡周辺の古墳時代遺跡群も広域で、円筒形土坑群や滑石製臼玉製作跡の断片的情報から、動産蓄積と分業が進展していたことを推測できる。殿山遺跡も鍛冶遺構や加耶陶質土器出土遺構を含む超大形集落で、方形溝を伴う居館の地区は未報告である（内山2012）。

　よく知られている群馬県域の居館跡と比較すると、権現山遺跡の居館は、首長層と集落構成員の関係が異なる。群馬県域西部の三ツ寺Ｉ遺跡・北谷遺跡・原之城遺跡は幅20～40m・深さ1.6～5.5mの巨大な堀を持ち、周辺集落から隔絶している。これに対して、権現山遺跡の居館の周溝は幅1～2m・深さ66cm以下で、周囲に集落が連続する。鍛冶遺構・韓式系土器出土建物・貯蔵穴群・低地土坑群（水場）

が居館隣接集落にある権現山・杉村遺跡と、鍛冶遺物・鋳造遺物・井戸（三ツ寺）や倉庫群（原之城）を居館内部に取り込む群馬県域との違いも、周辺集落からの隔絶度と関係するだろう。

　古墳時代集落内に居館を含む類型が、纒向遺跡以外にも判明してきた。中期の事例は奈良県南郷・布留遺跡群、静岡県古新田、福島県古屋敷、栃木県権現山・殿山遺跡にある。弥生集落から外部へ居館が飛び出して、環壕のない一般集落と古墳時代居館が分離するという意見とは、適合しない。

　集落や都市の外周に城壁や堀がない状況は、弥生環壕の消滅時に成立した、日本社会の独自性である。栃木県域でも、小山市下犬塚遺跡で弥生時代末〜古墳時代初頭に現れた環壕集落は、一般化することなく消滅し、古墳時代前・中期には集落内に居館を含む。

　首長墳築造地の移動現象とも関連して、古墳時代の居館は長期継続しないで、1〜2世代で廃絶・移転する。それに従って周辺集落も盛衰する状況を、東谷・中島地区でも確認できた。古墳時代の大形集落群が都市へと継続・発展しない理由でもあり、倭の社会を理解するうえで重要な現象である。

〈参考文献〉

秋元陽光・今平利幸　1998　「宇都宮市東谷笹塚古墳出土の遺物」『峰考古』第13号（宇都宮大学考古学研究会）

内山敏行　2012　「豪族居館・首長居宅と関わる鉄器生産」『たたら研究』51

小森哲也　2015　「初期群集墳形成過程と首長墳の動向」『栃木県考古学会誌』第36集

今平利幸　2012　『笹塚古墳』（宇都宮市教育委員会）

財団法人栃木県文化振興事業団　1999　『東谷・中島地区遺跡群』1磯岡遺跡（栃木県教育委員会）

財団法人とちぎ生涯学習文化財団　2002〜2011　『東谷・中島地区遺跡群』2〜11（栃木県教育委員会）

財団法人とちぎ未来づくり財団　2012〜2013　『東谷・中島地区遺跡群』13〜16（栃木県教育委員会）

定森秀夫　1995　「陶質土器からみた東日本と朝鮮」『青丘学術論集』15

鈴木　勉　2004　『ものづくりと日本文化』（奈良県立橿原考古学研究所附属博物館選書1）

栃木県立しもつけ風土記の丘資料館　2010　『ムラから見た古墳時代II』

橋本澄朗・谷中　隆　2001　「『東谷古墳群』と権現山遺跡・百目鬼遺跡」『権現山遺跡・百目鬼遺跡』（栃木県教育委員会）

橋本博文　2013　「古墳時代の居住形態群」『古墳時代の考古学』6（同成社）

橋本博文・齋藤瑞穂ほか　2011〜2013　『新潟大学考古学研究室調査研究報告』11・12・13

藤田典夫・安藤美保編　2000　『杉村・磯岡・磯岡北』（栃木県教育委員会）

水野順敏・河野一也他　2005　『立野遺跡（A地区）』（宇都宮市教育委員会）

琵琶塚古墳と摩利支天塚古墳
姿を現した大型古墳

秋山　隆雄

1. はじめに

小山市は栃木県の南部に位置する。市内を南北に貫く国道4号、かつては、宇都宮から日光方面に分岐することで奥州街道、日光街道と呼ばれていた。古河方面からこの国道4号を北上し、市内喜沢で壬生・鹿沼方面に向かい、姿川を渡ると右手に摩利支天塚古墳、奥に琵琶塚古墳が見えてくる。さらに飯塚の信号を右折すると、木立の中に、摩利支天塚古墳、左手には琵琶塚古墳のシルエットがはっきりと現れる。

琵琶塚古墳と摩利支天塚古墳は、二世代にわたるこの地の首長墓である。その規模は5～6世紀の初めに見られる前方後円墳の中でも際立った存在で、二世代にわたる100mを超える前方後円墳が並ぶ姿は、下野国の発生地と言われる所以である。

2. 古墳の位置

利根川は関東地方の大河である。江戸時代以前は、東京湾へとそそいでいた。足尾山系を源とする思川は、渡良瀬川と合わせ、利根川に合流する。利

写真1　琵琶塚古墳（右）と摩利支天塚古墳（左）

図1　琵琶塚古墳・摩利支天塚古墳周辺図

根川〜思川によって関東平野は東西に二分されている。

　琵琶塚古墳、摩利支天塚古墳は、この思川とその支流である姿川の合流点から北へ約2km、両河川に挟まれた台地に営まれた。標高がおよそ41m〜42mの位置している。

　この台地は、吾妻古墳をはじめ、甲塚古墳、壬生車塚古墳など栃木県南部を代表する古墳が分布している。さらに周辺は、下野国分寺、同尼寺、思川を挟んだ対岸に下野国府が造営される

など、古代下野国の中心地となったところである。

3. 調査の経過
(1) 琵琶塚古墳

1926(大正15)年、琵琶塚古墳は国史跡に指定された。指定地は、熊野神社と地元飯塚村の共有地であった。1968(昭和43)年、明治大学考古学研究室によって測量調査が行われた。本格的な発掘調査は、1978・79(昭和53・54)年、第1・2次調査からである。市教育委員会では、「琵琶塚古墳調査団」(団長　岩崎卓也)を編成、古墳の領域や現況確認を目的に調査を実施した。調査担当者は、三澤正善(昭和52年小山市採用)で、氏は区画整理事業に伴う発掘調査の傍ら、琵琶塚古墳の保存事業に携わることとなる。発掘調査は、古墳の測量から始まった。また、トレンチ調査によって墳丘の埴輪列、さらに外堀が確認された。墳丘は、後円部が三段、前方部が二段に築成されており、外堀の発見によって堀が二重に廻ることが明らかとなった。

一方、墳丘の第一段テラスは幅広くなることから、6世紀後半に当地方の古墳に見られる特徴な「基壇」の初源とも考えられている。

これらの調査結果が基となり、あらためて琵琶塚古墳の歴史的な価値が再度検討された。古墳の領域が確定したことから、国史跡指定地が拡大され、古墳の保存対策がはかられた。

(2) 摩利支天塚古墳

琵琶塚古墳の国指定から半世紀の時を経た1978(昭和53)年、摩利支天塚古墳が国史跡に指定された。これは、琵琶塚古墳の発掘調査が開始され、古墳保存の気運が高まった結果とも言える。琵琶塚古墳の調査に続き「摩利支天塚古墳発掘調査団」(団長　岩崎卓也)が組織された。発掘調査を担当したのは、鈴木一男(昭和55年小山市採用)である。発掘調査は、1980〜83(昭和55〜58)年に実施された。調査の結果、全長120.5m、後円部径71m、前方部幅82.5mなど墳丘の規模が明らかとなり、さらに琵琶塚古墳と同じような二重に廻る周堀が見つかっている。前方部は剣菱形になることも可能性も考えられている。

墳丘第一段テラスには、埴輪列が、50cm程の間隔で立てられている。埴輪の出土状況からすると、墳丘上にも埴輪列の存在が想定される。なお、人物埴輪は、前方部の墳丘から出土している。出土した埴輪はそのほとんどが円筒埴輪で、4条凸帯が廻り、高さ

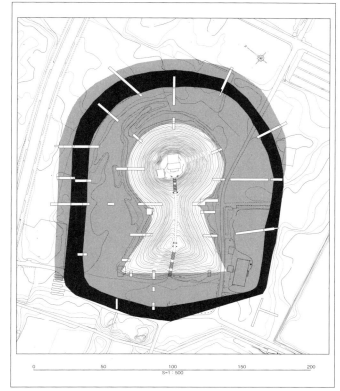

図2 摩利支天塚古墳トレンチ配置図

天塚古墳の国史跡地の民有地の大部分が公有化された。市では、2つの古墳を核とした史跡公園整備を目指し、史跡整備事業を開始した。2013(平成25)年、まず琵琶古墳の発掘調査に着手した。調査に先立ち両古墳の測量を実施、調査・整備事業の基礎資料を作成した。なお、測量調査で得られた琵琶塚古墳の主軸は、N-21°-Eを示している。

以下、2015(平成27)年度までの3年間の調査結果の概略を報告する。

(1) 墳丘

古墳主軸線上に、トレンチを設定し調査を行った。前方部では、墳頂付近から墳丘、内堀、中堤、外堀まで調査、トレンチの総延長は96mほどである。前方部の調査では二段築成の墳丘第一段テラスで、埴輪列を確認した。後円部では、墳丘第二段から、内

70cm程、底径は30cm前後のもので、琵琶塚古墳の埴輪の円筒埴輪より大きい。

発掘調査では、古墳の形状、出土した埴輪などが報告・検討され、摩利支天塚古墳は、琵琶塚古墳より古い様相を示すものと推定された。

4. 琵琶塚古墳第4次発掘調査について

2011(平成23)年、琵琶塚・摩利支

査を照合した結果、墳丘の全長は、124.8mとなった。

墳丘第一段テラスの調査では、盛土の下に堅く締まった黒色土が平らに堆積している。この面が古墳築造以前の表土（以下、「旧表土」）である。旧表土は、後円部をはじめ前方部やくびれ部でも確認されている。盛土層の下にパックされたため保存状態が良い。旧表土の各地点の標高は、後円部44.4m、くびれ部43.9m、前方部42.9mを示し、前方部に向って低くなっている。その比高差は、約1.5mで、古墳が傾斜地に造営されたことを物語る。この旧表土面には白い粒子が観察された。この粒子は、分析の結果

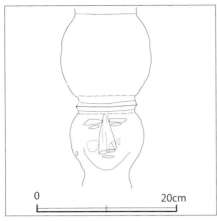

図3　摩利支天塚古墳出土埴輪

堀・中堤・外堀に至る総延長72mのトレンチを設定、調査した。墳丘第一・二段テラスで埴輪列を確認した。これら墳丘主軸に設定したトレンチ調

図4　摩利支天塚古墳出土埴輪

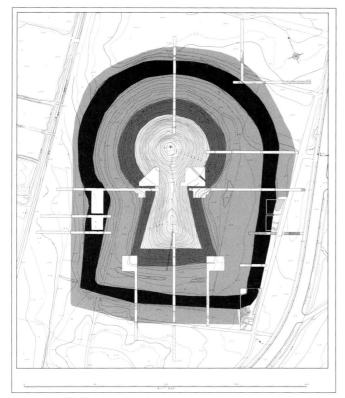

図5 琵琶塚古墳トレンチ配置図

(2) 内堀・中堤・外堀

　古墳の中堤は、東側が楯形、西側が墳丘と相似形となる。前回の調査で外堀が見つかり、堀が二重に廻ることが確認されている。墳丘の東側は、国史跡指定時（大正15年）には、畑となっていたことから古い時期に開墾されていたようである。発掘調査は墳丘の東側から開始した。外堀は、前方部コーナー付近、および東側の中央で立ち上がることから、途切れることになった。形状は外堀、内堀とも底面が平坦で断面形が逆台形となる。

　中堤は東側を除き良く残っている。中堤は盛土ではなく、ローム層や鹿沼パミス層などの自然堆積層である。これは、掘り残されたと言うか、あるいは削り出されたと言うか、内・外堀の掘削で計画的に造られたものである。墳丘の旧表土の高さと中堤の上面が同じような標高であることから、自然層

榛名山二ツ岳に由来する火山灰（Hr-Fa）である。したがって琵琶塚古墳の築造時期は、Hr-FA降灰（6世紀初頭）以降ということになる。旧表土の第一段テラスの盛土層は、墳丘の築造の最終段階で埴輪の設置と同じ工程で行われたものである。墳丘本体の構築後に旧表土に盛土、埴輪が設置されたものである。

図6 琵琶塚古墳くびれ部埴輪出土状況・埴輪実測図

と推定される。

(3) 埴輪列について

　発掘調査では、後円部、前方部、くびれ部の第一段テラスから埴輪列が確認され、第一段テラスに埴輪列が廻ることが明らかとなった。さらに後円部第二段テラスに埴輪列が調査されていることからも、第二段テラス上に埴輪列の存在が予想されるところである。現在、埴輪列の整理作業を進めているところである。以下、整理・復元作業の終了した墳丘東側くびれ部の埴輪を紹介する。

(4) 墳丘東側くびれ部トレンチ出土の埴輪について

　埴輪列が見つかったのは、墳丘東側くびれ部付近に設定したトレンチである。第一段テラスで埴輪列を調査した。埴輪は、古墳の主軸に併行し、直線に配置されている。整理作業の結果、トレンチ内の埴輪列は、朝顔形埴輪1本、円筒埴輪5本で構成されていたことが明らかとなった。

　朝顔形埴輪は、器高87.6cm、口径43.9cm、底径24.0cmを測る。一方、円筒埴輪は4条凸帯、高さ約60cm、底径は20cmほどで、摩利支天塚古墳の円筒埴輪にくらべると、小さくなる。

円筒埴輪の内面には、波状文・×・○などの線刻が観察される。

5. 埴輪列の復元

　図7上は、埴輪列の出土状況見通し図に、埴輪実測図を重ねたものである。調査した埴輪列は、前方部に付属するものと考えられる。図の右側が後円部方向である。円筒埴輪はテラスの盛土に第一段凸帯まで埋められている。掘り込みは確認できなかった。埴輪内にも第一段凸帯付近まで土が充填され埴輪の安定をはかっている。地上には出るのは40cm程になる。埴輪の実測図を見通し図に重ねて見ると、各々の口縁部が接するほどの間隔となる。それぞれの口縁部は地上50cm位で水平となる。一方、朝顔形埴輪は、第2凸帯まで埋められている。器高が87cmであることから、地上では円筒埴輪より20cm程高くなるものと想定される。

　こうした埴輪列は、くびれ部をはじめ、後円部主軸トレンチ、前方部の主軸トレンチの第一段テラスで見つかっている。この結果、墳丘の第一段テラスには埴輪列が全周する。埴輪列の総延長は約300mとなる。トレンチの埴輪出土状況(2m幅に5本)という埴輪の数を基本に算定すると、その数は約

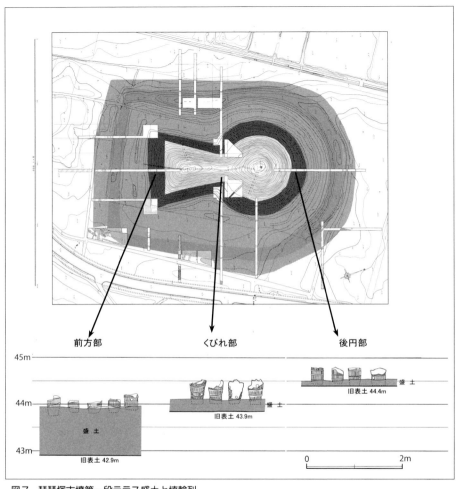

図7 琵琶塚古墳第一段テラス盛土と埴輪列

750本となる。さらに後円部第二段テラス上の埴輪列を考えると、さらにその数は増加する。最終的に1000本程の埴輪が墳丘上に立てられたと考えられる。

①第一段テラスの埴輪列と盛土

埴輪の多くは、旧表土上の盛土層に立てられている。盛土は主にローム土で造られ、厚さは、後円部で10cm、くびれ部で20cm、前方部で1mと、前方部の方が厚くなる。こうした盛土層の厚さの違いはどこに起因しているの

だろうか。旧表土の標高からすると、地表面は後円部から前方部に向かって緩やかに傾斜している。後円部と前方部との比高差は、1.5m程となる。墳丘と盛土の関係を図示したのが図7である。旧表土が前方部に向って低くなる一方、盛土層は厚くなる。従って、テラス面の勾配は緩くなる。なお、主軸上の埴輪列間の距離は106.5m、比高差は60cm程となる。この数値を見ると、第一段テラスの盛土上面のレベルはほぼ水平であったと考えられる。地表面の傾斜を盛土によって計画的に調えている。

6．おわりに

　以上、第4次調査のこれまでの成果の概略について報告してきた。琵琶塚古墳の発掘調査は、現在も実施中である。墳丘に整然と立てられた埴輪をはじめ、中堤上にも埴輪列が調査されるなど、従来の調査成果に新たな資料が追加され、徐々にではあるが古墳の姿が明らかになりつつある。琵琶塚古墳の調査の詳細については、調査終了後に刊行される調査報告書を参考にしていただきたい。

　なお、発掘調査は、国の許可を受け、整備委員会の指導のもと実施しているものである。調査中、現地で多くの方々にご助言を得るなどした。お礼を申し上げるとともに、今後もご指導・ご鞭撻をお願いするしだいである。

〈参考文献〉

小山市教育委員会　1983　『摩利支天塚古墳』

小山市教育委員会　1994　『琵琶塚古墳発掘調査報告書』

小山市教育委員会　2015　『国史跡　琵琶塚古墳』

鈴木一男　2013　「摩利支天塚・琵琶塚古墳と飯塚古墳群の調査」『摩利支天塚古墳・琵琶塚古墳と飯塚古墳群』(栃木県教育委員会)

Column
吾妻古墳

　吾妻古墳は、江戸時代以来、その横穴式石室が「吾妻の岩屋」として知られていた。近年は墳丘の規模がかなり大きいことが予想されていながら、石室が埋まっていたので、その重要性を認識されていたものの、不明な点が多かった。そこで、2007～10（平成19～22）年にかけて栃木県教育委員会が調査を行い、いくつも重要な所見を得ることができた。

　古墳は壬生町と栃木市の境、思川と黒川の合流点付近の東側台地上に位置する。墳丘の全長は127.85mで、県内にある古墳では最長である。墳丘は前方後円墳で、二段に築かれ、一段目が低く幅広い、基壇と呼ばれる形で、栃木県域に多く分布している。堀は幅広く、深い。

　埴輪は二段目の墳丘から集中して出土するが、散乱しており、その配置は判然としない。横ハケを施すなど後期としては特異な特徴を持つ。形象埴輪には器材埴輪があるが、人物埴輪は少ない。小山市飯塚埴輪窯跡から供給されたと考えられている。

　墳丘第二段目の前方部前端で南に開口する横穴式石室が確認されている。石室全長は8.40m、奥壁部幅1.70m、奥室長2.40m、羨門部幅1.40mである。後円部では電気探査等で調べたが石室は確認できない。

　最大の発見は、奥室の破砕状閃緑岩という硬質の石材である。この石材は他に例がなく、産地も同定できていない。現地で確認された石室は、現在、壬生城址公園に保管されている、吾妻古墳出土とされる、凝灰岩を刳り抜いた玄門や硬質石材の天井石の大きさとぴったり一致した。このことから、奥室が巨大な一枚石を垂直に立てて石棺状に組み合わせたもので、玄門部分のみが凝灰岩であったことが初めて判明した。奥壁と両側壁は、外側は未加工に近いが、その一部を加工して石材を組み合わせるための刳り込みが付けられ、壁面は赤色塗彩されている。このような硬質石材に対する加工技術は、凝灰岩のような軟質石材を加工する技術とは根本的に異なっており、その源流を探ることが今後

写真1　前方部石室奥室部分

の課題である。一枚石の奥室の前面には、川原石小口積みの側壁部分が続き、入口には凝灰岩切石積みの羨門が取り付けられている。藤井小学校保管の吾妻古墳出土とされる石材は羨門部の天井に架けられていたと考えられる。羨門の東側壁の上段の切石は石室外が斜めに面取りされており、墳丘斜面に合わせた仕上げと考えられる。その石材には切組技法が確認できたが、これは栃木の石室で確認されたものとしては最古の例である。同様の技法は群馬県綿貫観音山古墳、山名伊勢塚古墳の石室にも採用されており、技術的交流が予想される。石室の前の部分は破壊が著しく上部構造は不明であるが、川原石部分の方が一枚石部分よりも大きい比率を占めている。川原石積みと呼称すると凝灰岩切石よりも小さな石室をイメージしがちだが、判官塚古墳、横塚古墳、山王塚古墳、国分寺愛宕塚古墳の石室も側壁が大きな川原石小口積みであり、栃木県中央部の大型横穴式石室構築技術の根底には、川原石小口積みや巨大な転石を扱う技術があることが想定でき、凝灰岩切石の使用はむしろ付加的とさえ言える。

　石室内やその前面からは、挂甲小札、金銅製帯金具、装飾付大刀銀製責金具、銀装刀子、銀板、ガラス小玉、鉄鏃等が出土している。これらの遺物の年代から6世紀後半の築造が推定でき、栃木県内最大の首長の副葬品と言える。この時期の前方後円墳として吾妻古墳は、日本国内でも天皇陵を除くと最大である。栃木の地にこのような大型古墳が築造された歴史的背景を考えることが今後の課題である。　　　（中村　享史）

写真2　前方部石室入口部分

横穴式石室と地域首長連合
古墳からみた古墳時代後期の社会

小森 哲也

1. はじめに

 人は生まれ、生き、やがて死をむかえる。古墳はその結果として、3世紀後半から7世紀まで約450年間、先人たちが営々と造り続けた歴史的遺産である。当然、古墳は"墓"であるから、第一の目的は有力者である首長の死を悼んで営まれた、と考えがちである。しかし、古墳やその集合体である古墳群の様相を読み解く考古学は、古墳時代後期（6世紀）の古墳築造には、もうひとつ別、というよりはもっと重要な目的があることを明らかにしてきた。まず、その結論を先に述べておこう。当時の人々は、連帯感を強め、安定した持続可能な社会をつくる目的で、同じ墓の形（墳形）と墓室（横穴式石室）をもつ古墳を築造していたことが判明してきたのである。まずは、首長連合体形成のようすを探ることから始めよう。

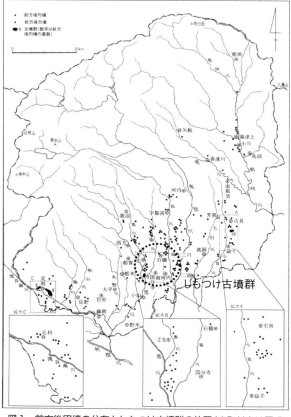

図1　前方後円墳の分布としもつけ古墳群の位置（市町村名は平成の合併前）

2．絆の証―下野型古墳―

(1) 共有する３つの特徴

栃木県の南部、思川および姿川流域(行政区画では、壬生町、下野市、上三川町、小山市、栃木市の一部にあたる)には、大型の前方後円墳および円墳が集中して築造されている。50m

図２　下野型古墳とは？

表１　栃木県南部における６～７世紀の主要古墳

No.	地域	古墳名	所在地	墳形	規模	墳丘軸	段築	主体部	石室軸	単室	複室	埴輪	葺石	時期	その他
1	国府	岩家古墳	栃木市大塚町	円墳	61	—	二段	凝切石	1	●		×	×	12	
2		天王塚古墳	栃木市大塚町	円墳	42	—	二段	河原石	346	●		×	×	12	版築
3		丸山古墳	栃木市田村町	円墳	?	—	不明	凝切石	不明			×	?	11	
4	羽生田	羽生田富士山古墳	壬生町羽生田	円墳	86	—	二段	不明	—			●低	●	10 a	
5		羽生田茶臼山古墳	壬生町羽生田	前方後円墳	91	157	二段	不明	—			●低	●	10 a	
6		長塚古墳	壬生町羽生田	前方後円墳	82	258	二段	不明	—			●	●	10 b	
7		桃花原古墳	壬生町羽生田	円墳	63	—	三段	凝切石	345	●		×	×	11	前庭
8		(判官塚古墳)	鹿沼市北赤塚	前方後円墳	60.9	258		河原石	340	●		●低	●	10 a	
9	壬生	壬生愛宕塚古墳	壬生町壬生甲	円墳	77	253	二段	不明	—			×	×	10 a	
10		壬生牛塚古墳	壬生町壬生甲	円墳	66	179	二段	不明	—			●	×	10 b	
11		壬生車塚古墳	壬生町壬生甲	円墳	84	—	三段	凝切石	7	●		●	●	11	前庭・版築
12	飯塚・国分	摩利支天塚古墳	小山市飯塚	前方後円墳	120.5	237	三段	不明	—			●	●	8	
13		琵琶塚古墳	小山市飯塚	前方後円墳	123.1	201	三段	不明	—			●	●	9	
14		吾妻古墳	壬生町・栃木市	前方後円墳	128	162	二段	切石	349	●		●	●	10 a	
15		国分寺甲塚古墳	下野市国分	前方後円墳	80	187	二段	凝切石	5	●		●低	●	10 a	
16		国分寺愛宕塚古墳	下野市国分	前方後円墳	78	249	二段	河原石	—			●	●	10 b	
17		国分寺山王塚古墳	下野市国分	前方後円墳	90	278	二段	凝切石	12	●		×	×	10 a	
18		国分寺丸塚古墳	下野市国分	円墳	74	—	二段	凝切石	2	●		●	●	11	前庭
19		飯塚１号墳	小山市飯塚	円墳	50	—	不明	河原石	343			×	×	10 a	
20		飯塚２号墳	小山市飯塚	円墳	51.8	238	二段	河原石	3	●		×	×	10 a	
21	石橋・薬師寺	石橋横塚古墳	下野市下古山	前方後円墳	70	287	二段	河原石	17		●	●低	?	10 a	
22		御鷲山古墳	下野市薬師寺	前方後円墳	85	279	二段	凝切石	4	●		●	●	10 b	
23		下石橋愛宕塚古墳	下野市下石橋	円墳	82	—	三段	凝切石	346	●		×	×	10 b	前庭
24		薬師寺観音塚古墳	下野市薬師寺	方墳	31	—	不明	不明	—			×	×	12	
25		多功大塚山古墳	上三川町多功	方墳	53.8	359	不明	凝切石	352	●		●	●	12	前庭・版築
26		(多功南原１号墳)	上三川町多功	方墳	25	1	不明	凝切石	1	●		×	×	12	
27		(別処山古墳)	下野市絹板	前方後円墳	37	262	不明	河原石	5		●	●	●	9	
28	上三川三王山	上三川兜塚古墳	上三川町上三川	円墳	45	—	二段	凝切石	—	●		×	?	10 a	
29		上三川愛宕塚古墳	上三川町上三川	円墳	45	—	二段	凝切石	?			?	?	11	移築
30		星宮神社古墳	下野市谷地賀	円墳	43.8	—	二段	不明	—			×	×	10 a	
31		三王山38号墳	下野市三王山	前方後円墳	51	206	二段	不明	—			×	×	10 b	
32		三王山古墳	下野市三王山	前方後円墳	85	236	二段	不明	—			×	×	10 b	

※墳丘軸・石室軸の角度は、磁北から時計回りの角度とした。
※凝切石＝凝灰岩切石使用横穴式石室
※河原石＝河原石使用横穴式石室
※低＝低位置突帯埴輪

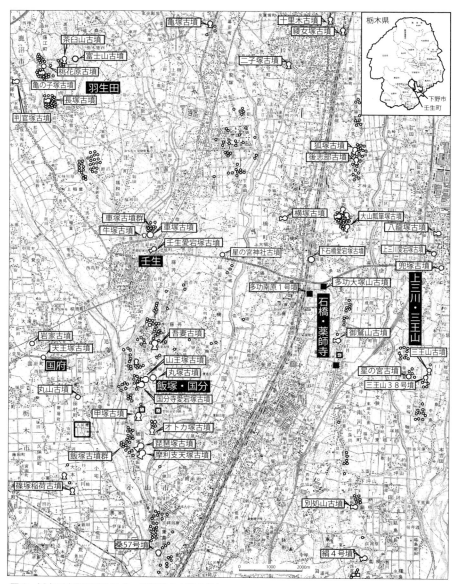

図3　栃木県南部における6〜7世紀の古墳の分布

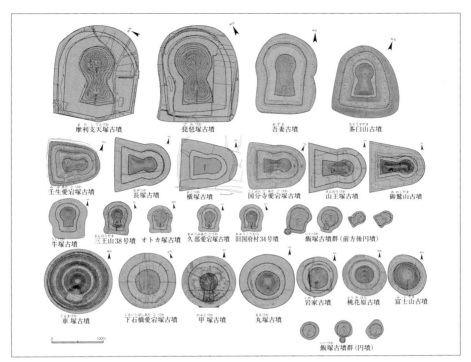

図4　しもつけ古墳群における墳丘の形態と規模

を超える前方後円墳が15基、円墳が8基、方墳が1基と下野の最高ランクの首長層の墓域となる。これらの首長墓は、6世紀後半以降、①墳丘の第一段目に低平で幅の広い、いわゆる基壇をもつ、②前方部に石室をもつ、③大型の凝灰岩切石を用いた横穴式石室を内部主体とする、以上3点の「造墓の型」を共有している。この3つの要素を備えた古墳を下野型古墳と呼称することが提唱されている（秋元・大橋1988）。

下野型古墳の特徴としてあげた3点のうち、特に大型凝灰岩切石使用の横穴式石室については、上記した地域と階層に限定的に採用される。排他的であり（広瀬2008）、"独占"により、内外に強烈な個性を主張している。しかし、"地方の時代"を強調しすぎてはならない。もう一方では、前方後円墳という形の墓を採用していることから、列島内のさまざまな地域の首長と同一歩調をとって畿内王権と結びついていた、と推定されるからである。

(2) 6つの地域の連合体制

しもつけ古墳群は、南北12km、東西9kmの範囲に分布する古墳群の総称である（秋元2007・君島2011・広瀬2011）。栃木県の河川は、北部の那須山系および北西部の日光山系に源を発し、基本的に南流する。したがって、丘陵は南北方向に延び、多くの古墳は、それらの丘陵の縁の部分を中心に築造されている（図1・3）。

地域区分にあたっては、古墳および古墳群が丘陵の縁辺部を中心に築造されていること、そして地形が南流する河川によって区分されていることから、古墳の分布をもとにして6地域に分けた。思川の左岸にあたる国府地域、黒川の上流左岸の羽生田地域、その下流左岸の壬生地域、黒川と思川の合流地点からその下流にあたる飯塚・国分地域、姿川と田川に挟まれた石橋・薬師寺地域、田川左岸の上三川・三王山地域の6地域である（図3）。それぞれの地域には、大規模古墳とともに、小規模古墳が多数営まれている特徴を分布図から読み取ることができる。

(3) 墳形と規模

6地域の50m以上の前方後円墳を中心に大きさ比べをしてみよう（表1）。

100m以上の前方後円墳は、3基ある。大きい順に、吾妻古墳（128m）、琵琶塚古墳（123m）、摩利支天塚古墳（120m）となる。栃木県内では、それぞれの時期において最大規模の前方後円墳となる。さらに、吾妻古墳については、10期（6世紀後半）における列島全体を見渡した時、奈良県五条野丸山古墳（310m）、平田梅山古墳（140m）に次いで、なんと全国3番目の規模となる（加部2009）。

90m級は2基で、羽生田茶臼山古墳（91m）、国分寺山王塚古墳（90m）がある。80m級は3基で、御鷲山古墳（85m）、三王山古墳（85m）、長塚古墳（82m）の順となるが、ほぼ同規模と言える。70m級は、やはり3基で国分寺愛宕塚古墳（78m）、壬生愛宕塚古墳（77m）、石橋横塚古墳（70m）がある。60m級は、判官塚古墳（60.9m）と帆立貝形の国分寺甲塚古墳（66m）・壬生牛塚古墳（66m）の3基である。50m級はほとんどなくなり、三王山38号墳（51m）のみとなる。以下、40m級は11基、30m級は6基、20m級は2基、10m級は3基となる。

一方、円墳は、羽生田富士山古墳（86m）を最大として、壬生車塚古墳（84m）・下石橋愛宕塚（82m）が続き、

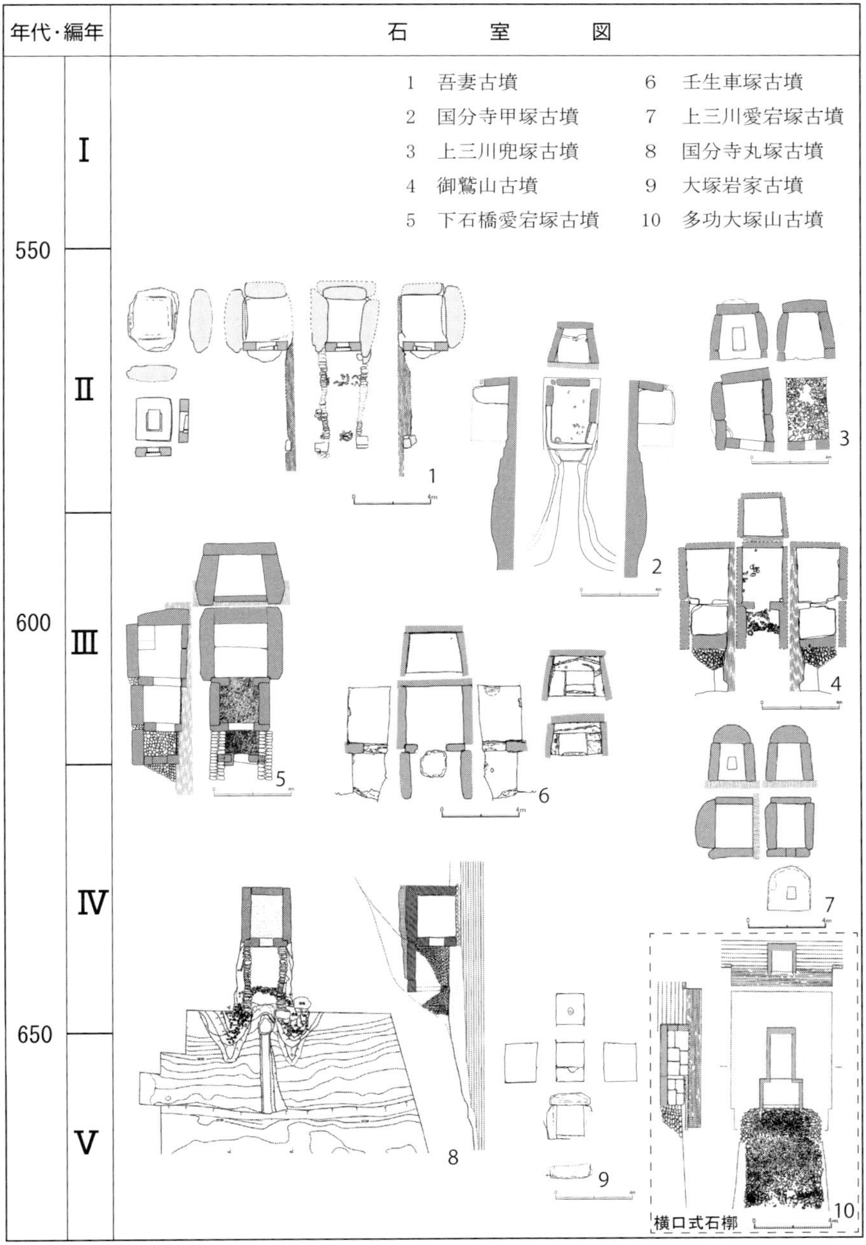

年代・編年	石室図
550 / I	
II	1 吾妻古墳　6 壬生車塚古墳 2 国分寺甲塚古墳　7 上三川愛宕塚古墳 3 上三川兜塚古墳　8 国分寺丸塚古墳 4 御鷲山古墳　9 大塚岩家古墳 5 下石橋愛宕塚古墳　10 多功大塚山古墳
600 / III	
IV	
650 / V	

図5　しもつけ古墳群における石棺式石室の変遷

横穴式石室と地域首長連合

70m級の国分寺丸塚古墳(74m)がある。なお、この70m級は、しもつけ古墳群以外にもあり、栃木市岩舟甲塚古墳(78m)や小山市千駄塚古墳(70m)がある。60m級は、2基で桃花原古墳(63m)、岩家古墳(60m)がある。50m級は、飯塚1・2号墳、藤井38号墳があり、数が減って前方後円墳と同様の傾向を示す。40m級は、上三川兜塚古墳(45m)、星宮神社古墳(43.8m)、天王塚古墳(42m)、上三川愛宕塚古墳(40m)など、6基ある。以下、30m級3基、20m級約40基、10m前後約520基となる。

方墳は、多功大塚山古墳(53.8m)を最大として、薬師寺観音塚古墳(31m)、多功南原1号墳(25m)が続く。方墳である、と認定することは、発掘調査を経なければなかなか難しいが、車塚古墳群12号墳など10m前後の規模の方墳が2基確認されている。

基壇をもつ前方後円墳と円墳を規模別に示す図(図4、下野市教育委員会・壬生町教育委員会2013)を引用して考えてみよう。この図からは、①基壇をもつ特徴がいろいろな規模の古墳にみられること、②古墳の大きさ分けをすると、おおまかに前方後円墳では

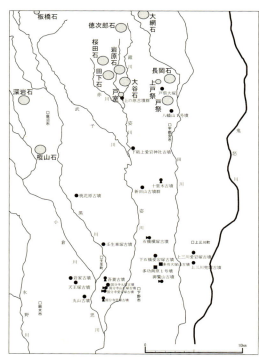

図6　凝灰岩露頭と主な凝灰岩使用石室の分布

4ランク、円墳でも3ランクに分けて考えられること、の2つを読み取ることができる。この時代には、複雑な階層差があったことを、古墳の形と大きさ、そして後に述べる横穴式石室の3つの要素から読み取ることができる。

(4) 埋葬施設

大型の凝灰岩切石を用いた石棺式石室は、大規模な古墳に限って採用される。それに対して中・小古墳の横穴式石室は、河原石を使用する。したがっ

て、当地域の6世紀から7世紀にかけての社会のようすは、横穴式石室の構造からも読み取ることができるのである。

凝灰岩切石使用横穴式石室の系譜については、山陰の「石棺式石室」との関連から出雲（島根県）東部、あるいは伯耆（鳥取県）西部の影響とする意見があり（市橋2014など）、その源流となる肥後（熊本県）も発信源の候補地となる。筆者は、肥後（5例）、出雲（34例）、伯耆（11例）、下野（11例）、合計61例の諸要素を同一基準で比較する方法により、それぞれの地域の特徴を把握して共通性と独自性について追究した。その結果、石棺式石室を設計したり、造ったりする人や集団の移動はなかった、と判断している（小森2012）。ただし、4地域の石棺式石室の特徴に眼を向けたとき、全く無関係にそれぞれが成立したのではなく、各地の実情に合わせて選択的にお互いの情報を取り込んだ、と推定している。

最近では、出雲東部と下野の首長層の中央での接触を予察する意見（広瀬2008・2011）も提起されている。

系譜関係については、まだ不確定な部分もある。しかし、各研究者が、しもつけ古墳群における大型切石を用いた石棺式石室の採用と限定された分布域の歴史的背景に、強い政治性をみる点で一致している研究段階と言える。

石棺式石室の変遷を示した（図5）。①側壁が内側に傾く→直立する、②石室の入口部（玄門）の形が長方形→正方形へ、③墓室（玄室）の平面形が長方形→正方形へ、形態が変化していることを読み取ることができる。

これらの大型石材は、どこから運ばれたのであろうか。図6に凝灰岩露頭の位置と主な凝灰岩使用横穴式石室の分布を示した。凝灰岩は、おおまかには4つに分類可能である。6地域のうち、壬生・国府・飯塚・国分地域には、鹿沼市深岩石・樅山石の特徴をもつ石材がみられ、上三川・三王山地域には、宇都宮市長岡石の特徴が含まれる。しかし、石橋・薬師寺地域の石材は、現段階では未知の露頭産と考えられる。一方、大谷地区の石材は、近隣の小古墳にみられるだけで、しもつけ古墳群には運ばれていないようだ。また、1つの石室に複数の種類の凝灰岩がみられることにも注目する必要がある。石材の問題は、地域間交流の実態、そして運搬・加工技術追究に欠かせない研究対象であり、今後は「凝灰岩使用石室」との報告で終始せず、どこから運ばれた石材であるかを明らかにするとともに、運搬方法についても

再考していきたい。

　出土遺物の位置づけ（内山2011など）と横穴式石室の編年観をもとに、6つの地域別に古墳の編年表を作成した（図7）。それぞれの地域ごとに古墳が展開するとともに、6世紀の後半段階に多数の前方後円墳が造られたこと、6世紀末〜7世紀初めに墳形が一斉(いっせい)に変わる時期があることが分かる。前方後円墳の主軸(しゅじく)の方位変化の背景については、現段階ではうまく説明できないのは残念である。

3．しもつけ古墳群が語るもの
―階層性と独自性―

　栃木県域では、6世紀の前方後円墳が224基ある。大半が40m前後に集中し、時期的には、ほとんどが6世紀後半〜7世紀初頭に属する（小森1994）。ここまで述べてきたことを中心に、栃木県域全体の動向も視野に入れながら、しもつけ古墳群について、その概要をまとめておきたい。

①栃木県南部における下野型古墳は、基壇、前方部石室、凝灰岩大型切石使用横穴式石室（下野型石棺式石室）の3つの要素を共有する。その排他性および独占性により、内外に強烈な個性を主張している。一方、那須地方の前方後円墳は、前方部と後円部の両方に横穴式石室をもち、那須型とも言うべき独自の地域的特色をみせている。

②基壇は大型古墳から小円墳まで採用する墳丘の造り方であり、背景に特殊な墓の形に対する共通の意識がある。基壇上で行われた墓まつりと関連する。

③基壇は6世紀後半以降、大小の前方後円墳、円墳に採用され、前方後円墳が終わっても大型円墳・方墳に引き継がれる特徴である。同様に引き継がれる下野型石棺式石室とともに、この2つの要素には、前方後円墳の築造とは別の意義が予想される。

④大型の切石を用いた石棺式石室は、大規模古墳に限定され、中・小規模古墳は、河原石を用いた横穴式石室を採用する。

⑤しもつけ古墳群における前方後円墳の規模は4ランク、円墳は3ランクに分けることができる。

⑥しもつけ古墳群は6地域に区分され、6つの首長系譜がたどれる集団が存在したことを示す。下野型古墳は、6集団による首長連合体制(しゅちょうれんごうたいせい)の存在を示している。

⑦栃木県域における8期（5世紀末〜6世紀初頭）から12期（7世紀後半）にかけて、それぞれの時期で、最も規模が大きい古墳が存在するのは、しもつけ古墳群である。

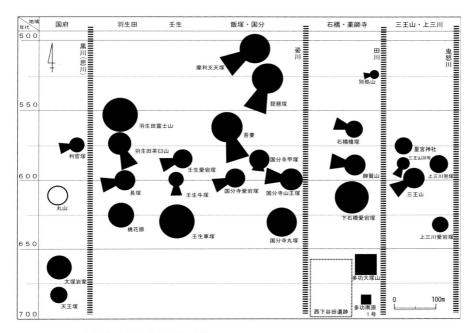

図7 しもつけ古墳群における主要古墳の編年

①・②・③により、しもつけ古墳群の〈独自性〉、④・⑤により、墳丘と石室構造による〈階層性〉、⑥・⑦により、県域の他の古墳との関係の中での〈優位性〉、以上3点を明らかにすることができた。次に、少し視野を広げて東国各地の古墳群の様相と比べてみよう。

4．古墳からみた6～7世紀の東国社会

それぞれの地域を代表する6～7世紀の古墳群である、①福島県白河市舟田・本沼古墳群、②栃木県下野市・壬生町・小山市・上三川町・栃木市のしもつけ古墳群、③群馬県前橋市総社古墳群、④埼玉県行田市埼玉古墳群、⑤千葉県富津市内裏塚古墳群、⑥千葉県栄町龍角寺古墳群、⑦千葉県成東町板附古墳群、⑧茨城県小美玉市玉里古墳群、以上8つの主要古墳群の特徴を探ってみよう。

それぞれの古墳群における主要古墳の変遷を一覧した（図8）。この図をもとに、古墳時代後期におけるそれぞれの古墳群の断続と墳形の変化をもとに類型化し、各古墳群の独自性と共通性

について考えてみたい。なお、5世紀前半から連続する古墳群は確認できない。

A類　5世紀後半、遅くとも6世紀前半に築造を開始し、以降、7世紀後半まで継続的に築造が途切れることなく連続する。前方後円墳終焉後の墳形により、3分される。

　A1類……前方後円墳の終焉後、方墳に墳形が転換する（総社古墳群・内裏塚古墳群）

　A2類……前方後円墳の終焉後、円墳に、さらに方墳に墳形転換する（しもつけ古墳群・埼玉古墳群）

　A3類……前方後円墳の終焉後、円墳に墳形転換する（玉里古墳群）

B類　6世紀後半に大規模前方後円墳が画期をもって築造され始め、これが最後の前方後円墳となり、その後、方墳に墳形転換する（龍角寺古墳群・板附古墳群）

C類　6世紀後半に開始するが、継続せず、空白期を経て7世紀後半に整美な横口式石槨を内部主体とする円墳・上円下方墳が築造される。（舟田・本沼古墳群）

A類については、5世紀後半（内裏塚古墳群では6世紀前半）に大きな画期があり、これ以降、安定して大型前方後円墳が継続して築造される。首長権の受け渡しがスムーズであり、継承システムが確立した地域と判断される。

B類は、6世紀後半になって大型前方後円墳が新たに築造され始めた地域である。龍角寺古墳群と板附古墳群は、地域的には、前者が印波国造、後者が武射国造域に比定されている。したがって、このB類に分類される古墳群は、小国造国が含まれる可能性が高い。

C類は、古墳のあり方が、その地域と中央との関係をよく表している。6世紀後半に、B類と同様に前方後円墳が築造されるが、次代へ連続せず、7世紀後半になって、畿内色の強い横口式石槨をもった小規模な古墳が築造されることになる。外部からの他律的な古墳築造契機が推定される。

東国各地の6〜7世紀における最有力古墳群を、前方後円墳がほぼ同時期に終焉をむかえることを共通性として、古墳群の開始時期および前方後円墳終焉後の墳形を独自性として、A（A1・A2・A3）・B・C類に3大別することができた。3類型のうち、A類については、地域の階層化と首長権の継承システムが自律的に進行した地域であり、しもつけ古墳群（基壇・前方部石室・切石石室）、内裏塚古墳群（低墳丘・二重周湟・前方部隅切

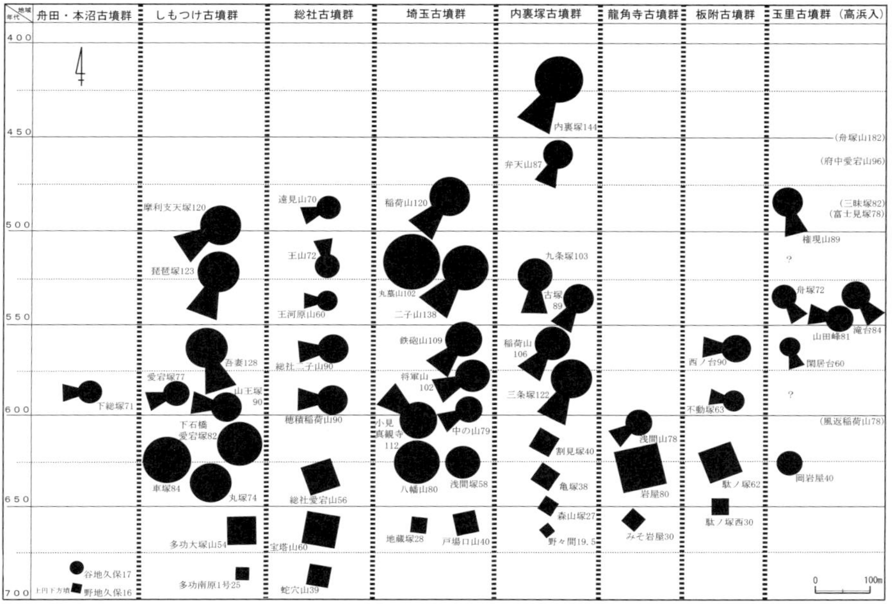

（東北・関東前方後円墳研究会1996～2013『第１～18回東北・関東前方後円墳研究会大会発表要旨』・石野博信編1995『全国古墳編年集成』雄山閣出版・近藤義郎編1994『前方後円墳集成』東北・関東編　山川出版社　等をもとに作成）

図８　５～７世紀における東国の主要古墳群の様相

り）、埼玉古墳群（長方形二重周湟・くびれ部片側造り出し・中堤造り出し部）、総社古墳群（刳抜式家形石棺・截石切組積石室）とそれぞれの独特の個性が顕在化する。注目されるのは、それらの個性が、例えばしもつけ古墳群における基壇や埼玉古墳群における造り出し部のように、その群における共通の葬送儀礼と密接に結びついていること、そしてその個性が代々引き継がれていることの２点である。

一方、B類とC類は、中央からの働きかけに、それぞれの地域が対応する形で、いわば他律的に経営された地域と大別できるだろう。B類は、屯倉（畿内王権が直接治める土地）の設置、あるいは小国造（畿内王権が任命する地域の役人）の任命、C類は、立評（7世紀後半に古代の郡の前身が置かれたこと）とかかわる可能性が高いが、考古資料をもとに推断するのは、現段階では難しい。

以上のように6～7世紀の東国各地の地域を一律にみることはできず、古墳の動向から中央とのかかわりおよび地域内でのあり方をもとに３類型化し

た。そして、その類型がそれぞれの地域と中央との関係や律令国家にむけての歩みが一様ではなく、一定の独自性を物語っていることを確認することができた。ただし、この独自性は限定的で、前方後円墳を造り、それがほぼ軌を一に終焉し、円墳や方墳に墳形転換する、という大枠から逸脱することは決してない、という共通性の内に留まるものであった。古墳は、独自性（地域内における関係）と共通性（畿内王権との関係）の二面性を物語る歴史的遺産なのである。

5．今後の研究課題は何か

河川流域をもとに地域区分ができるだろうか。図9は、古墳時代前・中期の栃木県南東部から茨城県西部にかけての地域の古墳分布を示したものである。現在の県境、遡って古代の常陸国と下野国の国境に依拠した地域設定や古墳動向の検討が、あまり意味をなさないことに気づくことができる。

一方でわれわれは、無批

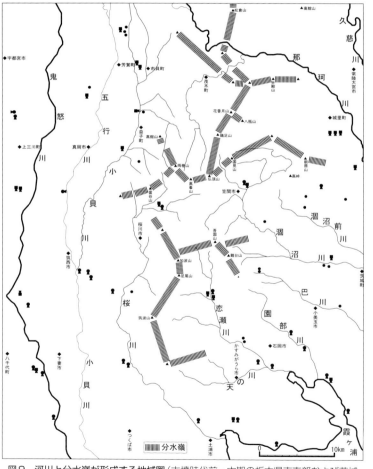

図9　河川と分水嶺が形成する地域圏（古墳時代前・中期の栃木県南東部および茨城県西部）

判に河川流域を重視し、地形を加味して地域区分をしてきた。その背景には、水田経営と水利確保、そして陸路・河川交通による情報ネットワークが地域のまとまりを形成してきた、という暗黙の了解があった。しかし、今もう一度、古墳時代の地域設定について考えてみる必要に迫られている。水田経営中心でよいのか？そして基本に立ち返り、古墳は、なぜそこに造られたのか？と問い続けることが、当時の社会解明においては極めて重要な課題と思われるのである。

〈参考文献〉

秋元陽光・大橋泰夫 1988 「栃木県南部の古墳時代後期の首長墓の動向」『栃木県考古学会誌』第9集（栃木県考古学会）

秋元陽光 2007 「河内郡における終末期古墳」『上神主・茂原官衙遺跡の諸問題』（栃木県考古学会）

市橋一郎 2014 『北関東の横穴式石室』（同成社）

内山敏行 2011 「栃木県域南部の古墳時代馬具と甲冑」『しもつけ古墳群―下毛野の覇王、吾妻ノ岩屋から車塚へ―』（壬生町歴史民俗資料館）

大橋泰夫 1995 「下野」『全国古墳編年表』（雄山閣）

加部二生 2009 「太田市東矢島古墳群の再検討」『利根川』第31号（利根川同人）

君島利行 2011 「しもつけ古墳群とは」『しもつけ古墳群―下毛野の覇王、吾妻ノ岩屋から車塚へ―』（壬生町歴史民俗資料館）

小森哲也 1994 「地域の概要 下野」『前方後円墳集成』東北・関東編（山川出版社）

小森哲也 2012 「地域間交流としての石棺式石室―中九州・山陰そして東国の動向―」『日本考古学』第34号（日本考古学協会）

小森哲也 2015 『東国における古墳の動向からみた律令国家成立過程の研究』（六一書房）

小森紀男 1990 「栃木」『古墳時代の研究』11 地域の古墳Ⅱ（雄山閣）

下野市教育委員会・壬生町教育委員会 2013 『下野市・壬生町周辺の古墳群』

中村享史 2015 「栃木県域の古墳編年」『地域編年から考える』（東北・関東前方後円墳研究会）

橋本澄朗 2009 「栃木県の首長墓に関する諸問題」『野州考古学論攷』（中村紀男先生追悼論集刊行会）

土生田純之 2004 「首長墓造営地の移動と固定―畿内中心主義の克服に向けて―」『福岡大学考古学論集―小田富士雄先生退職記念―』小田富士雄先生退職記念事業会

広瀬和雄 2008 「6・7世紀の東国政治動向（予察）―上総・下総・下野・武蔵地域の横穴式石室を素材として―」『古代日本の支配と文化』（奈良女子大学COEプログラム）

広瀬和雄 2011 「下野地域の後・終末期古墳の歴史的意義―6～7世紀・東国統治の一事例―」『国立歴史民俗博物館研究報告』第163集（国立歴史民俗博物館）

埴輪が語る「甲塚古墳」

木村　友則

1．はじめに

　甲塚古墳は、栃木県下野市国分寺に所在する全長80ｍの墳丘をもつ帆立貝形前方後円墳である。北側に隣接して下野国分寺跡が所在する。この古墳は古くから書物等に記載があり、描かれた最初の書物は、江戸時代の寛政年間に描かれた『日光道中壬生通分間延絵図』である。この絵図には街道の両側にある一里塚や杉並木、城郭、宗教施設、町並みなどが描かれている。下野国分寺跡は、国分寺焼失跡と記載されており、国分寺の南西部に字兜塚と記されている箇所が甲塚古墳になる。

　甲塚古墳の記述がある書物の初見は、地元の教師で郷土史家であった大橋（近藤）亀吉が大正13年（1924）に刊行した「國分寺の史蹟」であり「甲塚、国分寺史蹟の西南端にあり。高さ三間、径五間南方は低く方形なり、発掘せり石棺ありき」と記されている。

　この時の記載にはいつ調査がおこなわれたかは記していないが、発掘されて、石棺（石室）が確認されていることは記録している。しかし、この後の近藤亀吉氏の記録によると1883（明治16）年に後円部を1893（明治26）年11月に主体部を掘ったことが書かれている。

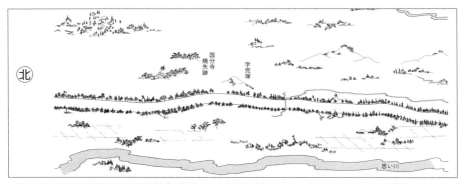

図１　江戸時代の甲塚古墳周辺絵図『日光道中壬生通分間延絵図』を一部改編（報告書より転載）

国分寺地内では今でもその伝承が残っているように「現国分寺に伝存する釈迦如来坐像（定朝様式の平安期の木像で市指定文化財。像高約120cm）の体内から当時、古文書が発見され、文書には甲塚古墳に国分寺復興の財宝が埋めてある」と記されていたことは、かなり衝撃的な事柄であり、住民の記憶に残っていたので取材時には年代が特定できたと推測される。

　地元で甲塚古墳は、国分寺復興の財宝とそれを守った僧兵の甲冑が一緒に埋まっているという伝承があり、甲塚古墳の名称がついたといわれている。

2．地域的特色

　甲塚古墳の所在する下野市は、栃木県南部に位置する。地形的に概観すると、甲塚古墳周辺は、南に傾斜する台地と台地を開析して南流する河川が特徴的な地形を形成している。遺跡の所在する台地の東に姿川、西に思川と黒川が南流し、両河川により台地が画されている。思川・黒川はともに足尾山地に源を発し、山間を南東に流れる。黒川は、壬生町藤井で思川に合流し、この合流点付近で流れを南に変え、甲塚古墳から約4km下流の思川・姿川合流点付近から小山市域にかけてさらに南西に流れを変える。

　甲塚古墳の所在する台地は、中央部低地の西寄りに位置し、鹿沼市から壬生町、下野市を経て小山市に至る南北に延びる台地である。台地西側は黒

写真1　甲塚古墳周辺の主要な史跡（南上空から撮影）

埴輪が語る「甲塚古墳」　169

川・思川に面して崖面を形成し、東は姿川に画されている。さらに、台地内部には小河川によって形成された細かな開析低地が発達している。本古墳は、思川と姿川の合流により台地を削剝して舌状に狭めた南端付近に位置する。古墳の南東には開析低地があり、この低地との比高は約5mで、さらにこの古墳周辺から南側は南への傾斜面の傾斜角が大きくなるため、周囲への「見渡し」が良好な位置に所在している。現在でも冬季には、南側の雑木林の木々の間に台地の最南端に位置する国指定史跡琵琶塚古墳を望むことができ、築造当時は「相互の可視性」は高かったと想定される。

また、墳頂部から北を望むと国分寺愛宕塚古墳が眺望でき、国分寺愛宕塚古墳からは山王塚古墳と丸塚古墳、さらに丸塚古墳からは吾妻古墳を望むことができたと思われる。

3．歴史的特色

甲塚古墳の所在する台地上には、東西1.5km、南北5kmにわたって大小多数の古墳が築造されている。しかし、本古墳の南側は舌状台地の縁辺部となるため、周辺には古墳の存在は確認されていない。南側に廻り込む低地の対岸には、摩利支天塚古墳、琵琶塚古墳が位置する。南西側の飯塚の台地上（台山）にはかつて30基以上の群集墳が存在したと伝えられている。これらの古墳は散在していたわけではなく、5～6基を1単位とする4ないし5つの小群として成立していたと推測されている。

本古墳の北西部、史跡下野国分寺跡の西側付近から北の壬生町藤井地区にかけて群集墳の分布が拡がる。史跡下野国分寺跡寺院地北西部に5～6基の群集墳が現存しているが、この地点で1ヵ所、北の花見ヶ岡付近で5～6基単位で群を形成する小規模群集墳が2ないし3ヵ所確認されている。これらの小規模群集墳の中で、旧国分寺村44・45号墳の調査が行われている。

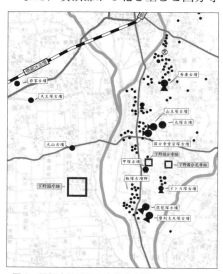

図2　甲塚古墳周辺の古墳分布図

2基とも主軸を東西にとる全長30m以下の前方後円墳で、葺石は認められず、円筒埴輪・形象埴輪をもつ。

この2基の前方後円墳を小規模群の主墳と想定しその周囲に小型円墳群が形成されたとも想定できる。花見ヶ岡交差点から東へ約300mには国分寺愛宕塚古墳が存在する。甲塚古墳・山王塚古墳・愛宕塚古墳・丸塚古墳がいわゆる首長墓と想定されているが愛宕塚古墳西側には、小規模の群集墳が形成され、昭和40年代まで円墳が点在していたと記憶されている。また、数基については損壊を受けてはいるが、古墳が存在したことを示唆する高まりも確認されている。

国分寺地区から壬生町の県立壬生高校付近まで小規模群集墳の分布は広がり、黒川の左岸の台地上、藤井橋付近まで連綿と古墳群が形成されている。

この地域に所在する5世紀後半頃から7世紀代まで継続的に築造される大型の主要な古墳は、南から摩利支天塚古墳(120m)、琵琶塚古墳(123m)、甲塚古墳(80m)、愛宕塚古墳(78.5m)、山王塚古墳(72m)、丸塚古墳(65m)、吾妻古墳(128m)である。これらの古墳の中で丸塚古墳のみが円墳で、ほかは前方後円墳である。古墳は築造順に、摩利支天塚古墳・琵琶塚古墳・吾妻古墳・甲塚古墳・愛宕塚古墳・山王塚古墳・丸塚古墳となり、この大型古墳7基をこの地域における一系の首長墓とする考えがある。

また、下野市周辺地区の吾妻古墳(6世紀後半)以降、に築造される古墳には、以下の共通する3つの特徴を持つようになる。①墳丘第一段が低平で幅が広い(「基壇」)。②前方部に横穴式石室がある。③石室には、凝灰岩の切石を用いている。こうした特徴をもつ古墳は「下野型古墳」と呼称されており、甲塚古墳もそのひとつである。

4．甲塚古墳の発掘調査

先述したとおり明治時代以降は、昭

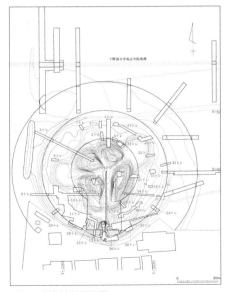

図3　甲塚古墳平面図

和62(1987)年に県内の古墳の研究者により、墳丘と石室の構造と規模の解明を目的として墳丘の測量調査と石室の発掘調査が行われている(秋元・大橋1988)。また、1990年代の県教委による国分寺跡の発掘調査によって国分寺の寺院地の溝と古墳の周溝の関係について一部明らかになっている(大橋1999)。

旧国分寺町教育委員会(現下野市教育委員会)では、1999(平成11)年度から国指定史跡下野国分寺跡保存整備事業に着手し、この事業の中で、2003(平成15)年度の下野国分寺跡保存整備委員会において「下野国分寺跡に隣接している甲塚古墳について、下野国分寺跡と一体の整備・活用が図られるよう、国分寺跡の整備対象として検討すべきである」との指導により、翌年度に発掘調査を実施した。

発掘調査は、第1回目が5月から7月の約3カ月間、第2回目が同年12月に約2週間実施した。2回目の調査は、第1回目の調査が埴輪列周辺の調査のみであったため、埴輪の破片の広がりを確認するために埴輪列墳丘側の調査を実施した。

また、国分寺跡寺院地南側の状況と甲塚古墳の周溝の状態を確認するための調査を2006(平成18)年度に実施した。

5．調査成果

墳丘は、明治時代の調査で破壊されていることから、墳丘第一段になる平坦面の調査を主に実施した。

結果、全長が80m(推定)、墳丘第一段外縁径61m(古墳南側は若干張り出す可能性があるがほぼ円形)墳丘第二段長47m、(後円部径34m・前方部14.5m、前端幅17m)であることが判明した。また、周溝の規模は、墳丘第一段外縁から周溝外縁までの幅が約15mある。墳丘南北の状況は不明だが、東西の周溝を含めた総長は推定で91mになる。

埋葬施設は前方部前端に位置し、凝灰岩の切石を使用している。

周溝は、墳丘の北西部が土橋状に掘残されていることが確認されており、墳丘への通路であったと考えられている。

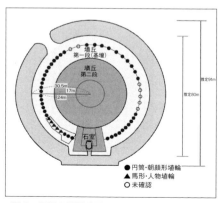

図4　甲塚古墳模式図

写真2　形象埴輪出土状況

　墳丘第一段外縁と墳丘第二段裾部の間には約14m幅の平坦面（基壇面）がある。墳丘第二段後円部裾から約7m周溝側の位置に円筒埴輪が1列で円形に廻る状況を確認している。この位置は後円部中心部付近から半径約24mの同心円上に設置されている状況である。しかし、この円筒埴輪列は、墳丘第二段の前方部裾付近までで、前方部墳丘上には延びない。この円筒埴輪列は、約40cm幅で深さが10から20cmの深さで溝を掘り、溝の底面を場所により埋め戻し円筒埴輪の底面の高さを合せて設置している。前方部周辺は隣接する円筒埴輪間が15から20cmと近接しているが、北東部周辺で古墳の正面から見えない場所は、40cmから1.2mと間隔が広い状況が確認できるため円筒埴輪の設置する本数を調整している状況がみてとれる。

　この円筒埴輪の列の中で、墳丘第二段の西側括れ部付近からは形象埴輪群が出土している。北西部から1.5m間隔で円筒埴輪が配置され、その間に馬形（うま・がた）埴輪が馬子（まご）を伴い4基出土している。馬形埴輪3・4は裸馬で馬形埴輪1・2が飾馬である。これらの馬形埴輪は前方部にある石室方向に向いて設置されていた。馬子は基部が出土したものが2基しかないが、この2基が周溝側を向いて設置されているため他の馬子も周溝側を向いて設置されていたと考えられる。馬子は背中に鎌を背負っている表現があり、馬形埴輪の左前に設置されていた。馬形埴輪列の前方には人物埴輪が16基並んだ状況が確認できている。

　これらの形象埴輪群は基部が墳丘上に樹立した状況で出土しているため、古墳築造当時の配置状況を復元することができる。人物埴輪1から9までは女性を表現しており、人物埴輪10から16は男性を表現している。この中で人物埴輪7と8が機織り（はたお）をしている女性を表した埴輪である。人物埴輪については機織形埴輪の機を織る人物が

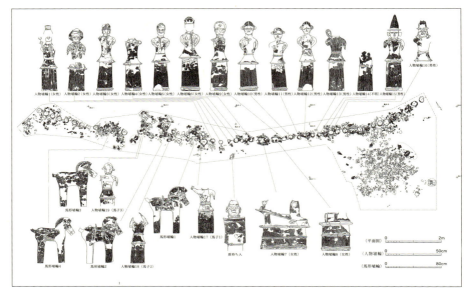

図5　甲塚古墳出土形象埴輪配列一覧図

2基とも石室側に背中を向けているが、それ以外の人物は一部基部が不明なものもあるが、周溝側を向いて設置されていた状況が推測できる。この形象埴輪が設置されている範囲は約12.5mになり、形象埴輪列の前方に13本の円筒形の埴輪列が続き前方部裾で、西側埴輪列が終わる状況が確認できた。墳丘東側の括れ部(くび)付近には形象埴輪が確認できず円筒形の埴輪が並ぶことを確認している。

　また、後円部北側トレンチの墳丘第二段裾部付近からは家形埴輪(いえ)や器財埴輪(きざい)と考えられる破片が出土することから、現在は破壊されていて確認できない後円部墳頂部には家形埴輪などの器財埴輪が配置してあったと考えられ

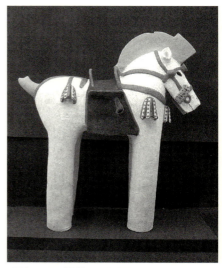

写真3　馬形埴輪1彩色復元

る。また、甲塚古墳出土の形象埴輪は埴輪に施された彩色が確認でき、復元率が高いため、埴輪が作られた当時の彩色も推定で復元することができる。4基出土した馬形埴輪は、装備や彩色に個性はあるが白彩が施された痕が確認でき、白馬を表現していたと考えられる。人物埴輪にも彩色が確認でき、白地に赤の鹿の子柄の服や、多様な当時の服装を鮮やかに復元することができる。

墳丘第二段目括れ部付近の形象埴輪列の南東約1.5m付近の約3m×3mの範囲からは、大量の土器群が出土している。この土器類は、須恵器が脚付長頸壺、甕、有蓋高坏・蓋、無蓋高坏、坏身・蓋の坏類であり、土師器が高坏、坏身・蓋模倣の坏類である。総点数で約350個体の土器が出土している。

写真4　甲塚古墳の土器群出土状況

6．形象埴輪

甲塚古墳に設置された埴輪は、埋葬施設から一番遠くに馬形埴輪（白馬）が馬子を伴い埋葬施設方向に鼻先を向け4基出土している。前2基が飾馬である。先頭の飾馬はf字鏡板、馬鐸と壺鐙を装着し、壺鐙上部には横座時の足置きと考えられる短冊形水平板が右側面に表現されている。2番目は鈴や雲珠を装着している。いずれも戦闘用というよりは儀式的な装いである。後ろの2基は裸馬を表現している。古墳を豪華に見せるだけならば、4基とも飾馬にすれば良いと思われるが、裸馬も表現されている。馬子はそれぞれ背面に鎌を装着しているため、騎乗している人物表現は無いが、遠く離れた場所から馬子に飼葉を与えられながら見えない存在（霊魂）を運んで、途中の替馬として後ろの裸馬を表現しているのかも知れない。

馬形埴輪の前方に大型の円筒埴輪があり、この円筒埴輪から埋葬施設側に女性人物埴輪が9基並ぶ。人物埴輪列の後ろ4基は頭上に合子や箱状等の容器を載せ捧げものをしているような表現がある。その前方の2基には頭に鉢巻状の表現があり、両手を腰に当てている。この前方の2基が機織形埴輪になり、人物埴輪の7が地機の原型に近

い形式の機織機と考えられるもので、織機に女性が座り機を織っている状況を表現している。人物埴輪8が7とは違う形式の機織機を表現していると考えられるものである。この埴輪は、人物の裾部のみが残存しているだけであり、人物と織機との詳細な関係が不明なため腰機になるのか高機になるのかが定かではない。しかし、それぞれの部位を見ると群馬県の上細井稲荷山古墳から出土した石製祭器に酷似しているため、同じ形式の織機であった可能性が考えられる。織機形埴輪の前方の女性人物埴輪は、顔が他の埴輪に比べ大きめに作られており、基部にも白彩と黒彩をそれぞれ帯状に表現してい

る。基部に彩色表現があるのは、この埴輪だけである。

　この前方の7基が男性人物埴輪になり、後ろから3基が稚児結い状の上げ美豆良表現があり、腰に手を当てている。この同じ表現の人物埴輪は、それぞれ大きさや服装の彩色に違いがある。この前方の人物は農夫を表現しており、腰に小刀を装着し、右肩に農具(ナスビ形曲柄平鍬)を持っている。この人物の前方には、器種不明の埴輪がある(他の形象埴輪と接合しない農具があり、背面に逆J字の剥離痕があるため農夫の可能性もある)。この前方の人物埴輪も農夫を表現しているが、円錐型の帽子を被り、顔面は全面

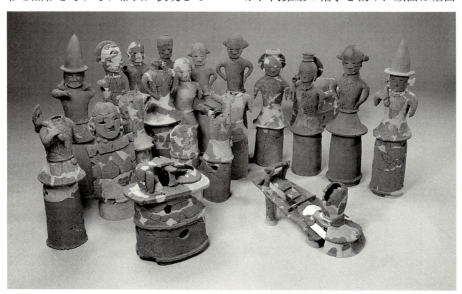

写真5　甲塚古墳出土人物埴輪(小川忠博氏撮影)

が赤彩されており、右手に農具を担いでいる。人物埴輪列先頭の人物は、唯一下げ美豆良表現のある人物であり、人物埴輪15と同様な円錐型の帽子を被り、右手を前に掲げている。最前列に配置され顔面全面に赤彩表現があることから地位の高い人物を表現したと考えられる。また、人物埴輪3・4の南東部からは、基底部は出土していないが、盾持ち人の破片がまとまって出土している。

7．機織形埴輪の出土意義

（1）人物埴輪7（地機）

地機は近年、6世紀前半頃の遺跡から経巻具などの木製品が出土することから、国内においてもこの頃既に使用されていたことが想定されていたが、遺存状況が悪く全体像の復元には至っていなかった。今回、人物を伴う機織形埴輪の出土は、機材の全容と稼働状態に組んだ形状の機織機の構造を明らかにしている。

この機織形埴輪は、福岡県宗像大社に「金銅製高機」として所蔵されている雛形と細部については違いがあるが、近似した構造になると考えられる。

（2）人物埴輪8

この埴輪は、人物埴輪7とは異なる型式による機織の作業状況を表した埴輪である。人物部（頭～体部）が発見されなかったが、腕から手にかけての部位が出土しており、手首に腕輪（釧）を着けていることから女性と想定した。

人物が欠損しており、機織機との関係が不明なため、作業状況や機織機の詳細な構造については不明な点が残った。

全国各地で、6世紀前半頃の遺跡から機織機の部材は出土していたが、いずれも木製品のため遺存状況が悪く、機織機の全体像は不明だった。

今回2種類の型式の埴輪が出土したことで、6世紀後半のこのような種類の機織機の存在と、機材としての有り方が初めて明らかになった。

8．まとめ

古墳に設置された形象埴輪の意義については、葬列や殯、首長権（霊）の継承儀礼、被葬者の顕彰碑的性格のもの、供養・墓前祭祀、他界における王権祭儀、神宴儀礼、死後の世界における近習など10種類以上の説がある。

甲塚古墳の発掘調査により分かったことは、下記の6点に集約することができる。

①人物を伴う機織形埴輪が出土した

ことにより、組み上がった状態での形状を示す例が皆無であった古墳時代の機織機について、稼働状態に組んだ構造が明らかになった、日本初の事例である。

②甲塚古墳出土の形象埴輪は全体的に遺存率が高く、埴輪の置かれた位置や方向が埴輪群として判明した事例としては栃木県内初である。

③埴輪に施された彩色が良く残っているため、埴輪が置かれた当時の彩色を復元することができる。

④出土した形象埴輪群と土器群から、古墳時代後期に下野市周辺地域に築かれた古墳に共通する基壇といわれる、墳丘第一段の幅広い空間の使われ方の一端が判明した。

⑤古墳に設置された形象埴輪群の性格については、上記のように諸説あるが、甲塚古墳では、埴輪列の前方で多量の土器群が出土していることから、墳丘に並べられた埴輪群と供に墓前での飲食儀礼を行った状況を想定することができる。また、この土器群は置いて使用する食器と手持ち食器があり、手持ち食器の個体が約100個体出土していることから、この儀式に100人前後の人が参列したことも推測できる。

⑥形象埴輪群の意味については、今後検討を重ねていかなければならない。しかし、2種類の機織形埴輪が形象埴輪列の中心付近に配置されるた

写真6　甲塚古墳出土土器（小川忠博氏撮影）

め、機織りが甲塚古墳の被葬者にとって重要なものであり、この被葬者が機織りに関わっていた人物であった可能性が考えられる。また、馬形埴輪の先頭に配置されている馬形埴輪は、馬装から被葬者の馬を表現していると考えられる。この馬形埴輪には横座り用の足置きと考えられる水平の板が右側面に表現され、この横座りの騎乗方法が女性の騎乗例が多いこと。また、機織は古来より女性の仕事とされてきたことを併せると、古墳の被葬者は女性であった可能性が考えられる。

　甲塚古墳の発掘調査からは多くのことを考える手がかりができた。墳丘の裾付近からは多くの鹿沼軽石層が出土していることから、古墳築造当時は黄色の墳丘に4色の彩色をもつ形象埴輪が並んでいたことが分かり、ビジュアル的な状況まで復元することができる。甲塚古墳の築造された地域には、古墳群から奈良・平安時代の下野国府・国分寺に至る歴史を継続的に追える地域であるため、歴史を体感できるような整備・活用を継続的に進めていきたい。

〈参考文献〉

秋元陽光・大橋泰夫　1988　「栃木県南部の古墳時代後期の首長墓の動向」『栃木県考古学会誌』第9集（栃木県考古学会）

秋元陽光・大橋泰夫・水沼良浩　1989　「国分寺町甲塚古墳調査報告」『栃木県考古学会誌』第11集（栃木県考古学会）

大橋泰夫　1999　「下野国分寺跡ⅩⅣ」『栃木県埋蔵文化財調査報告』第220集

君島利行　2011　「しもつけ古墳群とは」『しもつけ古墳群―下毛野の覇王、吾妻ノ岩屋から車塚へ―』（壬生町歴史民俗資料館）

小森哲也　1986　「栃木県における主要古墳の諸問題」『第14回古代史サマーセミナー研究報告資料』（古代史サマーセミナー事務局・栃木県考古学会）

小森哲也　1996　「下野の前方後円墳」『第1回東北・関東前方後円墳研究会　東北・関東における前方後円墳の編年と画期』（東北・関東前方後円墳研究会）

下野市教育委員会　2014　『甲塚古墳』

塙　静夫　2000　『探訪とちぎの古墳』（随想舎）

東村純子　2011　『考古学からみた古代日本の紡織』（六一書房）

日高　慎　2000　「埼玉県埼玉瓦塚古墳の埴輪群像を読み解く」『埴輪群像を読み解く』（かみつけの里博物館）

日高　慎　2013　『東国古墳時代埴輪生産組織の研究』（雄山閣）

広瀬和雄　2011　「下野地域の後・終末期古墳の歴史的意義―6～7世紀・東国統治の一事例―」『国立歴史民俗博物館研究報告』第163集（国立歴史民俗博物館）

広瀬和雄　2011　「しもつけ古墳群の歴史的意義―6・7世紀の東国政策をめぐって―」『しもつけ古墳群―下毛野の覇王、吾妻ノ岩屋から車塚へ―』（壬生町歴史民俗資料館）

※写真・図版は、下野市教育委員会提供および下野市教育委員会2014より転載した

Column
稲荷古墳群

　稲荷古墳群が所在するのは宇都宮市の西部、姿川右岸に面した舌状台地の突端である。前方後円墳1基・円墳3基からなる小規模古墳群であるが、眼下には姿川によって形成された沖積低地がよく見渡せる。発掘調査は1984（昭和59）年、本古墳群周辺で土取り事業が計画されたことにより、範囲および内容確認のために実施されたものである。

　主墳である2号墳はトレンチによる確認調査の結果、全長32.45m（周溝を含めると39.35m）と小規模ながら、基準尺等の平面企画に基づくとみられる均整のとれた前方後円墳であることが判明した。さらに外部施設としては、葺石と埴輪が確認されている。葺石はすべて川原石で、墳丘斜面部を中心に確認された。葺き方は基本的に小口積みであるが、基底部は比較的大きめな石を2～3段に積んで控えとしていた。また埴輪には、円筒埴輪列と形象埴輪の樹立が見られた。円筒埴輪列は葺石の基底部の外側にほぼ一回り配されたもので、樹立間隔は約1mほ

写真1　2号墳前方部西側のトレンチ調査（葺石や円筒埴輪列の確認状況）

写真2　1号墳で確認された横穴式石室

どであった。一方、形象埴輪には盾・靫（ゆき）・鞆（とも）・家・人物・馬等が確認されたが、いずれも破片資料であった。設置位置は特定できなかったが、破片等の出土状況から後円部や前方部の墳頂に置かれていたものとみられる。

　確認調査ということから内部主体は未調査であるが、円筒埴輪列が後円部東側からくびれ部にかけての間で未確認であったことから、南東方向に開口する横穴式石室である可能性が高い。たまたま隣接する小円墳の1号墳が盗掘を受けていたことから内部主体を調査したところ、川原石使用の横穴式石室が確認された。恐らく2号墳にも同系統の横穴式石室が設けられているものと思われる。なお2号墳の築造時期については、墳丘から出土した土器や円筒埴輪の特徴等から、古墳時代後期・6世紀後葉頃と推定される。

　以上のように本古墳群の主墳である2号墳は、規模が小さいということを除けば、平面的な企画性、外部施設としての葺石や円筒埴輪列の存在等、典型的な前方後円墳の要素を備えたものである。また、姿川上流域という限られた地域でみれば、本古墳群以北には小規模円墳群の点在がみられるのみで、2号墳は一定領域の盟主的な在り方も示している。

　さて東国においては6世紀後半頃に至って前方後円墳の築造数が急増するが、その多くは所謂小規模前方後円墳と呼ばれるものである。これら小規模前方後円墳の在り方は決して一律ではないが、東国における古代社会成立過程を考える上で重要な資料とされている。本古墳群の2号墳もこうした小規模前方後円墳の一つとして、今後な観点から分析されていくものと思われる。

（梁木　誠）

〈参考文献〉

宇都宮市教育委員会　1985　『稲荷古墳群』

小森哲也　2015　『東国における古墳の動向からみた律令国家成立過程の研究』（六一書房）

栃木における終末期古墳

秋元　陽光

1. はじめに

　栃木県における終末期古墳の研究は、1970年代からの、凝灰岩切石を用いた石室の一連の研究にはじまる。本研究は大和久震平（しんぺい）により分類・検討がなされて以降、常川秀夫・屋代方子・山ノ井清人・大金宣亮（のぶすけ）・梁木誠らにより、他地域との比較による年代・段階的な構築方法の変遷・築造企画・石材供給による地域差等、さまざまな角度から検討が加えられた。1986（昭和61）年には「東国における首長墓の変遷」をテーマとした古代史サマーセミナーが行われ、先行研究を深化させながら県内の首長墓の変遷の大要を確立するという大きな成果をおさめるとともに、前方後円墳の終焉と円墳への移行という道程を示した。1990年代には国立歴史民俗博物館において関東全域を対象として古墳の終末の研究がなされ、これと呼応するように栃木県内でも終末期古墳の調査が行われた。その後、県内でも"終末期"古墳の認識が定着したこともあり、これまで漠然と後期と捉えられてきた古墳への認識が、明確な終末期古墳の抽出へという意識に変化し、資料の増加、各位による検討が行われ今日に至っている。

2. 後期から終末期へ─主要古墳の変遷─

　栃木県における6世紀後半以降の主要な古墳を、古代の郡と推定される範囲ごとに墳形・規模・埴輪の有無を中心に抽出した。なお、各郡は現在の郡にほぼ重なると考えられるが、現在は見られない寒川郡は小山市南部に、梁田郡は足利市渡良瀬川南岸地域に比定される。

　これをみると、6世紀後半には一部地域を除き主要古墳が多数築造されているのに対し、7世紀になると数が減少するとともに限定された地域での築造となる。また、細部での検討の余地はあるものの、変化の方向性は、前方後円墳（埴輪有）─前方後円墳（埴輪無）─円墳（埴輪無）─方墳（埴輪無）という変化を捉えることができる。

　その中で、大きな画期となるのが、

西暦\地域	那須	塩谷	芳賀	河内	都賀	寒川	安蘇	足利	梁田
550	侍塚1号墳 50		益子天王塚古墳 43 / 小橋横塚古墳 50	(星の宮神社古墳) 44	横塚古墳 75 / 愛宕塚古墳 78 / (富士山古墳) 86 / 吾妻古墳 91 / 茶臼山古墳 128 / 甲塚古墳 66	三昧線塚古墳 55	中山8号墳 78 / (岩舟甲塚古墳)	正善寺古墳 103	永宝寺古墳 66
600	二ツ室塚古墳 47 / 梅曽大塚古墳 50 / 川崎古墳 59		瓢箪古墳 110	(上三川兜塚古墳) 40 / 三王山古墳 85 / 三王山38号墳 51	御鷲山古墳 85 / 牛塚古墳 45 / 長塚古墳 80 / 愛宕塚古墳 70 / 山王塚古墳 90	(十二天塚古墳) 45	(駒塚古墳) 54	(海老塚古墳) 50	
	(銭室塚古墳) 26		(山守塚古墳) 44	(上三川愛宕塚古墳) 40	(下石橋愛宕塚古墳) 82 / (車塚古墳) 84 / (桃花原古墳) 63 / (丸塚古墳) 66 / (岩家古墳) 61	(千駄塚古墳) 60	(小中古墳) 40	(口明塚古墳) 48	
650				[多功大塚山古墳] 53	(大塚古墳) 40	[宮内5号墳] 49			
				[多功南原1号墳] 28		[宮内1号墳] 25			

表1 栃木県後・終末期古墳編年表(網掛けは埴輪有・( )は円墳・[ ]は方墳、古墳名の下の数字は墳丘長を示す)

前方後円墳の築造が停止される6世紀末から7世紀初頭と、方墳という墳形が採用される7世紀中葉である。

前方後円墳は言うまでもなく古墳時代を代表する墳形であり、政治性や相互の結びつきを示していたと考えられている。このため、その築造停止は単に墳形の途絶という現象の変化に留まらない、大きな政治的意図が内包される。また、方墳の採用についても後述するように墳形とともに主体部などの古墳の構成要素に変化が見られ、見た目の変化に留まらない内容を含む。

本稿では前方後円墳の築造停止以降を終末期と捉えるが、前方後円墳の築造停止から方墳の出現までを終末期前半、方墳出現以降を終末期後半とする。

3．大型古墳に見る終末期古墳

終末期に築造された大型古墳のうち、代表的な2つの古墳について見ておきたい。一つは終末期前半に築かれ

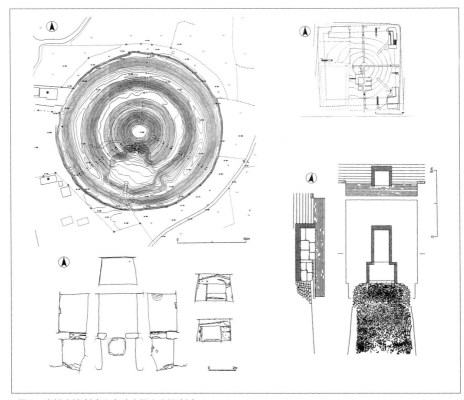

図1　車塚古墳（左）と多功大塚山古墳（右）

た大型円墳である車塚古墳(壬生町)、もう一つは終末期後半に造られた多功大塚山古墳(上三川町)である。

車塚古墳は直径84mの三段築成の円墳であり、広い第一段平坦面(基壇)を持つ。主体部は凝灰岩の大型切石を用いた横穴式石室である。墳丘には葺石を用い、須恵器大甕を据えている。近年の調査で埴輪を用いていたことが指摘されたが、石室前面など限定的な使用であった可能性が強い。以上いくつかの特徴を述べたが、これらはすべて前段階の前方後円墳にも認められる要素である。このことから、終末期前半の円墳は前代の様相を色濃く残しながら、前方後円墳という墳形の採用は規制されていたと考えられる。

多功大塚山古墳は一辺53mの方墳(上円下方墳の可能性もある)である。主体部は凝灰岩の截石切組積みの横口式石槨の可能性がある。主体部の構築にあたっては、構築範囲を掘り下げ、その中に版築を施して基礎としている(掘込地業)。石室前面には長方形に石を敷き詰めた前庭部と呼ばれる空間を有する。埴輪・須恵器の配置はない。出土遺物には東海産のフラスコ瓶、鉄釘があり、鉄釘については釘付木棺に使用されていた可能性がある。これらの特徴は前代までに築造された古墳とはつながらない要素であり、この段階の古墳は新たな思想・技術により築造されたと考えられる。

4．小型古墳に見る終末期古墳

大型古墳における終末期古墳の様相を見たが、小型古墳における様相は大型古墳に比べると捉えずらい。これは小型であるがゆえに、発掘調査を経なければ墳形すら明確にならないという

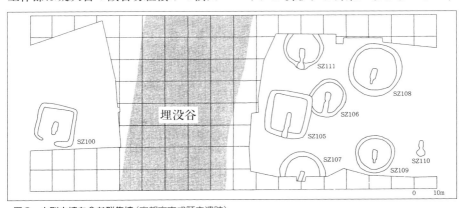

図2　小型方墳を含む群集墳(宇都宮市成願寺遺跡)

事情による。

終末期前半の小型古墳は主に円墳であり、横穴式石室を主体部とする。横穴式石室は石室平面形の中ほどに膨らみを持つ胴張型と呼ばれる石室が主体となる。ただし、この形の石室は後期から用いられており、この形の石室が見つかったからといってただちに終末期古墳と呼ぶことはない。この意味において、大型古墳同様終末前半の小型古墳も後期古墳の延長で造られたといえる。

終末期後半になると円墳に加え方墳も見られるようになるが、方墳の数は少なく、県内全域を見ても20例に満たない。この時期の小型古墳は大型古墳のように全体として終末期的な要素が認められるのではなく、方墳という墳形の他、主体部に用いられる石材（切石）、構築法（掘込地業）、前庭部など、一部に終末期的要素が認められることによりそれと認識される。このことは、小型古墳に用いられた要素は、大型古墳にもたらされた新来の要素が二次的に影響を与えた結果と考えられる。

5．横穴墓は古墳か

最後に栃木県内の横穴墓について少し述べておきたい。

横穴墓は凝灰岩や砂岩などの軟質岩盤の斜面に掘り込まれた墓室である。その初現は5世紀の九州に求められ、古墳時代中期から終末期にかけて墳丘を持つ古墳と時期的に併行して造られた。また、追葬が可能であるという横穴式石室との類似性から、"横穴古墳"などと呼ばれることもある。一方、その性格については、構築に大きな労力を要し多くの遺物が出土することのある墳丘をもつ古墳に対し、築造に大きな労力を要せず、出土する遺物が少ないことから、古墳に葬られた被葬者より下位に位置付けられる人々の墓という考え方が一部でなされてきた。

栃木県においては現在までに約30か所の横穴墓の所在が指摘されている。時期的には7世紀から8世紀にかけて構築・使用されたと推定され、時期的には古墳時代終末期の墓と考えることはできる。

しかし、古墳が分布する地域全体に

写真1　長岡百穴（宇都宮市）

横穴墓が存在するわけではなく、主に県北東部の那珂川流域に分布し、それ以外は宇都宮市長岡にのみ存在するという極めて偏った分布を示す。このことは単に古墳を造営した階層より下位の存在が横穴墓を構築したとするだけでは理解が困難であり、横穴墓を受容、あるいは伝えた集団の移住を含めた広範囲な検討が必要である。

6．まとめ

　栃木県における終末期古墳を前半と後半に分けて見てきた。その画期は大型古墳における前方後円墳の築造停止と、円墳から方墳へという墳形の転換にある。変化の内容としては、前半には後期古墳の要素の継承、後半には新来の要素の受容と捉えられる。しかし、このような状況は大型古墳に見られ、小型古墳では一見同様な変化を見せているが、大型古墳の変化に影響されて変化したと見做される。大形古墳の変化、それは単に栃木県内に留まるものではなく、例えば前方後円墳の築造停止は全国的な現象であった。一方、前方後円墳築造停止後円墳が、さらに方墳へと変化する地域は関東では例がなく、この理由については今後検討の余地がある。

7．おわりに

　栃木県における終末期古墳について近年の調査・研究によりその様相は徐々に明らかになりつつある。しかし、本来の考古学の目的は"前方後円墳の築造が停止した"ことに対し、"なぜ前方後円墳の築造が停止したか"。"方墳が築造された"ことに対し、"なぜ方墳に墳形が転換したか"という問いに答えることにある。この意味において、栃木県における終末期古墳群研究は通過点にある。

〈参考文献〉

　本稿を草するに当たり多くの論文・報告書を参考としたが、紙幅の関係ですべてを挙げることはできない。栃木県の終末期古墳の研究については次の文献を参照されたい。

秋元陽光・大橋泰夫　1988　「栃木県南部の古墳時代後期の首長墓の動向」『栃木県考古学会誌』第9集（栃木県考古学会）
君島利行編　2010　『しもつけ古墳群』（壬生町歴史民俗資料館）
小森哲也　2015　『東国における古墳の動向からみた律令国家形成過程の研究』（六一書房）

Column
国造

　国造とは、6～7世紀にかけて実質的に地方を支配した、ヤマト政権の地方官のことである。国造制は、ヤマト政権がいかに地方を支配したかを明らかにするうえで重要なだけでなく、地域社会の政治的な成り立ちなど、わたしたちが生きる地域の歴史を知るうえでも重要である。

　国造に関わる論点は膨大なため、ここでは国造研究・地域研究に大きな影響を与えている「那須国造碑」(国宝)を中心に紹介する。

　那須国造碑は、栃木県大田原市湯津上にある笠石神社のご神体となっている石碑である。江戸時代に「再発見」され、徳川光圀の命により佐々介三郎宗淳が碑堂を建てて保護し、本碑を発端として侍塚古墳が発掘調査されたことは有名である。

　本碑は、碑身・笠石ともに花崗岩で作られ、全長は148cmである。碑身正面には、1行19文字にして8行、合計152文字が、六朝風という中国由来の古い書風で刻まれている。日本には、六朝風の書は少なく、書道史上重要な3つの石碑「日本三古碑」の1つに数えられている。

　碑文には、689(持統3／永昌元)年、栃木県北東部の那珂川流域を支配した那須国造である那須直韋提が、大化改新以降の地方長官職「評督」を賜わったこと、韋提が庚子年700(文武4)に亡くなったため、息子とされる意斯麻呂たちが韋提の業績を讃えるために碑を立てたことなどが、高度な漢文や儒教・仏教思想も交えて刻まれている。

　本碑からは、7世紀末の那須地域の状況を読み取ることができる。那須国造の本拠地が湯津上にあった可能性のあること。「永昌」は、唐や朝鮮半島の新羅で使用されていた年号であり、『日本書紀』の新羅人を下毛野に複数回移住させたという記述から、新羅からの渡来人が建碑や撰文に関わっていると思われること。渡来人に碑文を撰文させたにせよ、当時の那須地域の豪族が高い教養を持っていたこと、などである。

　特に渡来人との関係については、那珂川町にある浄法寺廃寺跡や尾の草遺跡という寺院関連遺跡から、

7世紀後半の新羅系とされる瓦が出土しており、注目される。

那須国造碑は、大化改新以降、国造制がいつ廃止・転換したのか、国造がどのような役割を持っていたのかなど、国造制研究全体にとっても見解が統一されていない問題を投げかけている。今後も本碑によった研究が続けられていくことであろう。

国造制時代の栃木県には、鬼怒川以南を支配したとされる下毛野国造もいた。下毛野国造は、「国造本紀」（『先代旧事本紀』という9世紀の書物に収められている）に祖先系譜の記述があり、下毛野君（のち、下毛野朝臣）という一族が任命されてい たと考えられる。下毛野氏には、大宝律令という法律の編纂に関わった下毛野朝臣古麻呂もおり、少なくとも一族のうちの一部は、8世紀までには中央政界に進出していた。

国造の時代は、古墳時代後期〜終末期と重なっている。下毛野国造の領域である県南の思川・姿川流域では、大型前方後円墳や円墳が集中して築かれ、複数集団が共通の墓制を採用していたとされる。那須国造の領域である県北の那珂川流域にも、複数地域にほぼ同規模の前方後円墳や横穴墓があり、ある程度共通した墓制を採用していたとされている。

栃木県では、国造制が採用されていた時期でありながら、古墳の分布からは決して1つの勢力が抜きんでていたわけではないことになり、両地域の国造による支配が、具体的にどのように行われたのか、さまざまに検討していく必要があるだろう。

（吉原　啓）

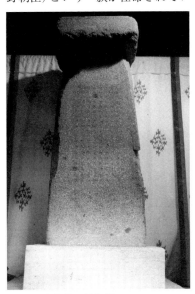

那須国造碑（笠石神社蔵）

〈参考文献〉

大田原市なす風土記の丘湯津上資料館　2014　『那須国造碑』（大田原市教育委員会）

広瀬和雄　2011　「下野地域の後・終末期古墳の歴史的意義」『国立歴史民俗博物館研究報告』163

IV とちぎの奈良・平安時代

栃木市下野国府跡国庁前殿の発見状態（写真提供：栃木県教育委員会）

栃木における官衙研究の到達点

大橋　泰夫

はじめに

　日本の古代国家は、7世紀半ば以降に中国にならい、それまでの国造制や部民制を媒介とした地方支配から、領域を持った中央集権的な律令制国家へ転換する。その中で宮都や地方官衙は、支配の手段としての役割を果たした。地方官衙の国府や郡衙は、地方を支配する律令国家の意志を示して造営されており、古代国家の形成過程や制度は地方官衙の＋構造に反映されている。したがって、地方官衙遺跡のあり方や変遷の解明は、律令国家の地方支配の実態や在地の対応を知る手掛かりとなる。

　下野国内の国府と郡衙をはじめとする官衙遺跡は、これまでの調査・研究によって多くの成果が挙がっている。

1. 下野国府

　全国的にみて、考古学的に実態が判明している国府の一つである（図1）。下野国府は平安時代の『和名類聚抄』には都賀郡にあったと記され、都賀郡域の思川西岸でみつかっている。下野国府では、中核に政務や儀式を行う国庁が置かれ、周辺に計画的に一町程度の計画のもとに、さまざまな役所や国司館が配置されていることが明らかになっている（栃木県教委1979～1989、栃木市教委1987～1989、田熊1992・1996、木村1999）。

（1）所在地の特定

　かつて、国府研究は歴史地理学的な方法が主であった。下野国府も、『和名類聚抄』の都賀郡にあたる旧国府村（今の栃木市）において、古国府・西国府・印役・錦小路・惣社の地名や立地・地割、土塁・礎石から、旧国府村の大光寺、勝光寺付近、惣社付近、大宮付近、田村付近に想定された。

　歴史地理学的な研究が行われるなかで、1970（昭和45）年に栃木県史編纂室によって国府域内ではじめて発掘調査によって建物跡などが確認された。栃木県教育委員会によって1976（昭和51）年から計画的調査が開始され、そ

の4年目にようやく栃木市田村町字宮辺から国庁がみつかり、下野国府の所在地が確定し、1979（昭和54）年には国指定史跡になった。さらに、栃木市教育委員会によって下野国庁跡保存整備事業に伴い、1986～1988（昭和61～63）年の三次にわたる発掘調査が行われ、現地には国庁の前殿（ぜんでん）が復元され下野国庁跡資料館が併設されている。

(2) 国府域と方八町説の否定

国府域は、周防（すおう）国府を代表例として都城の縮小版で方八町のなかに京の条坊に準じて道路が1町単位の方格状に施工された地方都市と推定されてきた。こうした国府方八町説が通説となり、下野国府も小字などの地名に加えて地形図・地籍図・空中写真や発掘調査の成果を用いて、国府域が方格地割をもち方八町になっていたとする説も提案された（金坂1975）。しかし、各地で発掘調査が進む中、八町四方の国府域や1町単位の方格地割を備えた例はなく、従来の国府像は疑問視されている。国府域が方八町をとらないという根拠の一つが、下野国府の調査成果である。

下野国府は、国庁の想定中軸線から各地区の溝などの距離が1町や2町という単位になり、方位も同じである点から計画的な国府造営プランが存在したと考えられている。その一方で、地割を示す溝などの遺構は創設期から廃絶まで存続し続けたのではなく、早く消滅しまうものや後になって建設されるものがあり、一貫した地割施設ではなかったとみられている。下野国府全域に都城のような全面的な条坊制的な方格地割による街区の施工や方何町という国府域は存在しなかった可能性が高く、国衙機構の充実に対応

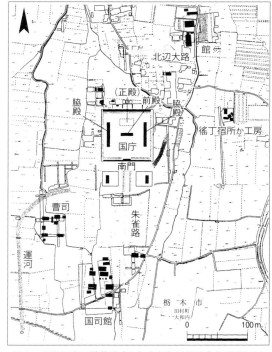

図1　下野国府の諸施設（文化庁文化財部記念物課2013『発掘調査のてびき　各種遺跡調査編』より）

して国庁と南大路を中心に諸施設が付加・整備されていったとみられる。なお、東山道（推定）が国府南方を東西に走り、そこから南大路（幅9m）が国庁へ向かう点から、藤原京や平城京と同じように南正面を意識した様子はうかがえる。この南大路は国庁から南にまっすぐ延びており、途中で橋が国庁の南方約1.5町（162m）を東西に横切る溝と南大路が交差する地点に架けられ、この道路沿いの西側に掘立柱塀で区画された国司館とみられる施設が確認されている。北側では国庁中央から1町半（約162m）離れて幅3.6mの東西道路がみつかっている。方八町というような方形のプランを持たないが、計画的に施設が配置されていた。

下野国府域に関わる施設としては、Ⅰ期に国庁中央から東約2.5町（272m）に思川河岸とを限る東大溝（幅6m）があり、これが東限になる可能性がある。西側については、国庁の西約1.5町を南流する大溝（運河か）の南端部が国庁の南約3.5町付近に向かって東折しているが、よくわかっていない。南北については、国庁中心の北方約4町（429m）を東西に走る溝があり、国庁中央の北方約7町（750m）でも東西溝が確認されており、この溝でみると南北は約10.5町（1134m）の範囲に及ぶことになる。ただし、国庁の北西約1kmの長原遺跡や北西約800mの下野国府跡寄居地区遺跡でも掘立柱建物・竪穴建物・井戸などが調査され、木簡などの文字資料も出土し、西方でも水路工事立会い調査により国庁から約1.2km付近まで掘立柱建物・竪穴建物・溝・井戸が確認され、国府関連施設はさらに広がる（木村1999）。国府に関わる諸施設は広範囲に展開しているが、方形に画する外郭施設は認められず、範囲も明確とはなっていない。

(3) 創設年代と変遷

国府研究のなかで政務・儀式・饗宴の場である国庁が、いつ、どのような構造を持って成立したかが問題となってきた。国庁がコの字形配置をとり、平城宮の朝堂院と同様な形状をしていることがはじめて明らかにされたのが、1963〜1965（昭和38〜40）年にかけて行われた近江国庁の調査である。近江国庁の調査は、その後、国府成立や国庁の構造を考える上で大きな影響を与えた。現在、国府成立については8世紀第2四半期以降とする説と、7世紀末〜8世紀初頭頃とみる説があり議論が続いている（山中1994、大橋2009）。

下野国府はⅠ期からⅥ期に大別さ

れ、国庁はⅠ期からⅣ期に存続する。Ⅴ期は政庁が廃絶され、国府内が大きく変貌する時期で施設群の方位もⅣ期までと異なり、Ⅵ期は国府所在地域としての終末期である。Ⅰ期が8世紀前半の8世紀第1四半期であり、Ⅱ期は国分寺の創建期をやや下るころ、目安としては750年から791年ごろ、Ⅲ期はそれ以降9世紀代であり、Ⅳ期終末は10世紀前葉である。Ⅴ期は10世紀代、Ⅵ期の終末はおおむね11世紀中である。

　いつ頃まで国衙施設が存続して機能していたのかを明らかにすることも簡単ではない。国庁でみた場合、筑後国では移転しながら11世紀後半代まで機能していたことが明らかにされたが、特殊事例とみられていた。近年、陸奥国府の多賀城政庁が再検討の結果、11世紀前半まで機能していたことが明らかにされた。伊賀・常陸国府でも11世紀前半まで国庁が機能していたとされている。諸国の国府の調査によれば、11世紀以降の土器類もまとまって出土している例も多い。11世紀代まで国庁・国衙が機能していた国は少なくなかったようである。下野国庁が機能を失うのが10世紀前葉でいいのか、もう少し考古学的な検討が必要に思われる。

　また、国府廃絶後の中世府中についても不明な点が多い。下野国府の終焉後、中世府中は地名として残る大蔵・蔵屋敷・内匠屋・鋳物師・東小路・錦小路から、北方の栃木市惣社周辺にあったとみられている（小川1978）。中世における国衙機構を運営した在地最有力者は、在庁官人の下野大掾小山氏だが、中世における考古学的な情報は少なく、その解明も課題となっている。

(4) 出土遺物と機能

　調査成果として、木簡をはじめとする文字資料の出土も挙げられる（田熊2004）。木簡には正税や出挙、借貸、公廨、国儲などの日常的な実務処理、国府の財政や郡との交易関係を推測することができるもの、国府の政務と儀礼、下野薬師寺への月料の支給を示すものなどがあり、具体的な国府内における日常的な実務処理や役所の機能が想定できることになった（加藤1993）。国庁は儀礼空間だが、周辺から陶硯が出土し、西外側の土坑から木簡が出土していることから、国庁内において文書作成を含む政務が行われていた。

(5) 下野国府と都賀郡衙

　下野国府では、都賀郡衙が隣接して

いたかどうかが問題となってきた。出雲国府近くに意宇郡衙・黒田駅家・軍団が配置され官庁街となっていた例のように、国府に郡衙や駅が置かれていたことが一般的とみられるためである。

木簡から、下野国府に近接して都賀郡衙が位置しているとみる説（平川1989）があるが、国府に伴うとする説もある（加藤1993）。筆者は国庁北方300ｍでみつかっている総柱建物（高床倉庫）については都賀郡衙正倉の可能性が高いとみており、国衙と郡衙は隣接していたと考えている。付近から瓦も出土し、「都賀郡瓦倉」と記載された木簡が出土している点から、付近に都賀郡の瓦葺き正倉があったとみている。

また、東山道や駅家との関係が問題となる。『延喜式』記載から、平安時代に下野国府付近に駅家はなかったと理解できるが、駅間の距離などからもともとは国府付近に駅が置かれ、後に廃止されたと推定されている（木本1993）。南大路は、国庁中心から約4町（約450ｍ）離れた、栃木市と小山市の行政界になっている東山道（推定）に接続し、ここが十字街になり、南の寒川郡へも延びていたことが想定できる。付近に駅家をはじめとする官衙施設があった可能性があり、将来の考古学的な調査が望まれる。また、付近は下野国府との関係を含めて、条里地割との関わりが問題となってきた一帯である（岡田1980）。

(6) 下野国府と寺院

下野国分寺は、国府とは思川を挟んで2kmほど離れた台地上に建立される。下野国では、国府東方7kmほど離れた下野薬師寺が官寺として威容を誇っており、木簡から国府が下野薬師寺の運営にも関わっていたことが知られる。一方、多くの国で国分寺の他に、すでに国分寺創建前に国府域内もしくは周辺に伽藍を構えた寺院が存在している場合が認められる。武蔵国府や讃岐国府をはじめとして、国府付近には寺院が建立されている例が多い。国分寺創建前に、諸国では国府周辺の寺院を中心に国が主催した法会などが実施されていた。国府の一画に設けられた寺院は、氏寺として一族の現世利益や冥福を願うためだけでなく、奈良時代になると国分寺に準じて国家安寧を祈願させる役割を負わされるようになっていく。その代わり、国家から定額寺と認定され保護を受けるようになる。

下野国府域内から白鳳期の川原寺式瓦や仏像が採集・出土している点か

ら、寺院の有無が問題となってきた。国庁東方で瓦が採集される点から、字名から「大房地廃寺」という寺を推定する説がある（眞保1997）。筆者も寺に伴う可能性があると考えているが、発掘調査では、こうした瓦がまとまって出土するのは国庁付近である点から国庁所用瓦としても用いられたとみている。瓦は国庁付近だけでなく広範囲に出土しており、寺院が国府域もしくは周辺に建立されていた可能性は高い。

2．下野国内の郡衙の調査成果

下野国は8郡からなっていた。国府・郡衙はそれぞれ独立した施設だが、有機的な関係をもって地方行政を担った。下野国内では、足利郡（国府野遺跡）、寒川郡（千駄塚浅間遺跡）、河内郡（西下谷田遺跡、多功遺跡、上神主・茂原官衙遺跡）、芳賀郡（堂法田遺跡、中村遺跡、長者ヶ平官衙遺跡）、那須郡（那須官衙遺跡）の諸郡で郡衙もしくはその別院（支所）が調査されている。

下野国における郡衙の発掘調査成果としては、次の点があげられる。

- 1つの郡内に2カ所、もしくは3カ所というように、複数の郡衙施設がみつかっている。
- 郡衙正倉のなかに、丹塗りした瓦葺きの高床倉庫が設置されている。

（1）一郡内における複数官衙

『出雲国風土記』に、意宇郡、島根郡、出雲郡、飯石郡、仁多郡、大原郡では郡衙とは別に正倉が設置されていたことが記されており、別に正倉を配置した理由について、「百姓の「納貢」の労」を考慮して郡内に分散して正倉が設置されたと考えられてきた。

河内郡では、西下谷田遺跡、上神主・茂原官衙遺跡（図2）、多功遺跡の3カ所で官衙遺跡が近接してみつかっている。これらは7世紀末〜8世紀前半にかけて併存している。

もっとも創設時期が古い官衙施設は西下谷田遺跡であり、7世紀第3四半期後半にはじまり、8世紀第1四半期には終焉を迎える。角材を用いた掘立柱塀で南約150m・東西108mを長方形に囲み、内部に複数の掘立柱式建物や大型竪穴建物を配し南門を持つ。I期は居宅を内包した、下野国に最初に設置された拠点的評衙であったとされる（栃木県教委2003）。全国的にみて正方位（真北）をとり、門や塀を設けた長方形の評衙は7世紀第3四半期に例がない点から、評衙だけの機能ではなく、軍事・交通などの機能を持った国家的な拠点施設の可能性がある。

Ⅱ期の7世紀第4四半期に施設全体を大きく改修し、南門を棟門から八脚門に建て替え、南東部の大型竪穴建物を塀で区画し整備する。Ⅱ期になって、河内郡衙の多功遺跡と上神主・茂原官衙遺跡がそれぞれ南3km、東方700mの位置に造営される。こうした状況から7世紀第4四半期に河内評衙としての機能が西下谷田遺跡から上神主・茂原官衙遺跡に移り、西下谷田遺跡は下毛野国に派遣された国宰が常駐する施設として機能していた可能性も指摘されている（板橋2005、酒寄2003、田熊2004）。西下谷田遺跡からは8点の新羅土器が出土する。新羅土器は河内郡内の遺跡から集中して出土し、新羅人を下野国に移配した『日本書紀』の記事（687、689、690年）を裏付ける。

芳賀郡でも堂法田遺跡（本院）、中村遺跡、長者ヶ平官衙遺跡の3ヵ所で官衙が確認されている。芳賀郡の広い郡域を分割統治するため各所に官衙施設が設けられていた。これまで郡庁は一つの郡内に一つだけとみられてきたが、支所とみられる長者ヶ平官衙遺跡で政庁がみつかったことから、芳賀郡では堂法田遺跡と合わせて、2ヵ所に郡庁があったとみられている。問題は、長者ヶ平官衙遺跡付近に、新田駅家が推定されることである。長者ヶ平官衙遺跡には芳賀郡衙別院としての機能があるが、東北に向かう交通の要所に設置され大規模な正倉を備えている点から、対東北政策を含めた機能も想定される。

(2) 瓦葺きの高床倉庫（法倉か）

下野国と陸奥・常陸国の郡衙正倉のなかには、1棟もしくは複数の高床倉庫が瓦葺きとなって威容を示していることが知られている。

代表例が那須官衙遺跡の丹塗り瓦葺きの高床倉庫である。正倉院東側を通る道路（東山道か）に面して、桁行90尺（約27m）、梁行30尺（約9m）の超大型の丹塗り瓦葺建物TG161が建つ。こうした瓦倉は東国に多く、下野国・陸奥国・常陸国を中心に偏在し、正倉の中でも特に大型で、史料の「法倉」にあたると推定している（大橋2012）。法倉は飢饉などの際に稲穀を供出し、天皇の徳を示す特別な倉であった。

また、長者ヶ平官衙遺跡においては、正倉地区から炭化米の他に、雑穀であるアワやムギも出土し、正倉群の縁辺部に配置された小型の総柱建物SB-86、200にアワは収納されていたことが判明し、貧窮民の救済用として

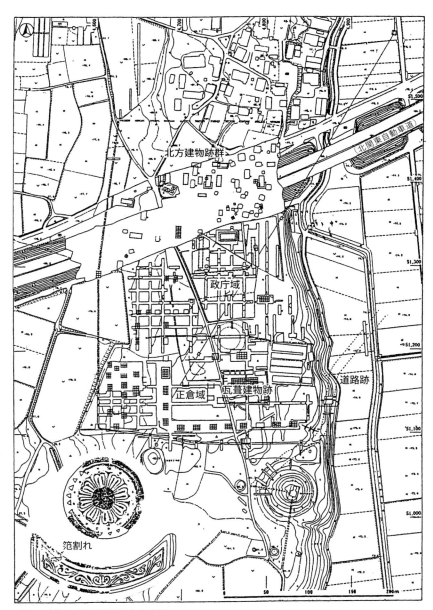

図2　上神主茂原官衙遺跡と出土瓦

徴収された粟（あわ）などを収納した義倉の実態の一端が明らかになっている（大橋2015）。

（3）その他の官衙施設

国府・郡衙に加えて、地方支配を行う上で、軍団・駅家・烽家も置かれた。墨書土器「烽家」が出土した飛山城（とびやまじょう）跡が、緊急情報を伝達する軍事的施設の一つである烽家の実態を示す遺跡として注目される（宇都宮市教委1999、今平2008）。駅家は、『延喜式』によれば平安時代には、足利駅（足利郡）、三鴨駅（都賀郡）、田部駅（河内郡）、衣川駅（河内郡）、新田駅（芳賀郡）、磐上駅（那須郡）、黒川駅（那須郡）の7駅が置かれたが、位置や実態は明らかになっていない。このなかで芳賀郡衙別院とみられる長者ヶ平官衙遺跡が東山道と郡衙間の連絡路の十字街付近に設置され、付近に新田駅家が想定されている点が注目される。

まとめ

これまでの調査・研究によって、下野国では国府を中心に、国内統治のため諸郡に郡衙が設けられた実態が明らかにされつつある。栃木県考古学会では2007年に、『上神主・茂原官衙遺跡の倉庫群をめぐって』と題して、下野国内における官衙遺跡の総括的検討を行った（栃木県考古学会2007）。あわせて参照していただきたい。

〈参考文献〉

板橋正幸　2005　「西下谷田遺跡の一考察」大金宣亮氏追悼論文集刊行会編『古代東国の考古学』（慶友社）

宇都宮市教育委員会　1999　『飛山城跡Ⅲ』

大金宣亮　1984　「大内廃寺跡」「堂法田遺跡」「中村遺跡」『真岡市史』第1巻

大川　清編　1976　『那須官衙跡第四次緊急発掘調査報告書』（小川町教育委員会）

大川　清編　1979　『中村遺跡調査報告』（栃木県教育委員会）

大澤伸啓　2005　「国府野遺跡」『古代東国の考古学　大金宣亮氏追悼論文集』（慶友社）

大橋泰夫　2009　「国郡制と地方官衙の成立」『古代地方行政単位の成立と在地社会』（独立行政法人文化財研究所奈良文化財研究所）

大橋泰夫編　2012　『古代日本における法倉の研究』平成21～23年度科学研究費補助金・基盤研究（C）研究成果報告書

大橋泰夫　2015　「考古学からみた義倉の一考察」『社会文化論集　島根大学法文学部社会文化学科紀要』11

岡田隆夫　1980　「条里と交通」『栃木県史通史編2・古代二』（栃木県史編さん委員会）

小川　信　1978　「下野の国府と府中について」『栃木史学』2

加藤友康　1993　「国・郡行政と木簡「国府跡」出土木簡の検討を中心として」『木簡研究』15

金坂清則　1975　「下野国府・田部駅家とこの間の東山道について」『福井大学教育

学部紀要Ⅲ　社会科学』25

上三川町教育委員会・宇都宮市教育委員会　2003　『上神主・茂原官衙遺跡』

木下　良　1990　「上野・下野両国と武蔵国における古代東山道駅伝路の再検討」『栃木史学』4

木本雅康　1993　「下野国の古代伝路について」「下野国の古代伝路について」『交通史研究』第30号

木村　等　1999　「下野国」『幻の国府を掘る　東国の歩みから』(雄山閣)

今平利幸　2008　『飛山城跡』日本の遺跡29(同成社)

酒寄雅志　2003　「律令国家と下毛野国—西下谷田遺跡と上神主・茂原遺跡を中心に—」

『第17回企画展　律令国家の誕生と下野国』(栃木県立しもつけ風土記の丘資料館)

眞保昌弘　1997　「下野国の初期寺院」『関東の初期寺院シンポジウム資料』(関東古瓦研究会)

田熊清彦　1989　「下野国府と文字瓦」『古代文化』41-12(古代学協会)

田熊清彦　1992　「東国の国府と郡家」『新版古代の日本8　関東』角川書店

田熊清彦　1996　「下野国」『シンポジウム2　国府—畿内・七道の様相—』(日本考古学協会1996年度三重大会)

田熊清彦　2004　「下野国河内郡家と文字資料」『法政史学』第61号

栃木県教育委員会　1979〜1990　『下野国府跡Ⅰ〜Ⅸ』

栃木県教育委員会　1985　『那須官衙跡関連遺跡発掘調査報告』栃木県埋蔵文化財調査報告第67集

栃木県教育委員会　1994　『那須官衙関連遺跡Ⅰ』栃木県埋蔵文化財調査報告第141集

栃木県教育委員会　2000　『那須官衙関連遺跡発掘調査報告Ⅱ』栃木県埋蔵文化財調査報告第235集

栃木県教育委員会　2001　『那須官衙関連遺跡Ⅶ』栃木県埋蔵文化財調査報告第249集

栃木県教育委員会　2003　『西下谷田遺跡』栃木県埋蔵文化財調査報告第273集

栃木県教育委員会　2007　『長者ヶ平遺跡：重要遺跡範囲確認調査』栃木県埋蔵文化財調査報告第300集

栃木県考古学会シンポジウム実行委員会編　2007　『上神主・茂原官衙遺跡の諸問題：栃木県考古学会シンポジウム』(栃木県考古学会)

栃木市教育委員会『史跡下野国庁跡』Ⅰ〜Ⅲ

那珂川町教育委員会　2011　『国史跡史跡那須官衙遺跡周辺詳細報告書』

平川　南　1989　「下野国府出土の木簡について」『漆紙文書の研究』(吉川弘文館)

山中敏史　1994　『古代地方官衙遺跡の研究』(塙書房)

Column
下野国府跡と出土文字資料

　下野国府とは、中央からの派遣官である国司が赴任する古代下野国の中枢施設で、現在でいえば栃木県庁にあたる。栃木市東部を南流する思川右岸の沖積低地に位置し、7世紀末〜8世紀初頭に成立したのち、11世紀頃まで存続した。下野国司は、ここを拠点として足利・梁田・安蘇・都賀・寒川・河内・芳賀・塩屋・那須の9郡を支配していた。

　下野国府跡は、栃木県教育委員会による1976〜1984（昭和51〜59）年までの36次にわたる発掘調査や栃木市教育委員会の発掘調査によって、さまざまな遺構や遺物が出土しており、その範囲は、5町（545m）四方以上に及ぶ。

　国府を構成する施設は、政庁、政庁南側の官衙（役所の総称）ブロック、政庁南門から南へ延びる南大路、館、徭丁（労役を課された百姓）の宿舎や工房と考えられている竪穴住居群、実務を行った建物群（曹司）などが、溝や塀に区画されて存在していた。

　政庁は、重要な儀式や政務が行われた国府の中核施設で、北側の正殿（神社地のため未発掘）、東西の脇殿がコの字形に配置され、正殿の南には、時期にもよるが前殿が建てられた。それらの施設を、塀、後には土塁または築地塀で囲み、東西南北に門を有していた。

　国司の宿舎である館としては、政庁中央から300m南の地区と政庁北方の微高地の2地区が想定されている。前者は、8世紀前半の竪穴住居跡から「介」と書かれた土器が出土したこと、8世紀後半〜10世紀初頭の間に、掘立柱建物や礎石建物、庇のある建物など、格の高い建物が整然と建ち並ぶことから、国司の次官である介の館と考えられている。

　政庁北方の館は、10世紀以降に建物が集中するようになる。庇や孫庇のある建物（掘立柱建物から礎石建物へ建て替えられる）が存在し、灰釉陶器や緑釉陶器、青磁や白磁が出土するなど、他とは一線を画した地区である。

　国府の時期は、まずは政庁の建て替えから4つの時期に区分され、さ

らにその後も含めて6時期に分けられている。Ⅰ期は7世紀末〜8世紀初頭以降8世紀前半まで、Ⅱ期が8世紀後半(791[延暦10]年まで)、Ⅲ期が9世紀、Ⅳ期は10世紀初頭とされる。このうちⅡ期は、東西脇殿の焼失によって終わっており、焼失後の整地土で覆われた土坑から、「延暦十年」と書かれた木簡(木に墨で文字を書いたもの)が出土している。これによって、土器や瓦の詳細な時期が判明した。

10世紀代のⅤ期になると、政庁は少なくとも同じ区画には見られな

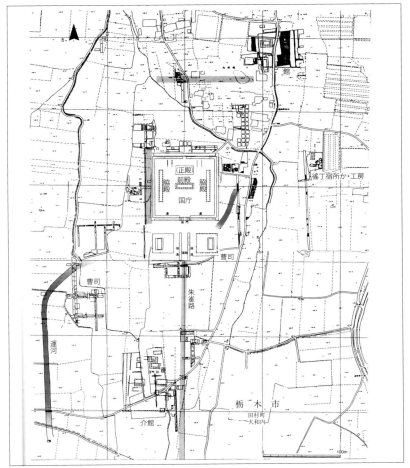

図1　下野国府跡　遺構配置図(奈良文化財研究所2004より)

写真1　Ⅱ期の下野国府政庁（栃木県教育委員会提供）

写真2　政庁Ⅱ期　鐙瓦（あぶみがわら）・宇瓦（のきがわら）（栃木県教育委員会蔵）

くなり、政庁北方の館に建物群が集中するようになる。Ⅵ期は11世紀代とされ、それまで官衙があった政庁南側の地区に、小規模な建物や溝、井戸が見られるようになる。

　下野国府跡からは、木簡、墨書土器、漆紙文書（廃棄文書を漆容器の蓋に転用した際に漆が付着し、腐敗せず残ったもの）、銅印や文字瓦など、多様な文字資料が出土している。

　木簡は、政庁の西側を中心に約5,200点が出土しており、国府跡出土のまとまった数の木簡として、全国的にも稀有な事例である。多くは、木簡を削った際の「削り屑」と呼ばれる断片的なものだが、郡が国のために物品を調達・進上した際の記録や荷札、財源の不足を補填したと思われる記録、薬師寺や「三島神」に財源を支出した記録など、国府や各郡における財政や物品供給体制の一端が垣間見える。

　他にも、国の命令によって郡が甲（よろい）を作るための皮を購入・進上した延暦9～10年頃の記録木簡は、790（延暦9）年に中央政府が蝦夷対策として甲の製作を坂東の国々に命じたことと関連するとされ、対蝦夷政策における下野国の位置づけをよく表している。

　墨書土器は、介館の存在を裏付けた「介」、「国厨」（くにのくりや）（給食施設）「池殿」（池を伴う施設か）のように国府内の施設の存在を示すもののほか、「安蘇郷客人客人」と記された介館出土の高坏のように、施設で行われた饗応を示すものも確認されている。

　漆紙文書には、田籍（でんせき）（田地の所在地を列記した台帳、徴税に利用された）関係文書、延暦9年9月上旬までに納税することを複数人が誓約し

写真3　「介」墨書土器（栃木県教育委員会蔵）

写真4　都賀郷（もしくは都賀郡）が国府へ藤を進上した際の荷札などとして使われた木簡（栃木県教育委員会蔵）

た文書の草案、田地などの財産売買に伴う証文（税の未納を完済するため、田地を売る事例が多い）などがある。また、「五段沙金（さきん）」とある漆紙文書は、『延喜式（えんぎしき）』（平安時代の書物）に下野国から中央へ金を進上するよう規定されていることと関係すると思われ、那須郡武茂郷で産する金を雑徭（ぞうよう）（百姓に課す労役）によって採取したものであろう。これらは、8世紀末の国司や郡司がいかに徴税に腐心していたかを物語る貴重な史資料である。

　栃木県では、下野国府跡だけでなく、国府から思川を挟んで東へ2kmの位置にある国分二寺、各郡の郡家（ぐうけ）遺跡や寺院遺跡も複数発掘され、国内主要施設を結んだ古代道路跡の検出も相次いでおり、関連研究も数多い。栃木県の考古学が築き上げてきたこれらの成果は、本県が古代官衙をはじめ古代社会を総合的に描き出す舞台として、いかに魅力的な地域であるかを示してくれている。

（吉原　啓）

〈参考文献〉

栃木県教育委員会　1979～1990　『下野国府跡』Ⅰ～Ⅸ

栃木県立しもつけ風土記の丘資料館　1992　『古代の役所』

加藤友康　1993　「国・郡の行政と木簡」『木簡研究』15

田熊清彦　2002　「下野国府と文字資料」『法政史学』58

奈良文化財研究所　2004　『古代の官衙遺跡　Ⅱ遺物・遺構編』

古代の道路
東山道

中山　晋

1. はじめに

　ここでは、日本の古代の道路（東山道）が置かれた時代とその仕組み、当時の下野国（栃木県）の諸相などを俯瞰し、栃木県内で古代の道路跡が発掘されるまでの経緯、県内で初めて発掘された屛久保遺跡と、日本で一番長い距離を発掘した杉村遺跡の古代の道路跡の内容を中心とした研究成果に、新たな所見の一端を添えて概説し、古代道路の性格や年代決定のむずかしさと、今後の課題にも触れる。

2. 日本古代国家の大要

　日本の古代国家は、645（大化元）年の「大化改新」以降、国内を統一支配することを目的に、当時先進地域であった唐（中国）の基本法典である律（刑法）と令（行政法）を参考に、さまざまな法制の整備を進めた。その後、701（大宝元）年には、我が国固有の法典である「大宝律令」が成立し、天皇を頂点に有力な貴族と官僚（役人）が、全国を支配する中央集権的な国家体制（律令国家）が確立した。

　律令国家は、現在の奈良県奈良市

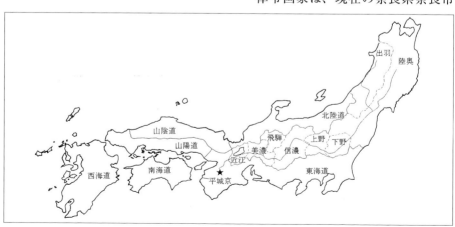

図1　七道と東山道諸国（『ふるさととちぎの考古学5古代』より）

に、唐の都・長安城(ちょうあんじょう)をモデルにその約1/4(2500ha)規模の平城京を造営(710年)して、首都とした。また、国内を統治する一つの手段として、地方行政区画を大きく「中央と地方(五畿七道(しちどう))」に分け、それを60余国に区分して、それぞれの国内を郡・里(郷)に細分(国郡里制(こくぐんりせい))した。さらに、地方行政の徹底を図るため、平城京と各地の統治機関を結ぶ道路網(駅伝制(えきでんせい)・官道(かんどう))を整備し、国ごとに国府(こくふ)、郡ごとに郡家(ぐうけ)などを設置して、人民の戸籍を作成して課税(租・調(そ・ちょう)・庸(よう))した。

この内、五畿七道とは、平城京以外の地域を対象に区画したもので、五畿とは山城国(京都府)・大和国(奈良県)・河内国(大阪府)・和泉国(大阪府)・摂津国(大阪府、兵庫県)の5国であり、七道とは東海道・東山道・北陸道・山陰道・山陽道・南海道・西海道の七つの地方行政区画である。この行政区画は、現在の首都である東京都を除く関東地方の6県が五畿で、それ以外の東北地方とか東海地方などが七道に概ね照応できよう。

3．東山道下野国の光景

東山道は、都を起点に整備された七道の一つで、近江国(滋賀県)・美濃国(岐阜県南部)・飛騨国(岐阜県北部)・信濃国(長野県)・上野国(群馬県)・下野国(栃木県)・陸奥国(福島県、宮城県、岩手県)・出羽国(山形県、秋田県)の8国からなる地方行政区画であると同時に、都と各国の国府間を結ぶ日本最長、最古の官道(国道)でもある。なお、この官道を「駅路(えきろ)」、各国内に設けられた国府と郡家間を繋ぐ道路を所謂「伝路(でんろ)」と略論できよう。

道は、本来、人が自由に行き交うものであるが、東山道駅路は、駅鈴(えきれい)(駅馬(えきば)使用の許可証)を携えた特定の重要且つ緊急な任務を帯びた役人や地方での反乱を鎮圧するための軍隊などの極めて限定された人馬が、中央と地方間を速やかに移動するための道路である。したがって、その往来の便を図るため、中継基地としての「駅家(うまや)」が30里(約16km)間隔を基本に設置され、駅家には駅馬を備え、旅行者の宿泊や給食・各種装備等を供給したとされている。この点で、現在の高速道路(駅路)とサービスエリア(駅家)の関係に近く(図2参照)、近年では東北自動車道佐野サービスエリアには、宿泊施設が備えられている。

ここ下野国は東山道に所属し、都からは6番目の遠国(おんごく)で、この間の距離については、税を都に運ぶ公式日数によれば「上り34日、下り17日」と規定さ

古代の道路　207

図2 東山道下野国の七駅と東北道のサービス・エリア

れている。また、課税基準（人口や耕地面積）によって、大国・上国・中国・下国に分けられた中の上国に格付けされていた。

下野国内の行政区分は、都に近い順に足利郡（4郷）・梁田郡（2郷）・安蘇郡（4郷）・都賀郡（10郷）・寒川郡（3郷）・河内郡（10郷）・芳賀郡（14郷）・塩屋郡（4郷）・那須郡（11郷）の9郡（62郷）に分けられ、統治機関としての国府は都賀郡に、郡家は各郡に設置されたほか、駅家が9郡中の5郡に7カ所設置された。この駅家は、足利郡の足利駅、都賀郡の三鴨駅、河内郡の

田部駅と衣川駅、芳賀郡の新田駅、那須郡の磐上駅と黒川駅で、各駅家には駅馬10疋が常備されていた。

現在、各駅家の所在は明らかにされていないが、そのうち三鴨駅を栃木市畳岡(たたみおか)遺跡、田部駅を宇都宮市と上三川町に跨がる上神主(かみこうぬし)・茂原(もばら)官衙遺跡（国指定史跡）、新田駅を那須烏山市長者ヶ平(ちょうじゃがだいら)官衙遺跡（国指定史跡）に比定する考え方がある。

4．発掘された古代の道路

（1）道との遭遇

先ず、栃木県考古学会が創立されて50年の中で、古代の道路跡が発掘されるまでの、知られざる歴史の一頁を紹介することから始めたい。

初めて、栃木県内で発掘された古代の道路跡は、周知のとおり厩久保遺跡であるが、この発掘調査は順当な流れではなく、県民からの一本の電話通報から始まった。通報の内容は「県（農務部）が『将軍道(しょうぐんどう)』の上に、広域農道を建設することになっているが、県教委（文化課）は何もしないのか」と言うことであった。

この「将軍道」は、起伏の多い喜連川丘陵に直交して、さくら市八方口付近から那須烏山市上川井までの約6kmに及ぶ直線的な道路で、市町村合併以前の南那須町と氏家町・喜連川町の行政界を兼ね、今なお共用されている幅2～3mの小道を指していた。

将軍道の由来は、陸奥守兼鎮守府将軍(むつのかみけんちんじゅふしょうぐん)（源義家(みなもとのよしいえ)）が陸奥征討に際して、この地を通ったと言う伝承とそれに伴ういくつかの説話によるものであった。その後、近年の歴史地理学的方法でこの将軍道が古代東山道の駅路に推定されたことから、重要な歴史の道であると認識されていた、伝承と推定の「まぼろしの古代道路」であった。

寝耳に水であったが、急ぎ、本件に係わる過去の膨大な「協議経過復命書」を虱潰しに調べたところ、10年程前の復命書に「法定線決定後に再協議する」との一行に辿り着いた。早速、それを根拠に開発側へ遺跡の重要性を説き、工事中止・設計変更・発掘調査の必要性等々の協議を重ねると同時に、県の発掘調査機関であった文化振興事業団に事態の緊急性を伝え、発掘調査員の確保を依頼するなどしたが、前者からは「工事は発注済みで、昭和63年度中に完了させるため、工事中止・計画変更は無理。但し、工事に支障の無い限りの協力は可能」、後者は「調査員確保は無理」との回答。

そこで、予算も調査期間も調査員もいない八方塞がりを、O係長に報告・

相談。暫し沈黙。出てきた言葉は「存否確認を、君がヤレ」との指示。「道との遭遇」は、ここから始まった。

少し長くなったが、あれから28年が経過した今、栃木県内の古代の道路跡は、那須町ハッケトンヤ遺跡、那珂川町那須官衙遺跡(国指定史跡)・三輪仲町遺跡・神田城南遺跡、那須烏山市助治久保遺跡・清水畑遺跡・新道平遺跡・厩久保遺跡・長者ヶ平官衙遺跡(国指定史跡)、さくら市南原遺跡、宇都宮市日枝神社南遺跡・釜根遺跡・上野Ⅱ遺跡・上野Ⅰ遺跡・杉村遺跡・砂田遺跡3区、真岡市鶴田A遺跡、下野市西下谷田遺跡・折本遺跡・三ノ谷遺跡・諏訪山北遺跡・北台遺跡・北台2号遺跡、上三川町上神主・茂原官衙遺跡(国指定史跡)・多功南原遺跡、栃木市下野国府跡(国指定史跡)などで発掘されている。未だに発見されていない地方自治体がある中でのこの数は、都城以外の場所としては、全国屈指であると言っても過言ではない。これ全て、通報がなければ、栃木県内での古代の道路跡発見はなかった、と思えてならない。

(2) 厩久保遺跡の古代道路

本来であれば、「まぼろしの古代道路」と計画された広域農道が重複する500m区間を対象に全面的な発掘調査をすべきところではあるが、先述のとおり「存否確認」を第一義とした。

調査の方法は、伝承・推定の道路が実在する可能性を念頭に、起伏(高低差20〜25m)ある地形の中で、道路跡

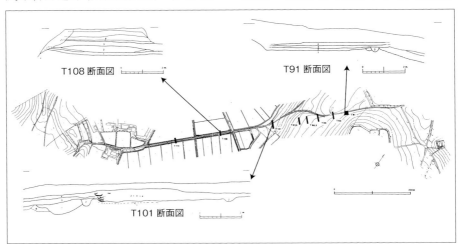

図3 厩久保遺跡(T108低湿地部、T101丘陵裾部、T91丘陵鞍部)の断面図(『栃木県埋蔵文化財保護行政年報(昭和63年度)』より)

を発見できる可能性が最も高い地点や、予測どおり道路跡が確認できた場合、各地形条件下での実態をより明確に把握できる地点等々を考慮して、低湿地（谷地田）部分・丘陵の裾部（登り口）・丘陵の中腹部（斜面地）・丘陵の頂部・丘陵間の鞍部など８カ所の調査区を、現農道上を中心に設定した。

発掘調査は、局部的な断面観察を主体としたため、明確にし得なかった点も多々あるが、低湿地部（図３：T108）での道路跡は、盛土・築堤をして、直線的に横断したことが確認できた。なお、築堤方法については、当初、低湿地部分の最下層には、「植物等の自然堆積層が見られた」と報告したが、その後の幾つかの事例によれば、これが堤を築くための材料用に切り取った木の枝などを敷く、いわゆる「敷粗朶工法（しそだこうほう）」によるものであった、と解釈できよう。

丘陵裾部（図３：T101）では、道路の両側に側溝が設けられ、度重なる修治（しゅうち）（改修・補修工事）が行われたこと。修治の痕跡からは、大きく４時期に区分でき、各期の年代も側溝や路面出土の土器からⅠ期は８世紀代、Ⅱ期は９世紀前葉頃、Ⅲ期は９世紀後半頃、Ⅳ期は９世紀後半以降中世以前の頃とすることができた。また、道路の幅員は、両側溝間の芯々（しんしんきょり）距離で計測すると奈良時代が12ｍ、平安時代が６ｍであることが判明した。

なお、Ⅰ期の道路は、一旦、地山まで掘削した後に、再び黒色土を埋め戻して硬化した路面を形成しているが、次期の内容に比較すると然程堅固な構造ではないこと。Ⅱ～Ⅳ期の道路は、ローム（赤土）や砂・小礫・小川スコリア（火山の噴出物で、粗目糖のような石の粒）などの混合土が使用され、土質が酷似していて各期を区別できない程の堅固な構造であることが確認できた。

丘陵の斜面や頂部付近では、大規模な開削工事を伴った計画的直線道路であることは確認できたが、その構造は把握できなかった。これは、全国各地での事例に共通して見られることであるが、雨水等による流失の結果なのか、或いは、部分的にルートを変更したのかは判然としない。

丘陵鞍部（図３：T91）では、当初、丘陵部の地山を、約40度の法面を残して開削し、右端に側溝を設け、直進したと判断していた。しかし、新たな所見では、両側溝を備えた道路であると考えている。

両側溝と考えた根拠は、当初、図中２・３・４層については、調査終了間際まで何度も検討を加えたが、この部分

古代の道路

の土質が酷似していたため、分層ができずに線が左端の法面付近で止り、その先を破線で表示していた。しかし、今にして思えば、この土層の中の僅かな硬軟の差を、移植ゴテの先端が手元に伝えていたにも係わらず、それを認識できなかった結果に他ならない。そこで、各層の硬軟の微差を以て線を縦に結ぶことで、左端の側溝が存在したことを具現でき、ここでの道路の幅員は、約6mと復元できよう。

(3) 杉村遺跡の古代道路

杉村遺跡の古代道路は、北関東自動車道路宇都宮上三川IC（以下、北関IC地区）と商業施設であるインターパーク宇都宮南（以下、インターパーク地区）に、住宅地区などを加えた140haに及ぶ総合開発区域内で発見された。なお、全国に誇れるものが少ない栃木県ではあるが、この古代の道路跡は、全国で一番長い1500m区間を対象とした全面的な発掘調査が行われた。

開発以前の地形を一瞥すると、一帯は平地であったが、発掘調査のために表土を除去したところ、低位台地と南に流れる田川によって開析された、南北方向の狭小な低湿地が幾筋か形成されていた。この低位台地と低湿地は、4m前後の高低差がある。

発見された古代の道路跡は、元来一本の道であるが、発掘調査は開発者が異なるため、北関IC地区とインターパーク地区に分けて行われた。北関

写真1　杉村遺跡の古代道路全景北東上空から撮影（『杉村遺跡現地説明会資料』より）

IC地区では、当初、道路跡であることを認識していなかったが、結果的にはインターパーク地区と共に道路の形態や構造、修治に伴う側溝の重複関係からは形状や構造、側溝内から出土した土器の特徴からは機能した時期など、詳細な成果を得ることができた。

発掘成果を要約すると、路面は消失しているため詳細は不詳であるが、両側溝を伴う道路跡が確認され、道路の幅員は、大きく奈良時代が低位台地上で14m、低湿地部分では10〜12m、平安時代は6mであることが判明した。幅員が部分的に少し狭くなっている箇所が見られるが、総体としては南北方向の低位台地と低湿地に対して、南西から北東方向に斜行する計画的直線道路であった。

また、道路が機能した時期を大きく3時期区分し、北関IC地区では、Ⅰ期は厩久保遺跡や下野国府・那須官衙の成立時期を勘案して8世紀半ば、Ⅱ期は出土遺物の特徴から8世紀後半、Ⅲ期は側溝の重複関係や形状、厩久保遺跡を参考に9世紀代と報告（安藤2000）。インターパーク地区では、Ⅰ期は出土遺物から8世紀中葉〜後葉、Ⅱ期は重複関係からⅠ期とⅢ期の中間期として8世紀後葉〜9世紀中葉、Ⅲ期は出土遺物から9世紀中葉〜9世紀後葉と報告（藤田2003）され、道路の性格は、東山道と断定はできないが、広い意味での「推定東山道」とされた。

5．道路の性格と年代決定のむずかしさ
（1）道路の性格

現在の道路には、高速自動車国道・一般国道・都道府県道・市町村道・農道・私道などがある。これらの違いは、道路標識があれば識別できるが、道路の幅員の広狭や側溝の有無だけでの区別は困難である。

古代の道路には、「駅路」と「伝路」があるが、県内各地で発掘された古代の道路跡から「東山道」「駅路」「伝路」と書かれた道路標識は発見されていない。

厩久保遺跡の古代道路は、歴史地理学による推定東山道（駅路）を発掘した結果であるが、道路標識は発見できなかった。しかし、総体としては、起伏ある丘陵地帯にあって、大規模な盛土・築堤・開削工事を伴い、両側溝を備えた計画的直線道路であり、これが一個人や地域の有力者などによって、成し得る事業とは到底考えられないことから、東山道駅路として良いと考えている。

「推定東山道」と報告された杉村遺跡の古代道路は、両側溝を備えた計画的

直線道路であるが、道路跡の調査区北東端にある琴平塚古墳群付近では、道路の幅員をやや狭め、古墳を残して作道されている。同様なことは、この南西方向約4km地点の上神主・茂原官衙遺跡でも、官衙外郭南東隅に近接をする浅間神社古墳（5世紀）を残して作道されている。また、ここからさらに南西方向に約4km延長すると、栃木県立石橋高等学校の北西隅と横塚古墳（6世紀後半・前方後円墳）との間で確認されているソイルマーク（米軍撮影空中写真　33 V82 RSP R1297 314CW 12 APR48）に至るが、この総延長距離約8kmに及ぶ直線のルート沿いには、多くの古墳といわゆる「豪族居館」の存在が確認されている。中でも、古墳を意識的に残して作道されたことが、祖先崇拝の現れとすれば、柳雄太郎が「駅制が国衙を結ぶ交通制度であったのに対して、伝制は地方豪族の固有の交通制度を継承し再編したもので、郡衙と郡衙の間、あるいは郡衙と国衙を結ぶ交通制度であったが、平安時代初期以後、伝制は駅制と同様に国衙を結ぶところの、いわば駅制の補助的な交通制度へと変質する」（柳1972）と指摘していることと符合する。このことから、杉村遺跡の道路跡が、大化以前からの地方の主要道路を継承したとすれば、「伝路」となることも考えなければならない。

(2) 道路の年代

考古学では、発掘された遺構の重複関係などから新旧を読み、共存する土器などの特徴から年代を導き出している。この方法は、集落遺跡の住居跡などでは一般に通用する。しかし、古代の道路では、繰り返される修治と各期の側溝から出土した土器が、確実に共存したのか否かの判定が非常に難しい。それは、住居跡から土器（食器類）が出土しても良いが、なぜ道路の側溝から土器が出土するのかという問題が残る。したがって、出土遺物の年代は正しいが、必ずしも遺構の年代を示すとは限らないのである。

現在、県内の古代道路で、8世紀以前に置かれた事例は確認されていないが、7世紀段階の史料では、613（推古2）年には「難波より京に至るまで大道を置く」、646（大化2）年には「凡そ諸国および関には、鈴・契を給へ。並びに長官執れ。無くば次官執れ」、653（白雉4）年には「処々の大道を修治す」などがある。また、数少ない本県との関わりでは、平城京成立以前の藤原宮跡出土木簡に「下毛野国足利郡波自可里鮎大贄一古参年十月廿二日」大宝三

(703)年とあるので、東山道はこの時期或いはそれ以前の段階で成立したとも考えられる。

　道路は、律令国家が国内を統一支配するために整備したものであるから、国家の存続期間が機能した時期であり、上限は国家成立時、下限はその末期となるが、延暦（782〜806）年の時勢を見ると、駅路の変更と廃止、伝路の廃止、駅家の新置・停廃、伝馬の廃止・再置など駅路・伝路の再編が、小刻みに目まぐるしく変化すると同時に地方官衙や駅家もにも、多様な機能が混在した、と考えられる。いずれにしても、時勢の中で、道路の時期ごとの内容が、より複雑に変化していることから、この問題解明にはしばらく時間が必要となろう。

6．おわりに

　栃木県の古代道路研究を「道」に例えると、栃木県考古学会創立当初は、くねくねと曲がりくねった狭い道にすら辿り着いていなかったが、厩久保遺跡での古代道路発見以降、何処までも続く真っ直ぐで広い道を28年以上歩いてきた。しかし、今、多岐亡羊で"ピタッ"と停止線で止まっている。

　再び歩き出すためには、大化以前の道路事情や何をもって道路標識とするのか、いつ、どこに道路標識が建てられていたのか、或いは、駅路・伝路の変更と廃止と復活、駅家・伝馬の新置と停廃と再置の事情など、解明しなければならない問題が山積しているが、新資料の発見と、考古学・文献史学・歴史地理学などによる研究の進展に期待したい。

〈主な参考文献〉

安藤美保　2000　『杉村・磯岡・磯岡北』栃木県埋蔵文化財調査報告書第241集（栃木県教育委員会）

木下　良　2009　『事典　日本古代の道と駅』（吉川弘文館）

中山　晋　1989　「付録　鴻野山地区推定東山道確認調査概要」『栃木県埋蔵文化財保護行政年報（昭和63年度）』栃木県埋蔵文化財調査報告書第105集（栃木県教育委員会）

中山　晋　2000　「下野国の古代道路遺構」『道路遺構等確認調査報告』（東京都教育委員会）

中山　晋・藤田直也　2004　「下野国」『日本古代道路事典』古代交通研究会編（八木書店）

中山　晋　2014　「古代東国の駅家」『月刊考古学ジャーナル』No.665（ニューサイエンス社）

藤田直也　2003　『東谷・中島地区遺跡群3　推定東山道関連地区（権現山・杉村・磯岡北・西刑部西原）』栃木県埋蔵文化財調査報告書第274集（栃木県教育委員会）

柳雄太郎　1972　「駅田制に就いての若干の考察」『古代史論叢』（吉川弘文館）

Column
上神主・茂原官衙遺跡

1．はじめに
　上神主・茂原官衙遺跡は飛鳥時代後期の7世紀後半から平安時代前期の9世紀前半の下野国河内郡家と推定される遺跡であるが、人名文字瓦が出土することで古くから注目されており、長い間にわたり寺院跡と考えられていたが、県埋蔵文化財センターによる北関東自動車道に関わる調査、そして宇都宮市教育委員会と上三川町教育委員会による遺跡範囲・内容確認の調査により、全容がほぼ解明されるに至った。

2．大きさと確認された遺構
　遺跡の東側は田川に面した崖面であり、南側と西側は区画溝に加え、一部は並行して柱列が並んでいる。北側は区画施設が見つかっていないものの、範囲は東西約250m、南北約390mと推定される。この内部には、北に北方建物群（雑舎域）、中央に政庁、南に正倉が位置し、郡家の典型と言える配置である。

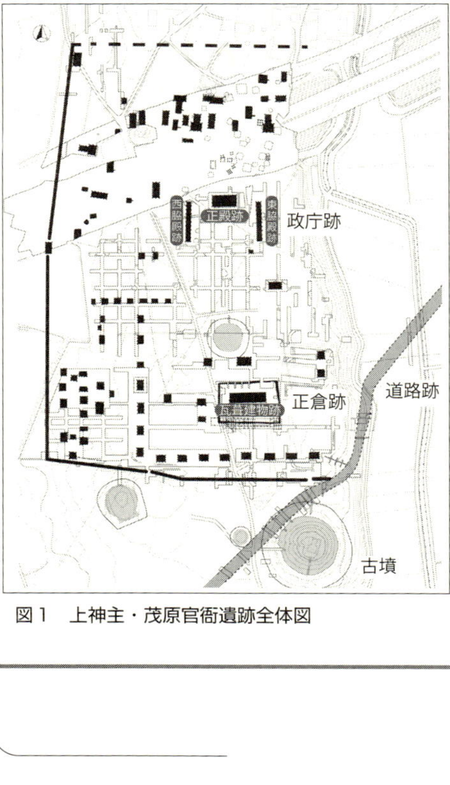

　本遺跡の正倉は、東西方向に整然と並ぶ東正倉域、南北に建物が並ぶ西正倉域、正倉域の北西側に位置する北正倉域の3群に分けられる。特に東正倉域の中心には瓦葺礎石建物や、長大な側柱式建物、大型掘立柱建物が確認されていることから、正倉域の中心あったと考えられる。

　中央にある政庁では、南に

図1　上神主・茂原官衙遺跡全体図

開口した3棟の大型掘立柱建物が発見されている。中央に正殿、東西に脇殿を配しているが、南側に円墳が位置しており、意識的に建物を配置していたことは特筆される。

政庁の北、北方建物群は、竪穴式建物や掘立柱建物・井戸跡で構成される。これらは、郡家の経営のために必要な厨や工房などの施設であったと推定される。

この遺跡を考えるうえで重要な東山道跡は、空中写真にも痕跡が確認されており、その存在が指摘されていた。浅間神社古墳の周溝を通り、切通し部を経て、台地から田川低地へと下っている。低地部分では崖面を削った土で、幅10mの路面を作った状況も確認されている。南へは古墳群中を抜けながら南西方向に進んでいくことが確認されている。

3．役所機能の変遷

本遺跡は前半と後半で大きく様相が変わる。成立時には、政庁・正倉・北方建物群が一体的に整備され、8世紀中頃になると、政庁と北方建物群がなくなり、大型瓦葺建物を中心とした正倉のみとなり、やがて大型瓦葺建物もなくなり、正倉機能も縮小していくとの変遷がとらえられる。この変遷には近接する西下谷田遺跡と多功遺跡が関連していることが想定される。本遺跡の前半の正門は西門（八脚門）であるが、これは本遺跡が西下谷田遺跡との関連で設置され、機能を充実させた証拠である。また、8世紀中頃における政庁の消滅についても、本遺跡よりも長く10世紀まで存続する多功遺跡への政庁機能の移転と考えられる。

4．大量に出土する人名文字瓦

8世紀中頃なると東西31m、南北9mに及ぶ瓦葺礎石建物が1棟出現する。ここからは人名を刻んだ瓦が多数出土しており、これまでに100名ほどの人名が確認されており、氏名の特徴や表記の仕方から、当時の河内郡内に居住した人々であろうと考えられている。古代の役所跡からこのように多数の人名が確認されるのは、全国的に見ても稀なことであるが、当時の費用負担のあり方や労役の実態などを示すものとして貴重な資料とされている。

以上のように本遺跡では、郡家の一典型を示す遺跡であるだけでなく、郡家と東山道との関係、人名文字瓦の存在、そして機能の変遷とともに同一郡内における郡家の変遷を追うことができる全国的にも貴重な遺跡であるといえる。　（深谷　昇）

Column
長者ヶ平官衙遺跡附東山道跡
（ちょうじゃがだいらかんがいせきつけたりとうさんどうあと）

1．はじめに

　長者ヶ平遺跡（ちょうじゃがだいらいせき）は栃木県那須烏山市鴻野山字長者ヶ平（こうのやま）に所在し、喜連川丘陵上の標高約200mの平坦面に位置している。遺跡は2001（平成13）年度から2005（平成17）年度に栃木県教育委員会の委託を受けた（財）とちぎ生涯学習文化団埋蔵文化財センターが遺跡の範囲確認調査を実施している（板橋ほか2007）。

　その結果、南北220m、東西350m以上の範囲に掘立柱建物跡（ほったてばしらたてものあと）や礎石（そせき）建物跡が多数確認された。遺跡は、建物配置、出土土器等から奈良・平安時代の官衙（かん）（役所）であることがわかった。さらに、遺跡の北側を通過する東山道跡（とうさんどうあと）や遺跡の西側に接し、地元で「タツ街道」と呼ばれている小道も古代に遡る道路であることがわかった（木下2007）。

　これらから、遺跡は現在も良好に残っていること、古代の交通の要衝にあり、古代国家の交通体系や地方支配体制を示すものとして貴重であることなどから、2009（平成21）年2月12日付で国史跡に指定された。

2．長者ヶ平官衙遺跡の概要

　遺跡は、江戸時代から焼米（炭化米）の出る所として知られていた（木曾1733）。また、地元では源義家（みなもとのよしいえ）による長者屋敷の焼き討ち伝説の地として語り継がれている。遺跡の周辺は馬屋久保（うまやくぼ）、馬場ヶ平（ばばがだいら）などの地名があり、下野国芳賀郡に置かれた東山道「新田駅家（にいたのうまや）」候補地とされてきた。

　これまでの確認調査により、遺跡の最も平坦な部分には正殿（せいでん）、東西脇殿（わきでん）、南門がある政庁（せいちょう）（政務や儀式を行う場所）があり、西側には総柱式の掘立柱建物跡や礎石建物跡を主体とした正倉（しょうそう）（稲を納めておく高床式倉庫）が建てられている。これらの倉庫群は三方を大溝で区画した内側に東西方向に建物をそろえて直列に建てられている。また、政庁の東側にも倉庫群が建ち並ぶが、西側の倉庫群のように大溝によって区画はされてはいない。これらの遺構は、7世紀末から8世紀初頭に成立し、10世紀にかけて使用されていたと考えられる（図1）。

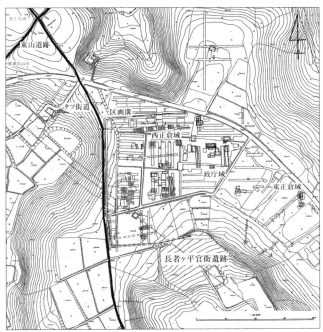

図1　遺跡全体図（那須烏山市教育委員会2014より一部改変）

3．長者ヶ平官衙遺跡の性格

　遺跡は、施設の構造や遺跡の範囲、官衙としての性格を考えると次のような施設が想定できる。この地は古代の芳賀郡に所属していたと考えられ、第1案は、芳賀郡の役所である郡衙は真岡市の堂法田遺跡と想定され、芳賀郡衙の別院（出先機関）、第2案は東山道の駅家の新田駅家、第3案は異なった施設が複合した官衙、の3案。決定的な物証がないため不明なところがありますが、古代交通に関わる性格が含まれた官衙であることは間違いない。

（木下　実）

〈参考文献〉

板橋正幸ほか　2007　『長者ヶ平遺跡』（栃木県教育委員会、（財）とちぎ生涯学習文化財団）

木下　実　2007　『東山道駅路発掘調査報告書～厩久保遺跡、助治久保遺跡、清水畑遺跡の調査』（那須烏山市教育委員会）

木曾武元　1733　『那須拾遺記』

那須烏山市教育委員会　2014　『国史跡長者ヶ平官衙遺跡附東山道跡』

「瓦」について
下野の事例を中心として

眞保　昌弘

1. はじめに

　東日本大震災の復旧復興に大きく立ちはだかった「がれき」。漢字で「瓦礫」と書き、広辞苑には『①瓦と小石。「－山」「－と化す」、②価値のないもののたとえ』とあり、役に立たないものの代名詞として完全に定着した感がある。しかし、「瓦」が人類の営みを明らかにするために欠かすことができない考古学資料であることは、紛れもない事実で、本県の古代史像を鮮やかに甦らすことに成功してきている。ここでは瓦全（がぜん）「何もしないでいたずらに身の安全を保つこと」の姿勢は避け、「瓦」が導き出した栃木の歴史にふれ、その復権に尽力するものである。

2. 瓦の名称と種類

　建物を火事や風雨から守るために葺かれるのが瓦である。中国では西周（紀元前11～前8世紀）早期に出現し、程なく文様が付けられるなど装飾性が加えられることになる。わが国では飛鳥寺造営に際し、百済から渡来した瓦博士の造瓦に始まる。寺院のほか、藤原宮以降の宮殿や地方官衙といった国家支配の拠点施設でも用いられた。さらに平城京内の邸宅や山陽道駅館への瓦葺奨励が文献史料にうかがえ、地方からの上京者や大陸からの使者など対外者を意識した使用に、瓦に課せられた大きな役割がうかがえる。古代の瓦葺きは「本瓦葺き」と呼ばれる男瓦（丸瓦）、女瓦（平瓦）を組み合わせ、軒先には鐙瓦（軒丸瓦）、宇瓦（軒平瓦）、棟には堤瓦（熨斗瓦）、そして鬼瓦や鴟尾が甍をかざった。基本的な

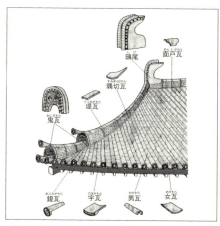

図1　瓦の葺き方と名称（『那須の歴史と文化』より）

文様モチーフは、蓮の花となる。花びら形状から素弁、単弁、複弁などの蓮花文に分類され、主文様の外側に「鋸歯文」「唐草文」が廻るものもある。宇瓦には、重なった瓦を表現したとされる「重弧文」のほかに「唐草文」「飛雲文」などがある。県内では那珂川町尾ノ草・浄法寺廃寺跡の素弁八葉、真岡市大内廃寺跡の単弁八葉、下野市下野薬師寺跡の複弁八葉とセットとなる重弧文宇瓦や唐草文、下野市下野国分僧尼寺跡の飛雲文が有名である。また、下野薬師寺の蓮花文、下野国分寺とその供給瓦窯である東山瓦窯などの鬼面文鬼瓦は、古代仏教美術の最高傑作として芸術的にも評価が高い。

3．瓦にみる考古学的特性

瓦は、粘土を成形し、焼成した焼き物である。多くの建築材、金属、生活品が長い年月を経て消滅する中、割れても決して無くならないという耐久性に考古学的な価値がある。

実際にどの位の瓦が屋根に葺かれたのか、下野国分僧尼寺についての興味深い研究がある（大川2002）。各堂塔の屋根を寄棟、葺方は本瓦葺き、女瓦は3枚葺、軒の出を9尺と仮定し、尼寺は調査成果、僧寺は他国の建物規模から算出する。尼寺は金堂、講堂、尼坊、中門、廻廊での瓦葺に男瓦32,880枚、女瓦65,250枚、計98,136枚。僧寺は金堂、講堂、七重塔、僧坊、南大門、中門、回廊での瓦葺に男瓦74,466枚、女瓦147,750枚、計222,216枚が想定される。瓦の重さを男瓦3kg、女瓦5kgとすると尼寺金堂で114t、僧寺金堂で192t、その他の瓦も葺かれることから古代の建物がいかなる重量に耐えていたのか驚かされる。瓦の供給についても同様の試算がある。1基の瓦窯で1回300枚を焼成し、耐久性のある地下式構造となることから焼成回数を50回、最も操業が盛んであった町谷窯で発見済み7基と未確認を合わせ10基の生産体制を想定すると150,000枚が焼成され、短期かつ多量の需要に対応したことがうかがえる。

瓦を葺いた遺跡には、宮殿や寺院などの国家的施設が含まれることから史料にも来歴がうかがえる。そのことから出土瓦の文様系譜とその変遷の比較が可能となり、考古学資料としては、またとない年代を知るための基準資料となる。また、文様は型（笵）に粘土を詰めて作り、同じ型から作られたものを同笵と呼ぶ。通常木製であることから、製作と共に笵がいたみ、傷が増加、拡大する。さらに製作技術の変化も連動する可能性があり、同笵でも時

図2　素弁八葉蓮花文鐙瓦・重弧文宇瓦（尾の草・浄法寺遺跡）

図3　単弁八葉蓮花文鐙瓦・重弧文宇瓦（大内廃寺跡）

図4　複弁八葉蓮花文鐙瓦と重弧文宇瓦（下野薬師寺跡）『史跡下野寺跡Ⅰ』

『第4回関東古瓦研究会資料（栃木県）』

図5　複弁八葉蓮花文鐙瓦唐草文宇瓦（下野薬師寺跡）『史跡下野薬師寺跡Ⅰ』

図6　複弁八葉蓮花文鐙瓦唐草文宇瓦（下野国分寺跡）『下野国分寺跡ⅩⅡ』

図7　複弁八葉蓮花文鐙瓦・飛雲文宇瓦（下野国分寺跡）

 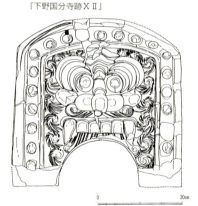

図8　蓮花文鬼瓦（下野薬師寺跡）『史跡下野薬師寺跡Ⅰ』

図9　鬼面文鬼瓦（東山1.2号窯跡）『下野国分寺跡ⅩⅡ』

写真1　下野古代窯業遺跡の研究

図10　押型文タタキ具想定復元図『下野古代窯業遺跡の研究』

写真2　東山瓦窯跡3・5号窯

間差を読み取ることができるのである。このほか瓦の数量からは、施設の創建、再建、改作、遺跡内での文様構成の違いからは建物造営順序、さらに多種の瓦が組み合わされて屋根に葺かれることから構成比率により建物の形状までもわかることになる。

窯跡では、寺院官衙（かんが）の造営に伴い一時期に多量の瓦が必要とされることから群を構成し、操業を繰り返す。ここでは生産地の変遷、大量の未成品、失敗作の廃棄がみられ、時期、工人、製作技術の違いのほか遺跡造営など需要と供給の関係、流通機構をも解明することができる。

最早、瓦が建物その他の歴史を明らかにする上で欠かすことができない存在であることは明白であろう。

4．栃木県における瓦研究の進展

栃木県は、瓦の研究が最も進んでいる県の一つである。その代表的な研究についてここではふれていきたい。

『下野国古代窯業遺跡 上・中・下』（大川1974・1975）では、瓦により下野国内における生産遺跡と消費遺跡における需給関係を明らかにしている。なかでも下巻では、本来カードとして扱うべきところをあえて製本化により、生産遺跡と消費遺跡を書籍中央から分け、それぞれ生産と消費遺跡で偶数、奇数ページ上に出土型押文を1/2で掲載する。完形品の得られない瓦については、拓本を合成し、照合できるようにし、同ページに類例の追加を可能にするなど全国的にも画期的体裁となる研究書として知られている。さらに下野薬師寺、国分僧尼寺の瓦を焼成した水道山瓦窯跡の調査（大川1982）からは瓦文様の変遷、型押文（タタキ板）と文字瓦から需給関係と共に寺院の造営年代、生産遺跡再編に伴う工人移動、国分寺造営への各郡単位での費用負担の実態を明らかにすることに成功している。

本県で初めてとなる体系的な古瓦編年は、「栃木県古代廃寺跡発掘の現状」『歴史手帖』（大金1982）より提示された。1922（大正11）年に刊行された『栃木県史蹟名勝天然記念物調査報告』において所在調査され、古瓦散布遺跡を中心に取り上げられた7郡14遺跡の廃寺一覧を検討する。さらに、発掘調査が進んだ下野薬師寺、国分尼寺を中心に、尾の草・浄法寺廃寺、大内廃寺、上神主廃寺、国分寺跡を加え、「古瓦の時期的位置」として第一期（7世紀後半）から第四期（8世紀中葉・国分寺創建期）までの編年を明らかにしている。これら大川の研究を横軸、

大金の研究を縦軸として、今日も研究が進化し続けている。

下野薬師寺の調査は、1966（昭和41）年から今日まで実施され、東国仏教の拠点となった巨大伽藍が明らかになっている。創建瓦は、面違鋸歯文複弁八葉蓮花文鐙瓦と型挽重弧文とされ、祖型は天智朝創建の大和川原寺に求めることができる。「天武天皇の建立する所也」『類聚三代格』の史料にも裏付けられ、天武期の創建が考えられてきた。しかし、寺院造営の画期を知る上で最も有効な手段として瓦の詳細な研究が行われ、その結果を須田勉がまとめている（須田2012）。須田は、創建期の重弧文字瓦の施文が桶型からの分割後であることを明らかにし、この種の技法は大和山田寺での出土状況より文武期の補修瓦に採用されることから創建年代を8世紀初めとしている。このことから同じく日本三戒壇の一つとなる筑紫観世音寺と共に国家の東西で同時期に整備されたことを指摘する。また、733（天平5）年の『正倉院文書』「右京計帳」にみえる平城京右京三条三坊に本籍をもつ戸主於伊美吉子首が下野薬師寺造寺工として従六位上の官位をもつこと、738（天平10）年の『正倉院文書』「駿河国正税帳」に助僧二人、従者九人を従えた僧侶宗蔵が下野国造薬師寺司であるなど官寺としての位置がうかがえる。下野薬師寺では、従来の系譜と異なる興福寺系119（6307J）、202（6682E）軒先瓦が出土する。興福寺は、造営を進めるため同年10月17日に「造興福寺仏殿司」が設置され『続日本紀』、北円堂は藤原不比等の忌日にあたる721（養老5）年8月3日に完成している『興福寺流記』。興福寺で新調した瓦笵を工人が下野国に携え、同じ技法で製作したものと考えられ、使用により痛んだ笵は、再び興福寺に戻され、播磨国府などでも使用されている。このことから下野薬師寺で

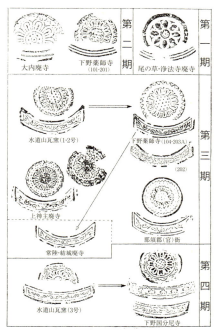

図11　栃木県古瓦の系譜と編年（『歴史手帖』第10巻第10号より）

の興福寺系瓦の採用は722（養老6）年頃、この画期こそが官寺への昇格と考えられ、それ以後も造薬師寺司という公的機関により造営が引き継がれたことを明らかにしている。

　下野国分僧尼寺での発掘調査の進展により、鐙瓦の編年が行われる栃木県教育委員会1997）。国分寺主要堂塔の造営期前半（1-1期前半）の金堂造営段階では、国分寺創建前から操業していた河内郡水道山瓦窯、寒川郡乙女不動原瓦窯の製品が入り、次の1-1期後半には国分寺式軒先瓦の生産が河内郡水道山3号窯、那須郡荒神平瓦窯、芳賀郡西山瓦窯のほか三毳創建窯などで同時期複数瓦窯での生産が始まる。尼寺での造営が本格化する1-2期前半には複数瓦窯の瓦工を再編し、三毳山麓の町谷瓦窯に集めて集中的に生産したことが瓦笵やタタキ具の移動から明らかにしている。さらに下野国内での造瓦体制についての検討は、「下野の造瓦」（大橋2005）で進められた。7世紀後半から8世紀初め、郡内生産など瓦陶兼業的で遠隔地への供給をみないものが、下野薬師寺・下野国府・下野国分寺など国レベルの建物造営に際し、前代に引き続く郡内寺院官衙への供給と共に郡域を越えての供給が行われる。郡系瓦屋を利用した国衙系瓦屋となるものの軒先瓦文様や男女瓦などの規格性が乏しいものであった。これを一新すべく、国分寺創建の国分寺式瓦を郡系瓦屋周辺で生産する国衙系瓦屋の設置、さらに三毳では1ヵ所、集中的生産のため各所の瓦工が集約され、瓦専業集中生産が図られるという生産体制の整備の進度を明らかにしている。

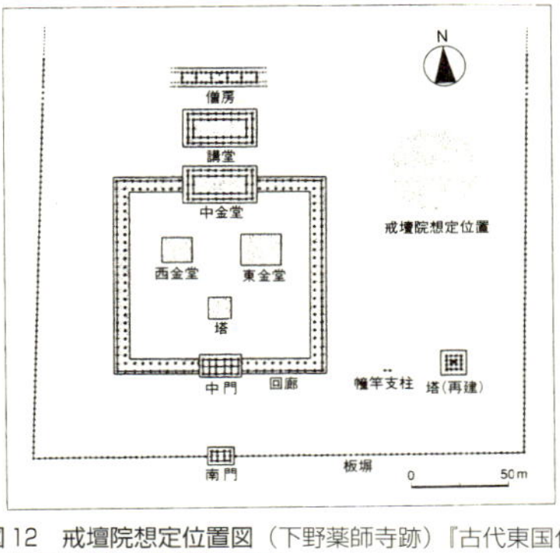

　全面的な調査が行われた栃木市下野国府跡では、国府Ⅱ期脇殿の掘り方内や政庁周辺から川原寺系面違鋸歯文縁複弁八葉蓮花文鐙瓦が出土し、セットとしては型挽3重弧文宇瓦となることが古江花神窯跡（栃木市岩舟町）での出土から明らかにされている。このこと

図12　戒壇院想定位置図（下野薬師寺跡）『古代東国仏教の中心寺院―下野薬師寺』

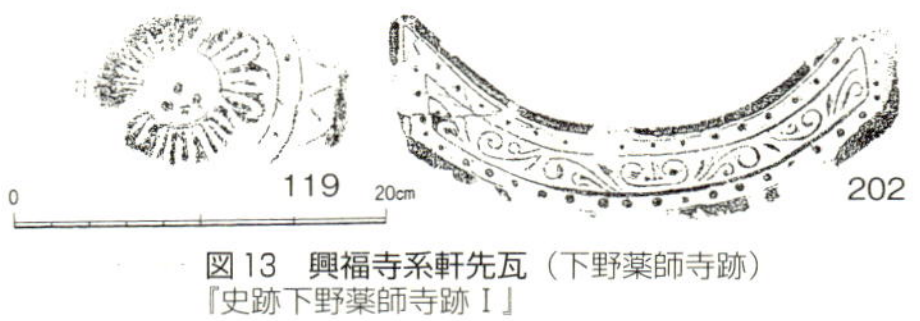

図13　興福寺系軒先瓦（下野薬師寺跡）『史跡下野薬師寺跡Ⅰ』

「瓦」について　225

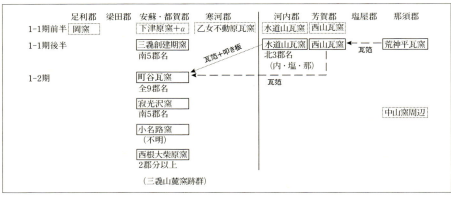

図14　奈良時代の瓦窯と文字瓦（実線は国衙系瓦屋、点線は郡系瓦屋、『シンポジウム報告書 造瓦体制の変革―東日本―』）

について、「国府成立の考察」（大橋2005）では、国府Ⅰ期に瓦葺建物が存在していたことを示し、現在神社により未発掘地での所在が考えられる正殿が瓦葺建物だった可能性を指摘する。さらにⅡ期中に下野国分寺の創建期となる8世紀中葉が位置付けられことから、Ⅰ期は下野薬師寺の創建瓦に系譜をたどる軒先瓦として8世紀初頭に位置づける。国府は、8世紀前半以降に国庁が整備されるなど基本的な構造が成立するとされ、7世紀第4四半期から8世紀初め頃に端緒的に成立している国府とは質的な違いが指摘されてきている（山中1994）。しかし、初期国府の整備が律令国家の宮殿で初めて瓦葺が採用される藤原宮の荘厳化の多大な影響を受けたことを指摘するなど、

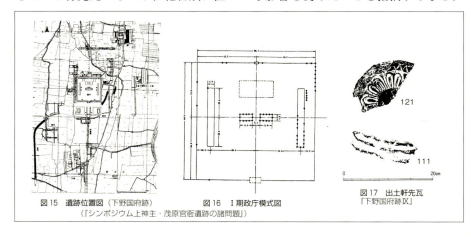

全国的な国府の成立に一石を投じている。

下野薬師寺跡や上野国の初期寺院である寺井廃寺跡から出土する川原寺系複弁8葉蓮花文軒瓦は、国家東限域に設置された陸奥国での中央集権的国家形成期である8世紀初頭前後に、陸奥国南部の阿武隈川流域に置かれた郡の支配施設である官衙、寺院で採用される。同じく坂東北部系の瓦群である山田寺系や山王廃寺系などと共に偏在しつつも陸奥国一円に分布を見せ、官衙への瓦葺が全国的にも稀な中、寺院と同笵となるなど共通瓦群による整備が行われたことが指摘されている（眞保2015）。このことからわが国の中央集権的国家支配に取り入れられた日本型「華夷思想」では、陸奥国支配と蝦夷対策が官衙による律令支配と寺院での仏教教化という形で重視される。特に郡段階でも同時期に支配施設が整備される中、必要不可欠な存在として瓦葺きがみえ、蝦夷を含む陸奥国において権威権力と密接に結び付くことになる。それが坂東北部との関わりの中で展開することは、下野国など歴史的地理的な関わりが陸奥支配の拠点となったことが明らかとなっている。

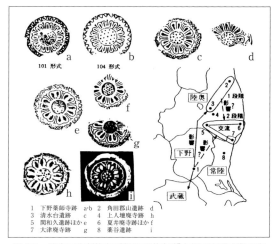

図18　陸奥国南部複弁系軒瓦の分布（『古代国家形成期の東国』）

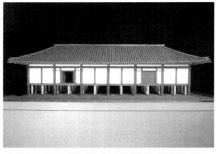

写真3　TG161（瓦倉）復元模型（那須官衙遺跡）

写真4　瓦出土状況　　写真5　文字瓦「山田五十戸」
（『那須の歴史と文化』）

郡衙の正倉に瓦葺がみられるものとして、下野国の那須官衙遺跡TG161

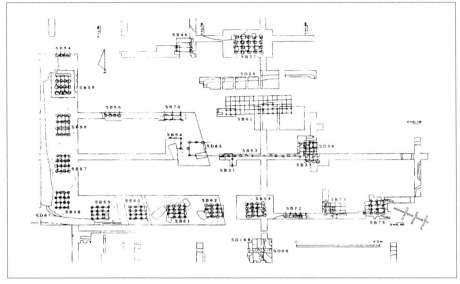

図19 SB01と周辺倉庫群（上神主・茂原官衙遺跡、『上神主・茂原官衙遺跡』）

（那須郡衙）、上神主・茂原官衙遺跡SB01（河内郡衙）を代表として、堂法田遺跡（芳賀郡）、中村遺跡（芳賀郡別院）、多功遺跡（河内郡衙）、国府野遺跡（足利郡衙）、千駄塚浅間遺跡（寒川郡衙）など6遺跡、隣接する常陸国でも3遺跡認められ、特に坂東北部において顕著にみられる。これらは国分寺創建段階に造営され、正倉内に大規模な総柱高床倉庫が一棟ないし、数棟認められるもので、瓦葺礎石建物の多くが丹塗となり、文献史料にみえる一際大きな倉である「法倉」と考えられる。このような倉は、畿内以西にはみられないなど地域差がある。「古代におけ

る瓦倉について」（大橋1999）では、陸奥国に接する下野国や常陸国における地方官衙の配置やクラの数の多さ、威容を瓦葺建物で示すあり方は、それぞれ国や郡内統治を要因とするだけでなく、国家の対蝦夷政策での必要性があったことにも要因を求めるべきと指摘する。これは陸奥国と接する下野国が相関する地域であることもよくしめしている。

那須官衙遺跡TG161出土瓦2000箱以上に及ぶ整理作業の中、「山田五十戸」と瓦を焼く前にヘラで刻んだ瓦が発見された。「五十戸・さと」は戸という家族単位の編成を基本とする古い行

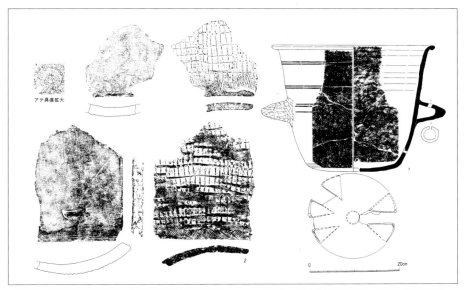

図20　瓦（下野薬師寺跡、『史跡下野薬師寺跡2』）　　図21　甑（西下谷田遺跡、『西下谷田遺跡』）

政組織のことで、後に里や郷と呼ばれる前段の最小行政組織と考えられる。これらの変遷は天武朝期と考えられ、郷名にもみえる山田は、現在の大山田上、下郷付近の可能性がある。この時期に用いられた県内でも最古の地方行政組織と考えられてきている（栃木県立なす風土記の丘資料館1993）。

　下野薬師寺でも、創建期塔から集中的に出土する女瓦の中に凸面狭端部に平行タタキ、凹面にあて具の痕跡をもつものが認められている。西下谷田遺跡の新羅土器である甑(こしき)の製作技法と酷似することから新羅土器の生産者が瓦作りに参画したものと指摘されてい

る（須田2012）。このことは、創建当初の下野薬師寺において一塔三金堂の伽藍、創建期基壇での掘立柱による板葺裳階の存在、寺院地南西地で薬師寺造営と関わる集落跡の落内遺跡での新羅土器の出土から、その可能性が高いことがうかがえる。下野国は、東国においても持統元、3、4年に3回渡来人記事がみえるなどその存在は早くから指摘されており、その実態を明らかにする契機となっている。

　上神主・茂原官衙遺跡周辺では、人名が記載された文字瓦が出土することから仏教的に結縁した人々による知識物としての瓦と位置付けられ、長い

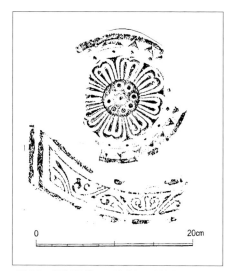

図22 軒先瓦(『シンポジウム上神主・茂原官衙遺跡』)

図23 文字瓦(『シンポジウム上神主・茂原官衙遺跡』)

間、上神主廃寺として寺院跡と考えられてきた。しかし、平成7年からの発掘調査により、政庁、北部官衙、正倉域からなり、正倉域で確認された建物50棟の内の1棟が人名瓦を出土するSB01総柱式礎石瓦葺建物となるなど遺跡は河内郡衙を構成する正倉群の一部であり、寺院ではないことが明らかになった(上三川町教育委員会・宇都宮市教育委員会2003)。瓦は建物周辺および北側区画溝から主に出土し、鐙瓦、宇瓦、男瓦、女瓦、道具瓦があり、瓦総量は2,949kg、特に特徴的なのは1,160点にのぼる文字瓦が出土する。瓦の生産は、下野国分寺の創建期瓦窯である水道山瓦窯、根瓦瓦窯であ

り、「那」「塩」「内」など郡名を略記する瓦とほぼ同時期、文字氏名は、「神主部」「雀部(きさきべ)」「白部(しらかべ)」「酒部」「木部」「君子」など河内郡内各郷の一部の戸主名を記載したものと考えられる。有力な見解としては、下野国分寺と同様の生産方式が採用され、文字瓦にみられる氏・名などは戸主層を単位として、造瓦経費を負担した発注者名が記名されたものと考えられてきている。文字瓦やそれが出土する正倉など全国的にも類例を見ないもので、下野国の特異性をよくしめしている(栃木県考古学会2007)。

5．おわりに

ここでは栃木県の歴史を明らかにする上で、「瓦」が果たした役割を見てき

た。瓦の文様から畿内をはじめ東山道諸国や近隣国との関わりが明らかになった。特に地理的にも陸奥国と隣接する下野国は、歴史的にも陸奥国が東山道管内となるなど道を通じての律令支配の拠点となっている。さらに日本三戒壇として奈良東大寺、筑紫観世音寺と並び坂東10国の僧侶授戒が行われ、仏教教化の中核として東国の守護と安定に重要な役割を果たした下野薬師寺が存在する。大化改新以降、急速に進められたわが国の中央集権化は、律令支配と仏教教化の二面が一体となって進められ、その拠点としての役割を下野国が担ったことが、支配施設である寺院官衙に葺かれた瓦からうかがうことができる。特に陸奥や坂東での律令支配、仏教教化の両施設に特徴的な瓦葺き採用にこそ、下野国を捉える最も重要な視点がある。ここに瓦からみた下野国の歴史的意義をうかがうことができるのである。

〈参考文献〉

大金宣亮　1982　「栃木県古代廃寺跡発掘の現状」『歴史手帖』第10巻第10号

大川　清　1974・1975　『下野国古代窯業遺跡上・中・下』(飛鳥書房)

大川　清　1982　『水道山瓦窯跡』(宇都宮市教育委員会)

大川　清　2002　『古代造瓦組織の研究』

大橋泰夫　1999　「古代における瓦倉について」『瓦衣千年』(森郁夫先生還暦記念論文集)

大橋泰夫　2005　「国府成立の一考察」『古代東国の考古学』(大金宣亮氏追悼論文集刊行会)

大橋泰夫　2005　「下野の造瓦」『シンポジウム報告書造瓦体制の変革—東日本—』(帝塚山大学考古学研究所)

上三川町教育委員会・宇都宮市教育委員会　2003　『上神主・茂原官衙遺跡』

関東古瓦研究会　1982　『第4回関東古瓦研究会資料(栃木県)』

眞保昌弘　2015　『古代国家形成期の東国』(同成社)

須田　勉　2012　『古代東国仏教の中心寺院—下野薬師寺』(新泉社)

栃木県教育委員会　1990　『下野国府跡Ⅸ』瓦類調査報告

栃木県教育委員会　1997　『下野国分寺跡ⅩⅡ』瓦本文編

栃木県教育委員会　2003　『西下谷田遺跡』

栃木県考古学会　2007　『シンポジウム上神主・茂原官衙遺跡の諸問題』

栃木県南河内町教育委員会　2004　『史跡下野薬師寺跡Ⅰ』

栃木県立なす風土記の丘資料館　1993　『那須の歴史と文化』

山中敏史　1994　『古代地方官衙遺跡の研究』(塙書房)

Column
瓦塔について

　瓦塔(瓦製仏塔の略称)とは、粘土を素材とした焼き物の塔のことである。屋根と軸部(壁体)を積み木細工のように組み立てると、その高さは2〜1m程に至る。7世紀後半から10世紀初めにかけて作られ、現在までに約460例が知られている。その分布を見ると、関東地方(約58％)、北陸〜甲信越地方(約15％)、東海地方(約14％)、西日本(約9％)、東北地方(約4％)の順となり、東国、とりわけ関東地方に多いことがわかる。しかも瓦塔出土遺跡の多くは、伽藍寺院や、ムラの仏堂である(窯跡などの生産遺跡出土例を除く)。

　次に瓦塔が建てられた背景についてふれる。まず、7世紀後半〜8世紀中葉の出土事例を見てみると、本物の木造五重塔が作れない伽藍寺院で(財力不足や立地条件など)、その代用として瓦塔が造立されたと考えられるケースが目立つ。

　しかし、8世紀後半〜9世紀代になると、木造五重塔の代用品としてばかりでなく、瓦塔そのものを信仰対象として伽藍寺院やムラの仏堂の小堂(覆堂)内に奉納・安置できるように改良している(図1：瓦塔は中空の箱形をしており、初層に小仏像や小型経典が納められた可能性が高い)。その結果、東国に瓦塔造立ブームが起きている。ちなみに、栃木県では安楽寺遺跡(佐野市)や薄市遺跡(上三川町)など15例の瓦塔出土事例があるが、ほとんどは、この時期のものである。

　なお、9世紀前半代、平安新仏教(天台・真言両宗)や、奈良仏教(法相宗など)の僧侶たちは、東国で盛んに自宗の宣伝活動を行っている。各々、東国の仏教信仰の流行(瓦塔造立含む)を取り込むべく進出を試み来ているのである。しかし、これについては考古学ばかりでなく、仏教史学を含めた学際的考察がまだまだ必要な状態である。今後も折にふれて、この課題に取り組んでいきたく思っている。

(池田　敏宏)

	8世紀前葉頃に瓦塔出現	8世紀末葉〜9世紀初頭頃、瓦塔のモデル・チェンジ ＝瓦塔の持つ意味合い（表象）の変換を示す
	8世紀代の瓦塔の特徴	9世紀代の瓦塔の特徴
形状	屋蓋部表現　瓦継ぎ目表現が多い 垂木表現　　二軒構成 斗栱表現　　木造塔を意識した斗栱部表現	→瓦継ぎ目表現は軒先先端の一つのみ →一軒構成 →簡略化した斗栱部表現
焼成	還元焔焼成（須恵質）	→酸化焔焼成（土師質）
色調	青みがかった灰色	→黄色がかった橙色

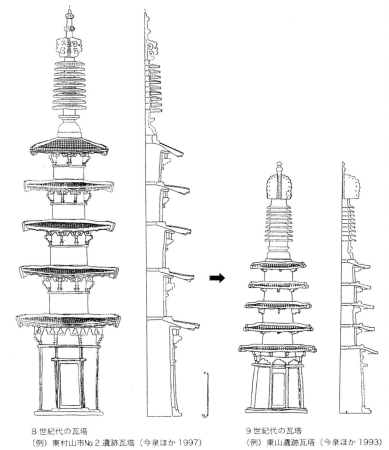

8世紀代の瓦塔　　　　　　　　　　　　　　9世紀代の瓦塔
（例）東村山市No.2遺跡瓦塔（今泉ほか1997）　　（例）東山遺跡瓦塔（今泉ほか1993）

図1　関東地方の瓦塔変遷（池田敏宏2003「8〜9世紀の山野開発と瓦造立の盛行」増尾伸一郎ほか編『環境と心性の文化史（下）』勉誠出版より）

Column
「男体山頂遺跡」発掘調査
学術調査が明らかにした開山伝承

　「律令内国」北端に位置する標高2,486mの秀麗な霊峰、日光男体山の山頂には、「山の正倉院」と呼ばれる山岳信仰の遺跡がある。

　日光二荒山神社の記録によれば、1877(明治10)年、山頂より土器2個が採取されている。1924(大正13)年、丸山瓦全(がぜん)・古谷清がその存在を知り、荻野仲三郎・柴田常恵(じょうえ)・丸山・田代善吉などで踏査を実施(第1回調査)、約130点の遺物を得た。それらは『栃木県史蹟名勝天然記念物調査報告書』や『考古学雑誌』に発表され、1953(昭和28)年に国の重要文化財に指定される。

　1959(昭和34)年、台風・暴風雨などによる山頂荒廃を鑑み、神社は齋藤忠を団長に佐野大和・亀井正道などによる調査団を結成、第2回調査は4次におよび、約1万点の遺物が出土した。

　調査は、男体山火口壁の西端、絶壁となる巨岩7号露岩と、その露岩を避けるように鎮座する太郎山神社西にある六つの岩に囲まれた窪地およびその付近を対象に実施。特に5号露岩と6号露岩間隙(東西幅約0.2～0.3m、南北約1m、永久凍結し発掘が断念された深さ約1.45m)と、その間隙から続くCトレンチから、鏡・銅印・御正躰(みしょうたい)・錫杖頭(しゃくじょうとう)・独鈷杵(どっこしょ)・三鈷杵(さんこしょ)・三鈷剣(さんこけん)・羯磨(かつま)・経筒・経巻軸・経巻軸頭・塔形合子(とうがたごうし)・青銅平盤(せいどうへいばん)・青銅小盤(せいどうしょうばん)・銅鋺(どうわん)・銅鉢・柄香炉(えごうろ)・鰐口・鈴・鉄鐸・火打鎌・小形鐘・玉類・金銅製種字札(こんどうせいしゅじふだ)・鉄製馬形代(うまかたしろ)・剣・鉾・二叉鉾(さぼこ)・大刀・短刀・刀子・鉄鏃(てつぞく)・鉄鎌・古銭(延喜通宝等)・土器・陶器・緑釉陶器(りょくゆうとうき)・二彩陶器(にさい)などが出土。他の遺物も含め、一括して国の重要文化財に追加指定された。

　日光男体山の信仰は782(天応2)年、勝道上人による男体山への初登頂が端緒とされるが、出土遺物には6世紀に遡るものも含まれ、飛鳥期にはすでに山頂祭祀が行われていたと思われる。しかし本格的な奉斎品は奈良時代からで、開山伝承を裏付けている。

　また男体山は、下野国府の北西にあたり、後天易(こうてんえき)の四門では天門の天

神地祇をまつる方角である。官衙神(戌亥隅神)に位置するこの聖地は出土遺物の内容からも、下野国衙の関与が想定できる。特に、「衣服令」四位の料である白瑪瑙製石帯丸鞆の出土が、下野国守(上国相当官は従五位下。四位国守は記録上17名)との関係を示唆し、鉄製馬形代の存在が、国衙祈願の祈雨祭を物語る。勝道上人開山の背景にも、国衙の関与が考えられ、登拝路の整備や宿営地の確保がなされたと思われる。

日光修験の経路は今日とは違い、山王帽子山・小太郎山・太郎山・女峰山を経由して、男体山に向かう。途中、堂などのあったような平場もあり、狭隘な稜線もある。太郎山山頂から須恵器片が採集できることから、古代は日光連山の峰筋を弧状に巡るものであったと思われる。この登拝路の終着は、男体山太郎神社西の露岩である。男体山の火口壁は、東北から南西が残るため、この突端状の露岩は天につながる景観をなす。登拝者は、この露岩から神仏に祈願・祈祷し、奉齋品を岩陰や平場に納め、または火口に投納したのであろう。

今日に至るまで、古代からの信仰は絶えることがないが、山頂の景観は歳毎に変わっている。遺物の露出や崩落も多く対策が急務である。信仰関連遺跡の調査例としては県内嚆矢であり、その質・量とも国内有数の規模である。今後のさらなる解明により、古代山岳信仰、神仏習合祭祀の実態に迫ることができる数少ない遺跡である。　　　(篠原　祐一)

写真1　男体山頂遺跡遠景(左が太郎山神社、右が露岩。右奥が太郎山)

古代下野の生業

津野 仁

1. はじめに

 山野や河川という地勢が多様な栃木県域にける古代下野の生業も多様であった。教科書では、古代の民衆は班田収授の法により稲作を行っていたとある。しかし、都に納める物品は、『延喜式』をみても実に種類が多く、貢納品は各地の特産品であるといわれている。法による規定では、下野国から紅花や砂金などを送ることになっている。ここでは、遺跡出土品によるさまざまな生業（註1）の実態を紹介していきたい。

 生業とは、暮らしを立たせるための仕事、なりわいであり、その内容と量により、私富蓄積をすることができる。この蓄積が地域勢力となり、新たな社会階層を萌芽させ、地域編成や時

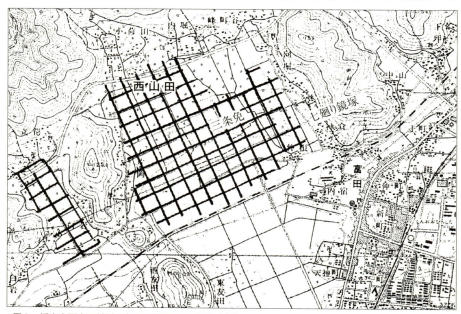

図1　栃木市西山田付近の条里遺構（岡田1980より）

代を変えていく原動力となるのである。現代的観点に立てば、地域創生といえる。民衆側の地域創生、役所側の税収奪という相克でみると近い過去のようであり、将来をみる視座となる。

2. 稲作

　稲作は古代の基幹的な生業の一つである。口分田を班給されて作付けすることが原則であった。下野国の条里水田は、戦後まで残っていたが、圃場整備によって多くがなくなった。『栃木県史』によれば、足利市や栃木市から小山市西部に広い条里遺構が分布して

いた。河川で開析（かいせき）した平野部にもあり、真岡市西部で鬼怒川左岸、那珂川町の那珂川両岸、宇都宮市田川右岸などがある。一方、この遺構は栃木市小野寺（旧岩舟町）や西山田（旧大平町）の山間部盆地にも分布している。また、集落は平野部のみならず、山間部にも及んでいることが明らかになってきた。一例として、市貝町彦七新田遺跡を挙げると、この遺跡は南北にのびる南那須丘陵の上にある。遺跡は古墳時代後期から始まり、平安時代まで続く。竪穴住居跡や掘立柱建物跡などが発見された。水田面までの比高差は25ｍ程あって、谷水田や五行川低地の水田で稲作を行っていたとみられ、刈り取りに使う鉄製鎌も出土した。この集落では生業の道具で、糸を紡ぐ紡錘車や狩猟・兵役に使う矢の鏃も出土した。山間地で狩猟を行い、副食物の

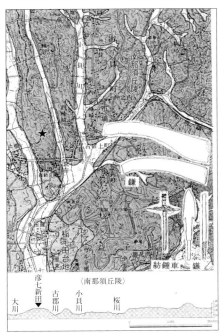

図２　彦七新田遺跡の立地と生業具（『彦七新田遺跡』栃木県教育委員会2005より）

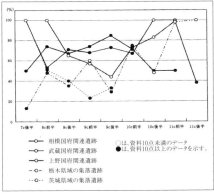

図３　農具に対する武器の比率変遷（津野2002）

古代下野の生業

食料を獲ていたとみられる。

ところで、集落遺跡から出土する農具と狩猟具の比率をみると、農具に対する狩猟具（武器）の出土比率（武器／農具＋武器）は、30〜50％の場合が多い。このため、農具は狩猟具（武器）に比較して高い傾向があり（津野2002）、狩猟よりも稲作の比重の方が高かった

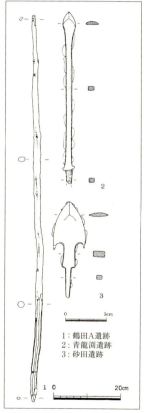

図4　丸木弓と鉄鏃（『鶴田A遺跡Ⅰ』栃木県教育委員会2001、『青龍渕遺跡・皇宮前塚』栃木県教育委員会2009、『東谷・中島地区遺跡群8 砂田遺跡』栃木県教育委員会2007より）

と判断することができる。しかし、生業で狩猟の占める割合が比較的高かったとみることもできる。遺存する鉄製品から当時の生活、特に生業の実態を復元することが近年行われている。

3．狩猟

副食物のため動物を捕獲して、動物性タンパク質として摂取する。狩猟には弓と矢で射掛ける。弓は、出土品では長さ150〜160cm程で、自然木の表面を削った丸木弓である。真岡市鶴田A遺跡出土の弓は長さ118cmであるが、狩猟用であろう。

矢の先端に付ける鏃の形は多様で、尖ったものや三角形、U字形をした雁又式と呼ぶものもある。

農民が兵役を課されて軍団に行くときに、兵器を自分で準備する規則であることから、生業に用いた狩猟具を揃えて行った可能性がある。兵役に使う矢が市などで売っており、購入して日常は狩猟に使用していたのが実態であろう。

出土する鉄鏃の数を時期的な推移でみると、古墳時代後期から集落遺跡で出土するが、8世紀後半から9世紀に数が最も多くなる。9世紀後半は7世紀後半の倍近く出土している（津野2011）。この変化は、弓矢の使用量の

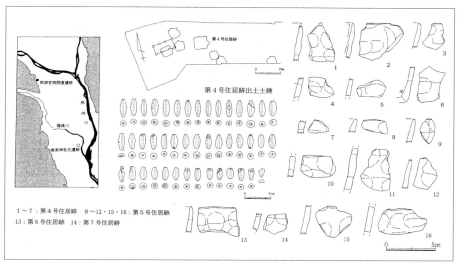

図5　温泉神社北遺跡の土錘・製塩土器（『温泉神社北遺跡』栃木県教育委員会1997・津野2015より）

増加を反映するとみられ、狩猟か争乱が増加したことを物語るであろう。

4．漁労

　栃木県域には南・東に流れる大小河川があり、淡水魚や遡上する魚の恵がある。魚を捕獲するには、釣る・刺す・網で寄せるなどの方法がある。遺跡からは、針やヤスも稀に出土するが、最も多く出土するのは網漁で重りに使う土製の錘である。軽量で小型の土錘は投網用で、大型で重量のある土錘は定置網に使い、捕獲する魚の種類によっても土錘が違うという。本県域では小型の土錘が圧倒的に多く、鬼怒川や那珂川・渡良瀬川などの主要な河

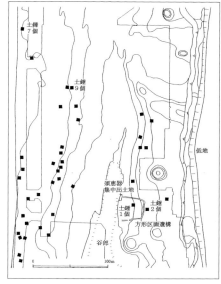

図6　寺野東遺跡奈良時代住居の分布と土錘出土位置（『寺野東遺跡Ⅷ（歴史時代編）』栃木県教育委員会1996・津野2015より）

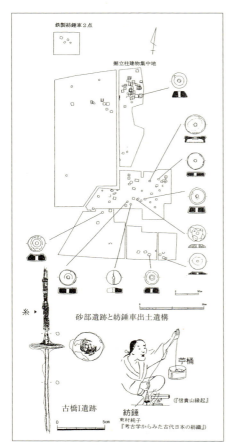

図7 砂部遺跡と紡錘車(『砂部遺跡』栃木県教育委員会1990、『古橋Ⅰ・Ⅱ遺跡』栃木県教育委員会2001より)

こでは、塩を煮た土製の鍋(製塩土器)もまとまって出土した(津野2015)。

鮎などの魚を塩漬けするか、塩塗りして保存できるようにして、大量の魚を売買(交易)したと考えられる。

寺野東遺跡では、8世紀前半に屋敷を区画する遺構があり、その周囲から土錘が出土している。屋敷を持てる有力者のもと、鬼怒川や田川で漁労に従事したことが推測される。

5．糸生産

布は個人が租税として納める規定であり、製品の規格も決められていた。また、東日本で布は土器などを購入する際に貨幣の替わりをしており、重要な品物であった。税で納める布を織るのは郡家などの役所で行われたといわれるが、苧麻の糸は集落でも作られた。

川から約2km離れた集落までで土錘の出土数が多い。これは、網で漁労を行うのは、河川に近距離の集落であり、離れた集落では漁労が盛んでなかったことを示す。

那珂川・権津川に接する温泉神社北遺跡は、9世紀の集落で鍛冶を行っており、土錘がまとまって出土した。そ

糸作りは材料の苧麻などを煮込んで、表面の皮を剥ぎ、繊維を整えてから皮を細く裂いて撚りを掛ける。この時に『信貴山縁起』に描かれたように紡錘を用いる。古橋Ⅰ遺跡の紡錘車は糸が撚られた状態であった。高根沢町砂部遺跡は、9世紀に北側の掘立柱建物群が有力者の居住地とみられ、南側は竪穴住居群で、ここから紡錘車がまとまって出土した。有力者のもとで、糸作りを集約して行っていたと考えられ

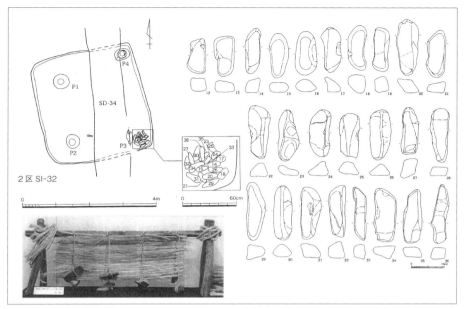

図8　青龍渕遺跡の編物石と復元台（『青龍渕遺跡・皇宮前塚』栃木県教育委員会2009他より）

る。地域の住民は生産した糸を買って、郡家などの布織り場に持っていき、代価を払って布を織ってもらい、租税の布を納めた形にしたと推測される。このように、地域のなかで生業に特化した集団やそれをまとめる有力者が出現するのもこの時期の特徴である。

6．蓆生産

平安時代前期の『延喜式』によれば、下野国は蓆を税として納める国であった。また、郡家などの祭祀で蓆を使う場合に、必要な分を管下の集落に納めるよう命じることもあった。この

ように、稲を取った後の藁は蓆に織って、生活で用いるのみでなく、役所に納める物品でもあった。この蓆を織る時に用いる重りが編物石である。

鹿沼市青龍渕遺跡では、竪穴住居跡の隅から18個の編物石がまとまって出土した。家の隅に片付けて置いたと推測される。石は長さ13～18cm程、重さ400～700g程で、側面に窪みがある。写真は台で蓆を作る様子であり、2個一対の重りを縄で縛り下げて、台上に渡した横木に藁を置いて、縄を交互に返して編んで蓆を作る。

編物石は、宇都宮市砂田遺跡のよう

にまとまった数が出土する遺跡がある一方で、田川の対岸にある宮の内A遺跡などでは確認されていない。また、同じ郡内の官衙で西下谷田遺跡ではまとまって出るが、上神主・茂原官衙遺跡ではみられない。役所・集落でも席を生産する遺跡と生産しない遺跡があったことも明らかになってきた。

7. 鉄生産

鉄器生産は、これまでみてきたようなさまざまの生業と異なり、高度な技能を要することから、手工業生産と呼べるものである。

下野国の鉄は、『延喜式』によれば、鉄の価格が関東地方の周辺国よりも安価であった。これは、下野国で大量の鉄が流通していたためとみられる。主要な製鉄遺跡群は栃木市藤岡町大前製鉄遺跡群、小山市横倉から東野田の西仁連川沿い、那珂川町から那須烏山市の那珂川や荒川沿いである。このうち最も古くから操業するのは三毳山周辺で、8世紀以前に上る可能性があり、これが大前製鉄遺跡群に展開する。

製鉄は、河川などから砂鉄を採取し、これを斜面に築いた竪型の炉で高温で溶かす。この時に砂鉄の不純物が除去される。これを製錬工程と呼んでいる。次の工程は、製錬でできた荒鉄を小型の炉で溶かして、鉄の純度を高め、炭素の含有量を調節するなど鉄の質を整える。これを精錬工程と呼ぶ。ここでできた鉄素材を叩いて形を作り、この工程を鍛錬鍛冶という。このような複雑な工程を経て、鉄製品は作られた。このため、鉄生産を行うには組織を作り、地域権力と密接に関わっていた。小山市金山遺跡の鉄作りは図10のように、地域の有力者（富豪層）

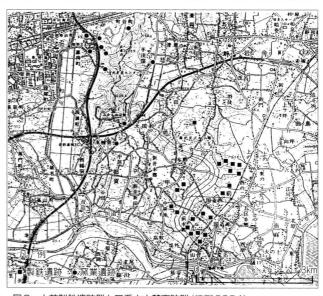

図9　大前製鉄遺跡群と三毳山山麓窯跡群（津野2004）

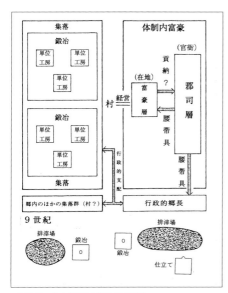

図10　金山遺跡の鉄生産構造

が行い、この人達が地域支配者である郡司層と繋がり、経営していた。鍛冶を行う人は数人が単位となって（単位工房）、これが複数まとまって鍛冶の集落、村落を形成していた。富豪層がこの鍛冶集団を掌握して、鉄生産経営していたのである（津野2011）。

8．古代下野国の生業

　古代の下野国では食料品や生活に必要な物品の生産などさまざまな生業を行っていた。遺跡に残った物から当時の生業を考えられるものは限られているが、遺跡によって生業に関わる物の出土数や量に差があることも明らかになってきた。この事実は、人々が生活のために均一な行動・作業を行ってはいなかったことを示している。これを考古学では社会的分業と呼ぶ。社会的分業は、地域のなかで行われる場合と日本列島という広い範囲で行われる場合もあった。

　地域内の分業では、これまで下野国内でみてきたような、漁労や糸生産・席生産などに顕著にみることができる。主要河川流域で発達した投網など網漁による鮎などの大量捕獲、これを腐らないようにするために塩漬けや塩塗りにする。塩は下野国内で生産できないために常陸国（現在の日立市域）や陸奥国（現在のいわき市域）から交易されてきた塩を購入する。そして、加工した魚を周辺集落に売ることが行われたと考えられる。このような遺跡は、那須烏山市北原遺跡などでもみられる。この遺跡でも温泉神社北遺跡と同じく鍛冶による鉄作りを行っており、釘の未使用品もある。多量の土錘や製塩土器も出土している。さらに、この地域では出土例の少ない緑釉陶器という東海地方で焼かれた上物の陶器もあり、地域の有力者が鉄作り・漁労と食品加工を行っていたとみられる。今日的にいえば多角的経営といえるが、このような各種の生業活動を集約

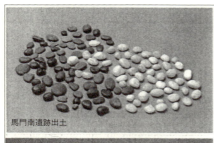

写真1 碁石(津野2004、〈公財〉とちぎ未来づくり財団埋蔵文化財センター『埋蔵文化財センター年報第24号(平成26年度版)』2015より)

して、私富蓄積を行って、地域内で新しい有力階層が出現・台頭してくるのである。下野国では、9世紀にこのような各種生業活動を行う層が出現してくる。そして、生産と一対になるのが物を運び・売る人々の存在である。文献史料によれば、馬で運搬業を行う集団が9世紀後半に略奪行為をしていたことを伝える。この集団を為政者は「党」と呼んでいる。そして、この頃から運搬を生業とする集団が出現したことを示し、下野国内で、この頃に多角的経営をする階層が出現することとあわせて、社会に生産・流通組織が形成され始まった時期といえる。社会の経済構造の変革期とみることもできる。

しかし、このような社会的分業は地域でもさまざまである。上野国多胡郡八田郷では8世紀から紡錘車の数が多く、常陸国霞ヶ浦近傍では8世紀に土錘の数がピークになるが、出土数が継続して多い。地域産業として定着する地域も存在する。地域における生業は漁労のように地勢的な特徴を背景に特産化する場合もあり、今後地域史を考えるうえで貴重な視点となる。

また、下野国の古代集落は10世紀には集落規模が急激に縮小化して、土錘や紡錘車などの生業具も極端に少なくなる。この事実は、古代における分業や交易の体制が確立して、生産者と消費者という関係が明確に築かれた社会まで到達していなかったことを反映すると思う。この時代の限界といえる。

次に、広域での地域間分業についてみてみる。生産量や内容に偏差があり、広域に物品が交易される場合が想定される。奈良時代以降に、税制で中央政府に貢納を義務付ける布や海産物は、地域の特産品であるともいわれる。また、律令国家ができる前に食料を貢いでいた集団を8世紀以降も調という税制として組み込んだという考えもある。『延喜式』に規定した麻布の貢納国は九州や中部・北陸東部・関東な

どである。これと鉄製紡錘車が出土した地域を重ねると概ね一致する（堀田1999）。また、『延喜式』の麻布貢納国では糸生産に係わる遺物が、その他の生業具の比率よりも高いようである（註2）。このことは、列島規模での麻布生産が盛んであった地域が存在したことを示し、この地域間で麻布が交易された可能性が高い。

9．おわりに

　生業に関する出土品から各種生業の実態を概観してきた。生業とは、冒頭述べたように、仕事、なりわいであり、生きていく手段である。しかし、人間は仕事のみに生きていたわけではない。仕事の後の休息も大切である。このような時に使ったのか、娯楽用の囲碁であり、その石が出土している。白と黒の石で、写真1上段は佐野市馬門南遺跡のものである。この遺跡からは土錘が多く出土しており、漁労の合間に打っていたのであろうか。下段は下野国分尼寺跡の回廊北側から出土した碁石である。僧に碁は許されていたが、双六は禁止されていた。尼僧は経を読むことが勤めで、その合間に回廊か金堂でゲームをしていたのか。仕事の後のリフレッシュは今も昔も同じである。

〈註〉
（1）　生業とは、民俗学・考古学・文献史学で異なったとらえ方をしている。考古学では、先史時代に生命維持・食料確保などの活動、文献史学では稲作以外で、職業として分化していない生産活動を扱う。ここでは、食料確保という観点と職業分化への過程の持つ意味が大きいことから両者を合わせた観点でみていく。
（2）　近畿地方から東日本各都府県の研究者によって集計された生業具構成比による。文献は『一般社団法人日本考古学協会2011年度栃木大会研究発表資料集』（日本考古学協会2011年度栃木大会実行委員会、2011）および、配布資料による。

〈参考文献〉
岡田隆夫　1980　「条里」『栃木県史 通史編2　古代二』
津野　仁　2002　「古代鉄鏃からみた武器所有と武器政策」『栃木史学』第16号（國學院大學栃木短期大学）
津野　仁　2004　「奈良・平安時代の藤岡」『藤岡町史　通史編　前編』（藤岡町）
津野　仁　2011　『日本古代の武器・武具と軍事』（吉川弘文館）
津野　仁　2015　「下野国の古代集落と生業」『那須官衙の時代―律令期地域社会の移り変わり―』（大田原市なす風土記の丘湯津上資料館・那珂川町なす風土記の丘資料館）
堀田孝博　1999　「古代における鉄製紡錘車普及の意義について―神奈川県下出土資料を中心として―」『神奈川考古』35号

食器からみる古代の下野

山口　耕一

1. はじめに

　縄文時代以降、平安時代頃までの集落遺跡の発掘調査で、一番多く出土する遺物は土器類である。土器とはその字が示すとおり、土でつくられた「うつわ」である。このほか、近世以降の遺跡からは、土（陶土）製の器と共に磁石を原料とした「磁器」も出土する。

　県内の特に河内郡域の7世紀後半～8世紀前半頃の遺跡からは「新羅産（系）土器」と呼ばれる須恵系の土器が出土する。これらは当時、朝鮮半島の新羅国、百済国などで生産され持ち込まれたあるいは工人が渡来して生産したと想定されている土器類である。東国の中でも下野国における出土点数は目立って多く、『日本書紀』や『続日本紀』に記された渡来人の移配記事と一致する事例とされている。

　下野国府・下野薬師寺・下野国分寺・尼寺などの奈良・平安時代の寺院官衙や男体山頂遺跡のような古代の特別な遺跡からは稀に「初期貿易陶磁」と呼ばれる朝鮮半島や中国で生産された製品が出土する。全国でも古代の貿易陶磁が主に出土するのは、東アジアと

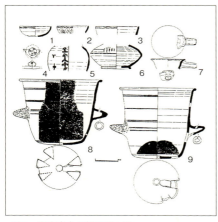

図1　県内出土の新羅系土器

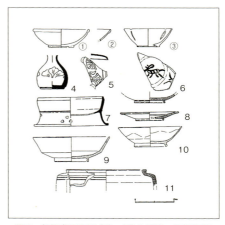

図2　初期貿易陶器（①～③）と緑釉・灰釉陶器

の交流の窓口であった大宰府や平城宮・平安宮のような宮都などで、東国などの地方では限られた事例となる。下野国では、下野国府出土の白磁小型四足壺、白磁碗や下野国分二寺の中間地域の下野市東薬師堂7号遺跡、中央権門寺社と関連のある初期荘園（成生庄）と想定されている矢板市堀越遺跡出土の碗のみである。

東国の平安時代の遺跡では、中国産陶磁器を中部・東海地方などの窯で模倣生産した「緑釉・灰釉陶器」と呼ばれる釉薬陶器が時折出土するが、群馬県域（上野国）や茨城県域（常陸国・下総国）と比較すると当県の出土点数は少ない。下野国には東山道を経由し、上野国側からの搬入と東海道経由で相模国、武蔵国、上総・下総国、常陸国から流通するルートが想定されているが、同時期のこれらの地域と出土量を比較すると差がみられる。このほか、旧下野国域で三彩陶器が出土した遺跡は、足利市助戸・勧農遺跡、上三川町薄市遺跡、下野市下野薬師寺のみで、一つの比較例であるが、茨城県結城市（下総国結城郡）の結城廃寺に隣接して所在する峯崎遺跡では、白磁・三彩・緑釉陶器などが多数出土している。

鎌倉・室町時代になると県内の城館・宿・集落などの各種遺跡で、博多〜京（鎌倉）を経由して搬入された中国産の貿易陶磁（青磁・白磁）の出土事例も確認されるようになる。しかし、博多や京、鎌倉、平泉など時代を代表する地域と比較すると出土点数は明らかに少ない。県内では当時の下野国を支配した足利氏、宇都宮氏、小山氏など主要豪族に関する遺跡からの出土が目立つ。

中世では土製の器以外に木製の器（木器）も多く登場する。白木の器のほか、黒や朱色の漆を用いた漆器も多くみられる。残念ながら栃木県では、低地の調査が少ないため、木器類の出土数は僅かである。これまでに確認された資料は、城館跡のほか下野市下古舘遺跡、小山市横倉宮ノ内遺跡、同市金山遺跡など集落遺跡の井戸跡などから30点程度が確認されているのみである。西日本、東北・北陸地域などと比較すると栃木県は全時代の遺跡を通じて低地の調査のあり方が継続的な課題となっているが、残念ながらこれまで課題解決につながる検討は行われていない。

2．食器とは

万葉集には「家にあれば笥に盛る飯を草枕旅にしあれば椎の葉に盛る」（有

間皇子、巻二 142）と詠まれており、これは特殊な事例かもしれないが、この歌から木の葉を食器の代用品としたことが理解できる。木の葉は人工物でないため、木の葉そのものを考古学の手法で、食器として研究することはできない。ここでは、「人が作ったもの＝遺物」として観察する考古学の手法を用いて、古代の遺跡から一番多く出土する食器について考える。

その前に考古学と関連の深い民俗学における食器の分類について考える。民俗学では「広義の食器」と「狭義の食器」などの分類例が示されている。このうち狭義の食器の例として、以下のような分類が示されている。

①飲食物を盛る注ぐ器類　②食事の煮炊き用の調理用器具類　③食物を収納するための貯蔵器具　④食器を置くための台（膳・食卓）（小池1966）。

また、佐原眞は、この民俗学の分類に考古学の視点を加味し、食器そのものの概念を明らかにするため、飲食に係わる容器・道具の分類を行っている（佐原2005）。

これらの分類を参考に古代下野国で使用された飲食器を以下のように分類してみる。

①飲食物を盛る・注ぐ器（坏、埦、蓋類、皿、盤、高坏、鉢、甑）

②煮炊きなどの加工用の調理用器具（甕、甑、台付甕、捏鉢、擂鉢、俎板、包丁、刀子、笊、杓子）

③飲食物の収納・貯蔵用の器具（壺、甕、瓶、鉢、桶、曲物、籠、笊、俵、叺、米櫃）

④食物を掬う、摘み取るための器具（箸、匙、柄杓、枡）

⑤食器を置くための台〔膳・食卓〕（折敷、托）

⑥計るための器（コップ形土器、枡）

食事に関する用具だけでもこのように多種多様な種類がある。さらにこれらの用具には、木・竹などの有機物、鉄・青銅などの金属化合物による製品も含まれることから、腐食等により滅失し確認できないものもある。これらに対して滅失のない土器・磁器類は、共伴関係なども補完できることから年代を示す「ものさし」となっている。

3．土師器（土師式土器）と須恵器

土師器（土師式土器）と須恵器には、飲食用具として坏・埦・蓋・皿・盤・高坏、貯蔵具として壺・甕などがある。土師器には炊事具として甕・甑があるが、須恵器はその特性から直火使用の炊事具は無い。土製の甑は古墳時代後半から奈良時代前半の短期間しか使用されず、その後は木製（曲物）

となる。

土師器

　土師器は、縄文土器や弥生土器のような褐色系の素焼きの土器で、古墳から平安時代頃まで約800年間使用された土器である。後にこの土師器の流れをくむ粗製の土器「カワラケ」が中世～近世期に生産される。

　土師器は縄文・弥生土器と同様に浅い穴などの野焼きで焼成され、焼成温度も800度程度である。土師器という名称は、後藤守一が『日本考古学』で定着させたもので、昭和初期にはすでにその名称が使用されていた。それ以前は、鳥居邦太郎の「素焼土器」や弥生式土器と土師器の総称としての「埴甕土器」という名称が使われていた。『延喜式』の「土師器」（はじのうつわもの）を引用し、「土師器」という名称を最初に用いたのは、帝室博物館総長で考古学会を創立した三宅米吉である。また、杉原荘介・小林三郎は、1971（昭和46）年に南関東地方の土器編年として、五領式土器・和泉式土器・鬼高式土器・真間式土器・国分式土器という編年を発表している。1970～80年代後半頃まで、県内の研究者もこの南関東地方の土器編年を援用し、県内出土の土師器の編年的指標とした。現在は関東地方の他地域同様、これらの編年研究をさらに細分化し「○世紀前半、中葉、後半」などと1世紀を3期区分か「○世紀第Ⅲ四半期」などと4期区分した時期の示し方が可能となっている。

須恵器

　須恵器は、土師器と異なり「登り窯」を用いて焼成する技術で作られた焼物で、5世紀の初め頃、朝鮮半島の陶質土器の伝来と共に生産技術が導入され、現在の大阪南部の堺市を中心とした陶邑古窯跡群で大量生産がおこなわれた。東西約15km、南北約9kmの範囲で850基以上の窯跡が確認されており、『日本書記』崇神天皇条の「茅渟県 陶邑」と記された地域がこの窯跡群と考えられている。この窯跡群の北には、百舌鳥古墳群、古市古墳群とされる古代王権の陵墓が点在しており、金属加工、馬の育成などとともに王権と直結の外来技術を導入し、組み上げられた生産体制と想定される。その後、平安時代後半まで、400年以上陶邑窯跡群では継続して須恵器の生産が行われる。この陶邑窯跡群の開窯とほぼ同時期の5世紀前半に現在の福岡県（朝倉窯跡群）・岡山県（総社市奥ヶ谷窯跡）でも須恵器の生産が開始された。また、5世紀中頃には愛知県（名古屋市東山窯）と宮城県（仙台市大蓮寺窯）で、須恵器の生産が行われた。

関東地方ではこの時期の窯は発見されておらず、これらに遅れて須恵器の生産が始まったと考えられている。現在のところ、関東地方では埼玉県（東松山市桜山窯）が6世紀中頃の操業と想定されており、古い時期の須恵器窯と考えられている。栃木県域では、樺崎渡戸古窯（足利市）が、現在調査で確認された一番古い須恵器生産窯と想定されており、桜山窯の開窯から50年以上遅れた7世紀前半期（古墳時代後期）の窯と想定されている。それでは下野国内で須恵器生産が開始する以前はどこからこれらを供給していたのであろうか。下野市二ノ谷遺跡D5地区2号竪穴建物跡では、5世紀前半の須恵器蓋が出土している。この蓋は慶尚南道咸安地域で生産された伽耶産の可能性が指摘されている。また、5世紀後半に築造された塚山古墳群や権現山B区3号墳などではさまざまな須恵器が出土しており、これらについては大阪府の陶邑窯跡群や東海地方などで生産されたものと想定されている。さらに6世紀後半に築造された甲塚古墳からは100点以上の須恵器高坏・蓋、坏類、甕類が出土したが、これらも群馬、埼玉県周辺や東海地方産の製品が供給されたと想定されている。このように必要とする物品を遠隔地から取り寄せ保有すること（それを可能とする権力を表象したこと）に意義があったとの指摘もある。

4．律令時代の器

　7世紀後半以降、地方への律令体制の浸透に連動して郡衙、国府など地方を統治する役所が建設され、官僚制度の運用が開始される。古代の役所は藤原・平城宮などの宮都から地方の国府・郡役所まで給食制が導入される。地方の役所の国司、郡司などの特別階級を除く一般職員用の器は、現在の学校給食、社員食堂の食器同様、同一規格・形状のものが使用されたと考えられる。また、その際の食器構成は、各々が個々人で使う銘々器として坏（都支）や埦、皿（佐良）、盤などが用いられ、配膳の際は折敷と呼ばれる木製の

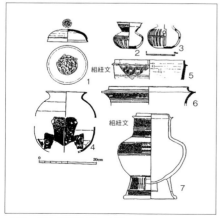

図3　外来（半島）系の土器

トレイが使用された。さらに、通常の給食の以外に役所では儀式に伴う饗宴が開かれ、そこでも多くの器が使用されたことが知られている。

役所用の土器が大量生産される以前、仏教文化の波及と共に仏への供膳具として金属器が使用された。それと共に貴重な金属器を模倣した土器が生産された。西弘海（にしひろみ）は、金属器指向と官僚制の発展、それに関わる大量の官人層の出現に伴う生活様式の変化が「律令的土器様式」の成立を促したとしている（西1974）。

役所用の土器や仏器関連の土器類は、古墳時代以来竪穴建物で使用されてきた土器（手に持つ食器）とは異なる形状のもの（手に持たない食器）でもあった。内山敏行はこれらを「手持食器」と「置食器」として位置付けた（内山1997）。須恵器坏（身）とその蓋とされる土器は、土師器で模倣され、手持ち食器の主流となるが、身の口縁部には「カエリ」と呼ばれる蓋の受け部

写真1　高級官人の食事（丸底の坏は使われたか？）

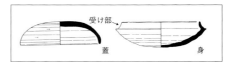

図4　古墳時代頃の土器

があるため液体は飲み難い形状である。逆に蓋は口縁部が「ハ」字状に開いているため液体も飲みやすい。このことから蓋に液体を注ぎ身に固形の食物を盛りつけるような2個一セットとして使用されたと想定できる。

「置食器」とされる高台の付いた形状の土器は、「乙巳の変」とされる645年頃の政変と連動したライフスタイルの変化により、多く使用されるようになったと考えられている。それまでの丸い底の土器は、平たく固い机や食器を載せる折敷の上では安定性が悪く、場合によっては内容物がこぼれてしまう。これらの上に安定して置くため、さらに仏器として仏前に供えるための様式として、現代の飯茶碗など同様「高台（こうだい）」が付くようになる。それまでの丸底食器は手持ち食器ではあるが、箸（はし）・匙（さじ）などの道具を使わず手で（指を使って）食していたと考えられて

図5　食器を持つ女性埴輪

おり、弥生時代のことになるが『魏志倭人伝』などに同様の内容が記されている。

　7世紀の中頃以降、半島系の生活様式の導入とともに器を置いて箸や匙を使った食事の作法が取り入れられたとも考えられている。しかし、一部の階層以外には机と椅子を使用する生活様式は普及せず、また、匙を使った食事法も普及しなかった。後の畳文化の普及も一つの要因となるが、折敷や箱膳に載せ運ばれた食器を手に持ち、箸で掴む（掻っ込む）食の作法が日本風となり今日に至る。多くの庶民、特に東国では11世紀頃まで竪穴建物に居住しており、掘立柱建物に住環境が変化しても床板が無い場合、蓆を敷いた土間では丸底の食器が床にフィットして使いやすかったのかもしれない。

　ちなみに箸は、平城京ができた頃から使われるようになったと考えられてきたが、現在の研究ではもう少し遡った時期からの使用が指摘されている。また、正倉院文書に箸の素材は竹と記載されているが、出土する箸はヒノキ素材のものが多く、木簡の残材などでも作られたと考えられている。

5．蓋の有無

　6世紀後半に築造された甲塚古墳出土の50点以上の須恵器高坏には、有蓋のものと無蓋のものがある。この蓋の有無の差が何を意味するのかは分かっていない。これらの高坏は置いて使用した土器であるが、8世紀の高台の付く食器にはセットとして蓋が付くものがある。この時期の蓋の付く食器は、寺院や官衙などの公的施設で主に用いられたと言われている。これらの高台付土器の本来の使用形態は、現代の宴席の食器同様、役所の饗宴、寺院の法会、儀礼などの改まった席での使用が主であったと考えられる。時折、竪穴建物跡から蓋と高台付坏のセットのほか、無台の坏と蓋がセットで出土することがある。これらは、その土器の本来の使用法（組み合わせ）ではなく、埃や虫を避けるという蓋そのものを目的とした使用法なのであろう。

　漆紙文書は、漆の入った容器に埃が入らないよう紙で覆った際、その紙に漆が付着して固まり、それが腐らず

写真2　庶民の食事（庶民は折敷を使ったか？）

出土したものである。漆は埃が大敵であるため、現在の食品用ラップのように蓋をして埃を避けた。現代人も食品を一時保管するプラスチック製の容器に漬物や梅干しなどを仮保管するが、当時の人々も坏と蓋を同様に使ったのかもしれない。

6．生産体制の確立

下野国では7世紀末から8世紀初頭頃、国府建設に先行して下野薬師寺が建立され、それに伴い大量の瓦が生産された。この瓦は宇都宮市水道山瓦窯跡を中心とした地域で生産され、量的には少ないが須恵器も生産された。

その後、郡衙・国府が整備され、庁舎に葺かれる瓦の生産とともに役所用土器の大量需要に伴い、下野国ではその供給地として益子古窯跡群と三毳山麓古窯跡群が、国の二大窯業地帯として整備される。さらに741年の国分寺建立の詔以降、その事業展開に伴い下野国でも瓦の生産体制が確立したと考えられている。中でも三毳山麓古窯跡群は、瓦陶兼業を行う国が介在した窯業地帯として、生産体制の整備と拡大が行われたことが知られている（大橋2005）。

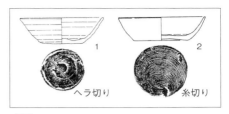

図6

7．生産技術の相違

また、各々の窯場によって土器製作時の技術に違いがあることも研究により判明している。古墳時代頃の技法は、粘土塊から製品となった土器（主に坏類）を切り離す際、木・竹や金属のヘラを差し込んで粘土塊から切り離す技法が主流であった。三毳山麓古窯跡群も当初、同様の技法であったが、三通窯期（8世紀第三四半期頃）に糸を用いて製品を切り離す技法に変化している。これに対して益子古窯跡群では、従前としてヘラによる切り離しの技法が用いられた。糸で切り離す「底部糸切り技法」は関東地方では主に上野国・武蔵国方面の窯場で用いられた製作技法である。これに対して益子古窯跡群の「ヘラ切り（ヘラ起し）技法」は、常陸国・下総国方面で継続的に続けられた技術であり、下野国は東国の西東地域双方の技術を取り入れたことが判明している。

8．律令変質期の須恵器の系譜

　8世紀中葉の下野国分寺・国分尼寺の建立に伴い、下野国が施策として直接関与し、三毳山麓周辺で瓦陶兼業、益子窯跡群では主に須恵器の生産と二大窯業地帯に操業内容の相違があったことが判明している。

　8世紀後半以降、国分寺・国分尼寺所用瓦の大規模生産が一端終息を迎える。その頃、下野国内も含め各地で窯業生産体制に変容が起こる。それまで窯業生産が行われなかった地域でも8世紀後半以降、新たに郡単位で小規模の須恵器生産が始まった事例が確認されている。これらの変革は、東国から北陸においても確認され、宇野隆夫により「一郡一窯体制」と整理されている（宇野1994）。下野国内でも都賀郡（三毳山麓窯跡群）、芳賀郡（益子古窯跡群）のほか那須郡（中山窯、銭神窯、小砂窯）、河内郡（欠ノ下窯、広表窯）、足利郡（岡窯）で操業が確認されている。この中で旧河内郡に属する欠ノ下窯、広表窯（これらを総称して宇都宮窯と呼ぶ）の製品については、この郡域およびその周辺地域の発掘調査事例が多いことから需要と供給の関係が検討しやすい。宇都宮窯で生産された製品（特に坏類など供膳具）の底部切り離しは、回転糸切り離し技法によるものであり、初期のものは糸切り離し後外周に轆轤の回転を利用して回転ヘラケズリを施している。これらは、三毳山麓古窯跡群（三通窯）の技術的系譜を引くと考えられるが、宇都宮窯の製品の中には、三毳で生産されていない器形のものが多数含まれている。これは、宇都宮窯の操業に関与した者の嗜好が、製品の多種性に反映したと考えられる。例を挙げると金属器である銅鋺をほぼ忠実に模

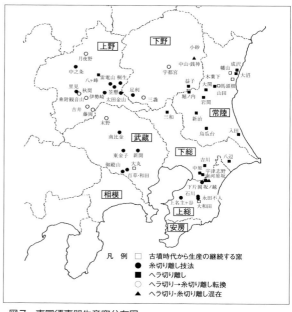

図7　東国須恵器生産窯分布図

倣した坏や高台部に透かし孔を持ち、口縁部を折り返した大型の有蓋坏、同様に透かしを持つ口径20cm前後の盤、脚部に4方向透かしのある高盤などがある。坏類も益子古窯、三毳古窯産の同口径の製品と比較すると内外面とも丁寧な仕上げで、器壁も薄く軽い良質なつくりである。これら宇都宮窯の製品は、窯の操業主体者が郡の関係者とするとこの時期の郡内の各集落でも一定量が流通し、消費されたと考えられる。しかし、これまでの調査成果を概観しても、郡内に一定量が均質的に出回っていたとは考え難い状況である。河内郡内の集落や寺院・官衙においても宇都宮窯の製品を主として用いている場合と下野国内の製品として広域に流している益子古窯、三毳古窯製品、北関東東部に広く流通する新治窯跡群の製品を混在して消費している例がみられる。

下野薬師寺跡と多功遺跡（推定河内郡衙）の中間地点に位置する多功南原遺跡は、7世紀中葉から10世紀後半の竪穴建物跡約460軒、掘立柱建物跡約120棟、井戸跡約80基などが確認された大規模な集落跡である。この遺跡は、8世紀中葉から9世紀前半頃が最盛期の遺跡であるが、この時期には「コ」の字型に配置された大型掘立柱建物群と壁柱穴を持つ大型竪穴建物による遺構群で構成され、ここからは丸鞆や約100点の墨書土器、円面硯などが出土している。また、別地点の9世紀中葉〜後半期の同様構成の遺構群からは、漆紙文書や「大　郷長」と線刻のある石製紡錘車、青銅製の火熨斗などが出土している。これらの資料からこの遺跡の性格は、富豪層の館や下野薬師寺に関連する初期荘園の経営者関連施設、郡衙に勤務する郡雑人関連の施設などと想定されている。

多功南原遺跡の同時期でも中・小規模の竪穴建物で出土した須恵器の主な産地は益子や三毳周辺、新治窯跡群で生産されたもので、さらに供膳具（土師器坏と須恵器坏）の比率は4：6〜5：5程度である。しかし、先に述べた大型建物群の場合は須恵器の比率が9割以上で、さらにその中の8割以上が宇都

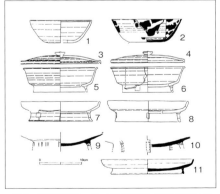

図8　銅鋺模倣1・2，高台に透しのある盤など

宮産であり、残り2割内の過半数が常陸国堀ノ内窯産の製品と想定される。この数値は大型掘立柱建物群に起居した人々が、いかに須恵器を嗜好したかが分かる事例と考えられる。このほか、数点であるが炭化した漆器の椀・皿なども出土している。平城宮の貴族などは漆器を最高級の食器として使用しており、地方においてもこの食器のあり方「宮都の食器様式」を模倣したとも考えられる。これに対して、同遺跡内の西部地区で確認された452号土坑（平面形が円形で断面がロート状の形状の土坑）からは、ほとんど破損していない手持ち食器が80点ほどまとまって出土している。うち2点は高台付坏で、その底には「酒坏」と墨書が記されている。この80点の土器のほぼすべてが土師器であり、それらには使用に伴う摩滅があまり見られない。これらは8世紀中葉から後半頃80人以上の参加者が、一人1点一時的に土器を使用した大饗宴に関する資料とも考えられる。そもそもこの特殊な形状の土坑は、中山晋が府・郡衙・下野薬師寺などの公的施設へ氷を供していた「氷室」と想定している遺構であり、氷供出時の作業に関わる饗宴か公的施設の整備・維持管理などの負担・労働への対価に伴う饗宴や農事に関わる祭礼に伴う饗宴などがあったとも想定される。催事を取り仕切ったのは役人や「富豪之輩」と呼称される相当の階層の者であり、労働力を供出させられたのは庶民であることから階層により「器」の使い分けがあったのか、神事などの祭事用として中世以降のカワラケのように一過性の高い器は土師器が使用されたとも考えられる事例である。

9. まとめ

宇野隆夫は、弥生時代的食器様式は「農民の作った食器」、古墳時代的食器様式は「王権の掌握する工人の作った食器」、古代的食器様式は「国家が駆使する工人の作った食器」、中世的食器様式は「相対的に自立性を高めた商工業者が作り流通させた食器」、近世的食器様式を「幕藩体制下で再編された商工業者が作り流通させた食器」としている（宇野1989）。下野国の古墳～古代の食器様式は、宇野の指摘と一致するか否か。今後も小林行雄が指摘する「時代を代表するものを選ぶことを容易とし、流動する文化の時代と時代との間に、一線を以て境を画することを困難とする立場」にある、下野国の古代の食器（土器様相）から歴史が復元されることを願いたい。

〈参考文献〉

大川　清　1982　『水道山瓦窯跡群』

大金宣亮　1970　「倉見沢窯」『益子の文化財』

宇野隆夫　1989　「古代的食器様式」『歴史時代土器研究』7

宇野隆夫　1994　「一郡一窯体制について」『北陸古代土器研究』4号

内山敏行　1997　「手持食器考―日本的食器使用法の成立―」『HOMINIDS』第1号（CRA）

内山敏行編　2013　『東谷・中島地区遺跡群』14栃木県埋蔵文化財調査報告第360集（栃木県教育委員会）

大橋泰夫　2005　「下野の造瓦」『シンポジウム報告書造瓦体制の変革　―東日本―』（帝塚山大学考古学研究所）

古代生産史研究会　1997　『東国の須恵器』

小池文貞　1966　「食器」『世界大百科事典』第11巻（平凡社）

佐原　真　2005　「食器における共用器・銘々器・属人器」『衣食住の考古学』

篠原祐一・津野仁　1993　『広表窯』栃木県埋蔵文化財調査報告第131集（栃木県教育委員会）

津野　仁　1988　「三毳山麓窯跡群の須恵器生産」『栃木県考古学会誌』第9集

橋本澄朗・梁木　誠　1979　『薬師寺南遺跡』栃木県埋蔵文化財調査報告第23集（栃木県教育委員会）

橋本澄朗・国府紀明　1985　「栃木県烏山町中山窯の検討」『栃木県立博物館研究紀要』第2号

中山　晋　1996　「古代日本の「氷室」の実体～栃木県下の例を中心として～」『立正史学』第79号

西　弘海　1974　「土器様式の成立とその背景」『考古学論考』

西　弘海　1979　「奈良時代の食器類の器名とその用途」『研究論集』『奈良国立文化財研究所学報』第35冊

梁木　誠・田熊清彦　1981　「栃木県における歴史時代の須恵器」『栃木県考古学会誌』第6集

山口耕一ほか　1999　『多功南原遺跡』奈良平安時代編　栃木県埋蔵文化財調査報告第222集（栃木県教育委員会）

山口耕一　2014　「下野国河内・都賀郡の地域開発」『古代の開発と地域の力』（高志書院）

〈挿図出典〉

図1　5．総宮遺跡、他は西下谷田遺跡

図2　1・9・10．東薬師堂7号遺跡、2・3．下野国府、4・5・7．男体山山頂遺跡、6・8・10．下野国分寺出土

図3　1．二ノ谷遺跡D5SI002、2・3塚山南古墳、4．権現山遺跡SG5区、5．権現山遺跡SG10区SI‐88、6．陶邑ON231号、7．韓国慶尚南道禮安里36号竪穴式石槨墓（4～7は内山2013pp792から転載）

図4『甲塚古墳』（下野市教育委員会）

図5　小山市飯塚古墳群31号墳（小山市文化財調査報告第44集『飯塚古墳群Ⅲ』）

図6　1．益子町倉見沢窯出土　2．旧岩舟町寂光沢窯出土

図7　『東国の須恵器』（古代生産史研究会）

図8　2・9・10・11．多功南原遺跡、それ以外は広表窯

写真1・2『古代下野国の歴史』（栃木県立しもつけ風土記の丘資料館）

Ⅴ とちぎの中世

下野市下古館遺跡から発見された御堂と塚・北から撮影
(写真提供：栃木県教育委員会)

中世小山の「まち」
南北朝期の街道と城館と集落

鈴木　一男

１．はじめに

　平安時代の終わり頃、下野国都賀郡小山郷を本拠に小山姓を名乗った政光は、平将門の乱を鎮圧した藤原秀郷の後裔である。1180（治承4）年、源頼朝が平氏打倒の兵を挙げると、これに呼応し、1183（寿永2）年に志田義広を野木宮合戦で撃破、その後は平氏追討や奥州討伐に従軍して数々の軍功をあげ、鎌倉幕府における有力御家人としての礎を築いた。また、南北朝の動乱期になると、小山氏の勢力は絶頂期を迎え、小山義政の代には東国でも最大級の所領規模を誇るようになった。ところが、宇都宮氏との私闘を勢力削減の好機とみた鎌倉公方足利氏満は、1380（康暦2）年6月、義政討伐軍を発向させた。「小山義政の乱」（以下「乱」と表記）である。義政自害後にその子若犬丸も挙兵するが、1397（応永4）年に彼も自害し、ここに小山本宗家は断絶した。

　乱後、「小山遺跡」を得た結城基光は二男泰朝を立て、小山氏の名跡を再興した。永享の乱や結城合戦で幕府方として活躍した小山持政は、1446（文安3）年に再び下野守に返り咲くが、以降の勢力は振るわず、上杉謙信や北条氏康などの名だたる戦国武将に蹂躙され、ついに豊臣秀吉に所領を没収されて小山での歴史を閉じている。

　栄枯盛衰を経つつも、一貫して中世小山の領主であり続けた小山氏の実態解明は、中世下野史上の重要課題であり、多くの研究が重ねられてきた。その中でも、豊富な文献と歴史地理や考古資料を駆使し、全国的な視野に立って探求がなされた『小山市史』は、今日的研究の基点として高く評価されている。また、その研究成果を学術的拠り所とした「鷲城保存運動」（1989年～）は、郷土史への関心を著しく高め、「小山氏城跡」史跡化への端緒を開くと共に、今日の「歴史のまちづくり」に大きく活かされた点は特筆される。

　さて、市史刊行から30年が過ぎ、当時は手つかずの状態であった中心市街地の発掘調査が行われるようにな

り、文献からは知り得ない事実が明らかにされている。とくに、小山氏の重代屋敷である小山荘＝寒川御厨の中でも、中核拠点と重なる旧市街地の祇園城や鷲城、神鳥谷曲輪、鷲城周辺に広がる外城遺跡からは、南北朝を前後する時期の遺構・遺物が多数確認されている。限定的な範囲とはいえ、小山氏全盛期の「小山のまち」の一端を具体的に知ることができるようになった。

2．小山氏の居城・祇園城と鷲城

1991（平成3）年、両城は「小山氏城跡」として国の史跡に指定され、1994年には結城境の中久喜城も追加指定された。

祇園城　「乱」後の小山氏中心城郭である。1986（昭和61）年に行われた城跡北端の調査では、1259（正元1）年から1480（文明12）年までの板碑400余点と、13世紀初頭から14世紀前葉までの古瀬戸蔵骨器が多数出土している。

1995（平成7）年以降に行われた城跡南端「小山御殿広場」の調査では、主に15世紀以降の遺構・遺物が確認された。溝で方形に区画された15世紀代の2つの曲輪は、東西100mを超す規模をもつとみられ、神鳥谷曲輪廃絶後の小山氏居館とすることも可能である。また、所々に残る新たな堀の掘削

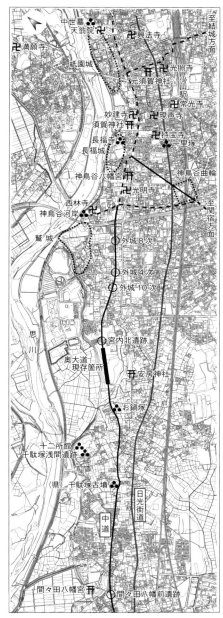

図1　小山の古道と旧跡

と排土による曲輪のかさ上げの痕跡は、北条氏照（ほうじょううじてる）が1577（天正5）年に着手した祇園城改築の跡とされる。このほか、13世紀前半に遡る2条の溝が確認され、城郭に関連するかは別として、一帯の利用開始の時期が鎌倉時代前期に遡ることを明らかにした。

鷲城（わしじろ）　祇園城の南南西1.5kmにあり、思川（おもいがわ）を眼下に望む左岸台地の崖面を巧みに利用して築かれている。中ほどを東西にのびる大規模な堀と土塁により北の「中城（うちじろ）」と南の「外城（そとじろ）」に二分され、中城の北東端に櫓台（やぐらだい）、東西中央に追手（おうて）と搦手（からめて）の虎口（こぐち）、南端中央に外城へと通じる虎口が現存する。「乱」では本城が中心になり、祇園城や宿城、岩壺城、新城を構えて防禦したことが知られる。築城の時期は南北朝の頃と推定され、大規模な堀などは戦国時代に改修の手が加わるとされる。

城内で行われた発掘調査は規模も小さく、考古学的成果に乏しいが、1992（平成4）年に北東櫓台脇で行われた調査で、14世紀後半の土器が堀から出土しており、南北朝期後半を遡る築城が確実になった。また、1996（平成8）年に行われた範囲確認調査では、16世紀代の国産陶器皿が東側の堀から出土しており、鷲城が戦国時代にも利用された可能性はさらに高まった。

写真1　鷲城・南西から撮影

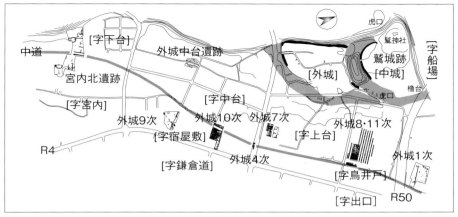

図2 鷲城と中世遺構

3. 小山氏の居館・神鳥谷曲輪

　鷲城の東1km、祇園城の南1.5kmに残る「字曲輪」の地に所在する。JR宇都宮線を挟む東側に長さ60mの土塁が現存しており、早くから小山氏の館跡として知られていた。2007(平成19)年に発掘調査が行われ、14世紀代の小山氏居館の可能性が一段と高まり、同年、市の史跡に指定されている。

　調査では古道と掘立柱建物8棟、井戸20口、溝7条のほか多数の土坑や柱穴が検出され、遺構内外からは大量の土器や陶磁器、木製品(漆器・桶・曲げ物・箸・櫛・下駄・将棋の駒)、金属製品(鋤先・鉄釘)、石製品(宝篋印塔・五輪塔)、植物遺存体(桃・梅の種や胡桃)が出土した。

　古道は居館の造営に先立って作られ、地表を掘削して路面とする掘割構造(図7参照)の道である。路面幅は4〜5m、側溝を含む道路敷は6.5〜7.5mほどになる。平坦で硬くしまった路面が2面確認され、上位の路面からは大量の土器が出土している。下位の路面から採集された炭化材の放射性炭素年代測定による暦年代が1270年であることから、古道は13世紀後半以前に作られ、14世紀に入る頃、土器

写真2　神鳥谷曲輪古道

中世小山の「まち」

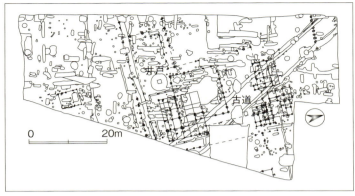

図3　神鳥谷曲輪

の一括投棄と道の封鎖が行われて、居館が造営されると考えられた。

　主な居館関連遺構は掘立柱建物である。調査区中央に重複して建つ2棟は、方形に近く規模も大きいことから中心的建物と考えられる。うち1棟は156㎡の側柱建物、もう1棟は北を除く三方を溝で囲み、113㎡の身舎南側に庇を設けた建物である。南西角に木枠を方形に組んだ立派な井戸を設け、北側には中・小の掘立柱建物4棟が建ち並ぶ。これらの建物は塀で囲まれていたと考えられる。確認した建物の方位軸は、現存する土塁のそれとは明らかに異なり、建物や土塁の改修・改築も視野に入れる必要があろう。

　なお、当該地は青蓮寺跡とみる向きもあり、調査でも石塔などの宗教遺物が少量出土している。しかし、ハレの器とされる"かわらけ"の大量投棄や複数の掘立柱建物、多数の井戸が作られるなど、やはり居館とすべき遺跡であり、百間四面の広大な敷地をもつ居館の造営者は小山氏をおいて考えられない。現存する土塁の東から南側の周辺地では、掘立柱建物や堀が確認されており、居館に関連する施設が広範に分布していたものと思われる。

4．街道沿いの集落・外城遺跡

　鷲城の東から南に広がる古代から中世の遺跡である。1988（昭和63）年以降、国道4号西側の7地点で発掘調査が行われ、大規模な古道に沿って分布する多数の中世遺構が確認された。主

写真3　外城8次竪穴建物跡

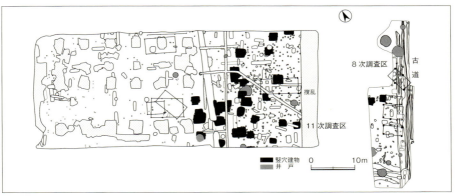

図4 外城8・11次調査

な調査区の概要は、以下のとおりである。

第8・11次調査区 鷲城追手の東300mに位置し、主な遺構は古道の側溝と掘立柱建物8棟、竪穴建物28棟、溝4条、井戸13口のほか、葬送に関係する地下式壙1基である。外城字上台と神鳥谷字鳥井戸の字界にある複数の溝は、古道の西側側溝であり、12世紀末から15世紀初め頃の土器が出土した。3時期の改修が想定できる。

鷲城寄りに集中する竪穴建物は、一辺が2～3mの方形で、四隅のうち1カ所を掘り残して出入口とし、2～3本の柱で屋根を支えるものが多い。ほとんどの出入口が南東隅か北東隅に設けられ、東を通る古道が強く意識されたと思われる。東西方向の棟をもつ建物は19棟で、調査区北東部に南北棟5棟が偏在する。出土遺物は14世紀前半から15世紀後半までの土器類であるが、ごく少量であった。地下式壙からは15世紀後半の土器が出土した。

第4・7次調査区 8次調査区の南西300mに位置し、主な遺構は古道（4次）と大型掘立柱建物（7次）である。外城字上台と神鳥谷字宿屋敷の字界に位置する古道は、両側に3～4条の側溝を伴う掘割構造の道である。当初の路面幅は11.8m（道路敷13m）で、その後は10.2mから9.8mに縮小される。

古道から60mほど鷲城寄りに、大型の掘立柱建物3棟が並ぶ。北側に配された南北棟2棟は、2×5間（40㎡）と2×4間（32㎡）の身舎の四方に庇を設け、身舎北側に間仕切柱をもつ。また、南側の建物は総長14.8mの東西棟で、3×7間（54㎡）超の身舎に東面

中世小山の「まち」 265

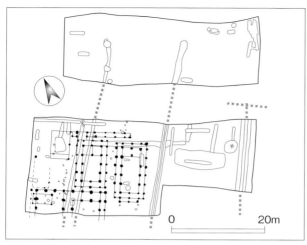

図5　外城7次調査

は外城字中台と神鳥谷字宿屋敷の字界に位置し、ここから西側に延びる並行溝は、本道から西に分岐する小路の側溝であろうか。遺構の分布は古道の奥40m付近までが濃密で、南北や東西方向の溝に区画された様子がよく分かる。

　字界を通る古道は、現地表下0.9mに路床(ろしょう)を設けた掘割構造の道で、8.7mほどの路面両側に側溝を付し、道路敷は12.5mほどになる。路床の上に粘性土を薄く盛って路盤(舗装)とし、下位の路面には轍(わだち)や補修痕が多く残り、上位の路面には往来による硬化面が蛇行して残る。西側溝は14世紀後半頃に埋没し、東側溝はその後しばらく維持されるが、やがて道路敷の一部が狭小な道として機能する程度になるようだ。道路敷からは13世紀前半から17世紀前葉までの土器類が出土し、特に14世紀から15世紀前半までの遺物が多数を占めている。この時期が道路の往来や集落の盛期とみられる。

　集落に関連する遺構のうち、溝と掘立柱建物には対応関係を推定できるも

する庇を設ける。この建物群は西から北側を塀で囲み、東側を南北方向の溝で区画したもので、塀の北西角に建つ1×3間(20㎡)の南面庇付き掘立柱建物付近が門口(かどぐち)であったと思われる。

　なお、建物群と南北溝の間にある長さ10mの長方形土坑内からは、焼土や炭化材に混じり土器や鉄釘、飾り鋲などが出土した。土坑の用途は不明だが、火災で焼け落ちた建築部材が投棄されたのであろう。

　7次調査区出土の遺物のうち、土器類の多くは14世紀から15世紀前半頃までのものと考えられる。

第10次調査区　4次調査区の南西150mに位置し、古道や多数の掘立柱建物、溝、井戸などを確認した。古道

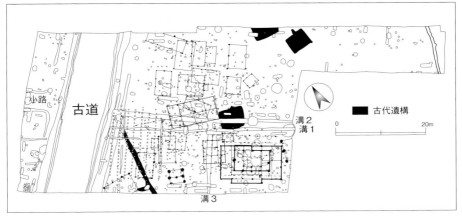

図6　外城10次調査

のがある。溝の切合いから、古道脇を南北にのびる溝が最も古い（1期）。掘割構造の古道に先行する道路側溝の可能性もあるが、14世紀前半以前に設けられたと考えられる。その後、古道東側は東西方向の溝1により南北に区画され（2期）、さらに溝1を北側に付け替える形で溝2を掘り、ほぼ同時に溝2から南に向かう溝3を取り付け、南区が東西に分割される（3期）。2期は14世紀後半頃、3期は14世紀末〜15世紀前半頃と考えられる。一方、南東区画の掘立柱建物のうち、身舎東側に間仕切を設け、神鳥谷曲輪の中心建物規模に匹敵する2×6間（110㎡）の建物は2期の溝と、また北西隅に張出しをもつ1×4間（44㎡）の建物は3期の溝と軸方位が一致して

おり、区画溝に対応する建物と推定できる。3期の建物規模はさしてないが、周囲を塀で囲み、北西隅に1×1間の小屋と門口を設けた閉鎖的な屋敷地とみられる。

なお、道路敷や井戸・土坑・柱穴からは、椀形滓をはじめとする鉄滓や砥石、板碑片が出土しており、付近に鍛冶関連遺構や墓地の存在が推測される。

5．周辺の中世遺構

外城遺跡の南北両端では、古道と交差する区画溝や井戸以外に目ぼしい遺構は確認されておらず、集落の中核部は鷲城に面して営まれたようである。

また、外城遺跡南の宮内北遺跡でも、1982・84（昭和57・59）年の調査で古道と竪穴建物、溝、井戸が確認され

写真4　宮内北遺跡古道跡

写真5　宮内北遺跡現存古道

ている。外城字下台と粟宮字宮内の字界に位置する古道は、両側溝を備えた掘割構造の道で、路面幅8m、道路敷11.5mほどになる。路面中央に轍が多く残り、土橋を架けた側溝からは13世紀後半から15世紀前半までの土器類が出土する。古道近くにある竪穴建物4棟のうち、2棟は出入口を古道に向けており、他の2棟から出土した土器類は12世紀後半と14世紀後葉から15世紀前半までの年代を示す。調査区東側には延喜式内社の安房（あわじんじゃ）神社が鎮座し、南西側には窪地となって残る古道跡が400mほど続き、土塁などの要害地形も残る。

さらに、外城遺跡の南西約3kmにある間々田八幡前遺跡でも、2011年の調査で路面幅10m、道路敷幅12mほどの古道が確認された。詳細は不明であるが、外城遺跡から続く一連の古道とみてよく、総合すると鷲城以南4.5kmの道筋をほぼ確定したことになる。

6．中世小山のまちを考える

小山氏の中核拠点を通る古道と、周辺の城館や集落に関する最新の調査概要は以上のようであった。そこで、考古学的成果を中心に据えて、そこから垣間みえてきた南北朝期の「小山のまち」の景観をどのように捉えることができるのか、私見を述べてみたい。

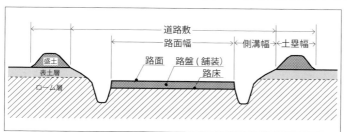
図7　掘割構造古道模式図

古道 中世都市鎌倉と東国を結ぶ主な幹線道には、上・中・下道の3道があった。このうち、下野国を通る中道は「中路」・「奥大道」とも呼ばれ、小山―宇都宮―那須を通って奥州に至ることが、『吾妻鏡』建久8年6月2日条から判明する。さくら市氏家以南に限れば、概ね国道4号（奥州街道）のルート上に比定されている。外城遺跡ほかで確認された古道は、国道4号の西側を思川崖面に沿って南西から北東方向に向かい、全体としては最短距離を通る直線的な道である。掘割構造の路面は、現在の幹線道3車線分に匹敵する幅9mほどもあり、両側に側溝を設けた堂々の大道であった。路床に盛土して舗装面を設ける個所や外縁に土塁を伴う個所があること、轍の補修や側溝の改築を確認できることは、作道はもとより、その後の維持管理にも意を注いでいたことを示している。

遺構や痕跡が各所に残り、比較的よく研究されている埼玉県内の上道でも両側溝・掘割構造の個所は多いが、路面幅は毛呂山町堂山下遺跡で約3m、小川町伊勢根で約7m、寄居町赤浜で約6mとやや狭い。規模的にこれらを超す外城の古道とは、鎌倉と奥州を結ぶ往時の幹線道、「中道」の蓋然性が極めて高いといえる。

当時、宿の管理や警護をはじめ、道路の維持・管理は沿道の守護や地頭に課されていた。掘割構造の道は、作道に多くの労力や費用を要する反面、通行の障害になる草木の繁茂が抑制され、維持・管理の手間を省く効果が高いと理解される。長期にわたり道としての形状や機能を保持できることは、かつての掘割状道路が今日も地上で確認できることが雄弁に物語っている。

こうした中世道の規模や構造の違いには、道の成立事情や地域の実情が反映され、また領主層の権威を示す機会ともなっていたであろう。市域北部の道筋は同定し難いが、北東約10kmの下野市下古館遺跡や道金林遺跡で調査された路面幅11mの古道に繋がるとみて間違いない。

集落 外城遺跡に広がる中世集落（以下「外城集落」）は、概ね13世紀から15世紀前半にかけて営まれ、14世紀に盛期を迎えている。道の両側は主に東西方向の溝で区画され、延長700m、奥行40mほどの限られた範囲に集落の中心が形成される、いわば街道にへばりついて発達した集落である。

遺構の種別に注目すると、竪穴建物が集中する北区（8・11次調査区）、大型の掘立柱建物が整然と並ぶ中区（7次調査区）、中小の掘立柱建物が群在

する南区（10次調査区）のほか、区画溝と井戸以外に遺構が確認できない南北の外縁部（1・9次調査区）というように、区画毎の遺構に特色を見出すことができる。各遺構の構築時期や性格については、今後も十分な検討を継続すべきではあるが、用途や機能別の計画的な土地利用が想定できそうである。

　その中で、北区に集中する竪穴建物は、平地式建物が一般化する中世にあっても、東国では少なからず確認できる半地下構造の建物である。一般に、貯蔵や一時的な居住の施設、工房など、多機能な建物といわれるが、鎌倉では物流に係る倉庫説が有力である。祇園城でも調度品や武具などを収納する倉庫に利用された形跡がある。近年の考古学の発掘成果では、地域間の交易・流通は鎌倉時代に著しく発達したことが分かっており、竪穴建物を主体にする東国の集落は、街道や河川などの流通拠点に成立する状況が重視されて「宿」「市」「津」の有力候補と言われるようになった。これに従えば、幹線道沿いに開けた外城集落の存立基盤を道＝陸上交通に求め、宿や市の性格をもつ集落と解釈することが最も妥当といえる。

宿　小山氏の中核拠点内の宿に関する確実な史・資料の初見は、静岡県御殿場市宝持寺仏像台座銘にみえる「天王上宿」（1445《文安2》年）であるが、「乱」時の軍忠状に「兵（天ヵ）王口合戦」（「高麗師員軍忠状写」1380《康暦2》年）の記載がみられるなど、その成立は14世紀に遡るといわれる。場所は元須賀神社（牛頭天王社）の門前にあたる祇園城北側付近が想定された。これとは別に、鷲城付近にも宿・市・津の存在が推定されており、天王宿が小山氏中核拠点の北側・祇園城に面して開ける宿であるとすれば、外城集落はその南端・鷲城に面して開けた宿や市であったといえる。

　宿には旅人が宿泊できる施設があり、宿泊者に対応する住民（在家）が必要である。さらに、食事や必要物資を旅人に供給するための市が近くに用意されることが望ましい。上道沿いの「苦林宿」である堂山下遺跡や奥大道沿いの宿とされる福島県郡山市荒井猫田遺跡では、街道に面した短冊形地割りの中に小規模の掘立柱建物が建ち並び、奥には井戸や倉庫、あるいは大型の建物が建つといわれる。外城集落ではさほど明確ではないが、竪穴建物群の前面や南区の街道近くに小規模建物が建つ傾向は認められ、恒常的な生活を示す井戸も多く確認できる。おぼろげながら、宿の遺跡に近い状況が見て

取れるのであり、やや奥まってつくられた竪穴建物は商工業者等の荷を一時的に保管する倉庫であったのかもしれない。

　また、中区や南区の建物は規模が大きい上、柱間寸法に６尺５寸（約197㎝）を用い、溝や塀に囲まれるなどの規格性が認められる。街道近くに建つ小規模建物が一般住民の居宅や旅泊施設であるとすると、異質な建物である。宿遺跡の中には、街道に隣接して居館を営む例も多く、南区に「宿屋敷」の地名が残り、中区の建物が整然と配置されていることは、宿の管理を行う有力住民の屋敷や交通の要衝に関与する領主層の直轄施設などを想定することも可能であろう。鷲城に近接する中区の建物群は、あるいは城郭に関わる軍事施設と考えることもできる。

市・津　鷲城付近に想定された市や津については、今日まで発掘調査が行われておらず、実態は不明である。

　近世小山宿では２と７の六斎市が開かれていた。二日市に関しては、『小山砂子』（文政頃）に「二日市村」の村名がみえ、「二日市」と呼ばれた場所を神鳥谷曲輪西方とする。また、『大日本沿海輿地図』（伊能図）は、粟宮村と小山宿の間に水野日向守領分として「二日市村」を置く。小山市史は、二日市の場所を光明寺南側に推定し、あわせてその南に隣接する「神鳥谷字出口」を戦国期祇園城下の南出口「四ヶ布口」に比定した上で、ここを四日市（四ヶ布）と推定した。一帯に市町が形成された、と考えたわけである。

　この付近には神社由来の地名が多く残り、「日光道中分間延絵図」（1806《文化３》年）は光明寺と西林寺間に市神である大国主神を祭神とする「山王（社）」を描いている。蛇足になるが、８次調査区付近の字名「鳥井戸」は「鳥居跡」の当て字であり、かつてこの付近に神社（鷲神社？）や鳥居が立っていた名残であろう。それはさて置き、二日市や四日市の所在地が中世まで遡る確証はないが、古くから人と神仏の境界領域に観念されていたと解すれば、市立てが行われた蓋然性は高くなる。絵巻に描かれた市店は、遺構として残りにくい簡便な造りの小屋であり、区画溝と井戸しか検出されない１次調査区などは候補地の１つといえそうである。

　津に関しては、鷲城北側に残る「字船場」の地が想定されている。近世以降の思川筋は多くの河岸が設けられ、舟運が盛んであったことが知られ、『下野一国』（1649《慶安元》年）に登場する「神鳥谷河岸」であろうといわれ

る。また、西林寺は浄土真宗寺院であり、初期門徒に漁労民や河川交通従事者が多いことからも、中世に遡る船着場の跡と想定されている。

　鎌倉中期以降、金沢氏一族の所領になった下河辺荘の年貢等は、利根川を利用して武蔵六浦湊（むつらのみなと）まで水上輸送されたことが知られている。渡良瀬川を介し、約10km上流の小山荘乙女郷も同じ頃に金沢氏領化しており、思川から利根川へと伝う河川輸送も同様な状況にあったことが容易に推測できる。江戸時代、字船場の下流6kmの乙女には中請積替河岸として栄えた乙女河岸があり、日光東照社大造替の際にここから至近を通る日光街道へと荷が運ばれた。近世の日光街道と思川水運が密接であったように、中世においても水陸の交通や物流が不可分の関係にあったと考えられよう。

7．まとめ

　近年の発掘調査により、小山氏城館鷲城と神鳥谷曲輪の間を中世幹線道「中道」が通り、その沿道には14世紀を前後する時期の集落が営まれていることが判明した。そこには小規模な建物が建ち、やや奥まって倉庫と思われる竪穴建物群があり、領主や有力住民との関わりが想定できる規模の大きな建物が建つ景観を宿と捉えた。また、出土遺物の内容からは鍛冶師の住まいや工房、集落に付随する墓地を近隣に推定できる状況であり、かねてから想定されてきたとおり、市や河津も存在する可能性が高いことを再確認した。つまり、水陸の交通や物流の核と交易の核が一体化した要衝地となり、後世の城下町へと発達の途上にある都市的な場が形成されていたと推測したい。

　ところで、領内を通る中道の整備は、下野国内で1、2の勢力を争う小山氏の実力を内外に示す土木事業であったと思われる。と同時に、全国で活発化する交通や流通のネットワークを取り込み、自領内の経済拠点化を推し進めるための積極的な働きかけと捉えることもできる。神鳥谷曲輪で確認された古道は、下総の小山氏一族下河辺氏や結城氏の本拠地に通ずる重要な道である。14世紀に入る頃、ここに居館を構えるに至った経緯は、軍事的な緊張もさることながら、居館に突き当たる道を西方の外城集落や字船場の地に導引し、水陸交通・物流・交易の重要な結節点として一層の強化を図り、小山氏の新たな経済拠点に取り込む必要があったのだろう。外城集落を挟み居館と城郭を築くことで、小山氏の中核拠点は南に拡大されていったのであ

る。

　この時期、小山氏中核拠点の北端に天王宿があり、南端の外城にも都市的な場が形成されていた。残念ながら、その中間の長福寺城付近の様子は発掘調査が行われておらず不明であるが、北方の市内喜沢の日光道西遺跡に河津を伴う集落あるいは城館と思われる場所が確認され、その7km先の下野市でも小山氏の関与が指摘される宿・市の候補地下古館遺跡が形成されていた。さらに、外城集落の南約6kmの乙女にも宿（「乙女郷年貢取帳」1332［元徳4］年）があったと考えられており、小山氏領内の中道沿いは、下野随一の勢力を保持した小山氏にふさわしい賑わいを見せていたことであろう。

　外城集落の性格把握と歴史的評価を行う上で、関連分野との学際的研究は勿論のこと、さらなる発掘調査の進展と比較研究が不可欠になる。外城遺跡に限らず、現在の小山市中心市街地は、宅地や商業地として開発し尽くされた感がある。それでも、発掘調査が可能な地点は点々と残されており、今後も地道な努力が積み重ねられることを願う。

　末筆になるが、小山市教育委員会からは写真の提供を受けた。記して感謝申し上げる次第である。なお、遺構実測図は各報告書掲載図に加筆・修正を加えて掲載した。

〈参考文献〉

飯村　均　2009　『中世奥羽のムラとマチ』（東京大学出版会）

江田郁夫　2010　『中世東国の街道と武士団』（岩田書院）

小山市　1984　『小山市史』通史編Ⅰ

小山市教育委員会　2001　『小山氏城跡範囲確認調査報告書Ⅰ』

小山市教育委員会　2006　『外城遺跡Ⅲ』

小山市教育委員会　2007　『祇園城跡Ⅱ』（第1分冊）

小山市教育委員会　2010　『外城遺跡Ⅳ』

小山市教育委員会　2010　『神鳥谷遺跡』（第1分冊）

小山市教育委員会　2011　『神鳥谷遺跡』（第2分冊）

斎藤慎一　2010　『中世東国の道と城館』（東京大学出版会）

斎藤　弘　2012　「遺跡が語る中世の小山」『下野小山氏』シリーズ・中世関東武士の研究（戎光祥出版）

田代　隆・鈴木泰浩　2005　「道・市・宿―下古館遺跡とは何か」『知られざる下野の中世』（随想舎）

Column
下古館遺跡

　下古館遺跡は、旧国分寺町と旧南河内町の境界に存在した遺跡で、現在は下野市となっている。地元の伝承では、承応2（1653）年に小金井村と薬師寺村の間で、その所有を巡って村境論争が起こり、熱く焼けた鉄の塊を握って勝敗を決める「鉄火裁判」の結果、小金井村側が勝ったとされている。江戸時代に裁判まで引き起こした土地の面積はおよそ80,000㎡の規模で、東京ドーム2個分の広さとなる。遺跡の主要部分は上幅4.5m、深さ2～2.5m、その形状から「薬研堀」と呼ばれるV字形の堀が南北約480m、東西約160mの範囲で一周し、その中央を「うしみち」と伝承される古道が通過している。堀とうしみちが交差する北と南の箇所では堀が途切れており、先にこの地を通過していた道の周囲を取り囲むように堀を巡らし、周囲を隔絶させたとも考えられている。ただし、堀とセットとなる土塁は確認されていない。

　この遺跡の主要部分からは、両側に側溝のある道（うしみち）のほか、方形竪穴遺構、掘立柱建物跡、井戸跡、土坑、墓坑、溝などが発見されている。堀に囲まれた南北に長い範囲の中央を道が縦断し敷地を二分しているが、その西側のほぼ中央には外周の堀と同規模・同形状の一辺25mの堀が方形に巡ってさらに隔絶した空間を作り出している。この空間に入るためには、方形の堀の南にある木製の橋を渡ったのであろう。また、堀の底には人の拳から子供の頭大の礫が丁寧に敷かれていた。この方形溝の中には「堂か社殿」と想定される建物の存在が確認されており、堀を挟んでその北側には直径8m、高さ50cmの塚があり、この塚の表面には扁平な川原石を積み上げ、塚の中央には凝灰岩製の五輪塔が建てられていたのか破片が多数出土しこれらに混じって瀬戸・常滑などの陶器の破片や板碑片、火葬骨片などが出土した。この塚が、「餓鬼草紙」に描かれたような塚であるならば、その南で堀に囲まれた中で小高い位置に存在した宗教施設は、阿弥陀堂や地蔵堂「供養堂」のような

性格の建物だったのだろうか。付近からは、像高4cmの青銅製千手観音像も出土している。

　この遺跡の主な出土遺物は、中国産の白・青磁、国産の瀬戸・常滑・渥美産の陶器のほか、在地産の土師質・須恵質・瓦質の皿・鉢などがある。また、九州長崎で生産されたと想定される滑石製石鍋のほか、砥石、硯、温石、弘安四年銘の板碑、鉄鍋、小刀、銭貨などの金属製品、漆塗椀、鉢、小皿、曲物・桶、櫛、草履の芯、笊、烏帽子や笛なども出土した。これらの遺物からこの遺跡は、13世紀初頭から15世紀の約300年間存続したと考えられている。

　この遺跡は、当時の下野国を代表する有力氏族である宇都宮氏と小山氏、双方の勢力範囲の外縁に相当する位置にある。網野善彦は権力と権力の狭間を「無縁の地」と評価した。調査を担当した田代隆は、長方形の堀とその外側の堀の存在から幹線道路であるうしみち（奥大道）を下古舘遺跡部分で一つにしぼる、すなわち大道を通過する人も物資も必ずこの範囲を経由するように仕向けることが目的であったと想定している。また、田代は当遺跡を含む宇都宮・小山間の奥大道は、一か所も低地を横切らない、つまり、馬が足を取られることなく走らせることが可能な道であるとも指摘している。

　石井進は、福島県会津高田町に伝わる『連釈之大事』に記された「宿町」「市」の構造、『一遍聖絵』備前福岡市と下古舘遺跡の類似性を指摘し、奥大道沿線で武家勢力の境界に開かれた「市・宿」と想定している。遺跡はニュータウン開発のため記録保存とともに煙滅したが、今でもさまざまな問題を提起し続けている。遺跡から北へ延びるうしみち上には、現在、自治医科大学がある。この地の字名は「祇園」であり、田代は、当遺跡は牛頭天王を祀る八坂神社の門前市・宿とも想定していた。

（山口　耕一）

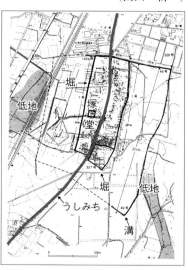

図1　下古舘遺跡

Column
発掘された烏帽子

1．烏帽子の歴史

中世前期では「烏帽子を被ぶらぬまま露頂を他人に見せることを恥辱」(『国史大辞典』「烏帽子」の項)とするほどだったようだ。しかし、よくテレビで見る江戸時代を舞台にする時代劇ではほとんど烏帽子は登場しない。15世紀あたりから、烏帽子を被らない風習が一般庶民にまで広がってようである。現在では大相撲中継で行司の頭に烏帽子を見るくらいだろうか。

さて、主に絵画史料を用いた服飾史や文字史料からの有職故実研究から語られることの多い烏帽子だが、近年、各地の発掘調査で発見されるようになった。そこからみえてきたことを紹介したい。

2．下古館遺跡の烏帽子

右上の絵画は室町時代の『七十一番職人歌合』である。右の男性職人は「烏帽子折」と紹介されている。膝先に置かれた立烏帽子を右手の鏝で折り目をつけ、折烏帽子に仕立てている。貴族用の立烏帽子を「折る」

図1　七十一番職人歌合(栃木県立博物館蔵)

と侍・庶民のための折烏帽子になる。下古館遺跡の烏帽子もこのように、立烏帽子を左右に2度折られて成形されている。発掘報告書(田代他1995)で復元されたサイズは、幅約25cm、高さ18cm、下部の縁辺の幅約2.4cm、縁厚2mmで縁の部分の円周が54.9cmである。小学生の帽子くらいだろうか。写真は発掘報告書・埋蔵文化財センターの『研究紀要第20号』(田代2012)に詳しい。絵画からわかる制作方法を発掘された烏帽子が証明していると言っていい。

さて、下古館遺跡は1982(昭和57)～1990(平成2)年に調査が実施

された。道路を中心とした中世都市として注目を集めた遺跡である。烏帽子が出土しているのは1991（平成3）年の段階で全国で5遺跡。1995（平成7）年の発掘報告書刊行時でも15遺跡しかなく、全国でもかなり早い時期での発見であった。各遺跡の烏帽子は、ほとんどが著しく破損しており、周辺の土ごと取り上げられる例もあるなど、図化されているのは、当遺跡を含めても3遺跡しかない。

3．増える「発掘された烏帽子」

烏帽子の出土事例は、その後増え、2012（平成24）年の集計で45遺跡と報告されている（田代2012）。これによると、時期の特定できるものの4割弱が13世紀から14世紀であり、15世紀以降のとされるのは3遺跡にとどまる。また、ほぼ4割が井戸もしくは墓坑からの出土で、他は溝など多様である。下古館遺跡の他にも新潟県沖ノ羽遺跡、千葉県西野遺跡、石川県宮保B遺跡・宮保館跡では詳細な観察や理化学的な分析がされており、下古館遺跡では外面に紙、内面に絹を使用しているのに対し、他遺跡は外面に絹、内面に紙となっているなど材質や制作方法の違いもわかってきている。こういった発見は考古学ならではだろう。

2014（平成26）年に岡山県の鹿田遺跡で、14世紀初めとされる墓坑より烏帽子を被ったままの人骨が発見された。小刀や中国製の青白磁が副葬されていたことからもこの人物の社会的地位も想定できそうである。

土器や石器と違い、漆・布・木製品などが出土するには地下水位が高いことなどかなり条件が限定されるが、発掘された烏帽子の時期が服飾史や有職故実研究の時期と一致する。さらに資料が増えれば、出土遺構や出土状況から何らかの特徴も浮かび上がってくるのではないだろうか。

（馬籠　和哉）

〈参考文献〉

広川二郎　1995　「服飾と中世社会―武士と烏帽子―」藤原良章・五味文彦編『絵巻に中世を読む』（吉川弘文館）

田代他　1995　『下古館遺跡』（栃木県教育委員会・（財）栃木県文化振興事業団）

田代　隆　2012　「下古館遺跡出土の烏帽子について（1）」（『研究紀要第20号』（（財）とちぎ未来づくり財団　埋蔵文化財センター）

山口耕一　1992　「所謂中世遺跡出土の烏帽子について―烏帽子雑考―」『研究紀要第1号』（（財）栃木県文化振興事業団　埋蔵文化財センター）

国宝　鑁阿寺本堂をめぐって

足立　佳代

はじめに

2013（平成25）年8月、鑁阿寺本堂が国宝に指定された。鑁阿寺本堂は、栃木県でも数少ない中世の建造物である。国宝指定に先立って2009～10（平成21～22）年に屋根の葺替えを主とした保存修理が実施され、あわせて、建造物調査が行なわれた。瓦の考古学的調査、建築部材の放射性炭素年代測定（以下、炭素14法と表記）も実施され、ひとつのお堂に多方面からメスが入れられた。

1．鑁阿寺の歴史

鑁阿寺の創建から中世にかけての歴史をみてみよう。鑁阿寺境内は、二町（約200m）四方の堀と土塁に囲まれている。これは、そもそも源姓足利氏二代目・足利義兼の居館として築造されたからである。では、なぜ館が寺院になったのであろうか。

義兼の妻・北条時子（政子の妹）が身ごもった際、陰陽博士にお腹の子は女子と予言された。男子を望んだ義兼は、真言密教の道場である伊豆走湯山から理真朗安を招いて変成男子法を修させたところ、生まれた子供は男子であった。嫡子・義氏である。これを契機に義兼は理真に篤く帰依し、居館に持仏堂を建てて、理真を住まわせた。1189（文治5）年のことで、この持仏堂こそが鑁阿寺の前身であるとされている。

同じ頃、源頼朝による奥州合戦に出陣した義兼は、戦勝祈願のため理真に樺崎の地を寄進し、樺崎寺を建立

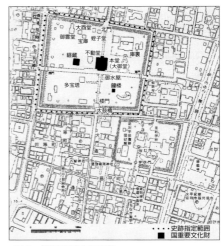

図1　鑁阿寺境内平面図

写真1　鑁阿寺境内・南上空から（足利市教育委員会提供）

写真2　鑁阿寺本堂

した。義兼は、鑁阿・樺崎両寺に真言密教の本尊である大日如来を祀り深く信仰し、1196（建久7）年東大寺で出家、「義称（ぎしょう）」あるいは「鑁阿（ばんな）」と名乗ったという。「鑁阿」とは、梵字の「𑖞（バン）」「𑖀（ア）」の音にそれぞれ漢字を当てたもので、「バン」は金剛界大日如来を「ア」は胎蔵界大日如来を表している。

　鎌倉幕府の重臣として活躍した足利氏はその住まいを鎌倉に移し、義氏は持仏堂を中心として境内伽藍の整備に努めた。「大日如来大殿」の棟札の写しによれば、1233（天福2）年に大日如来を祀る御堂が建立されたことがわかる。義氏の子・泰氏（やすうじ）の代には、「鑁阿寺」の寺号が使われ、一切経会など大規模な法会も行なわれる大寺院へと発展した。

　しかし、1287（弘安10）年、落雷により本堂が被災した。当主となった六代目の貞氏（さだうじ）は、大御堂の再建を図り、1299（正安元）年に竣工した。南北朝の動乱を経て、貞氏の子・尊氏が室町幕府の将軍となり、鎌倉公方が東国を治めるようになるが、足利将軍家も鑁阿寺に所領や宝物を寄進し、一族の菩提寺である鑁阿寺を保護した。1358（延文3）年には尊氏の百箇日の法要が鑁阿寺本堂で執り行われている。しかし、次第に将軍家が疎遠となる中で鎌倉公方による鑁阿寺、樺崎寺への関与が大きくなっていった。

　室町時代中期には、鎌倉公方により管理された。寺伝では、一切経堂の修理を1407（応永14）年に実施、同年本堂の修造が始まり、1432（永享4）年まで工事が続けられた（応永の大修造）。1413（応永20）年には樺崎寺で満兼の十三回忌法要、御廟（ごびょう）供養が営まれている。

　永享の乱（1436年）により鎌倉公方

国宝　鑁阿寺本堂をめぐって　279

は断絶し、その後、古河に御所が置かれ、古河公方により鑁阿寺が管理された。戦国期は関東管領上杉氏の家宰であった長尾氏が足利を治め、鑁阿寺を保護することとなった。

2．建築史からみた鑁阿寺本堂の価値

鑁阿寺本堂は、平面が桁行、梁間ともに5間（56尺）の正方形で、広さは291.4㎡・約88坪である。桁行の柱の間隔は、中央の3間がそれぞれ12尺、両脇が10尺、梁行は中央間が16尺でその他がそれぞれ10尺である。柱の礎石から棟の頂上までの高さは50.35尺・15.256mである。

屋根は入母屋造の本瓦葺きである。入母屋造とは、上部が切妻、下部が四方へ勾配をもつ屋根の形のことで、本瓦葺きとは、丸瓦と平瓦を交互に葺く葺き方である。

鑁阿寺本堂が国宝に指定された理由は、鎌倉時代に当時最新の建築様式である「禅宗様」がいち早く取り入れられた密教本堂であること、応永の大修造によって、より荘厳が高められたこと、禅宗様の受容と定着を示す建造物として価値が高いことである。

「禅宗様」が導入された頃は、鎌倉の建長寺や円覚寺など鎌倉五山に最先端の建物が建築されたであろうが、当時の建物が残されていない現在、貴重な建物なのである。

また、これまでも建築年代は鎌倉時代後期の1299（正安元）年とされていたが、応永の大修造によって瓦葺きとなり、柱も取り替えられるなど具体的な修理の様子が明らかにされ、さらに、その後の修理歴もより明確になったことで、文化財の修理の歴史を考える上でも重要な資料と評価された。

3．放射性炭素年代測定法とは

鑁阿寺本堂の調査では、建築史と考古学で相対年代を、炭素14法で絶対年代を推定して、建築年代や修理の経過などを明らかにした。では、炭素14法とはどのような調査方法であろうか。

宇宙線による核反応で生成した炭素14は、酸素と結びついて二酸化炭素となり、光合成によって植物に取り込まれ、食物連鎖に従い動物の体内にも摂取される。動植物には炭素12、炭素13などの炭素が含まれているが、放射性元素である炭素14はほかの炭素と違い、その濃度が生物の死後一定の割合で減りその半減期は5730年である。この性質を利用したのが炭素14法で、木片や骨などの生物遺体の一部を加速器により炭素14の数を測

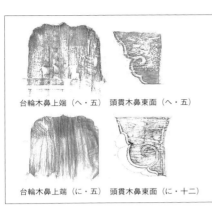

図2 鑁阿寺本堂の木鼻の摺本（上段は正安、下段は応永の木鼻）（文献3より）

り、年代を判定する。

測定できる年代の範囲は数百年から数万年の間とされ、考古学や人類学の分野で利用されてきた。国立歴史民俗博物館により、弥生時代が今までより500年さかのぼると発表されたのも、この炭素14法による研究成果である。

推定できる年代の範囲が広いことから歴史時代の建物に応用するのは難しいとされてきたが、10年程前、中尾七重と今村峯雄によって古民家で炭素14法による調査が実施された。これ以降、古建築の年代は、年輪年代法とともに炭素14法により調査が進められ、近年その成果が認められるようになった。

実際の調査では、建造物調査によって古い部材とされたものから、爪楊枝の先ほどを部材から削り取って測定し、部材の伐採年が測定されたのである。その結果、正安元年の大御堂再建、応永の大修造に関わる部材が確認された。図2上段の頭貫木鼻は、1287～1301年に伐採との判定で、正安の部材であることが確認された。

4．瓦の調査

鑁阿寺本堂には約3万2千枚の瓦が葺かれている。建立されて約700年余り、何回かの修理を経て本堂は守られてきた。建築史的研究、炭素14法によって鑁阿寺本堂は1299（正安元）年に建立され、応永の大修造、その後の修理を経て現在の姿になったことが明らかとなった。

では、屋根に葺かれている瓦も正安のものだろうか。平成21・22年の屋根の葺替えで降ろされた瓦の中に鎌倉時代のものを見つけることはできなかった。瓦で最も古いものは室町時代と考えられるもので、その他、修理に応じて各時代の瓦が混在していた。建築史的研究で指摘されたように応永の大修造で屋根が瓦葺きにされた可能性が裏付けられた。

瓦は、屋根の形や葺かれる位置によってさまざまな形がある。一番多いのは平瓦、続いて丸瓦。屋根の面積の広い部分に平瓦と丸瓦が交互に葺か

写真3　鑁阿寺本堂の屋根と瓦の名称

れ、軒先には文様を浮き上がらせた軒瓦を飾る。屋根の一番上、大棟の両端には鬼瓦だけでなく鯱を、降り棟にも鬼瓦、鳥衾などのほか、正面軒の両端には唐獅子を、唐破風中央には鬼とともに龍も飾られている。

　鑁阿寺とは兄弟ともいえる樺崎寺跡では、長年の発掘調査によって数多くの瓦が出土し、調査研究が進んでいる。応永の大修造の瓦がどのようなもので、なぜ応永のものとわかったのか、樺崎寺跡の瓦と比較しながら詳しくみてみたい。

(1) 軒丸瓦

　軒先を飾る軒瓦のうち、丸瓦の尖端は軒丸瓦で、応永の大修造で葺かれた軒丸瓦はA類とB類の2種類である。

　いずれも瓦当の大きさは直径約18.5cm、内区中央に左回りの三巴文、外区に珠文が30個配され、内区と外区を分ける圏線はない。巴文は尾がやや長く、断面はかまぼこ状であまり高くない。A類とB類は同じ笵から作られた瓦当であるが、A類の瓦当の表面には笵から粘土をはがしやすくするための離れ砂がみられ、丸瓦部に吊り紐痕がない。

　こうした特徴は、樺崎寺跡の多宝塔跡から出土した樺C類に類似し、樺C類は14世紀中頃とされる。B類には離れ砂がみられず、丸瓦部の凹面に吊り紐痕がみられる。吊り紐痕とは、粘土を丸瓦の型から外しやすくするため、布とともに巻き付けられた紐の痕跡である。こうした特徴は、樺崎寺跡の御廟跡に葺かれた樺D類に類似する。樺D類の巴文は断面を見ると台形状で高くなっており、A、B類より後にみられる特徴である。A、B類は樺C類とD類の間で、樺D類近い時期に製作されたと考えられ、同じ笵を使ったA類とB類では、B類がやや遅れて作られた。

　樺D類が葺かれた御廟跡は、丸瓦に、「應永二十年」のヘラ書きのあるものがあり、15世紀前半に製作された。

　以上のことから軒丸瓦A類は14世

写真4　鑁阿寺本堂軒瓦（足利市教育委員会提供）

写真5　樺崎寺跡多宝塔跡軒瓦（樺C類）（足利市教育委員会提供）

写真6　樺崎寺跡御廟跡瓦（樺D類）（足利市教育委員会提供）

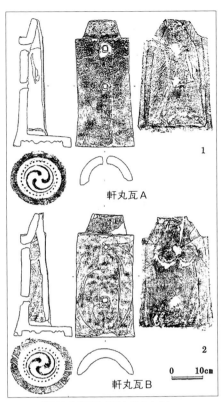

図3　鑁阿寺本堂軒丸瓦（文献3より）

写真7　鑁阿寺本堂軒丸瓦B類と樺D類「応永二十年」ヘラ書き瓦（足利市教育委員会提供）

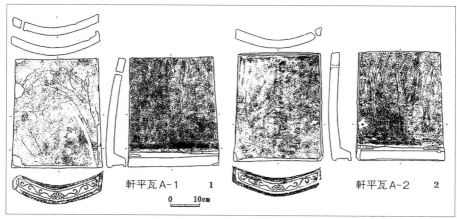

図4　鑁阿寺本堂の軒平瓦（文献3より一部改変）

紀末から15世紀初頭、軒丸瓦B類は15世紀前半の瓦と考えられる。

(2) 軒平瓦

　鑁阿寺本堂の軒平瓦は、A-1類とA-2類があり、この2種類は同時期のものである。瓦当は横幅30cmを超え、瓦当文は、中央に下半分をカットした菊花状の文様（半裁菊花文）を置き、その両側に3反転する唐草文を配している。半裁菊花文は半円形の花心と、花心を取り囲む花弁が離れ、唐草文は内側から上・下・上の順に反転し、各唐草は接していない。

　文様は立体感があり、文様を取り囲むように瓦当に沿って圏線がめぐる。瓦当面には離れ砂がみられる。

　平瓦の部分はA-1類で、次のような特徴がみられる。凹面右側縁に縦桟と瓦当上縁から中央に向かって1cm程のくぼみが付けられている。縦桟は軒に傾斜のある部分で丸瓦がずり落ちないための工夫で、くぼみは水を切りやすくするためのものである。

　樺D類は、「応永二十年」(1413年)のヘラ書きがある丸瓦とともに、御廟が整備された際に葺かれた瓦である。瓦当文は唐草が3反転する半裁菊花唐草文であるが、唐草が上・上・下の順に反転すること、文様が立体感のない線彫りであることから、鑁阿寺本堂軒平瓦A類より新しいものである。鑁阿寺本堂軒平瓦A-2類は縦桟がつくが、縦桟は14世紀中頃に出現し15世紀前半に一般化した新しい技術である。

　以上のことから、軒平瓦A類は14

世紀末から15世紀初頭にかけて製作された瓦であろう。

　瓦の調査の結果、軒瓦は14世紀後半から15世紀初頭に製作されたことが明らかとなった。丸瓦と平瓦もその特徴から同時期のもので、鑁阿寺本堂の瓦が応永の大修造によって葺かれた瓦であることが確かめられた。

　建物の大きな本堂は、瓦も大きくないと見劣りがする。軒平瓦は幅30cmを超える大型品で、瓦当文は唐草が大きく強く巻き込み、菊花の芯と花弁が離れている。下から見上げたときによりくっきり見えるよう新たにデザインされたのであろう。繊細さにはやや欠けるが雄渾（ゆうこん）な印象である。

　鑁阿寺本堂の大修造は、壇越である足利氏にとって威信をかけた大事業であり、瓦葺きへの刷新に当たっては、瓦当の新しいデザイン、軒平瓦の瓦桟はじめ新技術が取り入れられたものと考えられる。

　また、半裁菊花唐草文軒平瓦は14世紀後半から15世紀前半にかけて、鎌倉や京都など政治経済の中心地でも出土しているほか、足利を中心とした関東北西部に広がっている。唐草が3反転する半裁菊花唐草文は、足利の町屋遺跡、宝福寺、群馬の上野国分寺・尼寺中間地域、京都の相国寺、鹿苑寺で出土している。これは、鑁阿寺をはじめとする寺院が集中し、瓦の一大需要地であったこと、瓦の製作技法や意匠についての情報が建築技術とともに伝わっていたことを示すとともに、足利地域が瓦製作において中心的な位置を占めていた可能性を示唆するものである。

5．応永の大修造の歴史的意味

　正安元年の再建から百年余り、大がかりな解体修理を行なうにはやや期間が短い。ではなぜ、応永の大修造が行なわれたのか。

　建造物調査を行なった上野勝久氏によれば、①正安造営時に使用した材料に流木が含まれており、その材に問題があった。②正安造営における部材の寸法に欠陥があった。③菩提寺の中心仏堂としての荘厳を刷新する必要があった。と三つの要因を挙げている。①、②は技術的な問題であり、③が中心的な要因であったと考えるべきである。つまり、鑁阿寺本堂を瓦葺きに刷新し、菩提寺としての荘厳を高めることこそ、大修造の本来的な目的であったと思われる。

　大修造が始まった1407（応永14）年、足利庄の管理権を持っていたのは鎌倉公方3代目の足利満兼（みつかね）である。満

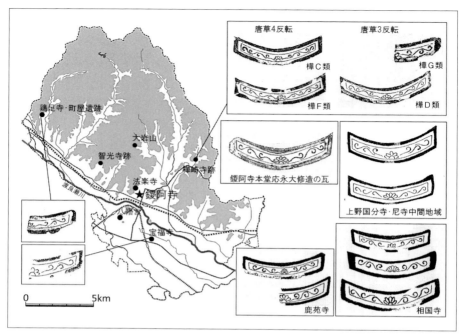

図5　足利市域における中世瓦出土地と各地の半裁菊花唐草文軒平瓦

兼は同年、一切経堂も再建した。1409（応永16）年に死去後、4代目は満兼の子・持氏が踏襲し、おそらく本堂の大修造も持氏に引き継がれた。

満兼の父、2代目鎌倉公方氏満の頃から足利将軍家と鎌倉公方家はたびたび対立し、緊張関係にあったが、1400（応永7）年に足利庄の管理権を将軍家から譲られ、関係は落ち着いていた。

持氏の代になって足利庄の管理権を返還させられたが、実質的には持氏が掌握していた。応永20年の樺崎寺の御廟整備、同28年の満兼十三回忌法要と御廟供養も持氏の意思によるものであろう。正長元（1428）年に4代将軍義持が没すると後継問題により、鎌倉公方と将軍との対立が深まり、持氏は永享改元後も正長年号を使うなど反抗していた。1431（永享3）年には一時和解し、翌年に持氏が横領した関東の土地や鎌倉五山の住持の任命権が幕府に返還された。しかし、持氏の不満は消えることなく、将軍も持氏への不信感をぬぐい去ることはできなかった。

緊張がピークとなり、関東管領上杉憲実も巻き込んでの争いの結果、1439

（永享11）年、持氏は自刃、鎌倉公方家は滅びてしまった（永享の乱）。

こうした時代背景をみると、鎌倉公方の、本貫地である足利庄と鑁阿寺、樺崎寺といった先祖が守り伝えた菩提寺、廟所への強い思いが感じられる。我こそは足利氏を継承する正統な後継者であると主張しているようである。

鑁阿寺本堂の大修造も鎌倉公方満兼から持氏へ継承された大事業である。菩提寺の荘厳を高めることは、そうした主張の根拠となるものであり、樺崎寺の御廟整備も一連の流れの中に位置付けられよう。

おわりに

1993（平成5）年、『唐澤考古』12号で「下野南西部の中世・近世考古学」の特集が組まれ、足利における中世瓦について鑁阿寺境内で岩月達之によって採集された瓦や樺崎寺跡、智光寺跡などから出土した瓦を資料とし検討した。鑁阿寺の瓦は、全容のわかるものはなく、今回、応永のものとした瓦の破片は正安の再建瓦としていた。それから20年余り、樺崎寺跡では継続的な発掘調査により数多くの瓦が出土し、研究成果が蓄積された。また、栃木県内においても、氏家の西導寺跡、益子の地蔵院等の瓦の調査が進められた。

鑁阿寺本堂の保存修理に伴う瓦の調査が国宝指定の一助となったのであれば、それは長年にわたる調査・研究の賜物である。

鑁阿寺にはほかにも一切経堂、鐘楼、東西門など中世の瓦葺き建物が残されている。今後はそうした建物群についても改めて学際的な調査が実施されることが望まれる。

また、瓦は破損すれば瓦礫となる消耗品ではあるが、鑁阿寺本堂の国宝指定を契機に、瓦も建造物を構成する重要な資材であり、その製作技法や瓦当の意匠は建物の年代や技術の伝播を考える上で貴重な歴史資料であることを理解いただければ幸いである。

〈参考・図版出典文献〉

(1) 足利市役所　1928　『足利市史』上
(2) 文化庁　2013　「鑁阿寺本堂」『月刊文化財』598号
(3) 東京芸術大学大学院美術研究会文化財保存学専攻保存修復建造物研究室編　2011　『鑁阿寺本堂調査報告書』（足利市教育委員会）
(4) 千田孝明　2012　『足利尊氏と足利氏の世界』（随想舎）
(5) 坂本　稔・中尾七重編　2016　『築何年？炭素で調べる古建築の年代研究』（吉川弘文館）

足利学校になぜ孔子廟があるのか

大澤　伸啓

1. はじめに

みなさんは、足利学校へ行ってなぜ孔子廟があるのか不思議に思ったことはないだろうか。私たちが教育を受けてきた学校に、孔子廟はなかった。しかしながら、江戸時代までの日本における学校には、孔子廟があるのがあたり前だった。そこで教えていたのは、孔子を祖と仰ぐ儒学を中心とした学問であった。だから江戸時代までの学校には儒学の祖である孔子をまつる孔子廟（大成殿）が必ず建てられていたのだ。

学校に孔子廟があるのは、日本だけのことではない。孔子の故郷である中国はもちろん、韓国やベトナムなど東アジア全域の学校に孔子廟が建てられていた。

足利学校は、西側が孔子廟の区域、東側が方丈、庫裡、書院からなる学問所の区域にわけられている。足利学校の形は、東アジアの学校の形を踏襲しながらも独自性を持ち、その後のわが国における学校に大きな影響を与えた。

それでは、学校がどのような形をしていたのか、時間と空間をめぐる旅に出かけることとしよう。

2. 中国における学校の形

足利学校以前の学校は、どのような形をしていたのだろうか。中国の事例を覗いてみたい。

足利工業大学の図書館には、山浦啓栄（やまうらひろしげ）さんから寄贈された「平江図（へいこうず）」の拓本がある。「平江図」は、中国南宋の1229（紹定2）年、平江（現在の中国江蘇省蘇州）に建てられた石碑で、世界最古の石刻都市図といわれる。約3～4kmの城壁に囲まれた都市・平江の姿

図1　『平江図』に描かれた府学の図（足利工業大学所蔵・大澤撮影）

が極めて詳細に描かれている。中央やや南寄りに政治の中心だった平江府があり、その南西方向に平江府の学校「府学」が描かれている（図1）。

「府学」は、南側に「洗馬池」と書かれた泮池を置き、築地塀に囲まれた敷地は、東西にわけられ、東側が大成殿（孔子廟）の区域、西側が中庭に四角い池をもつ学問所の区域となっている。それぞれ南に門を、北側に南面する東西棟の正殿を置き、左右の脇殿をとりこんだ回廊がめぐらされている。「平江図」に描かれた「府学」は、13世紀前半の中国における学校の形をそのまま伝えるものとして極めて重要である。

この学校の建物配置は、中国を代表する学校であった北京国子監の形によく似ている（図2）。すなわち、ほぼ同じ大きさの孔子廟区域と学問所区域とが並列すること、北側に南面する正殿を置き、東西脇殿とつながった回廊で囲むこと、学問所の前庭に園池があること等である。北京国子監は、13世紀頃の創建といわれ、元、明、清と三代にわたる中国の最高学府であった。中国ではこのような学校の形が13世紀から現代まで踏襲されていたのである。

3．韓国における学校の形

次に韓国における学校の形について確認したい。ソウルにある成均館は、韓国における最高学府であった。高麗時代の1289年に国子監を改名して始まり、1395年に現在地に建立された。敷地は大きく4つにわかれているが、孔子廟区域と学問所区域とは南北に並

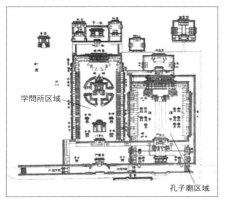

図2　北京国子監平面図（孔2005）

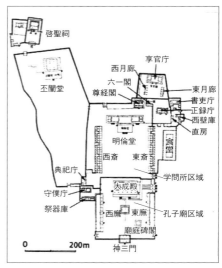

図3　ソウル成均館平面図（張他2010）

んで置かれている（図3）。南にある孔子廟区域は、南面する東西棟の孔子廟（大成殿）が、前庭の東西には脇殿（廡）が置かれる。その北側に位置する学問所区域は、北に明倫堂が、前庭の東西に脇殿（斎）が置かれる。中国では左右に配置されていた孔子廟区域と学問所区域とが前後に配置されるという特徴がある。

　韓国では朝鮮時代（1392～1910）に成均館を筆頭に四学、郷校の官学、書院、書堂と呼ばれる私学からなる教育機関ができあがった。郷校の建物配置を、長城郷校を例に確認したい（図4）。南側が学問所区域で明倫堂を、その東西に南北棟の脇殿（斎）を置く。

北側が孔子廟区域で、東西棟の大成殿を、その東西に南北棟の脇殿（廡）を置く。ここでは、孔子廟区域と学問所区域の位置が成均館と逆になっている。前後に並ぶのは中国にはない特徴である。

4．ベトナムにおける学校の形

　ベトナムは、中国の南に位置し、もともと漢字文化圏に属していた。首都

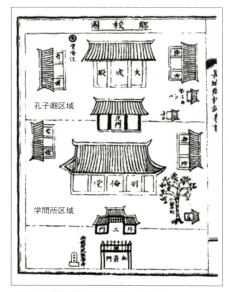

図4　長城郷校の図（張ほか2010）

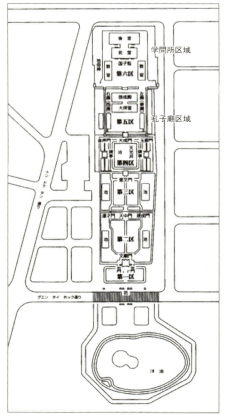

図5　ハノイ文廟略図（小林2004）

ハノイにある文廟(ぶんびょう)は、ベトナムの最高学府であった。1075年には国子監の

写真1　文廟の孔子廟（大澤撮影）

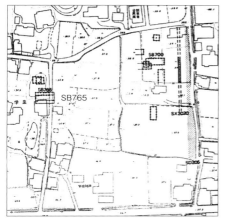

図6　太宰府学校院平面図（石松1985）

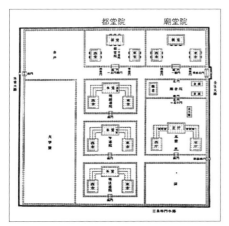

図7　『大内裏図考証』の大学寮の図（久木1985）

前身である修学塾が設立され学校として整備されたという。敷地は南北306m、東西61mと南北に長い。南端には泮池を置き、南から6つの区画にわかれている（図5）。最も北の区画が学問所区域で、その南に孔子廟区域がある。学問所区域は北側に前殿をもつ東西棟の国子監、その前庭の東西に南北棟の脇殿（教室）が置かれる。孔子廟区域は、北側に東西棟の拝殿にあたる大拝堂と大成殿にあたる啓成殿が、前庭の東西には脇殿（廡）が置かれる（写真1）。文廟における建物配置は、南に孔子廟区域、北に学問所区域となっており、ソウル成均館における建物配置に類似している。

5．古代日本における学校の形

　大宰府学校院は、古代日本における学校で発掘調査されている唯一の事例である。大宰府政庁の南東、観世音寺(かんぜおんじ)の西に接し、方二町程度の規模と推定される。ほぼ中央の場所から南北に廂をもつ4間×7間（SB765）の建物跡が確認されている（図6）。年代は8世紀末～9世紀初頭頃と考えられる。東西棟で学校院における中心的な建物（正殿）と推定される。その他、周辺に数棟の小形掘立柱建物跡が確認されている。ここでは、正殿は、東西棟で

あったことを確認したい。

　平安京にあった大学寮については、久木幸男が『大内裏図考證』をもとに推定復元している（図7）。それによると、敷地を築地で囲んだ9つの区画にわけ、それぞれに建物が配置される。北辺の二条大路側にあるのが都堂院と廟堂院で、それぞれ中央やや北に東西棟の正殿（廟堂や都堂）を、その前庭の東西に脇殿（東西舎）を置く。正殿と東西二つの脇殿によるいわいる「コの字状配列」をとっていたと推定されている。都堂院と廟堂院とはほぼ同規模の敷地で、後の孔子廟区域と学問所区域とがほぼ同規模の敷地であったことにつながっている。

　実は、古代官衙の建物配置は、みなこのような「コの字状配列」をとっていた。下野国の中央官庁であった下野国庁がこの建物配置である（写真2）。下野国庁は、正殿の前に前殿がある。東西棟の正殿と前殿、その前に広場、敷地の東西には細長い南北棟の脇殿がある。古代日本の学校における建物配置は、官衙の建物配置を踏襲していたと考えられるのである。

　すでに中国、韓国、ベトナムの学校における建物配置を確認してきた私たちは、これらが「コの字状配列」であったことに容易に気付くであろう。つまり、東アジア地域に広がった学校は「コの字状配列」の建物配置をとっており、古代日本の学校もこれを踏襲していたのである。ほぼ同規模の敷地をもつ孔子廟区域と学問所区域それぞれに正殿と2つの脇殿からなる「コの字状配置」の建物がある。このような形が中国、韓国、ベトナム、そして古代日本の学校の形だったのである。

6．足利学校の特殊性

　東アジア地域、そして古代日本における学校の姿がどのようなものであったか、確認することができた。ここで、もう一度足利学校における建物配置に戻りたい。まず、敷地を西の孔子廟区域と東の学問所区域と大きく二つにわけることは、踏襲する（図8）。一方で、孔子廟区域は東西棟の孔子廟だけしかなく、脇殿にあたる建物はない。また、学問所区域は、方丈、庫

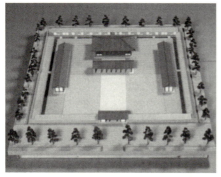

写真2　下野国庁の復元模型（栃木県教育委員会提供）

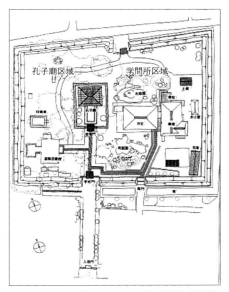

図8 史跡足利学校跡平面図（足利学校事務所 2010）

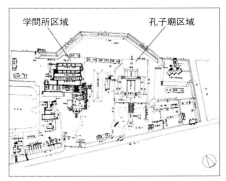

図9 昌平坂学問所平面図（城戸他1975）

裡、書院という寺院の建物配置をとっている。これは、足利学校が臨済宗の僧侶によって運営されていたことから、このような形になったもので、足利学校独自である。つまり、足利学校の建物配置は、東アジアの学校の形を踏まえながら、学問所区域は寺院の建物配置をとるという独自性をもっているのである。

7．近世日本における学校の発展

前章で紹介した足利学校の建物配置は、現存する孔子廟や学校門が建てられた1668（寛文8）年頃にでき、その後踏襲されてきたと考えられる。それでは、近世日本における学校の建物配置は、その後どのように変化していったのであろうか。

東京都文京区湯島にある昌平坂学問所（湯島聖堂）は、徳川幕府の官学校である。現在地で幕府直轄の学問所となったのは、1690（元禄3）年のことである。敷地の東側に孔子廟区域、西側にほぼ同規模の学問所区域（現在は東京医科歯科大学）がある（図9）。孔子廟区域は北に南面する東西棟の大成殿、前庭の東西には回廊があり、南の杏壇門に結ばれている。学問所区域は、東西に長い庁堂、講堂、学寮などの諸施設が置かれる。孔子廟区域は東アジアにおける学校の建物配置をよく踏襲する。一方で、学問所区域の建物は機能分化が進んでいることがわかる。

岡山県備前市にある閑谷学校は、岡山藩主池田光政が1670（寛文10）年に

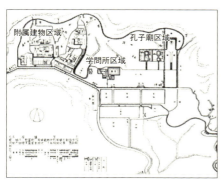
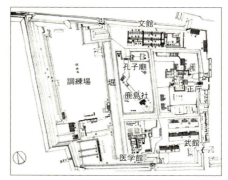

図10　閑谷学校平面図(城戸他1975)　　図11　弘道館平面図(城戸他1975)

着工、1702(元禄15)年に完成した郷学校である。敷地は、東側の孔子廟区域、中央の学問所区域、そして西側の学舎等付属建物区域にわけられる(図10)。孔子廟区域は、孔子廟に隣接して池田光政を祀った芳烈祠がある。学問所区域は、集会施設の講堂を中心とする。孔子廟区域と学問所区域とわけ、東アジアにおける学校の建物配置を踏襲する。一方で、孔子廟と並んで同規模の藩主の廟所があること、学問所は講堂と付属する小さな建物だけであること等、独自性がみられる。

茨城県水戸市の弘道館は、水戸徳川家9代藩主の徳川斉昭が1841(天保12)年に開いた藩校である。敷地は中央やや西にある堀で東西にわけられる(図11)。東側には中心的建物である正庁、学問を学ぶ文館、武術を学ぶ武館、蘭学や本草学等を学ぶ医学館がある。さらに孔子廟、そのそばには鹿島社が置かれ、精神的な支柱であった。そして堀の西側には、乗馬や演習などの野外訓練ができる調練場が置かれていた。

孔子廟区域が占める割合は極めて縮小され、同規模以上の鹿島社が設けられている。さらに、武術や本草学など実用的な学問を学ぶ場、調練場等まさに実学を学びやすい形の学校へと機能分化している。ここにはほぼ同規模の孔子廟区域と学問所区域を設けた東アジアにおける学校の形はなくなり、実学重視の近代的な学校の姿へと変わっていることが理解できよう。

8．まとめ

孔子廟をもつ学校に関し、空間と時間をめぐる旅をしてきた。日本古代における学校の形は、発掘調査で十分確

認されているわけではない。しかしながら、東アジアにおける学校の建物配置と古代官衙のそれとが類似することから、ほぼ同規模の学問所区域と孔子廟区域とが並列し、それぞれ中央北寄りに東西棟の正殿を、左右に南北棟の脇殿をもつ建物配置をとっていたと考えられる。また、足利学校の建物配置は、特に学問所区域について、方丈、庫裡、書院からなる寺院の建物配置であることに独自性をもつことを指摘した。さらに、近世日本における学校は、学問所が機能分化し、実学を学びやすい形態に変わっていくこと。孔子廟区域の占める割合が縮小され、施主や地主神などと並んで祀られるようになり、相対的に占める存在意義が縮小されていくことを確認した。

江戸時代までの日本における学校の建物配置は、東アジアにおけるそれの影響を受けて形づくられた。しかしながらわが国の中で学習の多様化とともに機能分化していったという独自性があることを確認した。

9．おわりに

本稿は、拙稿「足利学校における建物配置の意義」をもとにして、よりわかりやすく書き直したものである。考古学の研究としては、違和感を覚える方がいるかもしれない。しかしながら、寺院における伽藍配置は古くから盛んに行われている研究で、学校における建物（伽藍）配置の研究と思えば、理解していただけるものと考える。

考古学の研究には、このようなものもあるのかと、学問の幅広さを感じていただければ幸いである。

〈参考文献〉

石松好雄　1983　「大宰府の官衙」『佛教藝術』146増大号　特集大宰府再発見（毎日新聞社）

大澤伸啓　2012　「足利学校における建物配置の意義」『足利学校研究紀要「学校」』第10号（史跡足利学校事務所）

城戸　久・高橋宏之　1975　『藩校遺構』（相模書房）

孔　祥林　2005　『中国、朝鮮、ベトナム、日本の孔子廟制度の比較』（論語普及会）

小林和彦　2004　「ヴェトナムの文廟について」『関西大学中国文学会紀要』第25号（関西大学中国文学会）

史跡足利学校事務所　2010　『足利学校』

張　美娥、安　菊花、趙王先熙　2010「朝鮮時代の教育機関・書院における空間構成の特徴について」『2010年度　日本庭園学会全国大会研究発表要旨集』（日本庭園学会）

久木幸男　1985　「古代日本の大学と勧学院」『生活文化史七　塾と学校〈学びの再発見〉』日本生活文化史学会編（雄山閣出版）

中世石塔はどこに立っていたか

斎藤　弘

1．はじめに

なにげなく目にした石に文字が刻まれていたら、思わず読んでみたくなるのが自然である。変わった形の石があればその意味を考えてしまう。

石造物はこれまでも多くの関心を集め、明治以前から研究が積み重ねられてきた。何時何から生まれたか、誰が何のために造立したか、刻まれた銘文から何が分かるのか、盛んに造立された時期と消滅の時期は何時か、消長の背景には何があるか、そもそも何と呼ぶべきかなどが問題とされてきた。近年の埋蔵文化財発掘調査や、市町村が自治体史編集などのために悉皆(しっかい)調査を行った成果も刊行され、新たに周知された事例も増えている。

板碑(いたび)研究の第一人者である千々和到氏は、著書の中に「板碑の立つ風景」という一章を設けている。板碑がどのような場所に、どのような姿で造立されたかを論じている。本稿でも、中世石造物の景観に注目したい。石造物にはそれなりの大きさと重さがあり、おそらく造立時には移動することを想定していないだろう。近年の発掘調査で出土した中には、造立状況を推定できるものも少なくない。造立場所を考察することで、銘文に刻みきれなかった情報を得ることができる。本稿では造立地の類型化を試みる。近県の典型的な事例も併せて紹介する。

2．有力者の墓所の石塔

①足利市樺崎寺跡(かばさきでら)足利氏墓所

鎌倉初期から営まれた、墳墓堂と浄土庭園を有する源姓足利氏の墓所である。鎌倉後期になって大型凝灰岩製五輪塔が造立された。室町期には将軍家や鎌倉公方家に尊崇され、10基の五輪

写真1　樺崎寺跡建物1

塔を基壇上に並べ、覆屋（建物1）が建立された。

足利氏当主の墓所はそれぞれ他に存在することから、分骨ないし供養塔であった可能性がある。中・小型の石造物も出土したことから、一族や家臣の墓所も付属していたと思われる。

②栃木市金剛寺皆川氏墓所

下都賀地方の大名皆川氏の、戦国から江戸初期にかけて営まれた墓所である。金剛寺は皆川城に隣接し、歴代当主の五輪塔・宝篋印塔（ほうきょういんとう）が祀られている。それぞれの組合せに疑いがなく、宝篋印塔の型式も当主の没年と矛盾しない。手前には一族・家臣団の墓塔と伝えられる石造物も祀られている。

③佐野市小峰山遺跡

旗川右岸の丘陵上に立地する。発掘調査により、斜面を平坦に造成し、遺骨を埋納し板碑を造立している状況が明らかになった。板碑の紀年銘は、1348（貞和4）年から1430（永享2）年ま

写真2　金剛寺皆川氏墓所

でのものがある。

④小山市祇園城跡

小山氏の居城である祇園城の北端は、大規模な墓域であった。発掘調査の結果、多数の板碑や五輪塔が並べられていたが、城の拡張とともに溝に廃棄されたと推定されている。また多数の蔵骨器も出土している。古瀬戸瓶子などの優品である。板碑の紀年銘は、鎌倉から戦国期までと幅広い。

⑤佐野市春日岡城跡（佐野城跡）

1607（慶長12）年佐野信吉が唐沢城から移転し築城する以前は、天台宗惣宗寺があった。その当時の五輪塔や板碑は、以前から発見・報告されていたが、発掘調査によって蔵骨器なども出土した。板碑の紀年銘は、1270（文永7）年から1489（延徳2）年までであるが、15世紀代が多く興味深い。

⑥さくら市西導寺五輪塔

西導寺境内の3基の大型五輪塔や、石造地蔵菩薩座像（蔦地蔵）が中世石造物として著名であったが、近隣の発掘調査で14世紀の瓦囲火葬墓が発見された。石造物は中世墓に伴うものであった可能性が指摘されている。

⑦益子町大羽宇都宮氏墓所

地蔵院に隣接し、名族宇都宮氏歴代の墓所として尊崇されている。五輪塔などが立ち並ぶ。手前の2基は型式的

に鎌倉期になるだろう。奥には石敷の基壇を有するものもある。供養塔として整備されたものと考えられる。

　有力者としてまとめたが、明らかに武家の墓所もあれば、高僧の墓塔や富裕な町衆の集団墓と考えられるものもある。また遺骨を埋納した墓塔ばかりではなく、供養塔として造立したものもある。いずれにしても武家ならば一族一門の、高僧ならばその法統の結合の象徴としての意味があった。

⑧太田市円福寺新田氏墓所

　鎌倉から室町期にかけての新田氏の墓所である。凝灰岩製の層塔・五輪塔・宝篋印塔などが残る。「沙弥道義七十二逝去／元亨四季甲子六月十一日巳時」の銘を刻む五輪塔もあり、道義は義貞の祖父とされている。

⑨桜川市真壁氏墓所

　鎌倉から戦国期に続く大名真壁氏の墓所が、遍照院正得寺に残されている。五輪塔など大小約40基が並べら

れている。銘はないが最古型式は鎌倉期にさかのぼるとされている。

⑩太田市恵林寺矢場氏墓所

　矢場氏は金山城主由良（ゆら）氏の家臣である。菩提寺である恵林寺境内の壇上に小型の五輪塔・宝篋印塔などが祀られている。1534（天文3）年から1570（永禄13）年にかけての紀年銘があり、16世紀を中心に営まれ、土豪層が小形の石塔を建立していたことが分かる。

⑪行田市築道下（つきみちした）遺跡

　埼玉県埋蔵文化財調査事業団によって発掘された遺跡である。石列で方形に区画された内部に、古瀬戸などの蔵骨器に納められるなどした火葬骨が埋葬され、22基の板碑が造立されていた。紀年銘は1283（弘安6）年から1392（明徳3）年がある。南北朝期の五輪塔も出土した。13世紀後葉から14世紀末までの、在地領主一族の墓所と推定されている。

　近県の事例でも、造立階層は次第に

写真3　真壁氏墓所

写真4　恵林寺矢場氏墓所

拡大する状況が認められる。一方、中世後期には石塔も小型化し、こぢんまりとした墓所も出現していることも注目される。

3．交通の要衝に立つ石塔

①さくら市五月女坂五輪塔

近世には奥州道中の経路となる五月女坂は、旧氏家町・旧喜連川町の境界でもある。地理的にはここから喜連川丘陵となる。そんな坂の登り口に、安山岩製大型五輪塔が存在する。伝承では1549（天文18）年の五月女坂合戦で、宇都宮尚綱を討つ戦功をあげた鮎ヶ瀬弥五郎が、尚綱の供養のために寄進したとある。

五輪塔の型式は南北朝期にさかのぼる。この峠道は中世から存在し、本来は道中の安全を祈る供養塔であったと考えるのが妥当ではないだろうか。

②小山市お鍋塚層塔

推定奥大道に沿って、「お鍋塚」と呼ばれるマウンドが存在する。現在は墓地となっているが、入口に2基一対の凝灰岩製層塔が立っている。中世都市小山は現在の市街地より南に中心があったと推定されるが、お鍋塚はその南端である。鎌倉期の型式である。

③宇都宮市樋爪氏墓塔

宇都宮市大通りの田川のほとり、三峰神社内に凝灰岩製五輪塔の部位が祀られている。伝承では文治奥州合戦で連行された樋爪五郎の供養塔とされている。現位置に造立されたものとすれば、奥大道の田川渡河点にあたる。

④足利市周辺の事例

足利市周辺には、鎌倉後期から南北朝期にかけて多くの石造物が残されている。その中には交通の要衝に造立されたのではと思われるものもある。

足利から館林・佐野・桐生方面に至る古道が存在する。館林方面には、浄徳寺（県町）の層塔・板碑・五輪塔、地蔵院（島田町）の五輪塔・石造大日如来像、異なる道筋であるが本源寺（久保田町）の層塔が存在する。渡良瀬扇状地の扇端部に形成された微高地の縁辺に沿った古道である。板碑以外はどれも凝灰岩製であり、浄徳寺層塔は初重軸部に仏像が彫られている。

また、佐野方面への竜雲寺（大久保町）、田沼方面への御所の入（佐野市

写真5　お鍋塚層塔と推定奥大道

田沼町山形)、桐生方面への薬師堂(小俣町)などの五輪塔も凝灰岩製である。足利庄域に広がる網目状の交通路と関係すると思われる。

中世の水陸交通の要衝には関が設けられ、関銭の徴収が行われていた。これには安全の保証などの対価が期待されていた。旅の無事を祈るとともに、異界との接点という認識もあり、各種礼拝対象が造立された。

⑤伊勢崎市下植木赤城神社・天増寺赤城塔

中世の伊勢崎は、東西に通過するあづま道の旧利根川および粕川の渡河点であった。赤城神社と天増寺は粕川左岸に所在し、赤城塔と呼ばれる群馬独自の型式の宝塔がある。赤城神社の2基には1351(観応2)年と1366(貞治5)年の紀年銘があり、結衆によって造立された。天増寺には1346(貞治2)年の紀年銘がある。

また天増寺には1762(宝暦12)年の石造橋供養地蔵菩薩立像もあり、粕川にかかる橋の無事を願って造立された趣意が刻まれている。

⑥箱根石仏群

強羅から芦ノ湖畔に至る旧箱根街道の峠部分に、鎌倉前期の巨大な五輪塔・宝篋印塔・石仏などがある。宝篋印塔は大蔵安氏の作として著名であるが、交通の要衝に造立されたものと類型化できる。

4．勝地に立つ石塔

①足利市大岩山層塔

大岩山周辺には七岩と呼ばれる奇岩が散在する。山頂手前は毘沙門堂があり、古代末の遺構も発掘で確認されている。参道手前の尾根上に凝灰岩製層塔が立っている。1256(建長8)年銘は、足利地域最古である。

②足利市行道山宝篋印塔

大岩山から尾根線を北に1km程歩くと、行道山浄因寺にたどり着く。境内から古代瓦なども出土する古刹であ

写真6　赤城神社赤城塔

写真7　箱根宝篋印塔

る。山腹の開山堂・歴住墓などの再奥、山頂部には1355（文和4）年銘の宝篋印塔が立っている。筑波山などの眺望が見事である。

　宝篋印塔の傍らには、1719（享保4）年に造立された石造釈迦涅槃像があり、市民からは「寝釈迦」と呼ばれ親しまれている。またこの地は「四十九院」とも呼ばれ、多数の石仏が祀られている。中に1719（享保4）年の四十九院供養塔があり、寝釈迦と同時期に造立されたことが分かる。近世には弥勒浄土として尊崇されていたものと考えられる。

　眺望の良い山頂に宝篋印塔を造立する例は、近世の大慈寺（栃木市岩舟町）にもみられる。奥の院と呼ばれる巨岩の上に、1736（享保21）年銘の宝篋印塔が立てられている。

③壬生町桃花原古墳

　同古墳の横穴式石室を発掘調査したところ、玄室の石材は抜き取られ、凝

写真8　行道山宝篋印塔・石仏群

写真9　大慈寺奥の院宝篋印塔

灰岩の粉が散乱していた。ここから小型五輪塔1基分の部材が出土した。筆者の編年観では15世紀代と思われる。古墳への供養・石室石材の転用などが想定できる、特異な出土例である。

④つくば市宝篋山宝篋印塔

　筑波山の南、標高461mの宝篋山山頂に所在する。銘文はないが北関東最古型式の宝篋印塔であり、鎌倉末の造立とされている。筑波山の眺望も素晴らしく、ハイキングコースとしても人気の山である。麓には国指定史跡小田城跡や、鎌倉期に忍性が止住した三村山清冷院極楽寺跡と、関連する五輪塔・地蔵菩薩立像がある。

5．共同墓地の石塔

　栃木県内では、15～16世紀の共同墓地が発掘される事例が多い。地下式壙・井戸・柵列を伴う場合がある。石造物は遺跡によって出土量に差がある。

①佐野市小性町遺跡

　栃木県立佐野高等学校の敷地は、小性町遺跡として周知された中世墓である。発掘調査は行われていないが、プール建設時に多数の板碑と人骨が出土した。その後も校庭から五輪塔や陶磁器などが見つかっている。

　板碑の紀年銘は1321（元亨元）年から1520（永正17）年までと幅広い。中でも15世紀代が7基、16世紀代も1基と衰退期にも造立が続いている点が注目される。

　前述した春日岡城とも近接するが、両者に階層差が認められる。ともに鋳物で有名な、中世天命宿にかかわる人々の墓域と推定される。

②小山市横倉宮ノ内遺跡

　小山市の南東部で発掘された、中世後期の大規模共同墓地である。多数の土坑墓・井戸・地下式壙・溝などが検出された。出土陶磁器などを根拠に15世紀から16世紀と推定されている。五輪塔はなく、1480（文明12）年と文亀年間（1501～04）の紀年銘を有する板碑が出土した。

③佐野市黒袴台遺跡

　越名沼の東岸、台地縁辺部に立地する。発掘調査により古墳時代の小型円墳多数と、中世の土坑墓・井戸・地下式壙・溝などが検出された。古墳時代の横穴式石室と、中世の地下式壙の興味深い関係が認められた。石造物としては、1521（永正18）年銘板碑1基と五輪塔空風輪が出土した。

図1　横倉宮ノ内遺跡全体図

④下野市法華坊の題目板碑

『国分寺町史』に報告されている。大字柴字法華坊から、かつて57基の板碑が出土した。うち22基が題目板碑で他に種子はない。嘉暦(1326〜29)から応永(1394〜1428)年間の紀年銘がある。遺跡の詳細は不明であるが、地名からも日蓮宗との深い関わりが推定できる。信徒集団の墓地であろうか。

⑤深谷市百済木遺跡

旧川本町で発見された中世寺院と墓地である。仏堂を中心にこれを地下式壙や火葬墓・土坑墓などが取り囲む。14世紀から15世紀にかけて存続したものと推定されている。地下式壙からは地下室入口の閉塞に再利用された板碑が出土、紀年銘は1344(康永3)年から1425(応永32)年である。

6．景観の変遷

石造物造立地は、このように有力者墓所・交通要衝・勝地・共同墓地の4つの類型がある。寺院との関わりはそれぞれ多様である。関西などにみられる惣供養塔は、管見では県内に見かけない。次に各類型について年代による変化を考える。

有力者墓所は中世を通して存在し、鎌倉期には大型五輪塔・宝塔・層塔が墓所に造立された。板碑を中核とする墓所の出現は、南北朝期以降と考えられる。少し遅れて宝篋印塔も墓所に造立されるようになる。造塔階層の拡大も進む。室町から戦国期にも墓所の造営は続くが、石塔を見ると小振りで繊細な印象となる。

交通の要衝に造立された石造物は、鎌倉から南北朝期の優品が多いが、室町期から戦国期にはあまり見られなくなる。旅の安全を祈る心情は継承されると思われるが、石造物以外に縁を求めたのであろうか。

勝地に石造物を造立する信仰は、近世に至るまで存続する。優れた石造物の奉納により、勝地はますます荘厳されることになる。

室町期以降、大規模な共同墓地が営

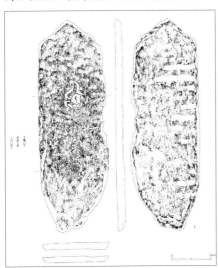

図2　横倉宮ノ内遺跡板碑

まれるようになり、石造物の大衆化が進展する。この段階で小型板碑も量産されるが、主流は小型五輪塔へと変化する。量産化への技術的な対応では両者に優劣はないが、産地が近接しており輸送時の破損も少ない点で、小型五輪塔の方が有利だったのではないかと考えられる。

7. 造立と消滅の背景

　墓塔として造立された宝篋印塔や板碑の銘文を見ると、両者に共通した変化に気がつく。それは故人の戒名が次第に主役となることである。本来塔身部や種子は仏を表現していた。仏を供養することで、その功徳が故人や造立者の利益となることが期待された。戒名が主となる段階では、故人への直接的な供養という意味になる。こうした意識の変化は、中世から近世への墓制の変化と関連するものであろう。

　塔はインドで本来、仏舎利を埋納する施設であり、歴史上の人物であるゴータマ＝シッダールタを象徴する建造物であった。東亜に伝来しても、仏を表すものとして、形態上の変遷をたどった。しかし我が国で中世後期、故人の為の供養・荘厳の具となった段階で、その聖性は変質をとげる。仏の象徴としての意味が消失したならば、法要後は次第に忘れ去られたに違いない。西日本では安土桃山時代の城の石垣に古い石仏・石塔がよく使われているが、それほどの躊躇はなかっただろう。

　16世紀代になって、ますます量産化される石塔の実態と、供養・荘厳具(そうごんぐ)であるという認識の形成は、相乗効果で広まり深まったと考えられる。

8. おわりに

　これまで板碑研究は、文献史学や石造物を専門とする人々によって進められてきた。遺跡から出土する事例が多くなり、考古学専攻の人々も加わり現在に至っている。筆者も中世共同墓地の発掘経験から板碑に興味を持った。地下の遺構・遺物と地上の石造物は、関連づけて考えるべきである。本稿がその一助となれば幸甚である。

　栃木県考古学会も創立50周年を迎えた。今後は幅広い視野で考古学の手法を活用していくべきであろう。この分野の多くの先達に、敬意と謝意を表する次第である。

〈主な参考文献〉
秋山隆雄　2007　『祇園城Ⅱ』(小山市教育委員会)
海老原郁雄ほか　2003　『旧西導寺遺跡』(氏家町教育委員会)

大澤伸啓　2010　『樺崎寺跡』（同成社）
君島利行　2006　『桃花原古墳』（壬生町教育委員会）
京谷博次　1986　「城山の板碑」『史談』第2号（安蘇史談会）
栗岡　潤ほか　1998　『築道下遺跡Ⅱ』（㈶埼玉県埋蔵文化財調査事業団）
群馬県史編さん委員会　1988　『群馬県史』資料編8中世4（群馬県）
国分寺町史編さん委員会　2001　『国分寺町史』板碑編（国分寺町）
斎藤　弘　2008　「足利の層塔・五輪塔と寺社勢力」『東国武士と中世寺院』（高志書院）
斎藤　弘ほか　1995　『横倉宮ノ内遺跡』（栃木県教育委員会・栃木県文化振興事業団）
栃木県立佐野高等学校定時制　2006　「佐野高校所蔵の板碑」『研究集録』第27号（栃木県高等学校文化連盟社会部会）
栃木県中世考古学研究会　2007　『益子地蔵院の研究』第9回研究会資料
千々和到　1988　『板碑とその時代—てぢかな文化財・みぢかな中世』平凡社選書116（平凡社）
日本石造物辞典編集委員会　2012　『日本石造物辞典』（吉川弘文館）
橋本澄朗ほか　2001　『黒袴台遺跡』（栃木県教育委員会・とちぎ生涯学習文化財団）
村松　篤　2003　『百済木遺跡』（川本町遺跡調査会）
矢島俊雄ほか　1989　『小峰山遺跡』（佐野市教育委員会）
山口明良　2002　『佐野城跡（春日岡城）Ⅱ』（佐野市教育委員会）

Column
城郭の石積と石垣

　造成によってできた法面に石を積むという行為は日本列島の各地でみられる普遍的なものだが、広大な平野を持つ関東地方は例外的に扱われてきた。城郭に限っても土の城のイメージが先行し、江戸城等の特殊な例を除き、石積や石垣は存在しないかのような印象を与えてしまっている。しかし、近年の発掘調査や表面観察による遺構確認調査によって、県内においても古くから石を積むという造成が行われていたことが証明されている。ここではそれらの事例から注目に値するものを抜き出して、概観する。なお、本稿では石積と石垣は単純に裏込めの有無により、前者を石垣、後者を石積と呼ぶこととする。

　15世紀後半に起こった享徳の乱を契機として山内上杉と古河公方両勢力の争いの最中、大規模な行軍により情報の共有化が行われたためか、北武蔵・上野・下野の一部地域に石積が築かれ始める。足利市に所在する岩井山城は、長尾景人が文正元年（1466）に築いたと伝えられ、発掘調査の結果、コの字状の平面系を呈する石積が確認され、その造成土中から出土したかわらけが15世紀後半から16世紀初頭に位置付けられている。位置としては大手口正面上段で、土留め以上に遮断への意識が強いものと推測される。この時期の石積としては佐野市の唐沢山城土矢倉や同市アド山城が挙げられるが、双方ともに『松陰私語』に記載のある城と推定され、石材が地山のチャートを利用すること、面の大きさが15～30cmと小さめであることや進入路の遮断を意図していることを共通の性格とする。

　16世紀後半になると石材が大型化し、横目地への意識が見え始める。この時期の石垣としては前出の唐沢山城において発掘調査が行われた西側裾部のものが挙げられる。裏込めを持たず、荒く割った地山のチャートを用いることは15世紀後半のものと大きな違いはないが、使用される目的が進入路の遮断というよりは区画に重点が置かれているように見受けられる。また、隼人屋敷

写真1　唐沢山城高石垣

で確認された石積付近から同時期と比定されるかわらけも出土し、当時の領主佐野氏忠(北条氏忠)が改修を行ったとする史料とも合致する。

　近世初頭とされる16世紀末になると織豊系の石垣が導入され、西国に見られるような高石垣も出現する。唐沢山城は本丸に高さ8mを超える高石垣を使用し、輪取、出隅・入隅の技法が見られる。二の丸はそれに比して鉢巻石垣のみ、三の丸は一部にのみ石垣が残存する、求心性の高い構造を成している。また、本丸虎口には鏡石も使用され、防御のみならず政治的演出効果が強く意識されている。烏山城の吹貫門脇に築かれた石垣は乱積になっており、同時期でありながら積み方が異なる。17世紀初頭に織豊系の石垣が築かれた佐野城は慶長19年(1614)改易により城割が行われて消滅し、徳川政権下の石垣構築は制限を受けるため、県内においては宇都宮城や烏山城のものだけが僅かに残ることとなった。対照的に東照宮や輪王寺大猷院には石垣が多用され、周囲と比して荘厳さを一層際立たせる結果となった。

　以上のように、石積や石垣を見る上で無視できない素材が数多く県内には埋もれているのである。

（茂木　孝行）

VI とちぎの考古学の歩みと史跡整備

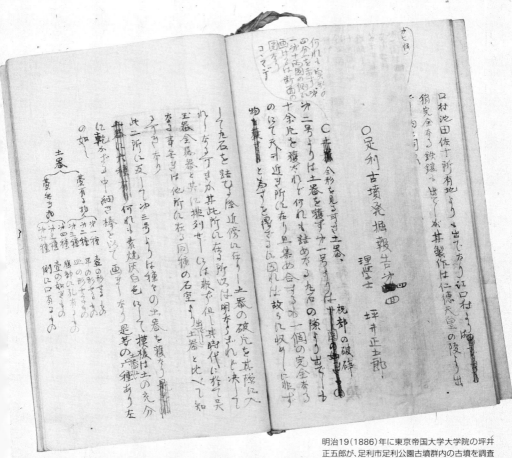

明治19(1886)年に東京帝国大学大学院の坪井正五郎が、足利市足利公園古墳群内の古墳を調査しまとめた報告書『あしかがふるづかしらべがき』の草稿（東京大学大学院情報学環蔵）

黎明期の埋蔵文化財行政

竹澤　謙

1．戦後の国土開発と埋蔵文化財保護

　太平洋戦争直後の日本にも史蹟名勝天然紀念物保存法（1919［大正8］年制定）は適用されていたのであるが、栃木県史跡名勝天然紀念物保存調査委員会調査委員であった丸山瓦全（本名・源八）（1874〜1961）が調査記録の中に「昭和21年10月25日毛野村（足利市）開墾地内古墳発掘現状調査」「昭和22年4月13日夜に入り山辺村（足利市）古墳乱掘の報告と共に某氏来宅」「5月9日明神山の古墳乱掘現状調査に行く」とあったり、考古学者甲野勇（1901〜1967）が「栃木、群馬両県下では、数千にのぼる古墳が形を止めぬまでに崩されてしまったが、これは戦後の農地開発と道路工事の結果である」（「埋蔵文化財の保護—取り締りよりもまず啓発運動」『朝日新聞』1957［昭和32］年7月25日付）と書いているように法は無視され、遺跡や古墳が破壊された。さらに、藤田亮策（1892〜1960）が「終戦後に起きた日本史の再検討という問題で、とくに古代の神話的伝承に偏より過ぎた国史教育を批判して、実証的科学的研究が強く叫ばれたため」「不用意に書かれた中等学校歴史教科書および教授要項の記事が反映して、全国の学校が競って貝塚、古墳、寺址、城址等の発掘をもって社会科の実習を称するに至って滔々として貴重な古代遺跡の破壊が続いた」「この風潮は昭和22年に起こって23年には非常な勢をもって拡がり」「25〜26年にいたって最盛に達した」（「考古学一般」『日本考古学年報』1・2、1951・1952）と書いている学術的発掘を意識した破壊も進んでいた。

　このような状況は、丸山瓦全が「今春再度進駐軍より古墳旧跡濫掘防止の注意あり」とその調査記録に書いたように、連合国軍最高司令官総司令部（GHQ）から文部省への事実上の改善命令が出されることに繋がった。文部省はこれを受けて、1948（昭和23）年3月10日付で文部次官から全国の知事にあてて「終戦以来、考古学的調査が盛んになったことはまことに喜ばしい

ことであるが、その反面、学術的な目的をもつとは見られない発掘もしばしば行われたために貴重な遺跡や遺構、遺物が毀損され減失することも少なく、史跡保存上遺憾に堪えない次第である。今回遺跡の濫掘防止については特に連合国最高司令部民間情報局教育局及文化資料美術課係官からも強い要望があったので、その趣旨の徹底方について何分の取計いをされると共に学術的方法による発掘についても史跡保存の立場から一応本省と連絡を取るように御協力を願いたい。（以下略）」と通知している。栃木県もこの通達を引用して、4月12日付の市町村長あてで「史蹟名勝天然紀念物保存法に基いて土地所有者・管理者・占有者が古墳又は旧跡を発見したときには現状を変更することなく十日以内に市町村を経由して県に申告するように管下の公共的各種団体、学校、学術的機関その他を利用して一般に周知させること」を依頼している。しかし、栃木県の行政資料には昭和23年の矢板町（矢板市）での無届発掘や昭和25年の指定史跡である古墳の一部発掘などの不法行為に対する注意文書が散見されていて、文部省からの通知文の趣旨は徹底できなかった。

このような状況の下での栃木県の考古学界を見ると、『両毛古代文化』第1号（1949、両毛考古学会）によれば、佐野市山中信一、足利市近藤義郎・前澤輝政らが昭和23年に両毛考古会を設立、1949（昭和24）年には桐生市を中心に活動していた薗田芳雄や周東隆一らの両毛考古学研究会と合併して両毛考古学会が設立され、足利高・足利女子高・足利工高・佐野女子高・桐生高・桐生女子高・桐生工高・足利二中・佐野東中・佐野西中の生徒も参加させて考古学研究を進めている。両毛考古学会は1949年には早稲田大学瀧口宏助教授を担当者にして、開墾により破壊されつつあった足利市明神山古墳を学術発掘している。なお、これと同時期の栃木県の発掘では昭和23年に足利郡菱村（桐生市）の普門寺遺跡を酒詰仲男・薗田芳雄が、喜連川町（さくら市）大塚古墳を石野瑛が、翌年の三重村（足利市）立岩古墳群を慶應義塾大学の清水潤三が担当している。学術発掘であった。

戦後社会の混乱は遺跡の破壊だけでなく、国宝や重要文化財まで損傷を受けたり、海外流出も含めて、その所在が不明となるものもあった。国がこの対策を講じようとしていた矢先に起きたのが国宝法隆寺金堂の焼失であった。『文化財の歩み』（文化財保護委員

会編、1960)によれば、参議院文部委員会が動き、「文化財保護制度の抜本的改革を行わなければ文化国家の建設に重大な支障を生じ、悔を千載に残すことになるから早急に画期的な立法を行うべきである」として、文化小委員会を中心に衆議院文部委員会と議論を重ねた結果、1950（昭和25）年4月25日に参議院議員で、栃木県出身の作家でもあった山本有三（本名・勇造）ら18名によって発議された史蹟名勝天然紀念物保存法に代る「文化財保護法」が成立し、同年5月30日に法律第214号として公布、同年8月29日施行された。

この文化財保護法の対象となる文化財は有形文化財・無形文化財・史跡名勝天然記念物の三種であった。有形文化財の一分野として「埋蔵文化財」が入っていて、法律の中で埋蔵文化財の濫掘防止、合理的発掘、発掘後の出土遺物等の帰属と処理についての規定が定められた。今、私たちが日常的に使用している「埋蔵文化財」という語句は文化財保護法で初めて使用された法律用語である。

この文化財保護法に基く文化財保護行政の責任機関として、文部省の外局に文化財保護委員会が設置され、文化財の専門家である調査官や技官のいる事務局と文化財専門審議会が設けられた。また、文化財の保護と活用に関して、文化財保護委員会と都道府県教育委員会とが、一体的な活動を行なうこととされている。

栃木県でも、昭和25年8月25日付の栃木県教育委員会規則第6号で、栃木県文化財調査保存委員会規則を定めて栃木県広報第2282号に掲載している。それによれば、この委員会は栃木県域の文化財の保存と活用、調査研究、文化財の顕彰など文化財保護法に規定される各種事務に関わる機関であること、委員会内に国宝および重要文化財関係、史跡名勝関係、天然記念物関係の三分科会が設置されていること、委員会には会長（県教育長）、副会長（県社会教育課長）と、各分科会に所属する専門家である委員が委嘱され、知事が顧問となっている。丸山瓦全の曽孫にあたる丸山直樹家には、昭和25年9月8日付の「栃木県文化財調査保存委員会規則制定公布並役員名簿送付について」という文書があり、委員として宇都宮大学の野中退蔵、日本画家石塚青莪、丸山源八、田代善吉、関本平八の名があり、事務局主事亀田延義、亀山孝司、幹事海老原庄太郎が続いている。この通知文の裏面に丸山瓦全の筆で「昭和25年9月11日海老原主事　文化財保護委員委嘱状持参、

即時会宛返送す」と書いてある。丸山瓦全は委員就任を拒否し、以後の名簿にも丸山瓦全の名は無い。

1952（昭和27）年以降の栃木県の文化財保護を見ると、昭和27年3月29日に栃木県条例第12号で、栃木県文化財保護条例と同施行規則が定められている。内容的には昭和25年の栃木県文化財調査保存委員会規則を踏襲したものである。翌30日には栃木県最初の文化財目録である『栃木県文化財』が発刊された。執筆は野中退蔵・石塚青莪・田代善吉・関本平八であった。また、昭和27年12月1日付で、3月29日の新条例による文化財調査委員として、野中退蔵・雨宮義人・岡田泰次郎・田代善吉・佐藤忠治・前澤輝政・関本平八が委嘱され、事務担当の県職員として亀田延義・海老原庄太郎・岡田三郎の名がある。なお、前澤輝政は文化財保護委員会から選定要請のあった「埋蔵文化財専門委員」にも委嘱された。

この時期の栃木県内の主な発掘調査には、1951（昭和26）年の杉原荘介と明治大学による藤岡町（栃木市）篠山貝塚、1952年の船生村（塩谷町）佐貫の環状列石と翌年の氏家町（さくら市）の堂原遺跡は藤田亮策・清水潤三・江坂輝弥ら慶應義塾大学が、1953（昭和28）年の宇都宮大学の竹下遺跡は薗田芳雄と辰巳四郎が担当、小川町（那珂川町）那須八幡塚古墳は東京国立博物館の三木文雄によるものが代表例にあげられる。この中で篠山貝塚は堤防工事、堂原遺跡が桑畑の掘り起こしが発掘の原因ではあるが、学術発掘の形がとられている。渡辺龍瑞は伊王野村や芦野町（那須町）で石倉北丘西遺跡・木下遺跡など縄文時代早期を中心にした小規模な学術調査を展開している。また、那須八幡塚古墳の発掘には1951年に発足した小川町古代文化研究会が協力している。同研究会はこの後に栃木県内各地に誕生する文化財愛護協会や歴史文化研究会などの先駆をなすものであった。なお、篠山貝塚の発掘は当初栃木県教育委員会が宇都宮大学に依頼したものであったが、発掘届を受けた文化財保護委員会が発掘担当者を資格なしと見なして却下したので、県が急遽明治大学に依頼し直したものである。国は発掘担当者の資格として日本考古学協会会員であることを条件としていたらしく、その傾向は1970年代まで続いた。

2．国土開発への急激な動きと埋蔵文化財の保護体制づくりへの模索

建設省は1949（昭和24）年5月26日に「経済、社会、文化等に関する施策

の総合的見地から国土を総合的に利用し開発し、並びに産業立地の適正化を図り、あわせて社会福祉の向上に資することを目的」にするとの趣旨で、「国土総合開発法」を公布していた。まさに文化財保護法が同年5月30日に成立する直前のことであった。

これ以降、国土総合開発法は高邁な法の目的を盾に積極的な土地改変をともなう開発を推進し、文化財保護法はその理想を以って埋蔵文化財保護のために開発側の自制を求めるという形のせめぎあいが展開している。

手はじめは、1952年5月31日付で文化財保護委員会委員長から建設大臣に出された「道路工事、堤防構築への事業での遺跡湮滅と出土遺物散逸への対応を出先機関へ徹底されたいこと、また、工事中に遺跡が発見された場合の取扱いの協力について」という内容の依頼と、同時に文化財保護委員会が都道府県教育委員会あてに出した公共事業による遺跡破壊防止に努めることを要請した文書があることである。国と地方自治体による公共事業の進行下で埋蔵文化財が無視されていたという現実があった。

着々と開発を進める建設省と開発関係省庁・開発業者に対して、文化財保護側の文部省も1954(昭和29)年に文化財保護法の改正で対抗している。

この改正では、埋蔵文化財を法の中に初めて独立させて第四章にまとめたこと、土木工事等にともない埋蔵文化財を包蔵する土地の発掘届は着手する30日前までとして、文化財保護委員会は必要な指示ができることとした。しかし、発掘の中止や停止は指示できなかった。なお、文化財保護側としての都道府県教育委員会は埋蔵文化財包蔵地の所在調査を実施して開発に対応できるよう求められてもいる。

文化財保護法の改正の直後、文化財保護委員会は昭和30年4月22日付で建設省に「文化財保護協力方依頼について」の文書を出し、建設省もそれを承諾した。文化財保護委員会はその結果を都道府県に連絡したので、栃木県教育委員会も県農務部・土地改良部・土木部・市町村長あてに法改正の趣旨に従った行動をとるよう依頼した。

しかし、開発側の動きは急で、1956(昭和31)年に日本道路公団を設立、1957(昭和32)年高速自動車国道法と国土開発幹線自動車道建設法成立、1959(昭和34)年東海道新幹線着工、1960(昭和35)年東名高速自動車道路路線決定、1966(昭和41)年には東北縦貫自動車道ほか中央・北陸・中国・九州の高速道路の整備計画が決定、建設

大臣から日本道路公団への施工命令も出され、これに1970（昭和45）年の全国新幹線鉄道整備法が続き、翌年には東北新幹線、上越新幹線工事の運輸大臣の認可や、決定が相次いだ。こうした開発にともなう高速道路のインターチェンジや新駅の設置は、その周辺に工業団地・流通団地・住宅団地等の大規模な土地開発が行なわれることが予想されたので、文化財保護側の効果的な対策が迫られた。このため、文化財保護委員会は昭和30年12月16日付で都道府県教育委員会に、改めて遺跡台帳の作成、重要遺跡の史跡への仮指定などの措置を講ずるよう通知している。さらに、昭和34年1月17日付で「文化財保護行政事務組織の充実強化について」の通知で文化財担当の係組織の強化や文化財保護主事等専門職の設置も要望している。

　こうした動きの中で、栃木県は1961（昭和36）年に焼失した日光山内の国重要文化財本地堂（薬師堂）の管理を県が行なうことになったことを機に1963（昭和38）年に教育委員会事務局に文化財保護課を設置した。この時に田代善吉・佐藤忠治・前澤輝政らの指導により調査が進められていた遺跡台帳『栃木県遺跡目録』が刊行された。

　この頃の発掘調査も学術発掘が多い。宇都宮大学は辰巳四郎・渡辺龍瑞・塙静夫らが担当となって赤羽遺跡、追の窪遺跡、白山平遺跡、羽場遺跡、坪之内遺跡、坂の上遺跡、坂田遺跡などの調査を通して、北関東の縄文時代の文化的様相の解明に励んでいた。齋藤忠らは日光男体山頂の山岳信仰関連の遺跡（男体山頂遺跡）を調査し、芹沢長介は真岡市の旧石器時代遺跡（磯山遺跡）、大和久震平は馬頭町（那珂川町）川崎古墳の横穴式石室の調査、大川清は佐野市唐沢山埴輪窯跡などの調査をしていた。しかし、栃木県でも、1960（昭和35）年の渡辺・辰巳・塙らの高根沢町向原遺跡の発掘は土地開発事業の事前調査であり、大川清の佐野市三通第1号窯跡の調査は市営火葬場建設にともなうもので、この時期には土木工事等の事前調査・緊急発掘が始まっていた。

３．急激な県土開発と栃木県の埋蔵文化財の保護

　国土の再整備の進展とともに全国的に土木工事等にともなう緊急発掘が増加すると、発掘調査費は誰がどのように負担するのかが問題になった。

　文化財保護委員会は昭和35年4月14日付の都道府県教育委員会あての文書で「昭和37年度において緊急調査

に対する国庫補助の予算措置の参考にしたい」として破壊が予想される遺跡の所在地、種類、面積、土木工事等の目的、事業主体者、着工予定等を調査している。栃木県も当時の文化財行政担当の社会教育課が県内市町村にその予定等を提出させている。それによれば佐野市が越名沼干拓事業にともなう遺跡破壊を、湯津上村（大田原市）は上・下侍塚古墳周辺の農作業による破壊を懸念している。文化財保護委員会が、緊急発掘調査は地方自治体が主体者となり、発掘調査経費は国庫補助を充てようと考えていたことが窺われる。しかし、国や地方自治体の土木工事が増加すれば、必然的に国庫補助だけでは発掘費用を賄えなくなる。

そこで、文化財保護委員会は昭和39年2月10日付で建設・農林・運輸の各省と、日本国有鉄道・日本道路公団・日本住宅公団等の開発関係省庁や特殊法人に対して「史跡名勝天然記念物および埋蔵文化財包蔵地等の保護について」を通知し、文化財保護委員会と開発側が事前の現状変更や埋蔵文化財の発掘がやむをえないとなったものは、開発側が法に基いて許可申請等の手続きをとること、必要な経費は事業関係経費から負担することとしたと伝えている。同時に、大蔵省主計局長にはその予算措置についての協力を依頼している。

文化財保護委員会はその後、1965（昭和40）年に日本住宅公団、1967年に日本鉄道建設公団、日本国有鉄道、日本道路公団と個別の覚書きを取りかわし、国と国関係特殊法人等の開発に関わる緊急発掘の費用は原因者負担として、発掘調査については都道府県教育委員会に委託する方式ができた。このやり方は地方自治体やその関係法人による開発事業だけでなく、発掘費用の原因者負担の原則が民間の大規模開発にも適用されることとなった。

文化財保護委員会の緊急発掘調査への腐心の中で、栃木県教育委員会は1964（昭和39）年に文化財保護課に文化財保護担当嘱託として宇都宮工業高校教諭大和久震平を異動させて体制を整えはじめた。その直後の4月19日に、国史跡下野国分寺跡に隣接する国分寺町釈迦堂地内の山林に工場建設のためにブルドーザーが入り、古瓦が多数発見された。そこを下野国分尼寺跡と見た大和久震平は緊急に発掘調査体制を整えるために、当時作新学院高等部教諭であった塙静夫と相図り、栃木県内の日本考古学協会会員全員の協力を得ることとし、文化財保護委員会記念物課の黒板昌美調査官らの進言も容

れて、発掘の総括に齋藤忠、瀧口宏、辰巳四郎を据え、調査員に三宅敏之、渡辺龍端、前澤輝政、塙静夫、海老原郁雄、大和久震平を揃え、調査補助員に地域の若手研究者や考古学を志す早稲田大学、東京教育大学（現・筑波大学）、宇都宮大学等の学生を充てた。4次に亘る発掘には調査員に倉田芳郎を加え、東京大学、明治大学、國學院大学、立正大学の学生を参加させている（320ページ参照）。

栃木県ではこれ以降、下野薬師寺跡の発掘では下野国分尼寺跡発掘の調査員に加え、内藤政恒、福山敏男らを招き、那須官衙跡(かんが)（旧梅曽遺跡）の発掘では三木文雄・村井嵓雄(いわお)・大川清・大和久震平が担当するという、栃木県と中央の考古学者が一体となり、若い研究者の育成を図りながら栃木県の埋蔵文化財の発掘調査と保護のための体制を整えていくという形ができた。

国史跡となった下野国分尼寺跡の解明のための発掘調査が継続する中で、東北縦貫自動車道関連の遺跡の確認とそれに続く発掘とが目前に迫り、県内自治体が主体となるべき緊急発掘も増加しつつあることから、大和久震平と塙静夫は相談し、栃木県考古学界の総力を結集すべく栃木県考古学会の設立を図った。会は設立準備の段階で、少数の専門家だけのものとせず、考古学研究の後継者の育成、埋蔵文化財の保護と普及啓発に関心をもつ人材の底辺拡大、全県的な組織であることを意識して役員には県内各地で活動を続けてきた人材を充てるなどを決めた。このようにして栃木県考古学会（辰巳四郎会長）は1965年4月25日に作新学院図書館での総会を経て発足した。

栃木県考古学会設立後の発掘調査をみると、前記の下野国分尼寺跡、下野薬師寺跡の学術調査はもちろんのこと1965年の野木町が主体である杏林製薬工場内遺跡は辰巳四郎・大和久震平・塙静夫・中村紀男の担当で、1967（昭和42）～1968年の佐野市工業住宅団地内遺跡は栃木県と佐野市が主体者であるが、辰巳四郎・塙静夫・大川清・山中信一・大和久震平が担当して、前者には早稲田大学・宇都宮大学・宇都宮学園（現・文星芸術大学附属）高校の、後者には国士舘大学・宇都宮大学の学生らが参加している。この時期は市町村が発掘調査の主体者であっても、県職員が発掘担当者であったり、県が担当者を紹介して発掘調査を実施し、市町村職員が事務を担当するという方式がとられていた。1969（昭和44）年の大平町（栃木市）七廻り鏡塚古墳や、宇都宮市牛塚古墳、湯津

上村（大田原市）蛭田富士山古墳群の発掘にも適用されている。当時の市町村に埋蔵文化財の取扱いや考古学に精通した職員がいなかったことを思えばやむをえない措置ではあった。

この時期の国の開発への動きは、まず1969（昭和44）年に新全国総合開発計画（新全総）が示され、大都市の過密と地方農村の過疎の解消を図るための高速道路・新幹線建設とこれにともなう大規模開発が促進されることとなり、埋蔵文化財の保存と発掘の問題が生じることにもなった。この動きを睨んで、栃木県は埋蔵文化財の担当職員の増員に取組み、1968（昭和43）年から県立学校教員を県文化財保護課に異動させはじまるとともに、考古学専攻であった大学卒業者を非常勤調査員に採用して1969年度に開始された東北縦貫自動車道関連の発掘調査に従事させた。発掘は1972年まで続き、調査担当者は大川清・倉田芳郎・加藤晋平・辰巳四郎・塙静夫・中村紀男・屋代方子らと県の大和久震平・竹澤謙・常川秀夫・橋本澄朗・赤山容造・加藤隆昭・田野道明らであった。なお、栃木県は1970（昭和45）年に埋蔵文化財係を設けたが、翌1971年には課の名称を文化財保護課から文化課に、埋蔵文化財係も文化財調査係に変更している。

1972（昭和47）年の第1次田中内閣で日本列島改造政策が推進されると国土開発が猛スピードで拡大し、発掘調査費用が原因者負担であることを厭わずに、土木工事等にともなう緊急発掘が爆発的に増加した。このため、栃木県では、県は1972年からの東北新幹線関連の発掘調査に集中せざるをえなくなったので、県内自治体が発掘主体となる緊急発掘に従来のように職員を派遣できない状態になった。

こうした状況の中で栃木県はその後の埋蔵文化財行政のあり方を決定づけたとも言える、県教育長名の市町村教育委員会あての通知文を出した。昭和47年12月4日付「県の埋蔵文化財保護に関する事務執行方針」である。それを読むと

一．指定の促進
二．県教委の保護行政の範囲
　イ．国指定のもので、国の執行委託を受けたもの
　ロ．県指定のもの
　ハ．市町村指定又は未指定のもので当該市町村の固有事務執行に対する指導援助
　ニ．全県的な開発（東北新幹線等）および県営事業にかかる調査・保存事業
三．開発に対処する基本方針

イ．開発側との事前協議の徹底
ロ．原則として文化財所在地域をさける
ハ．事情によっては事業地域内に含めるが方途を講じて保存を図る
ニ．やむをえず破壊する場合は、開発事業施工前に発掘調査を行い記録の保存を図る。これに必要な経費は原因者負担の原則に従う

という内容であった。

　栃木県教育委員会によるこの通知文の本音は、県の行政事務が手一杯になっているという実情と、市町村の発掘調査を含めた埋蔵文化財行政事務の自立を促すという両側面から出されたものであろう。しかし、市町村は職員定数の絡みもあって、直ちに専門職員の採用はできず、1973～1975年までの発掘調査の記録を見ると引き続き県職員が市町村のために発掘を担当している例もある。

　ここまで見てきたように、文化財保護側は開発側の攻勢に押され続けてきた。それに歯止めをかけようとしたのが、1975（昭和50）年の文化財保護法の改正である。改正では、埋蔵文化財包蔵地での土木工事等の届出を着手の60日前に早め、工事中に遺跡が発見されてその保護が必要なときには工事による現状変更に対する停止命令と、法令違反への罰則の規定もあった。

　しかし、開発は止まず、栃木県は1976（昭和51）年から考古学専門の技師として川原由典・八巻一夫・田熊清彦を採用したが、東北新幹線に続く新4号国道や自治医大周辺の大規模宅地開発等での埋蔵文化財発掘のための調査体制の備えだけでなく、既に発掘した遺構・遺物の整理・報告書の作成にも遅れを来たしている状態であった。そこで、県は1979（昭和54）年に文化課文化財調査係高橋英雄副主幹が海老原郁雄指導主事・大金宣亮主事とともに、当時全国に増加しつつあった埋蔵文化財調査を行なう財団法人の設立を企画し、教育文化広報等各種文化振興事業をあわせて、県民の文化行政需要に効果的・合理的に対応する名目を得て、1981（昭和56）年に（財）栃木県文化振興事業団を成立させた。発掘担当の文化財調査部には、公立学校の教員を含む県の派遣職員と財団雇用の職員を合わせた新体制が整えられた。現在の公益財団法人とちぎ未来づくり財団埋蔵文化財センターの前身である。

〈参考文献〉

稲田孝司　1986　「遺跡の保護」『岩波講座日本考古学』7（岩波書店）

Column
国史跡下野国分尼寺跡
ゴミの山から宝の山へ

　表題のサブタイトルは、若林英二元国分寺町長が自身の著書や講演の中で、下野国分寺跡と尼寺跡について述べられる際、よく使うフレーズである。最初は意味が良く分からなかった。直接的に不法投棄の場となっていた雑木林が、尼寺の発見で史跡となり公園ができたことだと思っていた。しかし、20年近くも史跡整備に従事させていただいているお蔭でやっとその意味が理解できるようになった。写真に残されているように、現在の資料館を含む公園の範囲は、人も入り込めないような雑木林であった。1964（昭和39）年4月19日にこの地が工場用地として造成された際、下野国分尼寺跡は偶然発見された。下野国分寺跡は江戸時代からその位置が特定されていたが、下野国分尼寺跡については長い間不明のままであった。柴田常恵(しばたじょうえ)は1926（大正15）年刊行の『栃木縣に於ける指定史蹟』に「櫟林の中に在るもの（国分寺跡の金堂・講堂）に比すれば、規模を減ずるも二基の土壇が南北に相対して存在し、（中略）下野国分尼寺に就いては、従来何等の聞く所なけれど、位置・規模および遺瓦などの上より察するに、此地を擬するが最も穏当の様に思われる」と尼寺の位置を想定していた。残念ながらこの時から約40年間、下野国分尼寺は忘れ去られてしまった。

　偶然発見された寺跡では、県教育委員会による県内初の行政主導の発掘調査が行われた。この調査が栃木県考古学会発足の一つの契機ともなった（352～3ページ参照）。

　また、不幸中の幸いと言うべき偶然が重なる。この日、前年度の1963（昭和38）年に設置されたばかりの県文化財保護課（昭和35年の日光東照宮本地堂の鳴き龍が火災により全焼し、奈良県に次いで全国で2番目に県に文化財保護部局が設置）の職員が、この年に計画されていた国指定史跡下野国分寺跡の事前調査のため、この地から約500m西に所在する下野国分寺跡にちょうど来ていた。「瓦片が大量に出土しているとの通報を受け現地に急行したとこ

ろ、金堂と想定される地ふくれの西側では地覆石が露出していた」と調査報告書には記されている。ここまでは本来あってはならないことであるが、時折、遺跡が発見される場合と類似する状況である。しかし、ここから後の対応が、50年前でありながら目を見張る速さとその的確さで、今でも賞賛される内容となっている。翌20日も係員を現地に派遣し、善後処置に必要な資料を収集させ、現地の工事担当者にはブルドーザーの搬入の禁止を伝えており、その動向を見張るため国分寺町教育委員会と最寄りの派出所に協力を依頼している。さらに翌21日には文化財保護委員会（現・文化庁）に対する報告と同時に緊急発掘調査の調査体制に関する指示を仰ぎ、下野国分寺跡の調査事業として計上されていた国庫補助事業費を尼寺跡の調査費として振り替えるよう指示を受けている。6日後の25日には文化財保護委員会から記念物課三木課長補佐、黒板調査官が現地視察を終えている。この間、現地では現況測量が進められたと記されている。

現代のように携帯電話などの情報機器も無かった時代で、さらに電話もこの周辺にはほとんど設置されていなかったが、このように迅速な判断が下され的確な対応がなされている。現在、同様の立場にある関係者は果たしてこの時と同じく迅速な対

写真1　現地説明会（昭和39年）の様子　マイクを手にしているのが発掘調査を総括した齋藤忠（下野市教育委員会提供）

応ができるであろうか。

　現地視察から約3週間後の5月9日には12日間の第1次発掘調査が実施されている。調査は総括—齋藤忠・瀧口宏・辰巳四郎、南大門址・中門址・回廊址担当—三宅敏之・塙静夫、金堂址—前澤輝政、講堂址・僧房址—渡辺龍瑞、土塁—海老原郁雄、測量・写真—大和久震平、栃木県考古学史上のオールスターキャストである。

　1967（昭和42）年度から国庫補助事業として史跡整備が始まり、整備と並行して1968（昭和43）年8月8日まで4次に亘る調査が行われた。全国でもほぼ初めての国分尼寺跡の調査と史跡整備である。市民・県民の方々の興味と関心は相当高かったことが、現地説明会の写真として残されている。

　この尼寺跡の発見と一連の史跡整備事業への熱意はその後も続く。1976（昭和51）年4月26日付で栃木県立博物館誘致促進同盟会（小山市、南河内町、国分寺町、野木町の首長・議長・教育長）から「県立博物館誘致についての陳情書」が知事・県教育長・県議・その他関係機関に提出されている（図1）。その後県立博物館は宇都宮市に中央公園と併せて建設されたが、この動きが後にしもつけ風土記の丘資料館誘致の原動力となった。後に資料館の建設予定地を知事が視察された際、国分

写真2　国分尼寺発掘調査（昭和39年）の様子（東から西を見る：下野市教育委員会提供）

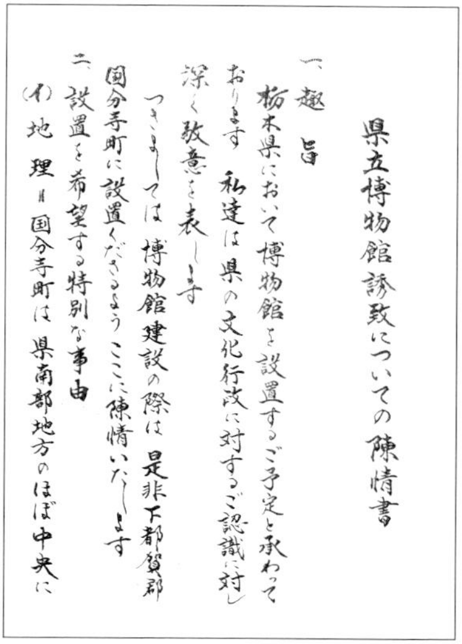

図1　陳情書（下野市教育委員会提供）

県立博物館誘致についての陳情書

一、趣旨
栃木県において博物館を設置するご予定と承っております。私達は県の文化行政に対するご認識に対し深く敬意を表します。
つきましては、博物館建設の際は是非下都賀郡国分寺町に設置くださるようここに陳情いたします。

二、設置を希望する特別な事由
（イ）地理＝国分寺町は県南部地方のほぼ中央に

寺町の婦人会が手製の蕎麦を、また後に県埋蔵文化財センターの候補地視察の際には里芋で知事を歓待したと伺ったことがある。県側の当事者であった大金宣亮（のぶすけ）と町側の若林英二に昔話としてその真実をお伺いしたことがある。御二方とも「本当だ」と答えて下さった。

現在は、淡墨桜（うすずみざくら）の咲く尼寺公園として著名になり、毎年春には「天平の花まつり」が開催される。毎年約40日の会期中に約30万人の方が来訪する県を代表する花見会場となっている。青森県の弘前城も桜で有名だが、ここもこれだけ多くの方が花見に来てくれる場所となった。

まさに宝の山である。

尼寺跡発見から50年を経過した今、下野市では講堂北の尼坊や雑舎群の所在が想定される箇所を追加指定・公有化し、再調査の計画を進めている。その後市民憩いの場とした史跡公園の再整備を進める予定である。

史跡整備を行う際、担当者が最も心掛けなければならないこととして『下野国分尼寺跡整備報告書』（1971［昭和46］年）に史跡整備委員長齋藤忠が指針を示している。

「（前略）たとえ史跡公園として実現されようとしても、その施設や整備事業に一歩誤るならば、むしろ史跡の破壊にも連なることもある。思うに史跡公園は、単なる近代化された公園であってはならない。史跡のもつ歴史環境をいかに生かし、その中に含まれる遺構をいかに保存しつつ、その活用をはかるかに最大の眼目があり、史跡公園としての生命があるのである」

史跡整備を担当するものとして、重く受け止めなくてはならない言葉であり、将来このような事業に関わることが許される方々に申し送りするものである。　　　（山口　耕一）

Column
「壬生車塚古墳」発掘調査
歴史遺産を活用した町づくり・人づくり事業

　壬生車塚古墳は、同様に国指定史跡である壬生愛宕塚古墳や牛塚古墳とともに、壬生町中央部を南流する黒川東岸の台地上に築かれた古墳である。埴輪の有無や墳形などから壬生愛宕塚古墳→牛塚古墳→壬生車塚古墳の順に築かれたと考えられている。

　壬生車塚古墳の発掘調査は、2014（平成26）年度から「歴史遺産を活用した町づくり・人づくり」事業の一環として着手された。目的は町内に所在する国指定史跡5基の古墳の、保存活用計画書策定のための発掘調査をとおし、「町づくり・人づくり」を行うものである。

　2021（平成33）年度までに、壬生車塚古墳、牛塚古墳、壬生愛宕塚古墳、茶臼山古墳（吾妻古墳については栃木県により調査が完了）の4基の発掘調査を行い、その成果にもとづき保存活用計画書を策定していく計画である。

　平成26年度の成果としては、墳丘全体を覆う「葺き石」を確認する。そして墳頂部と墳丘第一段・第二段平坦部、そして周堤上に置かれた須恵器甕の列を確認する。壬生町羽生田地区にある終末期の桃花原古墳でも、多くの須恵器の甕を確認したが、甕の配列までは確認されていなかった。しかし今回甕の置かれていた位置を確認することができた。調査終盤では、墳丘第三段部の「葺き石」の直下には、大小バラバラの大きさからなる礫層が最も厚い箇所で約1m盛られていることを確認する。そして礫層の直下にはさらに「葺き石」と思えるような「墳丘内石積み」が築かれている。この「礫層」および「墳丘内石積み」は、現在の墳丘第三段の等高線がしっかりとした円形を描いていることや、石室内に雨水が溜まらない現象などから墳丘の補強と雨水の排水目的で取り入れられた技術と考えられる。事実、2015（平成27）年9月の「関東東北豪雨」においても、約2mほど満面と水を蓄えた周溝の状態が約1週間つづいたが、石室内が水で冠水することは無く、水の流入もほとんど無かった状態であった。

平成27年度は、石室内の清掃調査を重点に実施した。石室内は太平洋戦争中、軍の施設として利用され、戦後は浮浪者が居住するなどしたため、石室内の堆積土は大きく攪乱を受け、古墳時代の床面を残していたのは、玄室の奥壁寄りの部分だけであった。出土遺物も奥壁寄りに集中しており、金銅製鉄製耳環1個、水晶製管玉8点、ガラス玉約80点が出土している。また、当初の目的である前庭と石室の構造を明らかにするまでには至らなかったが、石室の基盤を整備した痕跡の一部を明らかにすることができた。石室前室の前面に入れたトレンチから、旧表土上に約1m盛られた「版築層」を確認する。通常、版築層については、掘り込み事業と言われるように旧表土から掘り込んだ縦坑内に層状に土を叩き締めて築く層であるが、本墳においては旧表土から盛られており版築層を築く範囲をどのように設定したのかが今後の課題である。また本年度も、前年度に続き石室前面の調査区からは埴輪片が出土した。円筒埴輪の底部が出土するなど、従来言われてきた埴輪の消滅時期についても再考が必要なのかもしれない。

　2016(平成28)年度は、壬生車塚古墳の調査最終年度となる。石室構造の全体像を把握するとともに、前庭の施設の構造についても明らかにする計画である。　　　（君島　利行）

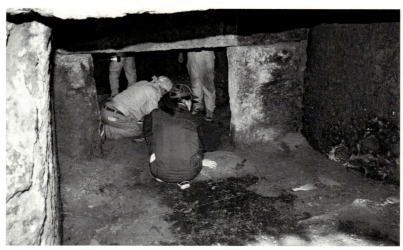

写真1　平成27年度車塚古墳石室内調査風景

史跡 足尾銅山跡
近代産業遺産の保存と活用

鈴木　泰浩

1．はじめに

『足尾銅山』おそらく日本で最も著名な鉱山のひとつであるが、その名はしばしば「鉱毒事件」・「田中正造」といったキーワードと共に以下の様に語られているのではないだろうか。

……明治時代、足尾銅山の経営に乗り出した古河市兵衛（ふるかわいちべえ）は最新の技術を次々導入し、鉱山の近代化を進める。程なく足尾は日本一の銅山に成長したが、銅山から排出された鉱毒水は河川を汚染し、製錬所の廃ガスは山々の木々を枯らす。渡良瀬川流域周辺住民は窮状を訴えるが、国益を優先する政府は聞く耳を持たない。しかし、時の衆議院議員田中正造の糾弾でついに重い腰を上げざるを得ず、古河に対しておざなりの改善命令を出すが効果は一向にあがらない。政府は谷中村に目をつけ、ここに遊水地を建設し鉱毒を沈殿させて最終的な解決を図ろうと画策する。谷中村民は強制退去を命じられるが、田中正造と村民は抵抗運動を繰り広げる。しかし谷中は廃村となり遊水地は建設された……

いかがであろうか、少なくとも筆者は足尾銅山に対し長らくこのようなイメージを持っていた。しかし、2006（平成18）年の合併により足尾町が日光市となり、足尾銅山の調査に係わるようになってさまざまなことを学び、その認識を新たにした。もとより、鉱害問題を広く社会に周知、浸透させた田中正造の業績は論をまたないし、鉱害の影響の深刻さを否定するものではないが、国や古河の対応は決しておざなりではなく真摯であったし、渡良瀬遊水地建設も単に鉱毒の沈澱池として鉱毒事件の最終解決を図ったわけではなく、江戸期に端を発する利根川水系の複雑な治水事業と関係したなかで計画されたものであることも知った。

だが、ここで特筆しておきたいのは現在、国内には近代鉱山のシステムを具体的に示す施設がほとんど残っていないという点である。日本の鉱山は1970年代の「高度成長期」に相次いで閉山している。足尾は1973（昭和48）

年に閉山したが、同年には別子銅山（愛媛県）、生野銀山（兵庫県）、神岡鉱山（岐阜県）も閉山している。これは資源の枯渇が原因ではなく、安価な輸入鉱石に転換したことによる。現在も輸入鉱石による製錬事業を行っている企業はあるが（足尾では1988〔昭和63〕年まで製錬所が稼働していた）、坑道をさく岩機で掘り進み、トロッコで鉱石を搬出するといった光景は過去のものとなった。足尾の調査に携わった10年あまりの間に他県の著名な鉱山の主要施設が解体されたのも見てきた。これは金属鉱山に限ったことではない、かつての日本のエネルギー需要を担った炭鉱も同様であり、夕張炭鉱（北海道）は1987（昭和62）年、三池炭鉱（福岡県・熊本県）は1997（平成9）年に閉山している。もちろんこの二大炭鉱の背後には夥しい数の炭鉱の閉山があったことは言うまでもない。

　このように、大規模な鉱業が消滅してしまった今、鉱夫で賑わう"ヤマの生活"の景観や記憶も急速に失われつつある。鉱山のなかには坑道の一部を観光施設として公開し資料館を併設して"ヤマの生活"を伝える取り組み（足尾にも「銅山観光」が存在する）を行っているところもある。しかし、坑道は象徴的ではあるが、鉱業のシステムのごく一部でしかない。映像や模型によって説明することはできても、その全容を実感することは難しい。幸い足尾では鉱山関係施設の所有者である古河機械金属株式会社の理解と協力のもと、史跡をはじめとする文化財保護法の枠組みのなかで銅生産のシステムを示す施設の保存が進められている。本稿ではこれらを紹介すると共に、近代産業遺産が抱える課題について考えてみたい。

2.「史跡」足尾銅山跡

　足尾銅山跡は国指定史跡であるが、現地を訪れ目に入るのは製錬所跡に代表される老朽化した建造物である。「こんな"廃墟"が国の文化財なのか」という声もあり、また、遺構が地上に顕在していることから、発掘調査という手法を積極的に用いる必要がないため、本書で取り上げている一般的な史跡とはいささか様相を異にしている。しかし、重要なのは建造物の優劣や遺構発見のための手法ではなく、近代銅生産のシステムを示す施設（遺構）が土地と一体に保存されていることの価値である。

　史跡の正式名称は、執筆時では『史跡 足尾銅山跡』の下に「通洞坑」・「宇都野火薬庫跡」・「本山抗」・「本山動力

所跡」・「本山製錬所跡」・「本山鉱山神社跡」が併記される。これらは「ぶらさがり」と呼ばれる史跡を構成する要素であり、互いに関連して"産銅"というシステムを成している。しかし、これが残るうちは史跡としては不充分であり、要素が完結した時「ぶらさがり」が取れ、シンプルな『史跡 足尾銅山跡』となる。それでは、足尾の産銅システムを具体的に見てみよう。

3．足尾における産銅システム

　足尾銅山は県の北西部、日光市足尾町の備前楯山(標高1,272m)を鉱床とする鉱山である。渡良瀬川の最上流部に位置し、利根川との合流点である渡良瀬遊水地まで約100kmである。銅山の発見は戦国期に遡ると伝えられるが、本格的な経営は1610(慶長15)年からであり、その際の鉱脈の発見者が備前国の出身者であったことから山の名がついたとされる。1648(慶安元)年から幕府の直轄経営となり、17世紀中葉は年間1,300t以上の生産量を維持していたが、1684(貞享元)年の1,500tをピークに急速に低下する。なお、「足尾銭」や「足字銭」と呼ばれる裏面に「足」の字が鋳込まれた寛永通宝があるが、これは減産により衰退した銅山の救済事業により1742(寛保2)年から6年間にわたり足尾で鋳造された銭のことである。

　幕末には廃鉱同然となったが、1877(明治10)年、古河市兵衛が買収し、近代技術による鉱源開発に成功したことで転機を迎える。ここで取り上げる諸施設は、この1877年から約100年にわたり建設されたものが対象なる。

　さて「産銅システム」と一口に記すが、これは非常に多岐にわたる施設や技術の集積であり、また、それぞれが専門的な内容を含む。もとより筆者は鉱業の専門家ではないので、ここでは史跡の理解を促すことを目的にその概略を述べることとする。

　鉱業は、主に地下に埋蔵されている鉱物を採掘し、そこから有益な資源を取り出す産業のことを指す。近代以降の銅需要は電線等に使用される銅線が主体であり、高い純度が求められる。

　銅生産の流れは、①採鉱：銅鉱石を掘り出す工程である。海外では大規模な「露天掘り」の例があるが、足尾では坑道を掘削する「地下掘り」である。②選鉱：採掘した鉱石から有用な部分を物理的に選別する作業である。当初は手作業で行われていたが、やがて機械化され処理能力を高めていった。なお、ここまでの過程において不要となった廃石などの廃棄物には選別しき

表1 足尾銅山のシステムと保存方針(『史跡足尾銅山跡保存活用計画』より)

分類		項目	施設等の名称	文化財保護の現状	保存手法(目標)
Ⅰ 生産施設	産銅施設	1．採鉱施設	通洞坑　本山坑　本山動力所跡　宇都野火薬庫跡	国指定史跡	国指定史跡を目標とする。
			通洞動力所	未指定	
			小滝坑跡	市指定史跡	
		2．選鉱施設	通洞選鉱所	未指定(国史跡追加指定調整中)	
		3．製錬施設	本山製錬所跡	国指定史跡	
		4．保守・製造関連施設	古河鉱業間藤工場	未指定	
		5．経営関連施設	古河掛水倶楽部	国登録有形文化財	
			旧足尾銅山鉱業事務所付属書庫	未指定	
	生産基盤	6．輸送・通信施設	古河橋	国重要文化財	国重要文化財
			足尾鉄道	国指定史跡(旧本山駅)　国登録文化財(駅舎・橋梁等)	国指定史跡を目標とする。※現役施設は国登録文化財としての保護を検討する。
			簡易軌道　索道(索道トンネル、有越鉄索塔)	未指定	
			旧足尾銅山電話交換所	未指定	
		7．エネルギー施設	間藤水力発電所跡	市指定史跡	
			新梨子油力発電所　通洞変電所	未指定	
		8．工業用水施設	松木取水口　芝の沢取水口　小滝取水口	未指定	
Ⅱ 環境対策施設		9．治山・砂防施設	足尾砂防堰堤　京子内砂防堰堤　松木沢砂防堰堤群　植樹地　砂防紀念碑	未指定	砂防法に基づき現在の機能の維持を図る。
		10．浄水場	間藤浄水場	未指定(国史跡追加指定申請準備中)	国指定史跡
			中才浄水場	未指定	鉱山保安法に基づき現在の機能の維持を図る。
		11．堆積場	原堆積場　簀子橋堆積場	未指定	
Ⅲ 生活施設		12．社宅	掛水重役役宅群	県指定有形文化財	国指定史跡を目標とする。※現役施設は国登録文化財としての保護を検討する。
			福長屋鉱夫社宅(南橋)　芝の沢鉱夫社宅　渡良瀬所員および鉱夫社宅　中才鉱山住宅　砂畑鉱山住宅	未指定	
		13．生活・教育・文化施設	本山鉱山神社跡	国指定史跡(本殿は市指定有形文化財)	国指定史跡(本殿は市指定有形文化財)
			足尾キリスト教会	国登録有形文化財	国登録有形文化財
			旧本山小学校講堂	未指定	敷地は国史跡(間藤浄水場)に含むものとする。
Ⅳ 景観・鉱山都市遺跡		14．景観	松木地区(松木地域旧三村、観測監視区域、松木沢砂防堰堤群を含む渡良瀬川上流部)	未指定	日光市景観計画における保全策を検討する。
		15．鉱山都市遺跡	小滝地区(銀山平を含む)　本山(鷹ノ巣)地区	未指定	国指定史跡を目標とする。

れていない金属が含まれている。また、坑口から流出する地下水も同様で、これらの処理が不十分だったことが鉱害－河川の水質汚染—を引き起こした要因のひとつであることを付記しておく。③製錬：選鉱された鉱石を炉で溶解して金属を取り出す工程である。製錬された銅は99％ほどの純度で「粗銅」と呼ばれる。これは電線として使用するには純度が不足しておりさらなる工程が必要となるが、足尾で行われるのはここまでである。この工程で問題となるのは、鉱石中の硫黄分が燃焼し亜硫酸ガスが発生することである。放出された酸性のガスは山林を枯らし、保水力を失った山は洪水を多発させ、流出した土砂による河川被害を増大させた。足尾における鉱害対策の最大のテーマが亜硫酸ガス対策といっても過言ではない。④精錬：読みが同じために誤用されがちだが、金属から不純物を取り除く工程であり、粗銅は電気分解により99.99％まで純度が高められ製品となる。この工程は日光清滝の精銅所（現、古河電工株式会社）で行われた。

以上が銅生産の工程の骨子であるが、各工程の動力となるエネルギーの供給、原料や製品並びに廃棄物の輸送、そして鉱害（環境）対策など、鉱業という産業に係る多くの要因が関連して「システム」となるのである。

日光市教育委員会では、2016（平成28）年3月に『史跡足尾銅山跡　保存活用計画』を策定した。これは史跡保存のためのガイドラインだが、具体的な指針を決定する事前作業として、各分野の専門家を交え"足尾銅山の近代産業遺産としての価値"について多くの時間をかけて検討した。同時に現存する足尾銅山の施設を洗い出し、システムを構成する要素の整理・分類作業と今後の保護のあり方を示した（表1）。これを基に銅山施設を紹介しよう。

(1) 採鉱に係わる施設
【通洞坑・本山坑】
　通洞坑は、足尾銅山の主要坑道である本山坑および小滝坑と連結する基幹坑道で、総延長は約2,900mに及ぶ。1885（明治18）年に開削が始まり、1896（明治29）年に完成した。整備あたっ

写真1　本山坑口

ては蒸気タービンによる圧搾空気を動力とした、さく岩機およびダイナマイトを用いるなど、当時の最新技術が導入されている。足尾銅山が閉山する1973（昭和48）年まで、主要坑道として利用された。本山坑は、1883（明治16）年に江戸時代からあった坑道を再開発したもので、坑口前にある梨の老木にちなんで梨木坑と呼ばれていたが、富鉱が有るようにと有木坑に改名されたという。その後、銅山の中心地をあらわす本山を代表する坑道の意味から、有木坑は本山坑と呼ばれるようになった。

【宇都野火薬庫跡】

「採鉱」というと坑道が注目されるが、近代鉱業の特徴のひとつは採掘に爆薬を使用することであり、火薬庫は採鉱のための火薬類の保管庫である。庚申川左岸の山腹の南斜面を造成し、土塁で区画された4棟の並列する保管庫と、東側に煉瓦塀（防火壁）で仕切られた独立した火薬の袋詰めを行う作業所の計5棟からなる。保管庫は1912（明治45）年に当初石造で建設され、雷管、黒色火薬、ダイナマイト等用途別に使用された。1917（大正6）年に煉瓦造の1棟が増設され、作業所は1921（大正10）年の建設である。これらは1954（昭和29）年の小滝坑の閉坑

写真2　動力所内コンプレッサー

に合わせて閉鎖された。

【本山動力所跡】

坑道で使用するさく岩機等の動力の圧縮空気を供給する施設である。本来は通洞・本山・小滝の坑口にそれぞれ設置されていたが、小滝は撤去され、通洞は建屋の一部のみ残存しており、建屋と機械類が残るのは本山のみである。本山坑口から北東約250mに位置し、1914（大正3）年に設置されたアメリカ製の大型コンプレッサーにより、圧縮空気の集中供給が行われた。

(2) 選鉱に係わる施設

選鉱や製錬作業は初期には坑口でそれぞれ行われていたが、後に選鉱は通洞、製錬は本山に集約される。「通洞選鉱所」は通洞坑の開通後に選鉱の拠点として整備されたものである。現存するのは、1923（大正12）年に整備されたものと、増産のために1934（昭和9）

年に北側に建設された2棟である。これらは現在のところ文化財の指定等はされていないが、建屋と機械類が保存されている本格的な選鉱所が国内に皆無となった現在、貴重な存在である。

(3) 製錬に係わる施設

【本山製錬所跡】

産銅量の増加に対応し明治20年代までに本山と小滝にも新製錬所を設置した。しかしその後鉱害問題が深刻になり国は「足尾鉱毒事件調査委員会」を設置し、1896 (明治29) 年に我が国初の「鉱毒予防工事命令」を発令、古河に対策を求める。早くも翌1897年には第三回の予防工事命令により、鉱山廃水や製錬廃煙の具体的な対策を命じた。これに基づき本山製錬所で亜硫酸ガス対策施設を設置し、小滝製錬所を廃止した。足尾の鉱害問題が社会化したこの時期、製錬過程で発生する亜硫酸ガスの対策技術は世界的にも確立されておらず古河は試行錯誤を繰り返すが、その完成はフィンランドの企業の開発した排煙中の亜硫酸ガスを分離する製錬技術の実用化に成功した1956 (昭和31) 年のことである。なお、製錬所の象徴ともいえる通称「大煙突」は大正時代の試行期の産物であり、実用されてはいない。本山製錬所は1988年に操

写真3　本山製錬所跡

業を停止し、その構造物は、2007 (平成19) 年から順次解体されたが、これは危険防止等の観点から止むを得ない措置であり、文化財指定前にも関わらず、有識者を交え残すべき施設についての協議を行っている。決して企業が一方的に解体したわけではないことを記しておきたい。

(4) 経営に係わる施設

【古河掛水倶楽部】(国登録有形文化財)

「古河の迎賓館」とも呼ばれ、足尾銅山を訪れる貴賓客の接待用に建設された。向かって左側の旧館が1899 (明治32) 年に、洋風の正面本館と右側のビリヤード室は1910年代前半に建てられたものと考えられている。倶楽部前には1909 (明治42) 年に銅山を統括する「足尾鉱業事務所」が移設された。これに伴い周囲には鉱業所長をはじめ幹部宿舎が建設され、銅山経営の中核と

写真4　足尾鉱業事務所

もいえる地となった。なお、所長宅、副所長宅と4棟の課長宅の計6棟は当時最先端の住宅建築であったことから県指定建造物となっている。

　新築された事務所は木造2階建ての瀟洒な洋風建築であったが、1921（大正10）年足利市に売却され、1974（昭和49）年まで庁舎として使用されていた。事務所跡地には付属施設である煉瓦造の倉庫が残されているのみで、長らくテニスコートとして利用されていたが、2015年に日光市教育委員会の実施した試掘調査により、事務所の基礎が良好な状態で残っていることが確認された。足尾銅山関係施設のなかで数少ない「発掘調査」により発見された遺構であり、今後の調査が期待される。

(5) 輸送通信施設
　【足尾鉄道】（現、わたらせ渓谷鐵道：国登録有形文化財）

　足尾の物資輸送を担ったのは、索道（貨物用ロープウェイ）と馬車や小型電気機関車による簡易軌道である。鉱石や、廃石などはこれらで関係する施設に運ばれる。製錬所で製造された粗銅は索道で細尾峠を越え、馬車鉄道で清滝の精銅所に運ばれた。足尾には今では想像できない輸送ネットワークが構築され、空には縦横に索道の曳索が行き交っていた。この効率を高めるために本格的な鉄道が1910（明治43）年から1914年にかけて建設され、製錬所には通洞選鉱所からの精鉱等の搬入、製造された粗銅の搬出のための本山駅が整備された。閉山後も国鉄民営化まで輸入鉱石等の搬入に利用されていたが、現在は本山駅〜間藤駅間を除く区間が、第三セクターの「わたらせ渓谷鐵道」として運営されている。足尾駅舎や橋梁をはじめ関連施設38件（栃木県12件・群馬県26件）が国の登録有形文化財となっている。

写真5　足尾鉄道 本山駅

なお、鉄道は足尾から群馬県の桐生に向かう。清滝精銅所とは方向が逆だが、これは急峻な細尾峠を越えることが困難だったことによる。したがって粗銅は足尾→桐生→小山→宇都宮→日光を鉄道で、さらに清滝までは路面電車により実に栃木県を半周して運ばれた。現在もJR日光駅構内には関連施設の名残が見てとれる。

【古河橋】（国重要文化財）

本山製錬所前の、渡良瀬川に架橋された鉄橋である。銅山の急速な発展に伴う輸送量の増加に対応するために、1884（明治17）年に直利橋を架設したが、1887（明治20）年の火災により焼失したため、ドイツから輸入した部材により永久橋としての鉄橋を1890（明治23）年に完成させた。

(6) エネルギー施設

【間藤水力発電所跡】（市指定史跡）

足尾銅山の近代化を牽引したのは、電化によるエネルギー供給にある。足尾に限らず、鉱山の増産は坑内排水による採鉱域の拡大に比例する。古河は排水ポンプを始めとする各種動力源の電化を図るため1890（明治23）年に間藤に水力発電所を建設する。動力源としての水力発電所設置は国内で最も早い例の一つである。後に電力不足を補うため、1906（明治39）年より水量の多い大谷川を利用した日光細尾に発電所（第一発電所）が建築され、さらに1910（明治43）年に隣接して第二発電所が増設された。足尾には、細尾から供給される電気を変換するための「通洞変電所」と発電のサブシステムである「新梨子油力発電所」が残っている。

(7) 浄水場

【間藤浄水場】

前述の第3回予防工事命令に従って新設された鉱業廃水の濾過、沈殿施設である。浄水場は当初、主要坑口にそれぞれ設けられ、間藤浄水場は、本山坑および本山製錬所で使用した廃水の処理施設であり、5つの沈澱池と1つの集泥池で構成されていた。閉山後は坑内の廃水処理のため、その機能は中才浄水場に集約されている。なお、中才浄水場は一部機械化し自動化されているが、基本構造は明治時代のまま現

写真6　間藤浄水場

在の水質基準を満たしている。これは鉱害対策のうち、廃水処理は当時すでに充分な対応がなされていた証左である。一方で廃煙対策に半世紀以上の時間が費やされたことが結果として"不充分な対応"とされる所以であろう。しかしこれは技術的な限界に起因するものであり、決して国や古河が"おざなりの対応"をしたためではない。なにより、1956（昭和31）年に古河が世界に先駆けて足尾で実用化した無公害製錬システムである「古河式自溶炉」が現在世界各地で使用されていることが対策の正しさを示しているのではないだろうか。

（9）社宅

　銅山で働く人々のインフラは、基本的には古河によって整備され、掛水を中心とした幹部社宅のほかに、1907（明治40）年までには20カ所を超える鉱山住宅が設けられている。鉱夫の住宅は4～6連戸の平屋の長屋で、共同の水場、風呂、便所が設けられていた。足尾町の人口のピークは1916（大正5）年の38,428人であるが、狭小な足尾の地に宇都宮（当時、約5万8千人）に次ぐ人々の営みがあった。閉山後は次々解体撤去され、往時の姿も失われつつある。

（10）生活・教育・文化施設

【本山鉱山神社跡】

　本山坑口の北側の山腹の、足尾地域に現存する最古の山神社の跡である。1899（明治22）年に、鉱業所長以下、鉱員たちの寄付金約3,300円により造営された。小滝と通洞にも同様の神社が造営され、1973（昭和48）年の閉山時に、本山鉱山神社の御神体は通洞鉱山神社に移された。

　古河は、住宅以外にも多くの福利厚生施設や教育施設を整備したが、ほとんど消滅してしまった。1892（明治25）年、古河鉱業が銅山で働く労働者の子供のために作った私立古河足尾銅山尋常高等小学校の講堂（旧本山小学校講堂）は、現存する数少ない建造物のひとつである。明治40年に現在地に新校舎を建設して移転し、1940（昭和15）年に当時の小学校としては珍しく、独立した講堂が建設された。1947年4月

写真7　旧本山小学校講堂

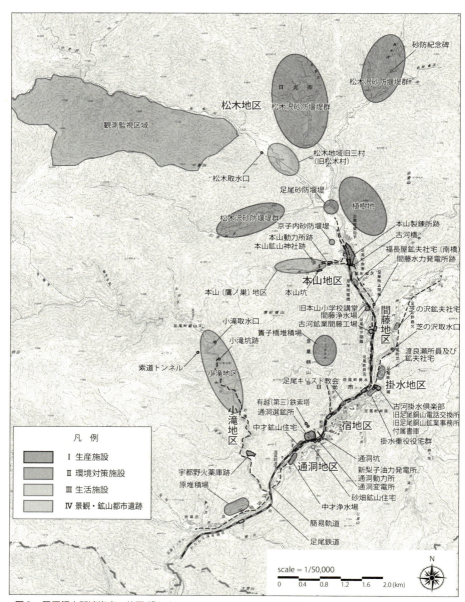

図1　足尾銅山関連資産の位置(『史跡足尾銅山跡保存活用計画』より)

に公立に移管され本山小学校となったが、2005年（平成17）4月に閉校した。

なお、足尾銅山の施設の大部分は鉱山保安法の規定に基づき事前に保安教育を受けたうえで、保安帽等を着用し、案内人の指示のもと定められた場所以外は立ち入ることができないことになっており、施設の所有者である古河機械金属株式会社は管理責任上立ち入りを制限しているのである。日光市教育委員会は定期的に見学会を実施して公開の機会を設けている。このことを充分理解のうえ、無断侵入は厳に慎んでいただき近代産業遺産の保存と活用にご協力願いたい。

4．むすびに－近代産業遺産の課題－

以上、史跡を中心に足尾銅山のシステムを構成する施設群について述べてきた。紙幅の関係から省略せざるを得ないものも多々あったが、システムに係る要素が多岐にわたることは伝わったことと思う。なかには現役の稼働施設など、文化財の保存手法を単純に適応させることが困難な対象も存在する。しかし、「保存」とは単に現状を「固定」することだけがその手法ではあるまい。肝要なのは保存すべき要素を吟味し、変化（更新）する部分とのバランスを考慮することであり、さらに更新にあたってはその履歴の記録が必要だと考える。また、劣化した建造物の保存も大きな課題である。2015年に世界遺産に登録された『明治日本の産業革命遺産 製鉄・製鋼、造船、石炭産業』の構成資産である長崎県の端島炭鉱関連施設の通称「軍艦島」で問題となっているように、鉄筋コンクリート製の建造物はその保存手法が確立されていない。足尾にもコンクリート造や鉄骨造の建造物があり、同様の課題を抱えている。また、木造であっても従来の歴史的建造物の手法で補強や修理を行うことの是非も議論の分かれるところである。先の「保存」の問題と同様に産業遺産としての価値を充分吟味しなければ、修理によって外観は保てても、その価値を失うこともあり得る。史跡足尾銅山跡を適切に保存し活用を図るためには、さらなる調査と研究の継続が必要なのである。

〈参考文献〉

日光市教育委員会　2013　『足尾銅山跡総合調査報告書（上巻）』

日光市教育委員会　2015　『足尾銅山跡総合調査報告書（下巻）』

日光市教育委員会　2016　『史跡 足尾銅山跡 保存活用計画』

Column
最近の史跡整備の動向

　かつて史跡の指定はその保存を目的としたもので、来訪者の理解を助けるための整備は重視されていなかった。そもそも史跡は、国や地域の歴史について正しく理解するために欠くことができず、かつ学術上価値がある遺跡を、文化財保護法や条例に基づき指定したもので、保存が第一義であるためである。史跡はその価値が損なわれることがないよう保存されてきたが、見方を変えると当時の保存は何も手を加えないこととほぼ同義であり、畑や林のままであったところも多い。来訪者が現地で史跡を見て、触れて、価値を実感することは難しかったであろう。

　しかし、昭和40年代以降になると、史跡の価値や魅力を積極的に発信し、歴史や伝統文化に親しむ場とすることを目的とした整備が全国的に行われるようになる。発掘調査成果等から建造物を復元したり、ガイダンス施設を設置する事例が増え、近年では史跡を観光資源として、まちづくり・ひとづくりの中核として位置づけた活用もされつつある。

　県内に目を向けると、37件の国指定史跡（特別史跡を含む）、49件の県指定史跡、さらに400件余りの市町指定史跡があり、保存状態や特性に応じて保存や整備がなされている。国・県指定史跡では説明板が設置されているほか、20件余りが史跡公園等として整備・公開されており、往時の建造物等の配置を植栽やカラー舗装で表示するなどして来訪者の理解を助けている。さらに、国史跡の宇都宮市根古谷台遺跡・飛山城跡、足利市足利学校跡、栃木市下野国庁跡、小山市乙女不動原瓦窯跡、真岡市桜町陣屋跡・専修寺境内の三谷草庵、下野市下野薬師寺跡では、失われた建造物等の復元的整備がなされた。また、根古谷台遺跡、飛山城跡、足利学校跡、小山市寺野東遺跡、下野国庁跡、桜町陣屋跡、下野薬師寺跡ではガイダンス施設が設置され、発掘調査成果や復元模型の展示等を通して史跡が紹介されている。こうして整備された史跡は、学校の校外学習や史跡まつり等に活用されている。

写真1　下野国庁跡

　これらは自治体等法人による整備だが、宇都宮市塚山古墳（県史跡）は所有者個人によって整備され、益子町小宅古墳群（県史跡）は地元青年団等によって整備が進められており、地元住民が自発的に活用している事例として特筆される。

　また、整備に向けた発掘調査や検討が進められている史跡も数多い。

　上神主・茂原官衙遺跡は、宇都宮市と上三川町にまたがる国史跡である。発掘調査から整備計画作成に至るまで、2市町が連携・協力して進めている点は全国的にも珍しく、高く評価されている。

　小山市の国史跡琵琶塚古墳では2013（平成25）年度から発掘調査がはじまり、今後は隣接する摩利支天塚古墳も調査し、その後周辺の山林を生かした整備が行われる見込みである。2017（平成29）年度にはガイダンス施設が開設の予定である。

　壬生町では、国史跡車塚古墳の発掘調査が2014（平成26）年度から進められている。ひとづくり・まちづくりを見据え、大学と協働した事業として注目される（324ページ参照）。他の国史跡の古墳も今後調査する計画である。

　足利市の国史跡樺崎寺跡では、現在、中世の庭園跡の整備が進められ、市民参加による園地復元作業も行われている。

　佐野市の国史跡唐沢山城跡は、

最近の史跡整備の動向

写真2　塚山古墳

県内では珍しい高石垣をもつ山城で、山全体に曲輪等が展開する。こうした歴史的価値とともに、唐沢山県立自然公園としての自然的価値も併せ持っており、整備では双方の価値を活用することができよう。

塩谷町の国史跡佐貫石仏では、2015（平成27）年、136年ぶりに奥の院の開帳が行われ、多くの人が訪れた。町は、今後石仏前庭の発掘調査を行い、その成果をもとに周辺整備を進めていく計画である。佐貫石仏の制作年代等の解明につながる遺構や遺物の発見に期待したい。

この他、足利市藤本観音山古墳、小山市祇園城跡、日光市足尾銅山跡、下野市下野国分尼寺跡・下野薬師寺跡、那須烏山

写真3　樺崎寺跡での芝生はりボランティア（平成25年3月：足利市教育委員会提供）

写真4　下野市落内遺跡での現地説明会（下野市教育委員会提供）

文化庁が平成27年度からスタートさせた日本遺産認定も個々の文化財を相互に関連し合う文化財群として捉え、整備活用しようとするものである。世界文化遺産と同様、文化財の多様性とともに、その背景にある文化財の価値や魅力をパッケージ化するストーリーが重視される。栃木県内では、「近世日本の教育遺産群―学ぶ心・礼節の本源―」として、足利学校跡が茨城県旧弘道館や岡山県旧閑谷学校、大分県咸宜園跡とともに認定された。その他の市町でも認定に向けた検討が進められている。今後の新たな史跡指定や整備においても、史跡等を「群」として把握する視点を持ちながら、関連する文化財との連携や自治体間の協力が必要である。

こうした新たな視点や技術を導入しながら史跡を整備・活用し、来訪者がかつてこの地を舞台とした人々の思いや行動を想像し、実感できる場としたい。　　　（齋藤　恒夫）

市長者ヶ平官衙遺跡、那珂川町唐御所横穴でも、発掘調査や整備の検討、整備工事が進められている。これらの史跡はそれぞれに個性や特徴がある。それを生かした「オンリーワン」の活用を目指し、現地で魅力を存分に味わえる整備を期待したい。史跡にスマートフォンを向けると在りし日の建造物等がCGによって再現されるAR（拡張現実）技術や、レーザー測量による史跡の3次元CGの活用も有効だろう。

一方、史跡を中心として地域の各種資源をネットワーク化する施策も進められている。栃木県は、テーマに基づき関連する文化財群を巡るルートを設定した「とちぎいにしえの回廊」事業を2013（平成25）年度から開始した。

日本考古学協会栃木大会の記録

海老原　郁雄

1．東日本大震災の年に

　2011（平成23）年3月11日14時46分のその時、私は2階の自室で強烈な揺れを扉につかまり耐えた。3分ほども続いた強震——長い！　初めて恐怖を感じた。引き出しが飛び出し食器が床に砕けている。スチール製の本棚が大きく歪み、外塀の大谷石が散乱。外へ出て来た近隣の人たちと驚愕の顔を見合わせる。東日本大震災の勃発。

　広範甚大な国民規模の巨大災害であった。被害は文化財にも及び多くの遺跡、遺物や関係施設等が罹災した。

　県内では、喜連川の中世城跡お丸山に約650mの亀裂が生じ、宇都宮市の飛山城跡では崖崩れ、烏山の烏山城本丸跡の石垣が崩落した。国史跡下侍塚古墳は墳頂部に5カ所の亀裂、発掘中の古墳石室も各所で倒壊した。収納棚から遺物が落下し、熊田整理室では曲畑・新道平遺跡の復元個体が床に砕け、なす風土記の丘資料館では約2,000箱の収納箱が倒壊した。呆然から復元へ、各地の自治体で長い道程が続いた。

　この年、2011年10月15・16日は日本考古学協会の全国大会を栃木県考古学会が行う「栃木大会」の開催日であった。東北地方では幾人かの考古学研究者を大津波で喪い、研究発表の要請交渉にも不安定な状況が続いていた。

　旧石器・縄文時代の石材活用を討論する部会で基調講演をお願いする小野昭・明治大教授が気がかりな状況に。6月に予定されていた国際学会が、原発事故の影響で外国人研究者たちが参加を拒否して開催延期となり、秋の栃木大会とかぶる可能性が出てきたという。ヤキモキする担当者にやっと小野先生のメール。「秋の大会日程は確保します。アジアの旧石器協会の国際シンポとはかぶりませんのでご安心を」。

　2年前の7月、当会は開催を受諾し実行委員会を立ち上げた。会員が一人一役の分担で準備を進めてきた。大詰めの開催年度に当面した未曾有の大災害。研究者の中には自治体の職員も多く、震災被害の方々への対応と共に管

下の施設復旧など緊急用務に忙殺される日々が続く。全国大会の研究発表の前に震災が立ちはだかっていた。

2．栃木市開催を決める

平成の「栃木大会」はどこでやるのか、これがまず大問題。2日間で延べ800人の来場者とみて、交通便がよく、講演会場と分科会などの中小会場が備わっている建物——できれば大学の構内施設がいいのだが現状では難。

悩む中で光が射した。國學院大學栃木短期大学の活動施設「栃木学園教育センター」が大学当局の認可により無償貸与頂けることになった。同大学日本史学科の酒寄雅志教授のご尽力だった。

この施設は栃木駅正面口に面し、まだ新しい4階建で、大講義室・各教室を備え1Fはぶち抜きの大広間がある。開会行事も各分科会の併行進行もでき、1Fでは大人数を収容でき図書交換会にも充分。まさに天恵の栃木市開催。これで平成の栃木大会はやれる。

思えば春の日本考古学協会総会は渋谷の國學院大學。続く秋の國學院大學栃木短期大学での地方開催。大学当局の学会寄与と好意を私たちは忘れない。

地方大会は毎年秋に行われ、東日本と西日本が道府県単位で交互に開催す

写真1　平成の栃木大会（「古代社会の生業」のシンポジウム〈栃木市・國學院大學栃木学園教育センター〉）

る。大会では中核のテーマが目玉。特に開催地域と深く係わる考古学上の問題が重視される。旬の話題、その地ならではのテーマこそが地方大会のいのちなのだ。

　いま、栃木はどうなの？　と全国各地の研究仲間がやってくる。大会の目玉イベントはシンポジウムと懇親会。稔り豊かで気分よき大会でありたい。

　県北の空に高くそびえる高原山はわがふるさとの山。実は高原山という山はなく、小峰の集合体でその中の剣ヶ峰・大入道から黒曜石が出る。この黒曜石は旧石器・縄文時代に関東地方を中心に広く石器素材として活用された。矢板市は2006（平成18）年から産地調査をしており、北海道や長野県をはじめ各地の産出地でも研究が進み黒曜石利用に関心が高まっていた。栃木大会シンポのテーマの目玉は高原山黒曜石でゆこう──

　県考古学会が決めたシンポジウムのテーマは3つの時代の〈旬〉の課題。

　Ⅰ．石器時代における石材利用の地域相
　Ⅱ．考古学からみた葬送と祭礼（弥生）
　Ⅲ．古代社会の生業をめぐる諸問題（奈良・平安）

部門ごとに発表者の委嘱、討論と資料の扱いなどの協議、レジュメ原稿の提出。時間に追われた日程が続く。そんな中で、矢板市の調査は問題が生じて中断、その黒曜石資料は使えない状況になった。目玉だったが他日に…。

　懇親会は地方大会のもう1本の柱。全国各地からの仲間たちの交流、情報共有が酒肴の潤滑作用で談笑と共に盛り上がる。栃木の美酒樽割りで始めたい。それを大田原市湯津上の銘酒「天鷹」でやりたい。天鷹酒造は快く協賛下さった。薦樽（こもだる）を汲む1合升を提供、当日は尾崎宗範社長自ら銘酒コーナーの設営も頂いた。会場では福引きもあり、景品は市町・団体・個人各位から心ある物品を寄贈頂いた。懇親会場は栃木駅前のサンプラザ。本会場すぐ傍にあり準備中の便宜も計らってくれる。移動も近い。これで〈行ける〉、と実感する。

3．重いシンポ資料集

　大会前日の10月14日、実行委員会スタッフが各分担ごとに会場設営の仕上げ。國學院大學栃木学園教育センターは9月から続く人の出入りがピークに。看板が取付き学会の装いが整う。15時、シンポジウムの資料集冊子を積んだトラックが長野から届く予定だが遅れている。製本した場所からの

直送だ。ワクワクして待つ。
　「着きました！」、受付スペースに積み上げる冊子の山。ここに学会の成果が詰まっている。わが会の願いもさらに。手に取る1冊3.1kgの重み。「一般社団法人日本考古学協会2011年度栃木大会　研究発表資料集」、厚さ3.5cm・684頁で1000部印刷。埋蔵文化財調査と日々関わり深い事業所7社に協賛頂いた。価格は？　赤字でもいいから安くやろうと協議、3500円。
　ほどなく県立博物館企画展の図録「土偶の世界」も届く。国宝級の優品はじめ全国から集めた1000点超の土偶・土版・人面土器。好評の展覧会だ。
　10月15日・13時、1日目開幕。大会場のレクチャーホールで開会行事、開催地でもある國學院大學栃木短大の酒寄雅志教授による「東亜考古学会の誕生と活動」の講演が行われる。渤海国東京城の発掘調査を中心に古代アジアの民族興亡に光を当てた名論だった。
　むしむし曇り空が午後から雨に。正面口に続々と人の流れ、黒のスーツ姿で受付に大わらわの國短の女子学生たち。いま、平成の栃木大会が動いている。〈始まっちまえば終わりだ〉、以前に県教委で尊敬する上司の高橋英雄さんがいったけど本当だなァ。開始となれば準備の日々の思惑を外にイベントは決壊した水の如くに進行する。
　この日のシンポは3会場でテーマに基づき、Ⅰ．小野昭、Ⅱ．笹生衛、Ⅲ．宇野隆夫の各氏による基調講演。豊富な証例と先端的な研究に聞き入る人たち。
　17時30分　懇親会。期待をはるかに超える200人の参会、お付き合い下さり大感謝です。日本考古学協会の菊地徹夫会長、國學院大學栃木学園の木村好成理事長、当会実行委員会長の私の三人が樽割りの木槌を振り下ろす。飛び跳ねる「天鷹」の酒滴！　芳醇な地酒の香りが辺りに立ちこめる。待ち臨んだこの瞬間、美酒とは斯くたるか。
　2日目（10月16日）晴、むし暑い。
　9時開場。「お早うございます。大会本部から本日の予定と場所をお知らせします」、田代巳佳さんのさわやかな場内アナウンス。シンポ3会場と図書交換会さらにポスターセッションのギャラリーも大勢の人の流れ。
　シンポ会場では画像データを追いながら発表者の声に皆が耳を傾けている。厚い資料集の頁を繰る音があちこちに。「石材利用」の会場で織笠明子さんの発言を聞く。昭和の栃木大会の当時、協会事務局の職員だった織笠さんに幾度も電話連絡で対応して頂いた。美しい声が今も印象深い。

15時、図書交換閉場。図書頒布卓に加え発掘機器のデモコーナーもあって時代の進化を感じる。

15時30分、シンポ閉会。研究最前線で活動する気鋭の発表者たちが引き揚げてゆく。これからも栃木へちょくちょく来て下さいや。

協会秋大会の栃木開催の申し入れがあったのは2009（平成21）年4月。私は塙静夫前会長に相談した。学会開催は会員皆の大きな勉強になる。全面的なご賛同を得た。それから3年目、平成の栃木大会は終わった。ご来県の皆さま方に満足頂けたか気がかりは多いが、それは私たちの大いなる到達点だった。

4．ノウハウなき初開催

1981（昭和56）年10月24日・25日、宇都宮市の栃木県教育会館を会場として日本考古学協会秋季大会が開催された。秋季大会は地方開催で東日本、西日本の道府県が交互に行う。昭和56年は東日本が受け持ちで栃木県考古学会（塙静夫会長）が担当した。大会は講演会・シンポジウム・図書頒布会と参会者の懇親会、地域の遺跡見学会を3日間で行う。その準備・運営は全て地元委託。

協会本部の意向により、久保哲三委員（宇都宮大教授）から〈栃木大会〉の打診があったのは前年8月。馬頭町小砂（こいさご）の日本窯業（ようぎょう）史研究所（通称・窯研（かまけん））で大川清所長（国士舘大教授）と塙会長、副会長の海老原、事務局長の大金宣亮会員が説明を聞く。日ク、栃木は研究者仲間のまとまりが格段によいのでうまく運営できる。関東で未開催は栃木、茨城の2県で早晩の引き受けは必定…。本部は関東開催でいきたい。

大川先生は乗り気満々、久保先生は「宇大開催はできない」。それではウチの会が引き受けざるを得ず──か。

10月、会は正式に受諾、実行委員会を立ち上げる。権威ある協会の全国大会となれば責任重大、初の地元開催でノウハウなし。実務の舵とりは私と大金、まず会場確保から始めるべ。

5．〈栃の葉〉方式で取組む

新しい大ホールと広い駐車場、宇都宮市文化会館はどうか。大会期日は「空いてます」、借用料は2日間で「概算で48万円です」。それでは実行予算65万円の大半だ。

県教育会館は16万円、設置使用料が別途必要。少し狭いけど予算に見合っている。やり繰りすればよし、場所も分かりやすい。これに決めた。

次は準備作業だ。大会の実施事項に

基づき大綱をつくる。一人一役の分業として全員に仕事を割り当てるとする。そのシステムは――そうだ学校の運営組織を使おう。教務、進路指導、生徒指導……これに分担業務を括って割り振る。学校でいう職務分担という奴。

実行委の組織は、総務・庶務・会場・懇親会・見学会・図書頒布・シンポジウムの編成として各スタッフが担当。

そこで各係が行う仕事の段取りは？"事務屋"の同僚・中山替司さんに教わった〈栃の葉国体〉の準備シナリオ。縦軸に各係、横軸に期日を入れたマス目に仕事名を書き込む。各係の仕事の流れと他の係との相関が一目で分かる。"事務屋"の方式に学び、大会前日までの日程と大会当日の時程をつくる。何とか栃木大会が見えてきた。

シンポジウムは２本建てと決まる。
Ⅰ．北関東を中心とする縄文中期の諸問題　担当　小林達雄・春成秀爾
Ⅱ．関東における古墳出現期の諸問題　担当　岩崎卓也・久保哲三

縄文、古墳時代をテーマに北関東の地域的な特性、問題点を論証しようとするもの。栃木開催の意義がより解明になる狙いだ。実際、当時は縄文中期は大きな発掘が相次ぎ関東、東北、中部山地の各地で華麗なる土器群が花盛りの状況だった。西那須野町（現・那須塩原市）槻沢遺跡、大田原市湯坂遺跡など中心に栃木の土器文化は注目を浴びていた。これらの遺跡では、土坑の中から中期中葉の個体がまとまって出土した。それにより、土器群の構成と共存の関係が明確に把握されてきたのだ。

シンポの検証では北関東、特に栃木の中期土器の展開を柱にして各地の土器群を対比した10段階の変遷区分図が作成された。

栃木、茨城、群馬、福島、埼玉、東京、千葉、神奈川の初の土器対照図！

東北、関東圏が交錯し互恵的な文化交流の地であるこの地を「接圏」と認識する、と私は発言した。

6．印刷に追われて

会期直前の9～10月、準備作業は多忙を極める。各係との進行確認、事務連絡、協会本部との調整。わが栃木県文化振興事業団（県埋蔵文化財センターの前身）の各発掘現場も佳境に入っている。事務所は活気と錯綜の只中にある。俺たち燃えてるよなァ。

私の日記には

8.24　室内にモクセイの香り……
9.19　小貝川が遂に龍ヶ崎で決壊
9.24　松井ピ・テ・オ印刷に追加分を渡し、まるでさみだれ状態
10.17　「北炭」、ガス突出事故で死者100人超

　夢中でいる今。世相、身辺の動き急。

　大会当日まで絶対に完成すべき冊子が２つ。１つはシンポ資料集Ⅰ・Ⅱ、もう１つは『栃木の遺跡案内』（編集：屋代方子会員）。

　松井ピ・テ・オ印刷に発注、営業の直井和一さんに振りかかる無理難題の数々。何しろ、発表者の原稿がそろわない。遅延、過量、手直し。

　「栃木の遺跡案内」は155頁、表紙は注目の新発見・下野国府国庁跡の写真を飾り、先土器～奈良平安の各時代の代表的な83遺跡を場所・遺構遺物図と共に解説。会員35名が執筆した。版元は窯研・大川清先生が引き受けた。全国から来県される皆さまに栃木の土産を、のこころを込めた。

　芳賀町上の原遺跡は縄文中期の大集落跡、ホンダ技研のテストコース建設に伴い窯研が発掘した。その報告書も大会時の発刊を目指して作成中。

　夜更けて松井の印刷工場へと行くと、執筆の青木健二さんが黙々と校正作業。徹夜に近い連日の取組み、「青白くやつれながら一言の"泣き"も入らない青木が好きだ」、と後に私は書いた。

　期日が迫る。印刷に追われる２カ月。

7．手づくりでのり切る

10.24　栃木県教育会館
８時半、全員集合　緊張、身引きしまる思い

　「栃木大会」第１日、９時開場に受付へ人の流れ。10時図書交換会の開始、頒台に積み上げた報告書、混雑は時と共に進み室内に熱気がこもる。「本」購入ブームの時代だった。

　13時、開会行事の幕が上がる。「日本考古学協会

写真２　昭和の栃木大会（シンポジウム「北関東の縄文中期」の会場〈宇都宮市、栃木県教育会館で〉）

昭和56年度大会」の横断看板がライトにくっきりと映える。

　発表会場は大ホールだけなので、シンポジウムⅠ・Ⅱは2日間にまたがるジョイントで行う。〈縄文〉発表者が次々と登壇、満席状態の会場で一斉に資料の頁を繰る音が広がる。スライド画像に見入る人びと。順調だ。不安が少しずつ安堵に変わってゆく。

　18時　懇親会「大晃飯店」。会場は日光街道の野沢、紅葉シーズンの渋滞どきのバス輸送だが、下り線は大丈夫。

　運営は窯研・大川先生が豪快に。正面の大酒樽。威勢よく飛び散る樽割りの酒滴、これがやりたかった。参加記念にと、手挽きの小砂焼ぐい呑み。褐色の温かみある風合い、300個も手挽きしたと聞く。広い会場に談笑する高名な研究者たち、日ごろ滅多にお目にかかれないが若造が近づくにはちと恐れ多い。大盛会だ。やったぜ！

10.25　第2日目　〈古墳〉発表に継ぐ。古墳出現期の土器と墳墓にしぼっての報告・討論。栃木でも問題視されている前方後方形周溝墓の位置づけが興味深い。

　協会本部の石井則孝氏が駆けてきた。シンポ資料集が売り切れた。行列した人たちが大騒ぎになっている。

　「余分はないの？」、「ないです」

資料集の取扱いは協会本部で、指示通りⅠ・Ⅱとも1200部を印刷提出した・それをレジュメ共々セット頒布したため1日目でほぼ払底し、2日目そうそうに皆無になった。整理券を渡し、後日に増刷送付することでやっと決着。

10.26　第3日　見学会「那須地方の遺跡」。3日続きの大快晴、鄙びた晩秋の田園に静かな佇まいを見せる古墳、官衙跡などを巡る。田熊清彦会員の説明がキマっていた。小川町（現・那珂川町）「みずの」で名物料理の鮎定食を昼食に。この席で窯研は保存分の「那須官衙4次調査報告書」を贈呈した。15時半、解散。

　まさに昭和の大会は、素人手づくりだった。今にしてあれこれ失敗が浮かぶ。パソコンもスマートフォンもないまだ素朴の昭和の後期、会員の結束だけでのり切った。

　大型プロジェクトが押し寄せ、時代は発掘激増にむかっていた。〈発掘バカ〉たちは夢中になった。皆みんな若かった。

栃木県考古学会50年の歩み

塙　静夫

1．学会創設以前の県内の考古学

　1960年代ころから、栃木県考古学界でこれまでに経験したことのない、慌ただしい動きが出始めた。それは急激な日本経済の高度成長にともなって、従来ほとんど見向きもされなかった手つかずの原野や山野がブルトーザーによって次々と切り開かれ、さらには農耕地にも容赦なく牙は向けられ、遺跡は無残にも破壊されていったからである。

　こうしたことは全国各地でも頻発したので、国の文化財保護委員会は「遺跡台帳」の作成指導にのり出し、本県でも1963（昭和38）年3月、『栃木県遺跡目録』が作られた。しかし、ここに収録された遺跡の多くは、古墳や城館跡といったものが多く、旧6市町（足利市・鹿沼市・矢板市・那須町・小川町・芳賀町）を除いては、埋蔵文化財とはほど遠い遺跡目録であった。そこで県教育委員会は改めて各市町村に遺跡の悉皆調査を指示し、ようやく遺跡目録らしい『栃木県遺跡目録集成』が「栃木県埋蔵文化財報告書」第1集として、1968（昭和43）年に刊行されたが不十分であったので、引き続いて調査を市町村に指示し、これらに基づいて1997（平成9）年3月『栃木県埋蔵文化財地図』が刊行された。

　さて、栃木県考古学会が創設されるころまでの発掘調査の多くは、主として宇都宮大学によって行われていた。それは宇都宮大学の開学にともない、1951（昭和26）年に考古学講座（辰巳四郎講師担当）が設けられ、これを受講した学生たちが「郷土史研究班（のちの考古学研究会）」を組織し、早速同年7月、中島池の端遺跡（旧横川村江曽島）という古墳時代後期の集落跡を初めて発掘調査した。

　次いで同年10月、篠山貝塚（旧藤岡町藤岡）が赤麻沼開発によって堤防下に埋もれてしまうことを知った郷土史研究班は、工事に先立って発掘調査を行うため文部省に申請した。ところが「指導者の資格缺除（欠如）」という理由で認可されなかった。新制大学とし

て開学間もない時期で、まだ何一つ実績がなかったからであるが、これが切っ掛けで、本県の考古学界は以下のように大きく変貌していった。

先ず1952（昭和27）年10月、宇都宮大学の研究班は、旧西那須野町の別邸に居住の大山柏（旧公爵・文学博士）に指導を仰ぎ、槻沢遺跡（旧狩野村）を調査し、次いで翌年10月、薗田芳男（日本考古学協会員。桐生市在住）の指導で竹下遺跡（旧清原村）を調査した。そして1954（昭和29）年の西ツ原遺跡（旧伊王野村）調査以降の約10年間は、辰巳四郎・渡辺龍瑞らの指導によって、主に那須・塩谷両郡地域の縄文時代遺跡の発掘調査が行われた。ここに県南の両毛地方を中心とした前澤輝政らの発掘調査とは別に、県内の調査は辰巳・渡辺指導体制によって進められたので、両氏の門下から後に研究者として活躍される海老原郁雄・竹澤謙・岡崎文喜・屋代方子らが巣立っていった。

一方、「小川古代文化研究会」（旧小川町）は、三木文雄（東京国立博物館）を招聘して、駒形大塚古墳・那須八幡塚古墳、齋藤忠（文部省文化財保護委員会調査官）を調査団長とする日光男体山頂遺跡（日光市）、芹沢長介による磯山遺跡（真岡市）など、本県考古学史上に残る調査が行われた。

この間、塩谷郡を中心として考古資料などを収集していた長嶋元重は、屋敷内に「塩ノ谷郷土史館」を開設して考古学の分野にのめり込み、伴内万寿・海老原郁雄・屋代方子・田代寛や塙などと塩谷郡内の遺跡を調査し、鹿沼の柳田芳男は1962（昭和37）年の宇都宮大学による鹿沼市坂田遺跡の発掘調査を機に、「鹿沼古文化研究会」を結成、竹澤謙・塙などが会を支援した。

これらの研究会とは別に、1963年、東京在住の本県出身の当時学生であった中村紀男（國學院大學）・青木義脩（明治大学）らが中心となって、栃木県地方の考古学研究のさらなる深化を願って「栃木県考古学研究会」（代表・中村紀男）を立ち上げ、会報『栃木考古学研究』（編集青木義脩）を翌1964（昭和39）年に創刊し、県内の遺跡・遺物の資料紹介に徹し脚光を浴びた。この創刊号で斎藤兵衛は佐野市出流原小学校前の畑から出土した佐野市中央公民館に保管されている弥生土器2個を紹介し、これが杉原荘介（明治大学教授）の目に留まり、1964・65年、明治大学によって出流原遺跡の発掘調査となり、弥生時代中期の再葬墓群の全貌が明らかにされた。

また、1961（昭和36）年3月、日光市

山内の国重文本地堂が不慮の火災によって全焼したことが発端となって、1963年4月、本県は京都府・奈良県に次いで三番目の文化財保護課（のちの文化課、文化財課）が県教育委員会内に設けられた。1960（昭和35）年、冨祐次（現・本学会顧問）は、この文化課の前身である社会教育課文化財担当係として着任され、1978（昭和53）年に文化課を退職されるまでの18年間、文化財保護行政を一途に推進、この間、栃木県考古学会創設に事務方より積極的に支援された。

ここで特記すべきことは、文化財保護課が設けられた1963年4月、秋田県の鷹巣農業高校から本県の馬頭高校へ赴任されていた大和久震平が、文化財保護課文化財係嘱託として着任され、埋蔵文化財関係を一手に担当されたことである。これより大和久持ち前のバイタリティーに富んだ行動がはじまり、文化財行政の立場から本県考古学界に新風が吹き込まれた。時あたかも開発にともなう大規模な発掘調査が、目白おしに押し寄せていた時期であった。

2．下野国分尼寺跡の調査

大和久が文化財保護課に着任すると、県教委は下野国分寺跡の本格的な調査を行うため、1963年4月19日、現地の状況を把握するため、係員を国分寺跡に派遣して下調査を始めさせた。

ところが、この日の調査が終わったころ、国分寺跡東方の釈迦堂跡といわれているところから、開発工事によって古瓦片が広い範囲から出土しているという情報が飛びこんできた。そこで係員が直ちに現場に直行すると、これまでの平地林は東京の某業者が買収して工場敷地にするため伐採をはじめ、一部にブルドーザーが入り、のちに金堂跡と確認された地ふくれの一角が削られ、基壇の断面に地覆石が露出していたことに驚き、翌20日、県教委は大和久を現場に直行させた。大和久はここが国分尼寺跡であることを確認すると工事を中断させ、翌21日、国の文化財保護委員会に報告し、緊急発掘調査体制に関する指示を受け、急遽、国庫補助事業による下野国分寺跡の調査費を国分尼寺跡の調査にふり替えることとなった。

こうして1964年5月から、齋藤忠（国文化財主任調査官、のち東大教授）を団長とする緊急発掘調査団が結成され、これには数少ない県内在住の日本考古学協会員（辰巳四郎・渡辺龍瑞・前澤輝政・大和久震平・海老原郁雄・塙）が調査員となり、宇大・早大・東

京教育大(現・筑波大学)の学生を調査補助員として発掘調査が始まった。

このころ、県教委には国分尼寺跡出土の膨大な古瓦などを整理・保管する場所がなかったので、県教委の願いによって作新学院考古学資料室に持ち込まれ、主に夏期休暇に作新学院社会研究部生徒が水洗いし、早大学生の内堀正国・大金宣亮(のぶすけ)両人がその整理に当たった。時折、大和久震平が整理状況を視察・指導にやって来た。

そんなある時、大和久は私に「どうやら国分尼寺跡の調査は、今後しばらく続きそうなので、どうしても考古学協会員の協力が必要である。このさい県内各地の考古学愛好家や郷土史家たちに呼びかけ、栃木県考古学会をつくってはどうだろうか」という話をもちかけた。私も以前から学会創設を考えていたので、二つ返事で同意した。こうして国分尼寺跡の調査を契機に、栃木県考古学会創設の動きが始まった。

3. 栃木県考古学会の創設

学会創設には先ず会則が必要であったので、大和久と私は東北考古学会と茨城考古学会の会則を参考にして素案をつくり、主な人たちに呼びかけて創設準備委員会を設けた。

こうして1965(昭和40)年2月21日、宇大教授辰巳四郎を座長として、第一回各地区代表者会議(創設準備委員会)を作新学院図書館会議室で開き、学会創設の議案(会則・役員人事案など)を審議・検討し、さらに4月18日、第二回代表者会議を開いて最終的な詰めを行い、4月25日、会員総数98人中50人が参集して、作新学院図書館大会議室で栃木県考古学会が創設され、次の方たちが役員として承認された。

顧問　　大山　柏・佐藤行哉
会長　　辰巳四郎
副会長　渡辺龍瑞・前澤輝政
常任理事　大和久震平・塙　静夫・
　　　　海老原郁雄・中村紀男・
　　　　内堀正国・田代　寛
理事　　柳田芳男・関根顕英・福田元重・日向野徳久・橋本勇・大坪二三男・山中信一・伴内万寿・義煎平佐・植竹宗保・笹沼栄一
会計　　長嶋元重・竹澤　謙
監査　　大垣八郎・藤江岩三郎・野口實

総会後、記念講演として大川清(東邦音大助教授・早大非常勤講師)による「宇都宮市戸祭・水道山瓦窯址について」が行われた。

なお、事務局は当分の間、作新学院

図書館内考古学資料室（1971〈昭和46〉年3月まで）に置き、会費は年額500円、特別会員年額2,000円とした。

4.『栃木県考古学会誌』と連絡紙「やしゅう」の発刊裏話

　会則第3条第2項に、「機関誌・連絡紙の発刊」とある。しかし、学会創設時から会員の会費（総額50,000円）だけに頼って、会誌（機関誌）・連絡紙を発刊することは至難なことであった。それでも連絡紙「やしゅう」（6頁）は創設年の10月に会員に届けられ、『会誌』第1集（52頁）は次年度の会費（未納者20人余）を合わせて、1966（昭和41）年8月に創刊された。とは言え、2年度だけの会費では到底印刷費は足らなかった。そこで当時不安定な生活をしていた某君を、私が懇意にしていた宇都宮市内の某孔版社に、印刷作業を手伝うことを条件に居候させ、『会誌』第1集は、次のような内容で何とか発刊することができた。

　　辰巳四郎「発刊の辞」
　　田代　寛「栃木県における先土器遺跡と遺物産出層位」
　　塙　静夫「塩谷郡佐貫洞穴遺跡調査概要」
　　長嶋元重・田代　寛「坊山遺跡緊急発掘調査抄録」
　　大和久震平・岡村　勝「壬生町藤井古墳群」
　　大川　清「宇都宮市戸祭・水道山窯址」
　　渡辺龍瑞「江戸初期墓塔碑の系統と発展」

　しかし、第1集の発刊によって事務局の預金通帳は空になってしまった。このため第2集の発刊は早くも危ぶまれ、さらに追い撃ちをかけるように印刷費が高騰したので、散々苦労しながらやむを得ず、『会誌』は第2・3合併集として1968（昭和43）年に発行された。そして第4集の発刊はさらに遅れて1971年になってしまった。正直なところ会費未納者の増加に加えて、このころ開発にともなう記録保存の発掘調査が激増し、さらに「栃木県史編さん」をはじめとする「市町村史編さん」が活発になったので、主な会員の多くはこれらにかり出され、考古学会の活動が停滞したことは事実であった。

　第4集の発刊後、しばらく『会誌』は休刊状態であったが、会員から会費を徴収している手前、連絡紙「やしゅう」（4〜6頁）だけは会員の手元に届けなければならないので、「やしゅう」だけは刊行を続けたものの、10号（1972年）で頓挫した。そこで事務局（栃木県立郷土資料館［当時］）の有志によっ

て1975（昭和50）年11月、手製（和文タイプライター）の11号が出されたが、全会員に郵送されることはなかった。

5．学会主催の研修旅行

　もちろん、『会誌』「やしゅう」の刊行だけが学会の活動ではなかった。会員相互の親睦と研修を兼ねて、近県の一泊旅行が行われた。会員だけでは貸切バスの座席を満たすことはできなかったので、会員外の方にも参加を呼びかけて何とか満席とした。

　第1回（1968年）群馬県方面。磯部温泉泊。案内役は富祐次（群馬県出身）・梅澤重昭・大和久震平。主な見学先は蛇穴山古墳・宝塔山古墳・七興山古墳・観音山古墳（発掘現場）・上野国分寺跡・多胡碑・群馬県立博物館・相川考古館など。

　第2回（1969年）茨城県方面。白帆荘（牛堀町）泊。案内役は大森信英。主な見学先は常陸国分寺跡・常陸国府跡・茨城廃寺跡・舟塚山古墳など。

　第3回（1970年）埼玉県方面。嵐山荘（飯能市）泊。案内役は金井塚良一・吉川国男。主な見学先は埼玉古墳群・さきたま資料館・高麗石器時代住居跡・東松山高校資料館（古式土師器）・吉見横穴群・鹿島古墳群・八幡山古墳など。

　第4回（1971年）福島県方面。みやま荘（西郷村）泊。主な見学先は白河城跡・伝白河関跡・泉崎横穴・須賀川一里塚・須賀川市立博物館・蝦夷穴古墳・踏瀬五百羅漢（泉崎村）など。

　第5回（1972年）千葉県方面。湖畔荘（佐倉市）泊。主な見学先は龍角寺跡・岩屋古墳・加曽利貝塚・加曽利貝塚博物館・上総国分寺跡・金鈴塚古墳・金鈴塚遺物保存館・県立上総博物館など。

　次年度以降も引き続き研修旅行を行って欲しいという意見もあったが、参加者が少なくなったことや、開発にともなう大規模な発掘調査の激増、さらに市町村史の編さんなどに翻弄されて、第5回を最後に実施されることはなかった。

6．学会存亡の危機脱出

　大・中・小さまざまな発掘調査が県内各地で行われるようになったので、市町村教委や地域住民に埋蔵文化財に対する理解と協力などを深めていただくため、さらには会員に各地域の様子を知っていただくために、学会の総会・研究発表会場（1965～67年度は作新学院図書館）を、浅沼徳久・柳田芳男・関根顕英各理事などの協力をえ

て、次のように宇都宮を離れて開いた。
　1968年度　大谷寺本堂（宇都宮市大谷町）
　1969年度　報徳振興会館（今市市今市）
　1970年度　鹿沼市中央公民館
　1971年度　小川町役場会議室

　この試みは好評ではあったが、参会者は増えなかったので、ついに1972年度は研究発表は行わず、総会のみを千葉県方面への研修旅行の車中で行うという異例の措置をとった。これはここ二、三年、総会出席者が少なく、出席者は研修旅行に参加する顔ぶれとほぼ同じであったからである。この異例中の異例措置は、まさにこのころの学会存亡の危機の姿であった。

　『会誌』は第4集をやっと1971年に刊行したが、最後の命綱「やしゅう」は翌1975年に第11号を最後に以後途絶え、学会創設10年目の1974（昭和49）年度は、会の活動は全く停止してしまった。そこで学会存亡の危機を脱するため、1975（昭和50）年5月23日、非公式に有志会員11人（柳田芳男・長嶋元重・塙静夫・海老原郁雄・大金宣亮・常川秀夫・橋本澄朗・川原由典・柳川宏・山ノ井清人・石川均）が栃木県立郷土資料館で、再建策について深夜に及ぶ活発な意見交換を行った。都合悪く出席できなかった竹澤謙からは学会運営についての私案が寄せられた。

　意見交換の主な内容は、(1)旧役員の総辞職と新執行部のあり方、(2)事務局と執行部との関係、(3)事務局（事務局長を置く）が会活動の原案をつくって理事会にはかり、のち総会にかけて承認されれば、事務局は事業内容を年度内に消化すること、(4)会費未納者は会員の資格を失うこと、(6)早急に理事会を開き（5月27日）、これらを踏まえて総会を開くこと、(7)事務局を栃木県立郷土資料館（宇都宮市桜4丁目）に置き、年会費を2,000円、特別会員は年額5,000円以上とすることなどであった。

　こうして1975年度の総会・研究発表・記念講演は、6月29日、作新学院図書館で開催され、学会存亡の危機を脱出し、新役員の選出・研究発表などが行われた。

〔新役員〕
　顧問　辰巳四郎・渡辺龍瑞・福富金蔵・大川　清・久保哲三
　会長　塙　静夫
　副会長　海老原郁雄
　理事　柳田芳男・長嶋元重・竹澤謙・大金宣亮・木村　浩・矢島俊雄・屋代方子・水品信男

会計　常川秀夫・石川　均

監査　笹沼栄一・義煎平佐

事務局　大金宣亮（事務局長）・橋本澄朗・柳川　宏・川原由典・山ノ井清人

〔研究発表〕

橋本澄朗「芳賀郡市貝町添野遺跡の調査」

山ノ井清人「宇都宮市長岡町瓦塚古墳の調査」

宇大考古学研究会「宇都宮市瑞穂野遺跡の調査」

さらに同年11月9日には、作新学院図書館にて、初めて秋季大会が開催され、次のような研究発表と特別講演が行われた。

〔研究発表〕

海老原郁雄「河内郡上河内村梨木平遺跡の調査」

大金宣亮「那須郡小川町駒形大塚古墳の調査」

橋本澄朗「芳賀郡益子町向北原遺跡の調査」

常川秀夫・山ノ井清人「下都賀郡藤岡町山王寺大桝塚古墳の調査」

〔特別講演（一般公開）〕

講師　大塚初重先生（文学博士・明治大学教授）

演題「東国壁画古墳の性格について」

7. 『栃木県考古学会誌』の復刊

　学会の再始動にともない、初の試みとして1977（昭和52）年4月、『栃木県考古学年報』Ⅰ（昭和50・51年）が発刊された。年報は以前からの懸案であったが、紆余曲折の末、大金宣亮の助言をえながら山ノ井清人が編集して刊行された。

　これは近年、開発事業の激増にともない、「記録保存」という美名のもとに発掘が行われ、県市町村から調査報告書が出されているものの、私ども会員が手にすることは容易ではなかった。そこで発掘担当者に調査概要の原稿を依頼し、合わせて年度内に刊行された文献目録・考古学例会などの記録も掲載して、かつて刊行した「やしゅう」の役目をもたせるものとした。

　この『年報』は「Ⅰ」の発刊で終わった。それは県教委文化課が私どもの『年報』発刊に理解を示し、年度内の「埋蔵文化財行政の歩みと実状を要約記録し、あわせて今後の施策の資料として役立てよう」として、1978（昭和53）年3月『栃木県埋蔵文化財保護行政年報』を刊行に踏み切ったからである。

　1971年3月に『会誌』第4集が刊行されてから9年を経た1980（昭和55）年4月、難産の末、やっと第5集が復刊された。この間、学会の活動が全く

挫折していたわではない。発掘調査の激増にともない、会員の多くがその調査報告書の作成に追われ、『会誌』原稿の執筆どころでなかったことは確かであった。

とは言え、このままでは『会誌』が廃刊になってしまうことを憂えた栃木県立郷土資料館（当時）の海老原郁雄（副会長）は、配下の若い会員に檄を飛ばし、さらに会員に早急に原稿を執筆するよう呼びかけた。これが奏功して第5集が発刊された。因みにここに収録された論考・資料紹介などは、次のような内容であった。

　中村紀男「栃木県内出土のナイフ形
　　石器をめぐる二・三の覚え書き」
　初山孝行「縄文中期袋状土壙の埋設
　　土について」
　桜岡正信「大田原市佐久山地内出土
　　の縄文土器」
　海老原郁雄・岩上照朗・桜岡正信
　　「栃木県内の称名寺式土器」
　矢島俊雄「栃木県内発見の若干の弥
　　生式土器資料」
　橋本澄朗・熊倉直子「那須地方の歴
　　史時代の土器について」
　木村　等「下野国府跡調査の概要」
　熊倉直子「脚部に面取りをもつ高坏」
　川原由典「塩谷郡高根沢町飯室出土
　　の骨蔵器について」

　学会財政の困窮が拍車をかけて廃刊同然の『会誌』を復刊させることは、「言うは易く行うは難し」、正しく至難なことであったが、これをみごとに克服された海老原を中心とする会員有志こそ、『会誌』中興の英主と言えよう。それにしても事務局の台所は「火の車」であったのに、どうして口絵12頁・本文100頁という、これまでの『会誌』の体裁を一新させたものが発刊されたのであろうか。恐らく某印刷所の涙を呑んだ特段の配慮があったことであろう。

8．『会誌』復刊後の学会

　休刊状態を脱して『会誌』第5集が発刊された1980（昭和55）年の8月、久保哲三（宇都宮大学教授・日本考古学協会総務委員）から、1981（昭和56）年度の日本考古学協会大会（10月。秋季大会）を栃木で引き受けて欲しいという意向が事務局（栃木県立郷土資料館内）に伝えられた。開催県となれば、当然大会は栃木県考古学会が主体となるわけであるので難色を示したが、最終的にこれを受託せざるをえなかった。この大会の始末記については、海老原郁雄が別項で詳述しているのでここでは省きたいが、この日本考古学協会大会を通して栃木県考古学会が大きく躍進し、さらには会員相互の結束を

いっそう固めたことは大きな収穫であった。

　それにしても大会事務局を引き受けて東奔西走し、実行委員長（塙）を援けて大会を成功に導いた海老原郁雄（副会長）・大金宣亮（事務局長）両人の功績は高く称えなければならないだろう。

　日本考古学協会大会を無事に済ませた翌1982（昭和57）年4月、本学会事務局を栃木県立博物館に移し、その後、事務局長は大金宣亮から梁木誠（宇都宮市教委）へ引き継がれ、さらに2003（平成15）年以降2012（平成24）年3月まで今平利幸（宇都宮市教委）が事務局長を務めた。

　一方、2009（平成21）年3月をもって塙が会長を退き、副会長の海老原郁雄が会長となり、竹澤謙・橋本澄朗の両人が副会長に就かれた。このときの会員数は236人であった。

9．再び日本考古学協会大会（秋季大会）の開催

　2009（平成21）年7月の本学会総会において、日本考古学協会から要望のあった2011（平成23）年10月開催の大会を、30年ぶりに栃木県で開催することを決定した。

　早速実行委員会（委員長海老原）を立ち上げ準備をはじめた。最大の問題であった会場は、早々と國學院大學栃木短期大学教授酒寄雅志のご尽力と短大当局の大変なご好意によって、「栃木学園教育センター」を会場とすることが決定した。大会実行委員長の海老原を酒寄と竹澤謙・橋本澄朗の両副委員長が補佐し、上野修一が事務局長となり、本学会の会員総出で大会を盛り上げ、好評のうちに大会は幕を閉じた。そして2012年4月、日本考古学協会秋季大会を仕切った会長の海老原郁雄、副会長の竹澤謙、事務局長今平利幸がそれぞれの役職を退き、会長に橋本澄朗、副会長に梁木誠・上野修一、事務局長に高橋史朗（作新学院高校）が就いた。

　下野国分尼寺跡の発掘調査が一つの契機となって、1965年4月に創設された栃木県考古学会は、幾多の苦難の道を歩みながら、ここに50周年を迎えることができこと、まことに感に堪えない。結びにあたり、特に創設時より本会のために尽力された今は亡き辰巳四郎・渡辺龍瑞・大川清・長嶋元重・柳田芳男・大和久震平・大金宣亮・中村紀男の諸氏に対し、心からの感謝とご冥福をお祈り申し上げたい。

関連年表

時代	年代	和暦(年)	栃木の出来事	国内外の出来事
旧石器時代	32,000年前頃			赤城山が噴火し、火山灰(鹿沼軽石)が降下
	29,000～26,000年前頃			姶良カルデラの巨大噴火で広範囲に火山灰が降下(姶良Tn火山灰[AT])
	22,000年前頃		この頃から、県内各地で狩人の活動が確認できるようになる(星野遺跡[栃木市]・鳥羽新田遺跡[塩谷町]・磯山遺跡[真岡市]・八幡根東遺跡[小山市]・上林遺跡[佐野市]など)	シベリア中部から中国北部で細石刃石器がはじめてつくられる
	13,000年前頃			最終氷期が終わり、気候の温暖化がはじまる
縄文時代 草創期	12,000年前頃		豊かな森と縄文土器の出現。縄文時代のはじまり(大谷寺洞穴遺跡・野沢遺跡[宇都宮市]など)	
早期			定住生活の確立(宇都宮清陵高校地内遺跡・山崎北遺跡[宇都宮市]・天矢場遺跡[茂木町]・黒袴台遺跡[佐野市]・登谷遺跡[茂木町]など)	
前期			拠点のムラに環状集落を形成(篠山貝塚[栃木市藤岡町]・根古谷台遺跡[宇都宮市]など)	縄文海進により海面上昇が最盛期になる
中期	5,000年前頃		各地に大規模なムラが出現し、袋状土坑がつくられる(槻沢遺跡[那須塩原市]・御城田遺跡[宇都宮市]・浄法寺遺跡[那珂川町]・中内遺跡[鹿沼市]・御霊前遺跡[益子町]・桧の木遺跡[茂木町]など)	海面が後退に転じる 利根川や渡良瀬川の上流域、思川や鬼怒川の中流から上流域で遺跡の数が増加
後期			低地にムラがつくられる(寺野東遺跡[小山市]・藤岡神社遺跡[栃木市藤岡町]・明神前遺跡[鹿沼市]・後藤遺跡[栃木市藤岡町]・乙女不動原遺跡[小山市]など)	
晩期			遺跡の数が減少する	
弥生時代	2,300年前頃			稲作農耕がはじまり、弥生文化が成立する
	2,100年前頃		栃木県へ弥生文化が伝わる(出流原遺跡・上仙波遺跡[佐野市]・清六Ⅲ遺跡[野木町]など)	
	57			倭奴国王が後漢の光武帝から金印を授かる
			小規模なムラがつくられる(山崎北遺跡[宇都宮市]・大塚古墳群内遺跡[佐野市]、御新田遺跡[宇都宮市]など)	
	100頃		地域的な文化圏がつくられる(柳久保遺跡[真岡市]・本村遺跡・二軒屋遺跡[宇都宮市]・殿山遺跡[上三川町]など)	
	239			卑弥呼が魏から親魏倭王の称号を受ける

時代	年代	和暦(年)	栃木の出来事	国内外の出来事
古墳時代	240 3世紀前半頃			邪馬台国が狗奴国と戦争になる 纒向石塚墳丘墓(奈良県桜井市)が築造される
	250 3世紀後半頃			卑弥呼が死去する 最古の前方後円墳である箸墓古墳(奈良県桜井市)が造られる
	4世紀前半		栃木県内に古墳文化が伝わり、墳形は前方後方墳が中心となる(三王山南塚2号墳[下野市]・大日塚古墳[宇都宮市]・駒形大塚古墳[那珂川町]など)	
	4世紀中頃		藤本観音山古墳(足利市)が築造される	
	4世紀後半		下侍塚古墳(大田原市)が築造される	浅間山の大噴火
	5世紀前半 ～中頃			東国最大の首長墓である太田天神山古墳(群馬県太田市)が築造される 東国では首長墓の墳形が前方後円墳に変化 大仙古墳(伝仁徳天皇陵古墳、大阪府堺市)など河内地区に大型前方後円墳が築造される
	5世紀中頃		笹塚古墳(宇都宮市)が築造される	
	5世紀末～ 6世紀初頃		大型首長墓の形成される(摩利支天塚・琵琶塚古墳[小山市]・しもつけ古墳群など)	
	6世紀代			この頃、農業生産が向上し、大規模なムラとなる。古墳には横穴式石室が採用され、各地に古墳群が造られる
	538			百済から仏教が伝わる(552年とも)
	6世紀後半		吾妻古墳(栃木市・壬生町)が築造される	東国で群集墳と呼ばれる小規模な古墳が群在する古墳群が各地に造られる
	7世紀		甲塚古墳(下野市)が築造される	各地に小型古墳が群集して築造
	7世紀前半		壬生車塚古墳(壬生町)が築造される	
飛鳥時代	645	大化元	多功大塚山古墳(上三川町)が築造される	大化の改新(乙巳の変)
	663	天智天皇2		白村江の戦い
	672	天武元		壬申の乱
	684	天武13		八色の姓(やくさのかばね)
	685	天武14		浅間山の噴火
	686	天武15	東山道などに巡察使を派遣する	
	687	持統天皇元	新羅人14人を下毛野に移住させる(『日本書紀』)	
	689	持統天皇3		飛鳥浄御原令(あすかきよみはらりょう)が制定される

時代	年代	和暦(年)	栃木の出来事	国内外の出来事
	690	持統天皇4	新羅人を下毛野に移住させる(『日本書紀』)	
	694	持統天皇8		藤原京へ遷都する
	7世紀後半		仏教文化の波及。下野国にも寺院建立。下野薬師寺(下野市)建立	
			下野国の河内郡役所が整備される(上神主・茂原官衙遺跡)	
	8世紀前半		東山道を含む道制が整備	
			下野国府ができる(～10世紀前半)	
	700	文武4	那須国造直韋提が死去。業績をたたえ、跡継ぎの意斯麻呂(おしまろ)らにより碑(那須国造碑)が建てられる	
	701	大宝元		大宝律令完成(発布は翌年)
	709	和銅2	藤原不比等とともに、大宝律令の撰定などに功績のあった下毛野古麻呂が死去	
奈良時代	710	和銅3		平城京に遷都する
	729	神亀6 天平元	下野国府跡からこの年の年号のある木簡が出土(下野国府では最古)	
	741	天平13	聖武天皇が国分寺建立の詔を出し、間もなく下野国にも国分寺と国分尼寺が建立される	
	755	天平勝宝7		奈良東大寺に戒壇院築造
	759	天平宝字3		養老律令の施行
	761	天平宝字5	下野薬師寺・筑紫観世音寺に戒壇を建立	
	766	天平神護2	勝道上人、日光に四本龍寺を建立	
	770	神護景雲4 宝亀元	僧道鏡、造下野薬師寺別当として配流	
	784	延暦3		長岡京遷都
平安時代	794	延暦13		平安京遷都
	817	弘仁8		最澄、東国巡化
	838	承和5		円仁、遣唐使に加わり渡唐
	939	天慶2	平将門が下野国府を攻める	
	1108	天仁元		浅間山の噴火
	1142	永治2 康治元	足利義康(源姓足利氏祖)、足利庄を安楽寿院に寄進	
	1180			源頼朝、伊豆で挙兵
	1185	元暦2		壇ノ浦の戦いで平氏一門が滅亡
鎌倉時代	1185	元暦2 文治元		源頼朝、鎌倉幕府を開く
	1192	建久3		源頼朝、征夷大将軍となる
	1197	建久7	足利義兼、邸宅内に鑁阿寺を建立	
	1324	正中元		後醍醐天皇による討幕計画が事前に発覚し首謀者が処分(正中の変)
	1331	元弘元		後醍醐天皇を中心とした勢力による鎌倉幕府討幕運動起こる(元弘の乱)
	1333	元弘3 正慶2		鎌倉幕府滅亡

時代	年代	和暦(年)	栃木の出来事	国内外の出来事
南北朝時代	1334	建武元		後醍醐天皇による建武の新政
	1336	建武3		持明院統の光明天皇(北朝)と大覚寺統の後醍醐天皇(南朝)が対立
	1338	建武5		足利尊氏、征夷大将軍となる
室町時代	1380	康暦2	小山義政の乱	
	1392	明徳3		南北朝合体
	1439	永享11	上杉憲実が鎌倉から快元を招いて庠主(学校長)とし、足利学校を再興	
	1440	永享12		結城合戦
戦国時代	1467	応仁元		応仁の乱
	1493	明応2		将軍位を巡る足利将軍廃立事件が起こる(明応の政変)
	1561	永禄4		上杉謙信、小田原を攻撃
	1563	永禄6	上杉謙信、小山城を攻め落とす	
	1564	永禄7	上杉謙信、佐野昌綱の唐沢山城をめぐって10度戦う(唐沢山城の戦い)	
	1569	永禄12	上杉謙信、唐沢山城に入城	
	1573	元亀4 天正元		室町幕府滅亡
	1582	天正10		織田信長、本能寺で家臣の明智光秀に攻められ自害
	1587	天正15		豊臣秀吉、関東に惣無事令を発す
	1590	天正18		北条氏直、豊臣秀吉に降伏
	1600	慶長5		関ヶ原の戦い
江戸時代	1603	慶長8		家康、征夷大将軍となる。江戸幕府を開く
	1610	慶長15	足尾で銅山が発見され、幕府直轄の鉱山として採掘・製錬がはじまる	
	1853	嘉永6		米海軍ペリーが浦賀に来航(黒船来航)
	1860	万延元		坂下門外の変が起きる
	1867	慶応3		将軍徳川慶喜が大政を奉還(江戸幕府滅亡)
明治時代	1868	明治元		明治と改元
	1871	明治4	下野国内が栃木(橡木・杤木)・宇都宮の2県に統合される	廃藩置県
	1877	明治10	足尾銅山が古河市兵衛に払い下げられる	西南戦争はじまる
	1880	明治13	足尾銅山の鉱毒が広がりはじめる	
	1884	明治17	県庁を栃木から宇都宮に移す	
	1889	明治22		大日本帝國憲法発布
	1891	明治24	帝国議会で栃木県選出の衆議院議員・田中正造が初めて鉱毒問題を取り上げる	
	1894	明治27		日清戦争はじまる
	1906	明治39	谷中村を強制廃村し、藤岡町(現・栃木市藤岡町)に合併	
大正時代	1913	大正2	田中正造が支援者の庭田家で永眠。遺志により、小中農教倶楽部設立	

おわりに

　2015（平成27）年7月、文化庁と明治大学そして関東の23の考古学・歴史系の講座を開設している関連大学により「埋蔵文化財保護行政説明会—遺跡をまもってまちづくり—」が開催された。この講座は「埋蔵文化財保護行政を担う人材の育成及び理解者の育成を図ることが目的」とある。この案内を拝見した時、筆者が学生時代であった30年前と隔世の感を覚えた。

　筆者の在籍した大学では、1986（昭和61）年の夏、国立文化財研究所（当時）から特別講師を迎えて特殊講義がおこなわれた。その講義で「日本の歴史を研究するのは京大と東大、関西の歴史を考えるのは関・同・立である。君たちは最前線の現場で、確実な調査を行い正確な図面と、間違いのない記録を採ってこい」との内容であった。まさに「常在現場」である。数年前、栃木県で開催された文化庁主催の研修会で当時、この特講に出席した同級生とこの話題となった。彼もこの時、外が酷い雷雨だった事まではっきりと覚えていた。今、日本中でこの時の講義を受けた者たちがこの教えを守り、各地域の文化財の調査・研究を担当している。私たちの恩師が、開発と埋蔵文化財の問題を抱えた自治体に「明日にでも調査（現場の運営）が可能な学生をいつでも送り込める」とした教えは今も有難く感じている。

　今更ながら図面の正確さ、記録の大切さを強く感じる。史跡として保存されていれば、技術の発達と共に再調査が可能であるが、その時点で煙滅してしまった遺跡は、残されたその図面が唯一の記録となり、遺跡を解明する唯一無二の手掛かりとなってしまう。あいまいで不可解な記録は無いに等しい。また今日では、記録保存として唯一残された発掘調査報告書の扱いが悪くなりつつある。かつて、先輩から「報告書は遺跡の死亡診断書だから遺跡のために丁寧に作れ」と教えられた。井頭遺跡・薬師寺南遺跡の調査報告書の実測図、考察に至っては当時の最先端の内容と技術であり、当時より時間とモノに恵まれてはいるが、考古学に対する熱が失われつつある現在では、成し得ることができないものであろう。

　1984（昭和59）年春、大学生となって初めて、束明神古墳（奈良県明日香村）の

現地説明会へ行った。駅から現場まで千数百人の列ができていた。栃木県で最初の大規模な現地説明会は堀越遺跡(矢板市)と伺ったことがある。しかし、1964(昭和39)年の下野国分尼寺跡現地説明会には、相当数の見学者が初めてのことに興味を持って参集している写真が残っている(下野市教育委員会蔵)。この当時、文化財に対する意識は「西高東低」と言われていたが、尼寺跡や堀越遺跡の状況、先日の下野薬師寺跡関連遺跡の現地説明会に450名を超える参加者があったことなど、着実に埋蔵文化財に対して理解者が増えているものと考えたい。ただし、このような事象が一朝一夕にできあがった訳ではない。およそ50年前、大金宣亮は下野薬師寺跡の調査で出土した瓦を県庁に持ち込み、階段を通る人々の見える位置で瓦を洗い、この仕事の必要性を訴えたとの話を伺ったことがある。また、下野国分尼寺跡(下野市)をはじめ、根古谷台遺跡や飛山城(宇都宮市)、上神主・茂原官衙遺跡(宇都宮市・上三川町)、乙女不動原瓦窯跡・寺野東遺跡(小山市)、樺崎寺跡(足利市)、壬生車塚古墳(壬生町)など数々の遺跡を史跡として残すため、多くの自治体関係者が用地交渉などを繰り返し、言葉に尽くせない努力を重ねたことと思われる。さらにこの50年間に果たしてどれほどの数の発掘調査が行われ、その調査成果をまとめるため如何ほど多くの担当者が努力を重ねたのであろうか。このほか、研究者として多くの方々が日々研究を重ねている。このように、本書は栃木県の考古学者が日々の研鑽を積み成し得た玉稿をお預かりし、編集させていただくことで上梓に至ることができた。

　今回、執筆をお願いできなかった会員の方々や、栃木県考古学会の発展のために今後ご尽力いただくであろう若い方々には、また別の機会を設けてご執筆いただけるようお願いしたい。可能ならばテーマごとのブックレットを継続的に発刊し、研究成果が県民に還元され、ますます栃木県の考古学が認知されることを請い願うものである。

　2021年には、下野薬師寺跡・下野国分寺跡・足利学校跡が栃木県で最初の国史跡指定を受けてからちょうど100年を迎える。また栃木県には、徳川光圀の古墳調査と保護に代表される文化財保護の歴史もあることを忘れてはならない。

　最後に編集の労をおとりいただいた随想舎の下田太郎氏には深謝申し上げたい。

編者を代表して　　山口耕一

索引（用語）

あ

始良Tn火山灰（AT）→ AT降下期 20, 38, 43
赤城山 20
字船場 271
浅間山 20
足尾鉱業事務所 332
足尾鉱毒事件調査委員会 332
足尾山塊 37
足利庄 285
阿玉台式土器 75
鐙瓦（軒丸瓦）220

い

戌亥隅神 235
家形埴輪 174
石鏃 104
出流原式土器 63
板碑 261, 274, 296
一郡一窯体制 254
市町 271
一里塚 168
乙巳の変 251

う

うしみち→奥大道 274
雲珠 175
馬形埴輪 173
駅家 196, 207, 219
漆紙文書 204, 252

え

AT降下期→始良Tn火山灰（AT） 43
f字鏡板 175
烏帽子 275, 276

お

遠隔地石材 29, 43
延喜式 196, 205, 236, 249
円筒埴輪 139, 144, 171, 180, 325
円盤形石核 27
円墳 123, 130, 132, 155, 171, 180, 182, 189, 217, 302

覆堂 232
大型住居跡 74, 127
大型掘立柱建物 216, 255, 265
小川町古代文化研究会 313
奥大道→うしみち 269, 275, 299
陥し穴 66
乙女河岸 272
男女倉型有樋尖頭器 34
思川 94, 118, 142, 152, 155, 169, 189, 192, 202, 262
小山氏 195, 247, 260, 275, 297
小山氏居館 261
小山宿 271

か

邂逅の場と地図的機能説 44
外部警戒単一集団説 44
火炎系土器 77
『餓鬼草紙』 274
笠石神社 188
加速器質量分析法（AMS法）116
加曽利E式（系）土器 81, 88, 92
片刃石器 64
瓦塔 232
鹿沼軽石（層）21, 27, 30, 179
甕棺墓 105
画文帯神獣鏡 125

ガラス質安山岩 30, 43
ガラス玉 325
かわらけ 264, 306
瓦葺礎石建物 216, 228
官衙 192, 202, 218, 220, 242, 246, 292, 349
官衙神 235
環濠集落 105, 126
環状集落 42, 72, 82
環状盛土遺構 93
環状列石 313
関東ローム層 18
間氷期 16
顔面画土器 104
顔面付土器 103

き

気候の冷涼化 75
器財埴輪 174
『魏志倭人伝』 109, 116, 252
義倉 200
基壇 131, 144, 152, 157, 171, 185, 229, 297
鬼怒川 18, 71, 77, 108, 118, 132, 189, 237
夔鳳鏡 125
旧本山小学校講堂 335
凝灰岩切石 153, 157, 182
共同体 50
居館 132, 263, 278
局部磨製石斧 41, 43, 58
漁労活動 49
切石 139, 153, 157, 171, 182
截石切組積 165, 185

く

郡家 205, 207, 216, 240
管玉 74, 83, 103, 112, 123
楔形石器 39
葛生原人 52
葛生動物群 17, 52

国厨 204
栗林式 107
黒川 152, 158, 169, 324
黒浜式土器 73, 82
群集墳 134, 170

け

警戒と記憶説 44
珪岩製旧石器問題 26
蛍光X線分析 32
珪質泥岩礫 30
形象埴輪 152, 171, 180
堅果類 60, 76, 85, 89, 95

こ

後期旧石器時代 21, 28, 43
硬玉製大珠 76
鉱山住宅 335
更新世 16, 52
合子 175
洪積世台地 42
豪族居館 127, 132, 214
神津島 30, 46
鉱毒事件 326
鉱毒予防工事命令 332
越名沼 42, 100, 302, 316
小貝川 77, 108, 118, 348
小型仿製鏡 123
五行川 18, 108, 118
国造 188, 192
国庁 192, 226
国土総合開発法 314
黒曜石 43, 70, 74, 344
腰機 176
後新田式 107
牛頭天王 270, 275
古代山岳信仰 235
小滝坑 330

コナラ属コナラ亜属 48
胡麻沢タイプ 65
ゴミ捨て場説 44
金銅製高機 177
金銅製鉄製耳環 325

さ
祭祀及び大型獣分配説 44
細石刃 21
採集狩猟 47
細石刃石器群 25, 29
再葬墓 102, 112
在地石材 29, 50
桜町Ⅰ式 110
寒川 202
寒川郡 118, 182, 196, 208, 225
三角錐状石器 61
三国時代 109
三彩陶器 247

し
敷石住居跡 91
史蹟名勝天然紀念物保存法 310
七郎内Ⅱ群土器 81
地機 175
下野型古墳 131, 157, 171
下野型石棺式石室 162
下野―北総回廊 30
下野国庁 292, 338
国分尼寺 223
下毛野 132, 188, 198, 214
下毛野国造 189
斜縁神獣鏡 125
社会構造 44, 83
社会的構成体 47
社会的分業 243
釈迦如来坐像 169
十王台式 109, 116

宗教施設 168, 274
終末期古墳 182
集落（キャンプ） 44
集落構造 45
首長墓 130, 142, 157, 171, 182
首長連合体制 162
狩猟採集民 73
城郭 168, 261, 306
将軍道 209
正倉 196, 216, 218, 227
小銅鐸 110
昌平坂学問所 293
浄法寺類型 78
称名寺式土器 92
縄文海進 65, 72
『続日本紀』 224, 246
新羅産（系）土器 246
新羅土器 198, 229
信仰関連遺跡 235
新人 28, 43
新梨子油力発電所 334
神仏習合祭祀 235
（人名）文字瓦 216

す
水晶製管玉 325
須恵器 135, 175, 235, 248, 324
須恵器大甕 185
姿川 30, 82, 108, 142, 155, 169, 180, 189
スクレイパー 21, 70

せ
生業 47, 61, 70, 81, 95, 104, 236
成均館 289
政庁 195, 202, 216, 218, 225
正殿 202, 217, 218, 226, 289
石材供給 182
石材交換分与説 44

石室 *131, 139, 152, 157, 168, 182, 324*
石塔 *264, 298*
石斧 *23, 58*
石仏 *300*
石棒 *88, 98*
石棺 *152, 168*
石棺式石室 *160*
石器石材研究会 *30*
石器組成 *44, 63, 89*
舌状台地 *82, 170, 180*
前漢 *105*
前庭 *289, 325*
前庭部 *86, 185*
尖頭器 *21, 34, 58*
前方後円墳 *121, 130, 142, 152, 155, 180, 182, 189, 214*

そ

相対性環状石器群 *47*
素文鏡 *123*

た

大学寮 *292*
大規模・大形動物狩猟説 *44*
台形状石器 *39, 43*
大宝律令 *189, 206*
大蓮寺窯 *249*
多角的な経営 *243*
高機 *176*
高原山産黒曜石 *30, 74*
田川 *30, 59, 108, 118, 132, 158, 212, 216, 237, 299*
武子川 *30*
館 *202*
竪穴建物 *74, 132, 194, 250, 265*
盾持ち人 *177*
樽式土器 *109*
太郎山神社 *234*

単一集団遊動論 *44*
単一性環状石器群 *47*
短冊形水平板 *175*
短冊形打製石斧 *81*
炭素14法→放射性炭素年代測定 *58, 116, 278*

ち

地下茎根茎類 *85*
チャート *26, 30, 43, 63, 70, 75, 306*
中央広場公共活動説 *44*
長城郷校 *290*
貯蔵穴 *74, 84, 90*

つ

通洞選鉱所 *331*
通洞変電所 *334*
堤瓦 *220*
壺鐙 *175*

て

定住 *28, 61, 73*
鉄剣 *110, 127, 137*
テフラ *18*
天王上宿 *270*
天矢場式土器 *61*

と

銅印 *204, 234*
銅鐸 *109*
胴張型 *186*
銅矛 *109*
同盟関係確認説 *44*
土器棺墓 *106, 118*
土坑墓 *74, 302*
常世2式土器 *66*
栃木県考古学会 *26, 200, 209, 304, 317, 320*
土地所有観念説 *44*

な

ナイフ形石器 *21*
ナイフ状石器 *39, 43*
直利橋 *334*
那珂川 *41, 70, 77, 118, 187, 188, 237*
中才浄水場 *334*
中峠式土器 *77*
中道 *269*
那須国造碑 *188*
ナスビ形曲柄平鍬 *176*
奈良仏教 *232*
男体山 *20, 234, 315*

に

新田駅家 *198, 218*
二軒屋式土器 *109, 116*
二ツ釜式 *107*
日光修験 *235*
日光二荒山神社 *234*
日本遺産 *341*
『日本書紀』 *188, 198, 246*

ね

捩文鏡 *125*

の

宇瓦（軒平瓦） *220*
野沢石塚遺跡 *93*

は

白磁 *247*
土師器 *120, 134, 175, 248*
機織形埴輪 *173*
馬鐸 *175*
榛名山 *146*
版築層 *325*

ひ

樋状剝離 *34*
備前楯山 *328*
氷期 *16*

ふ

フィッション・トラック法 *31*
葺き石 *324*
葺石 *171, 180, 185*
複式炉 *86*
袋状土坑 *76, 84, 89*
太型蛤刃石斧 *112*
古河式自溶炉 *335*
文化財保護委員会 *311, 321*
文化財保護法 *312, 327, 338*
墳丘 *130, 144, 152, 157, 168, 181, 185, 324*
墳丘内石積み *324*
墳形 *130, 154, 182, 324*
分銅形打製石斧 *81*
文廟 *291*

へ

平安新仏教 *232*
北京国子監 *289*
扁平片刃石斧 *108*

ほ

方形周溝墓 *105, 349*
方形竪穴遺構 *274*
放射性炭素年代測定（炭素14法） *53, 58, 116, 263, 278*
紡錘車 *108, 112, 237, 255*
方墳 *121, 130, 137, 157, 182*
墨書土器 *200, 204, 255*
墓坑 *277*
星野S地点 *27*
星野遺跡記念館 *27*
帆立貝形前方後円墳 *168*

掘込地業 *185*
掘割構造 *263*

ま

埋蔵文化財 *312*
馬子 *173*
磨消縄文 *81*
町並み *168*

み

三毳山 *40, 43, 100, 225, 242*
美豆良 *176*
宮都の食器様式 *256*

む

宗像大社 *177*
ムブティ・ピグミー *45*

め

銘々器 *250*
瑪瑙 *30, 71*

も

木簡 *194, 203, 214, 252*

や

薬研堀 *274*
八坂神社 *275*
梁田郡 *118, 182, 202, 208*
山の正倉院 *234*
八溝山地 *30, 66*
槍先形尖頭器 *33, 42*

ゆ

遊動社会 *47*
遊動生活 *44*
湧別技法 *29*

よ

横穴式石室 *152, 154, 171, 181, 185, 301, 315*
横穴墓 *186, 189*
横口式石槨 *164, 185*
横刃形石器 *104*
吉ヶ谷式(系)土器 *109, 120*

ら

落葉広葉樹 *17, 48, 89*

り

離合集散遊動論 *44*
律令内国 *234*
律令国家 *166, 192, 206, 226, 244*
律令的土器様式 *251*
両毛考古学会 *311*
緑釉・灰釉陶器 *247*

る

ルヴァロア形石核 *27*

わ

脇殿 *202, 217, 218, 225, 289*
渡良瀬川 *35, 100, 108, 117, 142, 182, 239, 272, 326*
わたらせ渓谷鐵道 *333*
渡良瀬遊水地 *72, 326*

索引（遺跡） ※括弧内で県名が入っていない地名は栃木県

あ

赤羽遺跡（那須町）315
赤羽根遺跡（栃木市）25
朝倉窯跡群（福岡県甘木市）249
朝日観音1号墳（下野市）123
足尾銅山跡（日光市足尾町）327, 340
足利学校（跡：足利市）288, 338
吾妻古墳（栃木市・壬生町）152, 158
愛宕塚古墳（宇都宮市）→茂原古墳群 121
油田遺跡（福島県会津美里町）107
荒井猫田遺跡（福島県郡山市）270
安楽寺遺跡（佐野市）232

い

飯塚埴輪窯跡（小山市）152
砂部遺跡（高根沢町）240
石倉北丘西遺跡（那須町）313
石関遺跡（矢板市）124
出流原遺跡（佐野市）64, 104, 351
伊勢崎Ⅱ遺跡（真岡市）38, 118
磯岡遺跡（上三川町）134
磯岡北古墳群（上三川町）137
磯山遺跡（真岡市）23, 41, 351
板井寺ケ谷遺跡（兵庫県篠山市）45
板附古墳群（千葉県成東町）163
市ノ塚遺跡（真岡市）61, 118
稲荷古墳群（宇都宮市）180
岩舟甲塚古墳（栃木市岩舟町）160

う

上野Ⅰ・Ⅱ遺跡（宇都宮市）210
上の原遺跡（宇都宮市）75
上の原遺跡（芳賀町）348
牛塚古墳（宇都宮市）317
牛塚古墳（壬生町）158

薄市遺跡（上三川町）232, 247
宇都宮氏墓所（益子町）297
宇都宮清陵高校地内遺跡（宇都宮市）61
厩久保遺跡（那須烏山市）206

え

エグロ遺跡（佐野市）118

お

追の窪遺跡（那須町）315
大岩山層塔（足利市）300
大内廃寺跡（真岡市）221
大平山元Ⅰ遺跡（青森県外ヶ浜町）58
大塚古墳群内遺跡（栃木市）106
大畑遺跡（茨城県笠間市）30
大前製鉄遺跡群（栃木市藤岡町）242
荻ノ平遺跡（那須烏山市）91
沖ノ羽遺跡（新潟県新津市）277
奥ヶ谷窯跡（岡山県総社市）249
女方遺跡（茨城県筑西市）112
御城田遺跡（宇都宮市）90
小曽根浅間山古墳（足利市）121
小田城跡（茨城県つくば市）301
乙女不動原瓦窯（小山市）225
乙女不動原北浦遺跡（小山市）93
お鍋塚層塔（小山市）299
尾の草（遺跡：那珂川町）188, 221
小野天神前遺跡（茨城県常陸大宮市）71
お旗塚古墳（さくら市）124
小宅古墳群（益子町）339
小山氏城跡（小山市）→祇園城、鷲城跡 260
折本遺跡（下野市）210
御鷲山古墳（下野市）158

372

か

欠ノ上遺跡（さくら市）73
鹿島前遺跡（那珂川町）118
鹿島脇遺跡（那須町）74
春日岡城跡（佐野城跡：佐野市）297
片府田富士山遺跡（大田原市）25, 59, 87
金山遺跡（小山市）242, 247
樺崎寺跡（足利市）296, 339
樺崎渡戸古窯（足利市）250
甲塚古墳（下野市）158, 168, 250
兜塚古墳（上三川町）160
釜根遺跡（宇都宮市）210
上欠遺跡（宇都宮市）90
上神主浅間神社古墳（上三川町）123, 132
上神主廃寺跡（上三川町）223
上神主・茂原官衙遺跡（宇都宮市・上三川町）197, 209, 216, 228, 339
上侍塚古墳（大田原市）125
上根二子塚古墳群（市貝町）123
上三川愛宕塚古墳（上三川町）160
上ノ原遺跡（上三川町）109, 118
上林遺跡（佐野市）25, 34, 42, 73
亀の子塚古墳（芳賀町）124
亀山北遺跡（真岡市）118
唐御所横穴（那珂川町）341
唐沢山城（跡：佐野市）306, 339
唐沢山埴輪窯跡（佐野市）315
烏山城本丸跡（那須烏山市）342
刈沼遺跡（宇都宮市）95
川木谷遺跡（大田原市）25, 58
川崎古墳（那珂川町）315
川戸釜八幡遺跡（日光市）94
河原台遺跡（茂木町）91
神田城南遺跡（那珂川町）210
神畑遺跡（足利市）73, 98, 100

き

祇園城（跡：小山市）→小山氏城跡　261, 297, 340
北台遺跡（下野市）210
北谷遺跡（群馬県高崎市）140
北原遺跡［那須烏山市］243
木幡神社古墳（矢板市）124
旧梅曽遺跡→那須官衙跡　317
行道山宝篋印塔（足利市）300
杏林製薬工場内遺跡（野木町）317
金生遺跡（山梨県北杜市）100

く

草刈六之台遺跡（千葉県市原市）36
百済木遺跡（埼玉県深谷市）303
雲入遺跡（矢板市）75
黒袴台遺跡（佐野市）302

け

恵林寺矢場氏墓所（群馬県太田市）298

こ

弘道館（茨城県水戸市）294
国府野遺跡（足利市）197, 228
国分寺愛宕塚古墳（下野市）153, 158
木下遺跡（那須町）313
五条野丸山古墳（奈良県橿原市）158
小性町遺跡（佐野市）302
古新田遺跡（静岡県袋井市）141
御新田遺跡（壬生町）107
後藤遺跡（栃木市藤岡町）93, 100
琴平塚古墳群（宇都宮市）137
五斗蒔遺跡（馬頭町→那珂川町）87
五本松№3遺跡（千葉県鎌ヶ谷市）36
駒形遺跡（埼玉県皆野町）100
駒形大塚古墳（那珂川町）→那須小川古墳群　125, 351
胡麻沢遺跡（福島県棚倉町）65
小峰山遺跡（佐野市）297
五料遺跡（馬頭町→那珂川町）118

御霊前遺跡(益子町) 77, 97
権現山遺跡(宇都宮市) 132
権現山古墳(宇都宮市)→茂原古墳群 123
金剛寺皆川氏墓所(栃木市) 297

さ
西導寺五輪塔(さくら市) 297
早乙女坂五輪塔(さくら市) 299
坂田遺跡(鹿沼市) 315, 351
坂田北遺跡(鹿沼市) 25
坂の上遺跡(那須塩原市) 315
埼玉古墳群(埼玉県行田市) 163
桜町陣屋跡(真岡市) 338
笹塚古墳(宇都宮市)→東谷古墳群 132
九石古宿遺跡(茂木町) 71, 98
佐貫石仏(塩谷町) 340
佐野市工業住宅団地内遺跡(佐野市) 317
佐野八幡山古墳(佐野市) 132
三通第1号窯跡(佐野市) 315
三王遺跡(下野市) 109, 118
山王寺大桝塚古墳(栃木市藤岡町) 121
山王塚古墳(下野市) 153, 158
三王山古墳群(下野市) 123
三王山南塚1号墳(下野市) 123
三王山南塚2号墳(下野市) 123
三ノ谷遺跡(下野市) 210
三ノ谷東遺跡(下野市) 25
三和工業団地Ⅰ遺跡(群馬県伊勢崎市) 36

し
椎塚貝塚(茨城県稲敷市) 101
鹿田遺跡(岡山県岡山市) 277
閑谷学校(岡山県備前市) 293
四斗蒔遺跡(さくら市) 118
篠山貝塚(栃木市藤岡町) 72, 313, 350
清水畑遺跡(那須烏山市) 210
下石橋愛宕塚(下野市) 158
下犬塚遺跡(小山市) 118, 141

下植木赤城神社赤城塔(群馬県伊勢崎市) 300
下栗野方台遺跡(茨城県下妻市) 120
下侍塚古墳(大田原市) 316, 342
下椎谷遺跡(市貝町) 118
下野国府(庁・跡:栃木市) 192, 202, 210, 225, 234, 246
下野国分寺(跡:下野市) 221, 246, 320
下野国分尼寺跡(下野市) 316, 320, 340
しもつけ古墳群(下野市ほか) 158
下野薬師寺(跡:下野市) 221, 246, 317, 338
下古館遺跡(下野市) 269, 274, 276
下触牛伏遺跡(群馬県伊勢崎市) 42
聖人塚遺跡(千葉県柏市) 36
浄法寺廃寺跡(那珂川町) 188, 221
城山遺跡(栃木市藤岡町) 72
新道平遺跡(那須烏山市) 210

す
水道山瓦窯跡(群:宇都宮市) 223, 253
陶邑古窯跡群(大阪府堺市など) 137, 249
杉村遺跡(宇都宮市) 206
助治久保遺跡(那須烏山市) 210
菅田西根遺跡(足利市) 118
砂田遺跡(宇都宮市) 210, 242
諏訪山北遺跡(下野市) 210

せ
青龍渕遺跡(鹿沼市) 241
清六Ⅲ遺跡(野木町) 72, 102
浅間神社古墳(上三川町) 217
千駄塚古墳(小山市) 160
千駄塚浅間遺跡(小山市) 197, 228

そ
総社古墳群(群馬県前橋市) 163

た

大日塚古墳（宇都宮市）→茂原古墳群 *123*
内裏塚古墳群（千葉県富津市） *163*
高井東遺跡（埼玉県桶川市） *100*
滝ノ上遺跡（茨城県常陸大宮市） *77*
武井遺跡（群馬県桐生市） *34*
竹下遺跡（宇都宮市） *90, 313*
多功遺跡（上三川町） *197, 217, 228, 255*
多功大塚山古墳（上三川町） *160, 185*
多功南原遺跡（上三川町） *25, 38, 210, 255*
多功南原１号墳（上三川町） *160*
大宰府学校院跡（福岡県太宰府市） *291*
田島持舟遺跡（足利市） *121*
畳岡遺跡（栃木市岩舟町） *209*
立野遺跡（宇都宮市） *134*
多摩ニュータウン遺跡群（東京都多摩市ほか） *69*
玉里古墳群（茨城県小美玉市） *163*
溜ノ台遺跡 *123*
樽口遺跡（新潟県村上市） *33*

ち

千網ヶ谷戸遺跡（群馬県桐生市） *98*
茶臼山古墳（壬生町） *158*
長者ヶ平官衙遺跡（那須烏山市・さくら市） *197, 209, 341*

つ

塚崎遺跡（小山市） *38*
塚山古墳（群：宇都宮市） *130, 132, 250*
槻沢遺跡（那須塩原市） *87, 90, 347, 351*
築道下遺跡（埼玉県行田市） *298*
常見遺跡（足利市） *104*
坪之内遺跡（芳賀町） *315*
鶴田Ａ遺跡（真岡市） *210, 238*
鶴田中原遺跡（宇都宮市） *74*
鶴巻山古墳（小山市） *128*

て

寺井廃寺跡（群馬県太田市） *227*
寺平遺跡（市貝町） *23*
寺野東遺跡（小山市） *23, 30, 90, 118, 240, 338*
天増寺赤城塔（群馬県伊勢崎市） *300*
天王塚古墳（益子町） *160*
天矢場遺跡（茂木町） *61, 70*

と

桃花原古墳（壬生町） *160, 301*
道金林遺跡（下野市） *269*
堂原遺跡（さくら市） *313*
堂法田遺跡（真岡市） *197, 219, 228*
東谷古墳群（宇都宮市）→笹塚古墳 *123, 132*
東谷・中島地区遺跡群（宇都宮市・上三川町） *132*
堂山下遺跡（埼玉県毛呂山町） *269*
常世原田遺跡（福島県塩川町） *66*
殿山遺跡（上三川町） *109, 118, 136*
鳥羽新田箒根神社遺跡（塩谷町） *23*
飛山城跡（宇都宮市） *338, 342*
登谷遺跡（茂木町） *61*
十余三稲荷峰遺跡（千葉県成田市） *63*

な

仲内遺跡（日光市） *77, 87*
中島池の端遺跡 *350*
長塚古墳（壬生町） *158*
中根遺跡（茂木町） *69*
中根八幡遺跡（栃木市藤岡町） *95*
中村遺跡（真岡市） *197, 228*
中山新田Ⅰ遺跡（千葉県柏市） *36*
那須官衙遺跡（那珂川町） *197, 210, 227, 317*
那須八幡塚古墳（那珂川町）→那須小川古墳群 *119, 313*
七廻り鏡塚古墳（栃木市大平町） *317*
鳴井上遺跡（那須烏山市） *93*

南郷遺跡群（奈良県御所市）*141*
男体山頂遺跡（日光市）*234, 246, 351*
並松遺跡 *23, 30*

に
新治窯跡群（茨城県土浦市）*255*
二軒屋遺跡（宇都宮市）*113*
西赤堀遺跡（上三川町）*134*
西裏遺跡（小山市）*110*
西大宮バイパスNo.4遺跡（埼玉県さいたま市）*35*
西岡A遺跡（長野県信濃町）*33*
西刑部西原遺跡（宇都宮市）*134*
西下谷田遺跡（宇都宮市）*118, 197, 217*
西ツ原遺跡（那須町）*351*
西野遺跡（千葉県市原市）*277*
西原南遺跡（下野市）*90*
新田氏墓所（群馬県太田市）*298*
二ノ谷遺跡（下野市）*136, 250*

ね
根古谷台遺跡（宇都宮市）*74, 82, 338*

の
野木Ⅲ遺跡（野木町）*40*
野毛大塚古墳（東京都世田谷区）*137*
野沢遺跡（宇都宮市）*104, 112*
上り戸遺跡（芳賀町）*95*
野渡貝塚（野木町）*72*

は
白山遺跡（福島県飯野町→福島市）*86*
白山平遺跡（那須烏山市）*315*
伯仲遺跡（栃木県大平町）*93, 100, 118*
箸墓古墳（奈良県桜井市）*116*
ハッケトンヤ遺跡（那須町）*87, 210*
花の木町遺跡（宇都宮市）*128*
羽場遺跡（那須烏山市）*315*

原ヶ谷戸遺（埼玉県深谷市）*100*
原田遺跡群（茨城県土浦市）*118*
原之城遺跡（群馬県伊勢崎市）*140*
判官塚古墳（鹿沼市）*153, 158*
鑁阿寺（足利市）*278*

ひ
日枝神社南遺跡（宇都宮市）*210*
東川田（東河田）遺跡（宇都宮市）*112*
東薬師堂7号遺跡（下野市）*247*
東山窯（愛知県名古屋市）*249*
彦七新田遺跡（市貝町）*237*
樋爪氏墓塔（宇都宮市）*299*
神鳥谷曲輪（小山市）*261*
桧の木遺跡（茂木町）*77, 90*
平田梅山古墳（奈良県明日香村）*158*
蛭田富士山古墳群（大田原市）*318*
琵琶塚古墳（小山市）*130, 142, 158, 170, 339*

ふ
福田貝塚（茨城県稲敷市）*101*
藤岡神社遺跡（栃木市藤岡町）*94, 100*
藤本観音山古墳（足利市）*121, 340*
富士山古墳（壬生町）*158*
舟田・本沼古墳群（福島県白河市）*163*
布留遺跡群（奈良県天理市）*141*
古市古墳群（大阪府羽曳野市・藤井寺市）*249*
古江花神窯跡（栃木市岩舟町）*225*
古河橋 *334*
古宿遺跡（宇都宮市）*74, 90*
古屋敷遺跡（福島県喜多方市）*141*

ほ
宝篋山宝篋印塔（茨城県つくば市）*301*
星野遺跡（栃木市）*26*
星の宮浅間塚古墳（壬生町）*124*
星宮神社古墳（下野市）*160*
堀込遺跡（市貝町）*70*

堀越遺跡（矢板市）　110, 118
　堀ノ内窯（茨城県桜川市）　256
　本郷前遺跡（小山市）　38
　本地堂（薬師堂：日光市）　352
　本村遺跡（宇都宮市）　108, 120

ま
　馬門愛宕塚古墳（佐野市）　121
　馬門南遺跡（佐野市）　120
　真壁氏墓所（茨城県桜川市）　298
　牧ノ内遺跡（小山市）　118
　纒向遺跡（奈良県桜井市）　116
　益子古窯跡群（益子町）　253
　松の塚古墳（宇都宮市）→東谷古墳群　135
　松山遺跡（佐野市）　118
　松山古墳（佐野市）　121
　摩利支天塚古墳（小山市）　142, 158, 170, 339
　丸塚古墳（下野市）　160

み
　三毳山麓古窯跡群（栃木市岩舟町ほか）　253
　瑞穂野団地遺跡（宇都宮市）　127
　三ツ寺Ⅰ遺跡（群馬県高崎市）　140
　南原遺跡（さくら市）　210
　壬生愛宕塚古墳（壬生町）　158
　壬生車塚古墳（壬生町）　131, 143, 158, 324
　三万田遺跡（熊本県菊池市）　100
　宮内北遺跡（小山市）　267
　三谷草庵（真岡市）　338
　宮保B遺跡・宮保館跡（石川県白山市）　277
　明神前遺跡（鹿沼市）　90
　三輪仲町遺跡（那珂川町）　70, 90, 210

む
　向北原遺跡（益子町）　120
　向原南遺跡（上三川町）　109
　向山（原産地）遺跡（栃木市）　23, 38, 70
　武蔵台遺跡（東京都府中市）　30

も
　百舌鳥古墳群（大阪府堺市）　249
　茂原古墳群（宇都宮市）→大日塚古墳・愛宕塚古墳・権現山古墳　123

や
　薬師寺観音塚古墳（下野市）　160
　谷近台遺跡（芳賀町）　118
　八ツ木浅間山古墳（芳賀町）　124
　八剣遺跡（壬生町）　90, 100
　八幡根東遺跡（小山市）　25, 38
　山崎1号墳（真岡市）　124
　山崎北遺跡（宇都宮市）　61, 70, 105
　山名伊勢塚古墳（群馬県高崎市）　153
　山中城跡（静岡県三島市）　33

ゆ
　湯坂遺跡（大田原市）　347
　温泉神社北遺跡（那珂川町）　240

よ
　横倉戸館遺跡（小山市）　123
　横倉宮ノ内遺跡（小山市）　73, 247, 302
　横塚古墳（下野市）　153, 158
　吉田新宿古墳群（那珂川町）　120
　吉田温泉神社古墳（群：那珂川町）→那須小川古墳群　125
　四ツ道北遺跡（佐野市）　90

り
　龍角寺古墳群（千葉県栄町）　163
　流通業務団地内遺跡（鹿沼市）　73

わ
　鷲城（跡：小山市）　261
　綿貫観音山古墳（群馬県高崎市）　153

索引（人名）

あ
網野善彦 *275*

い
石井進 *275*
岩崎卓也 *144*

う
宇野隆夫 *254, 345*

え
海老原郁雄 *79, 84, 87, 91, 317, 322*

お
大金宣亮 *182, 319, 323, 346, 353*
大川清 *315, 346, 353, 354*
大塚初重 *357*
大橋（近藤）亀吉 *168*
大山柏 *351*
大和久震平 *182, 315, 322, 352*
荻野仲三郎 *234*
小山義政 *260*

か
加藤晋平 *318*

く
国武貞克 *32*
久保哲三 *356, 358*
黒板昌美 *316*
倉田芳郎 *317*

こ
後藤守一 *113, 249*
小林三郎 *249*

小林行雄 *256*
近藤義郎 *311*

さ
齋藤忠 *234, 315, 317, 322, 351*
斎藤恒民 *26*
酒詰仲男 *311*
佐々介三郎宗淳 *188*
佐藤行哉 *353*
佐藤忠治 *313*
佐野大和 *234*
佐原眞 *248*

し
柴田常惠 *234, 320*
下毛野朝臣古麻呂 *189*
勝道上人 *234*

す
杉原荘介 *26, 113, 249, 313, 351*

せ
芹沢長介 *26, 40, 315, 351*

た
瀧口宏 *311, 317, 322*
田熊清彦 *319, 349*
田代善吉 *234, 312*
田代隆 *275*
田代寛 *84, 354*
辰巳四郎 *313, 317, 322, 350*
田中国男 *112*
田中正造 *326*
田村隆 *30*

と
徳川光圀 *188*
冨祐次 *352*

な
内藤政恒 *317*
直良信夫 *52*
長嶋元重 *351, 354*
中村紀男 *76, 317, 351*
那須直韋提 *188*

に
西弘海 *251*

の
野中退蔵 *312, 313*

は
塙静夫 *84, 315, 322, 346*

ふ
福山敏男 *317*
古河市兵衛 *326*
古谷清 *234*

ま
前澤輝政 *311, 315, 317, 322*
丸山瓦全 *234, 310, 312*

み
三木文雄 *313*
三澤正善 *144*
源義家 *209, 218*
三宅敏之 *317, 322*
三宅米吉 *249*

む
村井嵓雄 *317*

や
山本有三 *312*

わ
渡辺龍瑞 *313, 322, 351*

執筆者一覧（50音順、所属は平成28年8月現在、＊は編集委員）

秋元陽光	栃木県考古学会員
秋山隆雄	小山市教育委員会 生涯学習課
足立佳代	立正大学大学院文学研究科博士課程
池田敏宏	（公財）とちぎ未来づくり財団埋蔵文化財センター
出居　博	佐野市教育委員会 教育総務部文化財課
上野修一＊	栃木県考古学会 副会長／栃木県立宇都宮南高等学校
内山敏行	（公財）とちぎ未来づくり財団埋蔵文化財センター
江原　英	（公財）とちぎ未来づくり財団埋蔵文化財センター
海老原郁雄	栃木県考古学会 顧問
大澤伸啓＊	足利市教育委員会 生涯学習課
大橋泰夫	国立大学法人 島根大学法文学部
木下　実	那須烏山市教育委員会 文化振興課
君島利行	壬生町教育委員会（壬生町立歴史民俗資料館）
木村友則	下野市教育委員会 生涯学習文化課
後藤信祐	（公財）とちぎ未来づくり財団埋蔵文化財センター
小森哲也	栃木県考古学会員
今平利幸	宇都宮市教育委員会 文化課
齋藤恒夫＊	栃木県教育委員会 文化財課
斎藤　弘	栃木県立学悠館高等学校
酒巻孝光	ＦＰオフィス酒巻 代表
篠原祐一	（公財）とちぎ未来づくり財団埋蔵文化財センター
眞保昌弘	国士舘大学文学部
鈴木一男	小山市教育委員会（小山市立車屋美術館）
鈴木泰浩	日光市教育委員会 文化財課
芹澤清八	（公財）とちぎ未来づくり財団埋蔵文化財センター
竹澤　謙	栃木県考古学会 顧問
塚本師也	（公財）とちぎ未来づくり財団埋蔵文化財センター
津野　仁	（公財）とちぎ未来づくり財団埋蔵文化財センター

中村享史	（公財）とちぎ未来づくり財団埋蔵文化財センター
中村信博	茂木町教育委員会 生涯学習課
中山　晋	立正大学文学部
橋本澄朗*	栃木県考古学会 会長
塙　静夫	栃木県考古学会 顧問
深谷　昇	上三川町教育委員会 生涯学習課
藤田典夫	（公財）とちぎ未来づくり財団埋蔵文化財センター
馬籠和哉	栃木県立博物館 管理部教育広報課
茂木孝行	栃木県考古学会員
森嶋秀一	栃木県立博物館 学芸部人文課
矢島俊雄	栃木県考古学会員
梁木　誠*	栃木県考古学会 副会長
山口耕一*	下野市教育委員会 生涯学習文化課
吉原　啓	大田原市教育委員会（大田原市なす風土記の丘湯津上資料館）

図版提供・協力者一覧 （50音順・敬称略）

足利市教育委員会
（公財）足利市民文化財団
宇都宮市教育委員会
国立大学法人 宇都宮大学
大金重晴
小川忠博
上三川町教育委員会
葛生化石館
群馬県みどり市岩宿博物館
佐野市教育委員会
下野市教育委員会
東京大学大学院情報学環
栃木県教育委員会
栃木県立博物館
栃木県立文書館
（公財）とちぎ未来づくり財団埋蔵文化財センター
那珂川町教育委員会
那須野が原博物館
勉誠出版株式会社
壬生町教育委員会

とちぎを掘る　　栃木の考古学の到達点	
	2016年9月4日　第1刷発行

編　者	● 栃木県考古学会
発　行	● 有限会社 随　想　舎
	〒320-0033　栃木県宇都宮市本町10-3 TSビル
	TEL 028-616-6605　FAX 028-616-6607
	振替 00360-0-36984
	URL http://www.zuisousha.co.jp/
印　刷	● モリモト印刷株式会社

装丁 ● 栄舞工房

定価はカバーに表示してあります／乱丁・落丁はお取りかえいたします

© The Archaeological Society of Tochigi Prefecture 2016
Printed in Japan　ISBN978-4-88748-330-9